대학 으로 가는
구술면접
380제

시대에듀

Always **with you**

사람의 인연은 길에서 우연하게 만나거나 함께 살아가는 것만을 의미하지는 않습니다.
책을 펴내는 출판사와 그 책을 읽는 독자의 만남도 소중한 인연입니다.
시대에듀는 항상 독자의 마음을 헤아리기 위해 노력하고 있습니다.
늘 독자와 함께하겠습니다.

시대에듀

자격증 · 공무원 · 금융/보험 · 면허증 · 언어/외국어 · 검정고시/독학사 · 기업체/취업
이 시대의 모든 합격! 시대에듀에서 합격하세요!
www.youtube.com → 시대에듀 → 구독

면접은 스키마를
키워 가는 일에서부터 시작!

　면접은 대학으로 가는 마지막 관문으로, 대부분의 경우 면접을 통해 합격과 불합격의 갈림길에 서게 된다. 특히, 학생부종합전형에서 면접은 굉장히 중요한 전형 요소임에 틀림없다. 이에 맞춰 다각도로 접근이 가능한 면접 대비서로 이 책을 구상하게 되었다. 전문적이고 복잡한 면접 관련 책보다는 쉽고 편하게 읽으면서 대비할 수 있는 책을 만들고 싶었다. 그렇다고 이 책에 나온 문제만이 면접에 출제된다고 억지를 부려 말하지는 않겠다. 하지만 몇 가지 측면에서 나름의 노력을 기울였다.

　PART 1에서 최근 5년간 대학별로 출제된 면접 기출문제를 수록하였다. 그리고 PART 2에서 면접과 관련하여 궁금할 수 있는 점들에 대한 답변과 더불어 PART 3에서 기본적으로 꼭 알아두어야 하는 문제를 인문계와 자연계로 구분하여 수록하였다. 총 380문제를 Q&A 형식으로 구성하여 문제와 답변을 쉽고 빠르게 알 수 있도록 하였다.

따라서 책을 읽을 때는 바로 답변을 보지 말고, 먼저 답을 생각해 보고 스스로 말할 수 있을 정도의 시간을 두고 연습하는 것이 중요하다. 왜냐하면 면접에는 정답이 있기도 하고 없기도 하기 때문이다. 또한, 문제에 대한 자신의 분명한 입장을 정리하여 구체적이고 자신 있게 말하는 연습을 하는 것이 좋다. 이 책에 수록된 답변은 하나의 예시에 불과하다. 하지만 답변을 반복적으로 읽고 생각하다 보면 자신의 것이 될 수 있을 정도로 머릿속에서 정리가 될 것이다.

면접은 표현력을 평가하는 것이므로 말하기 연습을 많이 해야 한다. 친구들과 함께 가벼운 마음으로 쉬는 시간이나 자투리 시간을 이용하여 면접관과 수험생이 되어 보라. 그러면 말하기 능력이 배양될 것이다. 문제에 대한 답을 말하지 못하는 이유는 주제에 대한 배경지식(스키마)이 부족하기 때문이다. 그러므로 머리에 말할 거리를 충분히 채워야 한다. 머릿속을 채우려면 이 책을 이용해 연습하는 것도 좋지만 평소 교과서를 비롯해 다방면으로 독서를 하고, 신문 및 뉴스를 접해 지적 능력을 길러야 한다. 그렇게 내공을 쌓다 보면 어떤 면접장에 가서라도 당당하게 말할 수 있을 것이다.

이 책은 혼자의 힘만으로는 만들 수 없었다. 오랜 시간 고민하던 중에 서울대에 진학한 제자들과 함께 책을 만들어 보면 어떨까 하고 생각하였다. 그래서 다 같이 문제를 출제하고 답변을 달기로 하였다. 총론적인 것은 내가 기술하였고, 문제에 대한 답변은 제자들이 써 주었다. 면접을 직접 경험하였던 선배들이 답변을 하므로 수험생 수준에 잘 맞을 것이라 믿었고, 자신들의 경험을 살려 문제에 접근하고 답변을 하는 점이 수험생들에게 도움이 될 것 같아서였다. 그렇다고 여기에 수록된 문제나 답변이 서울대학교를 겨냥한 것은 아님을 밝혀둔다. 가장 기본적으로 알아야 할 내용을 우선으로 하여 일반론과 개념론적인 측면에서 문제에 접근하였다.

인문 계열에서는 이상만 군(서양사학과)과 이종훈 군(인문학부)이 수고해 주었고, 자연 계열에서는 김호겸 군(자유전공학부)과 장재명 군(전기컴퓨터공학부)이 수고해 주었다. 그리고 내가 근무하였던 학교의 선생님들에게 자문을 구하였다. 문제의 적절성과 답변의 적합성 등을 검토해 주셨다. 백승우 · 한재호(수학), 장범수(물리), 이주홍(화학), 김현태(생명 과학), 곽병철(지구 과학) 선생님께서 감수를 해 주셨다. 이 지면을 통해 감사를 드린다.

부디 이 책이 면접에 쉽게 접근할 수 있게끔 하는 하나의 도구가 되었으면 하는 바람이다. 책장의 한쪽 구석에 꽂혀만 있는 그런 책이 아니라, 미약하나마 대학 입시에 보탬이 되는 책이 되기를 기원해 본다. 모든 수험생 여러분에게 좋은 결과가 있기를 기도한다.

지은이 **이 향 우**

면접에서는
자신감이 중요하다!

안녕하세요. 저는 서울대학교 인문학부에 지원하여 합격하기까지의 과정 중 가장 기억에 남는 면접에 대해 말씀드리려 합니다. 저는 면접이 오후 조였는데 그중에서도 가장 마지막 차례였습니다. 약 3시간 정도를 기다린 것 같은데 아무 것도 준비를 하지 않고 가서 저도 모르게 잠이 들어 버렸습니다. 면접의 순서가 시험장에 가서 정해지기 때문에 저처럼 오랜 시간을 기다릴 수도 있습니다. 그래서 지원하는 대학의 면접 진행 방식이 이와 같은 경우라면 대기하는 시간 동안 할 무언가를 가져가는 것이 좋습니다.

마음을 안정시키는 것도 좋은 방법 중 하나라고 생각합니다. 눈을 감고 명상을 한다든지, 기도를 하여 마음을 안정시키면 후에 문제를 풀 때나 면접실에 들어가서도 긴장을 덜 할 수 있게 됩니다. 대기실에서는 가져온 자료를 읽으며 기다리다가 준비실에 들어가서 문제를 풀게 됩니다. 저는 영어로 된 지문을 읽고 거기에 대한 생각을 말하는 문제를 풀었는데, 어려운 부분도 있었습니다. 그래도 생각을 정리하고 자신 있게 답했습니다.

면접에서는 자신감이 중요하다는 말을 많이 들어 보셨을 텐데 정말 그런 것 같습니다. 답을 정확히 아는 것도 중요하지만 자신이 생각한 답을 자신 있게 말하는 것도 중요합니다. 특히, 자연계 학생들과는 다르게 인문계 학생들은 정해진 답이 있는 문제보다는 고질적인 사회적 문제나 현재의 이슈 등이 문제로 출제되기 때문에 자신의 생각을 조리 있고 자신 있게 답하는 것이 무엇보다 중요합니다.

면접을 준비할 때 거울을 보고 연습을 해 보는 것도 도움이 됩니다. 거울을 보면서 연습하면 말을 할 때 불필요한 동작을 하지는 않는지, 정면을 똑바로 보지 못하는 것은 아닌지 등의 문제점을 발견할 수 있고, 동시에 그 문제점을 고칠 수 있기 때문입니다. 특히, 앞서 말한 행동들은 자신감이 없어 보이거나 산만해 보일 수 있기 때문에 고쳐야 하는데, 자신의 모습을 보지 않고 연습을 하게 되면 내가 그런 행동을 하는지도 알 수 없습니다. 또, 거울을 보면서 연습을 하게 되면 표정도 자연스러워지게 됩니다.

현재 이슈가 되고 있는 사회 문제에 관심을 갖고 거기에 대해서 자신의 생각을 정리해 보는 것도 좋은 방법입니다. 면접 준비실에 가서야 문제를 볼 수 있고 그 자리에서 답을 생각하고 정리해야 하지만, 준비해서 알고 있던 내용이 나온다면 보다 더 쉽고 자신감 있게 면접을 볼 수 있기 때문입니다. 지금까지 대학 진학을 위해 많은 노력과 준비를 해 온 수험생 여러분들! 입시의 마지막 관문이 될 면접도 성공적으로 마쳐서 원하는 학교에 꼭 합격하기를 바랍니다. 힘내세요!

서울대학교 인문학부 졸업 **이 종 훈**

기본 개념을 알고 면접장에 가라!

면접은 정말로 골치 아픈 형태의 입시 방식입니다. 면접에서 평가하는 것은 단순한 학과 지식뿐만이 아니기 때문입니다. 면접관들은 여러분이 여러 상황에 어떻게 대처하는지, 여러분이 어떤 마음가짐으로 문제를 대하는지까지 평가하기 위해 노력할 것입니다.

이런 분위기 때문에 여러분은 자연스럽게 긴장하게 될 것입니다. 저 역시도 몇 번의 면접을 치르면서 느꼈지만, 논술이나 단순한 시험과 달리 면접은 정말 익숙해지기 어렵습니다. 아무리 대비를 하더라도, 긴장되고 떨리는 것이 면접이니까요. 어떻게 보면 면접의 승패는 긴장을 하냐, 안 하냐의 여부에 달려 있다고 해도 과언이 아닐 것입니다. 하지만 조금이라도 준비를 해 가는 것이 그렇지 않은 것보다 훨씬 긴장이 덜 됩니다. 적어도 믿을 구석이 한군데라도 있으니까요.

그러나 면접은 하루아침에 완성되는 것이 절대 아닙니다. 평소 꾸준한 준비가 있어야 합니다. 교과서에 나와 있는 기본 개념을 확실히 이해하고 표현할 수 있는 테크닉을 갖추어야 합니다.

대부분의 학생들이 평소에는 면접 준비를 하고 있지 않다가 원서를 작성하는 순간부터 면접을 생각합니다. 그러나 아는 것과 말하는 것은 차이가 있습니다. 안다고 다 말하고 표현할 수 있는 것이 아닙니다. 그런 면에서 면접이 중요한 것입니다. 면접을 잘 치르기 위해 면접 시험 시기가 가까워질수록 지식을 채우려는 노력과 말하는 방법을 터득하기 위한 준비를 병행해야 합니다.

짧은 기간이나마 열심히 준비하기 위해서는 기본적인 준비서가 있어야 합니다. 아마도 그런 점에서 이 책은 여러분에게 단순한 지식뿐만이 아니라, 면접에 대처하는 용기 역시 불어넣어 줄 것입니다.

Audaces fortuna iuvat. – Virgil –

행운은 용기 있는 자의 편이다. – 베르길리우스 –

이 책으로 공부하는 모든 분들께 행운이 함께하기를 바랍니다.

서울대학교 자유전공학부 졸업 **김 호 겸**

면접은 대학에서의
발전 가능성에 무게를 두고 평가

　면접은 대학 입시에서 꽤나 높은 비중을 차지하고 있지만, 내신이나 수능, 논술에 비해 체계적으로 대비하지 않는 입시 전형이라고 볼 수 있습니다. 면접은 대개 수능 이후에나 학원을 다니며 벼락치기로 준비하는 경우가 많은 관계로, 평소에 미리 면접에 대해 알고 대비한다면 다른 사람들에 비해 더 유리한 고지를 선점할 수 있습니다.

　제 면접 당시의 기억을 말씀드리겠습니다. 제가 수시 특기자 면접을 보러 갔던 서울대학교의 경우 대기실에서 다 같이 대기하다가, 한 사람씩 나가서 준비실에서 30분 정도 지문을 읽고 문제를 푼 뒤 면접실에 들어가서 15분 동안 면접을 보았습니다. 영어 지문이 나올지도 모른다는 이야기는 들었지만 막상 영어로 된 지문을 받아들자 살짝 놀라기도 하였습니다. 면접실에 들어가니 세 분의 교수님이 앉아 계셨는데, 수험 번호와 이름을 말하고 자리에 앉자 교수님들이 문제를 풀어 보라고 하셨습니다.

여유 있게 답변을 하자 교수님들은 답변 내용이 만족스러우셨는지 답변에 대해서는 문제 삼지 않으시고 지문의 내용을 심화시킨 질문을 던지셨습니다. 제 기억으로는 아마 '시간'과 '노동', '근대성'에 대한 철학적인 질문이었던 것 같은데, 평소에 여러 번 생각해 본 주제여서 그런지 질문을 받자마자 바로 답변할 수 있었습니다.

면접을 준비할 때는 여러 가지 유념해 두어야 할 사항이 있습니다. 우선 면접관은 대부분 교수이며, 본인은 고등학생이라는 것을 염두에 두어야 합니다. 교수들은 그 분야에 관한 한 최고의 전문가입니다. 고등학생이 대학 학부생 수준도 안 되는 짧은 지식을 지나치게 뽐내는 것은 역효과일 수 있습니다. 오히려 고등학교 교과 과정에 충실하되 면접관의 질문에 대해 참신한 해석을 내놓는 것이 더 효과적일 것입니다. 왜냐하면 대학 면접관들은 학생을 대할 때 대학에서의 발전 가능성에 무게를 두고 있기 때문입니다. 부족한 지식은 대학에서 금방 채울 수 있는 만큼 면접관들은 단순히 많이 알고 있는 학생보다는 잠재력이 보이는 학생을 더 선호합니다.

그러면서도 잊지 말아야 할 것은 미리미리 본인의 지망 학교와 학과를 정하고 그곳에 대한 지식을 평소에 쌓아 두어야 한다는 것입니다. 입시 위주의 한국 교육하에서 학생들은 본인의 재능이나 관심과는 무관하게 그저 점수에 맞춰서 학교와 학과를 지원하는 경우가 많습니다. 하지만 오래전부터 해당 학과를 꿈꿔 오며 공부해 온 학생들은 면접관 앞에서 그 학과에 대한 열정과 합격하고자 하는 본인의 의지를 밝힐 수 있습니다. 이런 학생들은 면접관의 입장에서 볼 때 점수에 맞추어 대충 지원한 학생들과 분명 차별화될 것입니다.

제가 면접을 대비하는 인문계 학생 여러분들에게 마지막으로 당부하고 싶은 것은 다문(多聞), 다독(多讀), 다상량(多商量)을 생활화하라는 것입니다. 이 책은 면접을 대비하는 데 있어서 훌륭한 교과서입니다. 하지만 아무리 좋은 교과서가 있다고 해도 본인의 노력이 없으면 아무 소용이 없습니다. 그 노력을 다문(多聞), 다독(多讀), 다상량(多商量)으로 채우시길 바랍니다. 이 책에 나와 있는 질문과 예시 답변을 읽은 뒤 본인만의 답변을 만들기 위해 노력해야 합니다.

면접은 수능이나 논술, 내신에 비하면 엄청나게 짧은 시간 동안 보는 시험이지만, 필요한 준비 기간은 결코 이들에게 뒤지지 않습니다. 수능이나 논술, 내신은 문제에 답변할 시간이 길게 주어지지만 면접은 질문을 받자마자 바로 대답이 나와야 합니다. 그러려면 평소 많은 독서와 생각을 통해 연습이 이루어져야 합니다. 비록 본인이 지금 많이 부족하다고 느낄지라도, 늦었다고 생각했을 때가 가장 빠른 때인 만큼 지금부터 차근차근 준비해 나가길 바랍니다.

대학 입시를 대비하는 모든 학생 여러분이 이 책을 통해 많은 도움을 받았으면 좋겠습니다. 모두의 합격을 기원합니다.

서울대학교 서양사학과 졸업 이 상 만

지식적인 요소와
전달 능력을 갖추어야!

안녕하십니까? 저는 서울대학교 전기컴퓨터공학부를 지역균형선발로 입학하였습니다. 그 당시 지역균형선발은 고등학교 내신 우수자를 대상으로 면접을 본 후, 최저 학력을 충족하면 합격하는 전형이었습니다. 면접을 본 날짜는 수능이 끝나고 대략 10일 후였습니다.

면접을 잘 보려면 크게 두 가지 요소가 잘 갖추어져 있어야 합니다. 하나는 지식적인 요소이고, 다른 하나는 전달 능력입니다. 전자의 경우는 일단 수학, 과학의 개념이 확실히 잡혀 있어야 합니다. 이것은 수능을 공부할 때 개념에 좀 더 중점을 둠으로써 대비할 수 있습니다. 후자의 경우는 수능 후 10일 동안 준비할 수 있는 부분입니다. 면접에서는 답안을 교수님에게 효과적으로 잘 전달할 수 있어야 합니다.

이를 위해서는 마치 실전처럼 가상 연습을 해 보는 게 많은 도움이 됩니다. 교수님 대신 카메라를 바라보며 구술하는 것입니다. 그 후 모니터링을 할 때 많은 문제점이 보일 것입니다. 예를 들면, 손동작이 심하다든지, 말을 버벅거린다든지, 시선이 카메라(실전에서는 교수님의 눈)를 못 바라본다든지 등은 모두 면접에 안 좋은 영향을 미치므로 고쳐야 합니다.

대개 면접의 경우 먼저 문제가 나오고 준비 시간이 주어지는데(짧게 5분에서 길면 30분, 대학마다 다름), 이때는 논술처럼 완전한 답안을 작성하는 것이 아니라 자기의 생각을 정리합니다. 만약 논술처럼 하나의 글로 준비하려면 시간이 매우 부족할 것입니다. 준비 시간이 끝나고 교수님 앞에서 구술할 때는 떨지 말고, 자신 있게, 그리고 예의 바르게 말하도록 합니다. 하나의 팁을 주자면 구술이라도 꼭 모두 말로만 답을 하지 않아도 된다는 것입니다. 준비 시간에 나오는 문제지의 여백이나 뒷면에 그림 또는 수식을 크게 그려서 구술할 때 참고 자료로 사용한다면 많은 도움이 될 것입니다.

이제 제 실제 경험담을 말씀드리겠습니다. 일단, 처음에는 모두 다 대기실에 들어갔습니다. 거기서 몇 조로 나눈 후, 각 조에서 한 명씩 순서대로 면접장으로 갔습니다. 이동 경로를 정리하면 '대기실-준비실-면접실'입니다. 여기서 준비실은 문제를 받고 준비하는 공간이었습니다. 저는 순서가 뒤에서 세 번째여서 장시간 동안 기다리게 되었습니다. 이때 개인이 준비해 온 책을 볼 수도 있습니다. 저는 한 시간 정도는 개념서를 보며 정리하였고, 남은 시간 동안은 명상, 기도를 하며 마음을 편안히 하는 데 집중하였습니다. 만약 자신의 순서가 처음이거나 두 번째라면, 개념서를 보는 것보다는 마음을 가라앉히는 것이 면접에 더 도움이 될 것입니다. 실제 시험장에서 당황하지 않을 수 있도록 여러 상황에 대한 전략을 세워두기 바랍니다.

긴 기다림 끝에 저는 준비실로 갔습니다. 역시 긴장한 탓인지 아예 못 푼 문제가 있었습니다. 하지만 당황하지 않고 면접실로 들어갔습니다. 아는 문제는 잘 답하고, 모르는 문제에 답을 할 때는 "잘 모르겠습니다. 힌트 좀 주세요."라고 했습니다. 이게 정말 중요합니다. 힌트를 달라고 하면 주십니다. 힌트를 받은 후에도 대답을 잘 하지 못하자, 교수님께서 부가적인 질문을 하셨습니다. 두 가지를 물어보셨는데, 다행히 아는 것이라 잘 답했습니다.

면접 때는 평상시와 다릅니다. 면접 때문에 내 인생이 달라질 수 있다는 부담감으로 굉장히 긴장하게 됩니다. 그럴수록 침착하게 생각하고, 모르는 문제가 있다고 울거나 포기하지 마세요. 모르면 모른다고 솔직하게 말하고, 힌트를 얻으면 됩니다. 실제로 제 친구들 중에서도 힌트를 받아 문제를 푼 친구들이 많았습니다.

고 3 후배님들! 입시가 얼마 남지 않았지만, 자신감을 가지고 열심히 준비한다면 꼭 성공할 것이라 믿습니다. 힘내세요!

서울대학교 전기컴퓨터공학부 졸업 **장 재 명**

목차

PART 1

**대학별
최신 기출문제**

2024학년도 대학별 기출문제   3

2023학년도 대학별 기출문제   45

2022학년도 대학별 기출문제   79

2021학년도 대학별 기출문제   112

2020학년도 대학별 기출문제   132

빈출 인성 면접 기출문제   151

유형별 출제 0순위 질문   154

PART 2

**면접 꿰뚫기
Q&A 70**

CHAPTER 1 면접 준비하기   163

CHAPTER 2 학생부종합전형 면접   181

CHAPTER 3 면접의 태도와 방법   189

CHAPTER 4 면접 준비 방법   201

CHAPTER 5 면접관 면접하기   223

PART 3

면접 실전 연습

CHAPTER 1 인문 계열 Q&A 140   241

CHAPTER 2 자연 계열 Q&A 140   383

CHAPTER 3 최신 기출 및 기출 예상 계열 공통 Q&A 30   527

PART

1

대학별
최신
기출문제

2024학년도 대학별 기출문제

2023학년도 대학별 기출문제

2022학년도 대학별 기출문제

2021학년도 대학별 기출문제

2020학년도 대학별 기출문제

빈출 인성 면접 기출문제

유형별 출제 0순위 질문

대학으로 가는 구술면접 380제

2024학년도
대학별 기출문제

경기대

학생부종합전형

◆ 사회 영역(인성, 공동체 의식) 관련 예시 문항

- (3학년 자율 활동) '수업에 지친 친구들'과 관련하여 학업 스트레스를 해소하기 위한 활동을 진행하였는데 어떤 활동을 진행하였는지 그 선정 계기와 함께 설명해 주세요.

- (3학년 자율 활동) 청소년의 공연장 내 장애인석 개선 인식 관련하여 조사한 내용이 있는데 이 주제를 선정하게 된 계기와 조사 내용에 대해 말씀해 주세요.

- (자율 활동) 매년 학급 회장의 역할로 학급을 주도적으로 이끌었다는 기록이 있는데 자신에게 가장 의미 있었던 활동 하나와 어떤 노력을 하였는지 말씀해 주세요.

- (1학년 자율 활동) 창의과학 교육에서 체험 부스 운영을 한 것으로 나와 있는데 모둠장으로서 어떤 역할을 하였으며, 어려웠던 부분은 어떻게 해결하였는지 말씀해 주세요.

- (도서반 동아리) 3년간 꾸준히 참여했다는 기록이 있는데, 동아리 구성원들을 위해 주도적으로 역할 수행한 것이 있다면 무엇인지 말씀해 주세요.

- (3학년 자율 활동) '열공 도우미 역할'을 맡아서 역할을 수행했다는 기록이 있는데 구성원들에게 도움이 되기 위해 본인이 주도적으로 한 활동이 있다면 사례 중심으로 말씀해 주세요.

◆ **잠재 역량(전공 관련 활동 및 경험, 발전 가능성)에 관한 예시 문항**

- (3학년 생활과 과학) 미술, 과학 단원과 관련된 인터렉티브 디자인을 주제로 탐구한 내용이 있는데 인터렉티브 디자인의 활용 사례를 소개해 주세요.
- (1학년 동아리) 매달 캠페인 활동을 실시할 때 어떤 활동을 하면 좋을지 아이디어를 제시하였다고 했는데 가장 기억에 남는 아이디어를 하나 말씀해 주세요.
- (2학년 자율 활동) '○○ 찾기 프로젝트' '멘토 − 멘티 프로그램에 멘토로 참여함'이라는 기록이 있는데 본인이 멘토로서 멘티에게 도움이 되기 위해 어떤 노력 과정을 거쳤는지 이야기해 주세요.
- (기술 · 가정) 미래 첨단 기술 주제 탐구 시간에 'GMO 식품'을 주제로 GMO 식품의 특징 및 실제 활용 사례를 구체적으로 조사하였는데 활용 사례에 대해 말씀해 주세요.
- (3학년 동아리) 유보 통합에 대한 찬반 토론에서 찬성하는 주장을 펼친 것으로 나와 있는데 자신의 토론 근거 중심으로 말씀해 주세요.
- (3학년 자율 활동) 아동의 연령별 언어 발달에 대해 조사하였는데 조사하게 된 계기는 무엇이며, 연령별로 어떤 차이점이 있는지 말씀해 주세요.
- (2학년 자율 활동) 학교 내부 공간이 학생들의 창의력에 끼치는 영향에 대해 조사하였는데 어떤 결과가 나타났는지 말씀해 주세요.
- (2학년 동아리 활동) 중력 가속도 측정과 앙페르 법칙 확인 실험을 하면서 변인 통제의 중요성을 느꼈다고 하였는데 실험을 통해 알게 된 내용에 대해 말씀해 주세요.
- 바이오 동아리 활동에서 손 소독제 성분에 따른 항균 효과 비료를 주제로 모둠 탐구를 하였는데 지원자의 역할과 탐구 내용에 대해 말씀해 주세요.
- (사회 · 문화) '우리나라 복지의 사각지대'라는 주제로 자유 발표를 하였는데 원인에 대해 분석하고 해결 방안을 제시한 내용에 대해 말씀해 주세요.

- (3학년 자율 활동) 중합 효소 연쇄 반응 PCR 개념을 학습한 후 카드 뉴스를 제작하고 발표하였는데 전달하고자 한 내용이 무엇이었는지 말씀해 주세요.
- (생명과학) 식품 첨가물이 인체에 미치는 영향으로 부작용을 찾아보고 이를 해결할 방안을 보고서로 제출하였는데 부작용과 해결 방안 등 보고서 내용에 대해 말씀해 주세요.
- 3학년 자율 활동 기록을 보면 '대중문화'를 주제로 '대중 매체를 통한 대중문화의 발달에 대해 조사함'이라는 기록이 있는데 주제 선정 이유와 조사 내용에 대해서 구체적으로 설명해 주세요.
- (3학년 동아리) '언론인의 진실 보도 교육 프로그램'을 제안하였다는 기록이 있는데 어떤 의도로 이런 교육 프로그램을 제안하였는지 구체적으로 설명해 주세요.

 고려대

학업우수자전형 – 인문 계열(오전)

(가) 싱가포르는 공공 시설물 파손을 엄격하게 처벌하는 것으로 유명하다. 싱가포르 정부는 지난 1994년 미국의 10대 소년인 마이클 페이에게 자동차와 공공 자산을 파손한 혐의로 **태형** 6대를 집행하였다. 당시 미국의 대통령은 싱가포르 정부에 선처를 호소하였고, 여러 인권 단체가 태형이 인간 존엄성을 훼손하는 처벌 방법이라고 항의하였다. 그러나 싱가포르는 법원의 명령에 따라 태형을 집행하여 국제적 논란이 일어났다.

(나) 흥보 아내 이른 말이. / "그 돈은 웬 돈이며 삼십 냥은 웬 돈이오?"
흥보 이른 말이. / "천기누설이라, 말부터 앞세우면 이뤄질 일 없으니, 그 돈으로 양식 팔아 배불리 질끈 먹고."
흥보 아내 이른 말이. / "먹으니 좋소만 그 돈은 어디서 났소?"
흥보 이른 말이. / "본읍 좌수 대신으로 병영 가서 곤장 맞기로 삼십 냥에 결단하고 마샀* 돈 닷 냥 받아 왔네."
흥보 아내 이 말 듣고 기가 막혀 이른 말이.
"그놈의 죄상**도 모르고 병영으로 올라갔다가 저 모습 저 몰골에 곤장 열을 맞으면 곤장 아래 혼백 될 것이니 제발 덕분 가지 마오."

흥보 이른 말이, / "볼기의 구실이 있나니."
"볼기가 구실이 있단 말이오?" / "그렇지. 볼기 구실 들어 보소. (중략)
쓸데없는 이내 볼기 놀려 무엇한단 말인가. **매품**이나 팔아먹세." (중략)
흥보 가슴이 끔쩍하여, / "거기는 무엇하러 왔소?"
"나는 평안도 사방동 동팔풍촌서 사는 솔봉 애비 모르시오. 이십오 대 가난으로 매품 팔러 왔소."
또 한 놈 나 앉으며, / "나는 경상도 문경 땅의 제일 가난으로 사십육 대 호적 없이 남의 곁방살이로 내려오는 김딱직이란 말 듣도 못하였소."
* 마삯: 말을 타는 데 대한 삯. 흥보가 매품을 팔기 위해 병영으로 갈 때 드는 비용
** 죄상(罪狀): 범죄의 구체적인 사실

(다) 프로타고라스는 상대주의적 윤리관을 잘 보여 준다. 그는 인간의 모든 판단이 상대적이고, 우리가 진리라고 믿는 것도 오로지 개인의 의견일 뿐 보편적이지 않다고 주장한다. (중략) 이를 삶의 문제에 적용하면 윤리적 상대주의가 된다. 이러한 관점에서는 바람직한 삶의 태도와 방식에 관해 사람마다 의견이 다르며, 공동체의 법과 관습, 윤리적 원칙도 사회나 시대마다 달라서 모두 상대적일 뿐이며 절대적이고 보편적인 것은 없다고 주장하기 때문이다. 프로타고라스에 따르면, 최선의 삶은 다른 사람을 설득하고 이해시켜 자신의 관점과 의견을 최대한 인정받고, 자신의 공동체가 지키는 관습과 규범에 충실하게 사는 삶이다. 더 나아가 다른 사람을 인정하고 다른 사회를 존중하면서 최대한 평화로운 공존을 모색해야 한다. (중략) 하지만 이러한 태도를 따르면 윤리적 허무주의에 빠질 위험이 있다. 윤리적 문제에 관해 무엇이 옳고 참된 것인지를 판단하거나 공동체의 합의를 이끌어 내려는 노력이 의미가 없기 때문이다. 더 나아가 자신의 주장만을 내세우고, 다른 사람을 그럴듯하게 속여 이익과 권력을 얻으려는 경향까지 나타나면 정치적 · 도덕적 질서가 무너져 사회가 혼란에 빠질 수도 있다.

(라) 모든 인간은 인간이라는 이유만으로 국가나 다른 사람으로부터 존중받아 마땅하며, 어떤 목적을 위한 수단으로 취급될 수 없는 존엄한 존재이다. 이러한 **인간 존엄성**을 실현하기 위해 반드시 보장되어야 하는 것이 바로 인권이다. 하지만 한 사람의 권리는 다른 사람의 권리와 충돌할 수 있으므로 인간이 자율적으로 상호 간의 인권을 동등하게 보장하기는 쉽지 않다. 또한 통치자나 국가 기관들이 자신들에게 부여된 권력을 남용하여 국민의 권리를 부당하게 침해하는 경우도 나타날 수 있다.

– 문제 1: 제시문 (가) 싱가포르의 '태형'과 제시문 (나) 홍보전의 '매품'을 서로 비교하시오.
– 문제 2: 제시문 (다)를 바탕으로 제시문 (나) 홍보의 행위에 대해 평가하시오.
– 문제 3: 제시문 (가), (나), (다)를 참조해서 제시문 (라)의 '인간 존엄성' 실현을 위해 어떤 노력이 필요한지 말해 보시오.

일반전형(학업우수형) – 인문 계열(오후)

(가) 복지 제도는 모든 국민이 인간다운 생활을 유지할 권리를 실질적으로 보장하는 것이 목적이다. 즉 인간이 인간다움을 유지하며 살아갈 수 있도록 국가는 그들에게 필요한 도움을 주고 문제를 해결하도록 도와야 한다. 더불어 국가의 개입을 통하여 계층 간의 갈등과 사회 불안을 야기하는 빈곤이나 사회 불평등 문제를 해결해야 한다. 오늘날 전 세계 시장을 주도하고 있는 자유 무역과 무한 경쟁은 이른바 20 대 80의 사회*를 만들어 내고 있다. 이에 따라 소수에 대한 부의 집중과 상대적 박탈감의 확산, 그리고 양극화 현상의 심화로 인하여 사회의 안정과 통합이 저해되고 있다. 이런 상황에서 복지 제도는 사회 불평등 현상을 극복하고 실질적 평등의 원리를 실현할 수 있는 좋은 대안이 될 수 있다. 또한 사회 문제에 대한 사회적 책임을 강조함으로써 **복지 사회**가 지향하는 가치인 인간의 존엄성을 실질적으로 보장해 줄 수 있다.

* 20 대 80의 사회: 세계화 시대에서 세계 인구 중 20%만이 안정적인 생활을 할 수 있고, 80%의 빈곤층과 20%의 부유층으로 사회가 양분될 것이라 보는 이탈리아의 경제학자 빌프레도 파레토의 주장

(나) 도가 윤리는 자연의 순리에 따르는 삶을 강조한다. 노자는 "도(道)는 자연을 본받아 어긋나지 않는다."라고 하여, 천지 만물의 근원인 도의 특성이 인위적으로 강제하지 않고 자연스러움을 따르는 무위자연(無爲自然)이라고 주장하였다. 도가 윤리는 이러한 무위자연을 이상적 삶의 모습으로 제시하며, 무위의 다스림이 이루어지는 소국 과민**을 **이상 사회**로 본다. (중략) 도가 윤리는 내면의 자유로움을 추구함으로써 부와 명예 등 세속적 가치에서 벗어나 진정한 행복에 이를 수 있게 한다.

** 소국 과민(小國寡民): 영토가 작고 인구가 적은 나라

(다) 나 홀로

그렇게 숲속을 걸었지.
아무것도 찾지 않으리라.
그런 생각에 잠긴 채.

그늘 속에서
나는 한 떨기 꽃송이를 보았어.
별처럼 반짝이며
작은 눈동자처럼 아름다웠지.
나는 그 꽃을 꺾으려 했지.
그러자 꽃은 속삭였어.
난 꺾여
시들어 버릴 테죠?

나는 그것을
아름다운 정원에다 심으려고
뿌리째 파내어
집으로 가져왔지.

그러자 그 꽃은 조용한 구석에서
다시 살아났어.
이제 가지가 뻗어 나가고
자꾸자꾸 꽃을 피우고 있네.

(라) 지방 자치 단체가 수행하는 사무에는 중앙 정부로부터 위임을 받은 국가 사무와 지방 자치 단체 스스로 결정하는 지방 사무가 있다. 그중 국가 사무가 차지하는 비중이 높아(80% 내외) **실질적인 지방 분권**이 이루어지지 못하고 있다. 국가 사무의 경우 국가의 지도 · 감독이 중심을 이루지만 조례 제정을 비롯한 지방 의회의 개입이 쉽지 않아 지역 자율성이 제대로 실현되지 못하는 결과를 가져온다. 지방 재정법 제21조는 위임 사무 처리 비용을 국가가 부담하도록 규정하고 있으나 실제로는 위임 사무 처리 비용을 지방 자치 단체가 부담하는 경우가 적지 않다. 그뿐만 아니라 주민의 삶의 질과 직결된 지방 자치 단체의 정책이 국가 사무에 가로막혀 좌절되는 경우도 있다.

- 문제 1: 제시문 (가)의 '복지 사회'와 제시문 (나)의 '이상 사회'를 비교하시오.
- 문제 2: 제시문 (나)의 관점에서 제시문 (다)의 화자인 '나'의 행위를 평가하시오.
- 문제 3: 제시문 (가), (나), (다)를 두루 참고하여 제시문 (라)의 '실질적인 지방 분권'을 위해 필요한 요건을 말해 보시오.

일반전형(학업우수형) – 자연 계열(오전)

(가) 변압기는 동일한 철심의 한쪽에 1차 코일을 감고 교류 전류를 흘려 주면, 다른 쪽에 감은 2차 코일에 유도 전류와 유도 기전력이 발생하도록 만든 장치이다. 1차 코일의 감은 수가 N_1일 때, 기전력이 V_1이고, 2차 코일의 감은 수가 N_2이면 유도 기전력 V_2는 다음과 같다.

$$V_2 = V_1 \times \frac{N_2}{N_1}$$

이 식에서 볼 때, 1차 코일의 감은 수보다 2차 코일의 감은 수가 더 많으면 전압을 더 높게 만드는 승압 변압기가 되고, 그 반대이면 전압을 더 낮추는 감압 변압기가 된다.

(나) 플룸 상승류가 있는 곳은 주변의 맨틀보다 온도가 높으므로 지진파의 속도가 느리다. 한편, 해구에서 섭입된 판은 맨틀과 외핵의 경계까지 하강하기도 하는데, 하강하는 판은 주변 맨틀보다 상대적으로 온도가 낮으므로 주변보다 지진파의 속도가 빠르다. 따라서 지진파의 속도 분포를 연구하면 맨틀의 온도 분포를 알 수 있다.

(다) 다음 수식을 이용하면 $0 \le x \le 1$일 때, 곡선 $x^{\frac{2}{3}} + y^{\frac{2}{3}} = 1$의 길이를 구할 수 있다.

$$\int_0^{\frac{\pi}{2}} \sqrt{(-3\cos^2\theta\sin\theta)^2 + (3\sin^2\theta\cos\theta)^2}\,d\theta = \int_0^{\frac{\pi}{2}} 3\sin\theta\cos\theta\,d\theta = \int_0^1 3t\,dt = \frac{3}{2}$$

(라) 생물은 물 없이는 살 수 없다. 그러나 오염된 물을 마시거나 접촉하면 각종 질병에 노출될 위험이 증가한다. 깨끗한 물을 사용할 수 있는 현대의 위생적인 환경은 질병의 발생을 많이 줄여 주었지만 지구촌에는 아직도 오염된 물로 인해 고통 받는 사람들이 있다. 쥐나 모기와 같은 동물이 병원체를 전달할 수도 있다. 이로 인한 감염을 줄이려면 주변 환경을 주기적으로 소독해야 하며, 특히 여름철 물웅덩이는 모기의 발생을 촉진하므로 잘 관리해야 한다.

(마) 자동차 하부의 배기관 중간에는 변환기가 설치되어 있다. 연료의 연소 과정에서 배출되는 대기 오염 기체는 변환기 내부의 작은 구슬 모양의 고체 표면에 쉽게 반응할 수 있다. 이 반응에서 일산화 탄소(CO)와 완전 연소되지 않은 탄화수소(C_xH_y)는 이산화 탄소(CO_2)와 물(H_2O)로, 산화 질소(NO)는 질소(N_2)와 산소(O_2)로 변환된다.

- 문제 1: 제시문 (가)~(라)를 읽고 공통적으로 떠오르는 개념을 말하고 그 이유를 설명하시오.
- 문제 2: 제시문 (마)를 읽고 '문제 1'에서 답한 개념과의 유사성과 차이점을 설명하시오.
- 문제 3: '문제 1'에서 답한 개념을 사회 현상에서 찾고 그 이유를 설명하시오.

일반전형(학업우수형) – 자연 계열(오후)

(가) 이황은 우주의 존재 문제에 대해 이(理)는 기(氣)의 주재자로서 기를 부릴 뿐이고, 이는 귀하고 기는 천한 것으로 파악하였다. 나아가 그는 "이가 발(發)하면 기가 이를 따르며, 기가 발하면 이가 기를 탄다."라고 하여 이와 기가 모두 발한다는 이기호발설(理氣互發說)을 주장하였다. 이처럼 이황이 '이의 발'을 강조한 것은 전쟁터에서 병사[氣]가 항상 장수[理]의 통제와 명령을 받아야 하듯이, 이를 도덕규범의 법칙으로 삼아 인간의 본성을 회복하여 사회 질서를 바로 세우고자 한 의지가 반영된 것이다.

(나) 오비탈은 마치 원자 내에서 전자가 떠돌아다니는 공간과 같은데, 크기와 모양이 다른 여러 가지 오비탈이 존재한다. 또한 같은 오비탈이라 해도 크기나 공간에서 배치된 방향이 서로 다르다. 이처럼 서로 다른 오비탈을 나타내기 위해서는 주 양자수, 부 양자수, 자기 양자수의 세 가지 양자수가 필요하며, 각각의 양자수는 다음과 같이 특정한 조건을 만족하는 값만 가질 수 있다. 주 양자수(n)는 1 이상의 정수만 가능하며, 오비탈의 크기 및 에너지와 관련이 있다. 보어 모형에서 전자 껍질을 나타내는 n값과 비슷한 개념으로, n이 커질수록 오비탈의 크기가 커지며 에너지가 증가한다. 부 양자수 또는 방위 양자수(l)는 전자 구름의 모양, 즉 오비탈의 종류와 관련이 있으며, 주 양자수(n)에 따라 가질 수 있는 값이 정해진다.

(다) 표본 공간 S의 두 사건 A, B에 대하여 $P(A)>0$, $P(B)>0$이다.

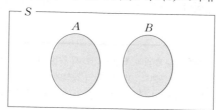

(라) 두 파동이 서로 반대 방향으로 전파하면서 중첩될 때, 어떤 지점에서의 변위는 그 지점에서 두 파동의 변위를 합한 결과와 같다. 이를 중첩의 원리라고 한다. 파동이 중첩될 때에도 두 파동은 전파하며 파동의 중첩이 모두 끝난 후에는 원래의 모습을 가지고 그대로 전파된다.

(마) 금속 결합을 이루는 각 금속 원자의 최외각 전자는 모든 금속 양이온 사이를 자유롭게 움직인다. 이들 전자와 금속 양이온 사이의 정전기적 인력이 금속 양이온 사이의 반발력보다 크므로 결합을 이룬다. 많은 수의 전자가 금속 양이온 사이를 자유롭게 움직이므로, 이러한 금속 결합 모형을 전자 바다 모형이라고도 한다.

(마) 공화주의에서는 주권자인 시민들이 사적 이익보다 공적 이익을 우선시하고 법에 의한 통치를 받아들여 국가를 만들었다고 본다. 공화국에서 시민은 다른 사람의 자의(恣意)에 예속되지 않고, 어떠한 지배도 당하지 않는다. 이러한 공화국은 사람들이 시민적 덕성을 함양하도록 하여 공동선을 추구하고 공적 활동에 관심을 갖고서 공적인 삶에 적극 참여하도록 만든다.

- 문제 1: 제시문 (가)~(다)와 (라)~(바)에서 떠오르는 공통된 개념을 각각 말하고 그 이유를 설명하시오.

- 문제 2: 아래 그림은 들뜬 상태의 원자에서 낮은 에너지 준위로 전이할 때 방출되는 빛의 선 스펙트럼이다. 위 제시문 (가)~(다)에서 말한 개념을 이용하여 그림을 설명하시오.

| 400 | 500 | 600 | 700 | 파장(nm) |

수소

헬륨

– 문제 3: '문제 1'에서 얻은 개념들을 이용하여, 아래 제시문을 설명하고 이 정책을 시행함에 따라 발생할 수 있는 부작용의 예와 해결 방안을 설명하시오.

> 정부가 인위적으로 수출이나 수입에 제한을 가하지 않는 무역 정책은 국가 간의 무역과 경쟁을 통한 효율성을 강조한다. 이러한 무역 정책에서는 국내에서 생산할 수 있는 것보다 더 많은 상품이 공급되고, 소비자는 값싼 가격에 좋은 품질을 가진 다양한 상품을 소비할 수 있어 이득이 증대된다. 또한 이러한 무역 정책이 정착되면 기업들이 자국 기업은 물론 외국 기업과도 경쟁하게 되어 기술 개발과 품질 향상을 위해 더욱 노력하게 된다. 이는 국내 산업의 생산성을 높여 경제 성장에도 이바지할 수 있다.

국민대

어학특기자전형 – 인문 계열

■ **기본 소양 Ⅰ**

• 현재 수도권이 아닌 지방의 의사 수가 부족하여 사회적 문제가 되고 있다. 이러한 문제를 해결하기 위해 의과 대학 정원 확대, 해당 지역에서 의무적으로 복무하게 하는 공공의대 설립 등의 방안이 제시되고 있다. 수도권에 비해 지방의 의사 수가 특히 부족한 원인과 해결 방법에 대한 의견을 말해 보시오.

> **보조 질문**
>
> 지방의 의사 수가 특히 부족한 이유가 무엇이라고 생각하는가?

> **보조 질문**
>
> 해당 지역에서 일정 기간 의무 복무하게 하는 공공의대의 장점과 문제점은 무엇이라고 생각하는가?

■ 기본 소양 II

• 우리나라의 인구 감소 문제에 대응하기 위한 방안으로 외국인 이민의
확대를 제안하는 의견이 있다. 외국인 이민 확대의 장점과 단점을 비
교하고 자신의 의견을 말해 보시오.

보조 질문

인구 감소가 가져올 문제점들은 어떤 것들이 있는가?

보조 질문

이민자가 증가할 경우 생길 수 있는 문제점은 무엇인가?

어학특기자전형 – 인문 계열

■ 기본 소양 I

• 최근의 통계에 따르면 대한민국의 합계 출생율은 0.78을 기록했다. 이
수치는 세계 최저로 OECD 회원국 평균 출산율 1.59(2020년)의 절반
에도 못된다. 출산율의 저하가 경제와 산업에 초래할 영향은 무엇이며
출산율을 제고시키기 위한 대책은 무엇인가?

보조 질문

한국의 출산율이 유독 이렇게 낮아진 원인은 무엇이며 출산율 저하가
경제에 주는 영향은 무엇인가?

보조 질문

출산율을 늘리기 위해서 정부나 사회가 추진해야 할 정책과 노력은 무
엇인가?

■ 기본 소양 II

• 2년째 지속되는 러시아 – 우크라이나 전쟁과 최근 악화하고 있는 이스라엘과 하마스 간 분쟁은 세계적인 차원에서 안보 위기를 초래하고 있고 원유를 비롯한 원자재의 공급망 교란을 초래하여 세계 경제에도 악영향을 미치고 있다. 두 개의 전쟁이 한국에 미치는 영향은 무엇인가?

보조 질문

러시아의 우크라이나 침공 및 중동에서의 분쟁 사태는 우리의 안보 환경에 어떤 영향을 주고 있는가?

보조 질문

글로벌 차원에서 벌어지는 전쟁이나 국제 분쟁이 한국 경제에 주는 영향은 무엇인가?

어학특기자전형 – KIBS

■ 기본 소양 I

• 지난해 국내 실험에 동원된 동물의 수가 399만 마리에 달하는 것으로 나타났다. 전년 대비 11만 마리가 증가한 수치로, 역대 최대치를 기록했다. 실험동물은 지난 10여 년간 꾸준히 증가하고 있다. 실험동물에게 고통을 주는 유형의 실험 비중이 높다는 점에서 동물 실험은 많은 비판을 직면하고 있다. 동물 실험에 대한 찬반 의견을 간략히 서술하고, 본인의 의견을 제시하시오.

보조 질문

코로나로 인한 팬데믹 당시 투구게를 이용한 시험을 통해 빠르게 신약을 개발하고 보급할 수 있었다. 이처럼 많은 인간의 생명이 달린 급박한 상황에서 동물 실험을 진행하는 것이 적절하다고 생각하는가?

보조 질문

동물 실험을 중지한다면 어떠한 방식으로 신약을 개발할 것인가?

■ 기본 소양 II

• 현재 한국은 노인의 복지 증진에 기여하기 위한 노인 복지법 규정에 따라 65세 이상 노인은 지하철을 제한 없이 무료로 이용할 수 있게 허용하고 있다. 하지만 지하철이 지속적으로 적자를 내는 상황이 오며, 노인 무임승차 제도가 논란이 되고 있다. 찬반의 입장을 간략히 서술하고, 본인의 의견과 이에 대한 근거를 제시하시오.

보조 질문

해당 제도의 개선 방안에 대해 논하시오.

보조 질문

노인의 소득에 따라 무임 혜택을 달리 하자는 주장에 대해 어떻게 생각하는가?

어학특기자전형 – KIBS

■ 기본 소양 I

• 로봇이 사회 곳곳에 도입되기 시작하면서 회사의 한 팀에서 로봇과 인간이 함께 일하는 사회가 점점 다가오고 있다. 로봇이 인간의 상사(supervisor)로서 역할을 수행할 때 생길 수 있는 이슈와 그 이슈를 해결하는 방법을 한 가지 이상 제시하시오.

보조 질문

로봇이 인간을 팀원으로 두고 팀 리더로서 역할을 수행할 가능성이 높은 업무에는 어떠한 것이 있는가?

보조 질문

로봇이 팀 리더가 되어 팀원을 관리한다면 인간의 입장에서 겪을 어려움은 무엇인가?

- **기본 소양 II**
- 최근 미국 연방 대법원(the Supreme Court of the United States)은 '소수 인종 우대 입학'(minority race − based affirmative action in college admissions) 제도에 대해 위헌(unconstitutional) 결정을 내렸다. 위헌 결정에 대한 찬반 의견(for or against)을 밝히고 그 논거(rationale)를 설명하시오.

? 보조 질문

'소수 인종 우대 입학' 제도를 도입했던 이유는 무엇이었다고 생각하는가?

? 보조 질문

'소수 인종 우대 입학' 제도에 대한 위헌 판결이 어떠한 사회적 파급력이 있을 것이라 생각하는가?

소프트웨어 특기자전형

- **기본 소양 I**
- 생성 AI 기술의 진보로, 창의적인 글쓰기나 그림 그리기 등이 용이해졌습니다. 생성 AI 기술이 사회에 보급될 때의 장단점을 말해 보시오. 그리고 생성 AI와 인간이 공존하는 사회에서 발생할 수 있는 사회적 문제는 무엇이고 이를 최소화하기 위한 기술적인 방안을 말해 보시오.

? 보조 질문

생성 AI를 새로운 도구라는 관점에서 봤을 때, 글이나 그림 작성에 전문적인 지식을 가지지 않은 사람에게는 어떠한 혜택이 있을까? 반면, 아직 글이나 그림에 전문성을 가지고 있지만 견습생 수준인 작가들은 생성 AI에 비해 어떤 대우를 받을 것으로 보이는가?

생성 AI 기술이 보급되었을 때 발생할 수 있는 사회적 문제의 구체적인 사례를 제시하고, 이를 어떻게 해결할 것인지 설명하시오.

예 가짜 뉴스 유통, 작가의 글/그림, 개인 정보 등을 무단 도용한 생성 AI 학습

학생부위주전형

[불교추천인재 – 불교학부] 2학년 윤리와 사상 과목 세부 능력 및 특기 사항에서 불교의 연기설을 학습한 후, 불교와 아동의 교육관을 연결시켜 발표했다고 기재되어 있습니다. 수업 시간에 배운 불교의 연기설에 대해 설명해 주세요. 또 아동을 교육하는 데 있어 불교를 연관 짓게 된 이유를 얘기해 주세요.

〈검증: 학생부 세부 능력 및 특기 사항〉

[기회균형통합 – 역사교육과] 2학년 동아시아사 세부 능력 및 특기 사항을 보면『세계는 역사를 어떻게 교육하는가』라는 책을 읽고 선진국과 한국의 역사 교육과정의 차이점을 비교했다고 되어 있습니다. 본인이 파악한 선진국과 한국의 교육과정의 차이점을 설명해 보고, 이 책의 내용을 바탕으로 우리나라의 역사 교육에 대한 본인의 생각을 얘기해 주세요.

〈검증: 학생부 세부 능력 및 특기 사항〉

[특성화고졸재직자 – 사회복지상담학과] 창의적 체험 활동을 보면 어르신 대상 복지 제도와 사회 복지사의 업무에 대해 관심을 갖고 조사하는 활동을 했다고 되어 있는데요. 본인이 탐색한 내용을 토대로 어르신을 대상으로 일하는 사회 복지사의 경우 가장 바람직한 관점, 태도는 무엇이라고 생각하는지 얘기해 주세요.

〈검증: 학생부 진로 활동〉

[특수교육대상자 – 정보통신공학과] 진로 활동에서 '자율 주행 휠체어'를 제작해 보았다고 했는데요. 몇 명이 참여한 활동이었나요? 이를 제작하게 된 계기와 본인이 주도적으로 맡은 역할에 대해 얘기해 주세요. 또 자율 주행 휠체어 반복 주행 연습을 통해 느낀 점은 무엇인지 설명해 주세요.

〈검증: 학생부 진로 활동〉

[Do Dream – 건축공학부] 과학 주제 탐구반 동아리 활동 중에서 참여자들과 소통하면서 협력한 사례가 있다면 얘기해 주세요. 제시한 사례에서 본인의 역할은 무엇이었으며 활동의 결과는 어땠는지 설명해 주세요.

〈검증: 학생부 동아리 활동〉

[Do Dream – 경영정보학과] 1학년에 미인정 지각이 4회가 있었는데요. 이 부분에 대해 본인은 어떤 상황이었는지 설명해 주세요. 또 이를 개선하기 위해 기울인 노력이 있다면 얘기해 주세요.

〈검증: 학생부 출결 상황〉

[Do Dream – 경제학과] 3학년 자율 활동을 보면 수준 높은 경제 배경지식과 우수한 탐구력을 지녔다고 기재되어 있는데요. 본인이 탐구한 내용 중 대학에서 발전시켜 배워 보고 싶은 이론이나 내용이 있다면 얘기해 주세요. 또 그 이유는 무엇인지 설명해 주세요.

〈검증: 학생부 자율 활동〉

[Do Dream – 물리학과] 2학년 행동 특성 및 종합 의견을 보면 1년간 학급 칠판 청소를 담당했다고 하는데요. 칠판 청소에 참여하게 된 계기를 말해 보고 역할을 수행하면서 느꼈던 점이 있었다면 얘기해 주세요.

〈검증: 학생부 행동 특성 및 종합 의견〉

[Do Dream – 바이오환경과학과] 2학년 1학기 학교 자율 교육과정에서 수소 에너지의 원리와 전망에 대해 활동지를 작성했다고 되어 있는데요. 어떤 자료를 참고해서 내용을 작성했나요? 본인이 작성한 수소 에너지의 화학적 원리에 대해 얘기해 주세요.

〈검증: 학생부 세부 능력 및 특기 사항〉

[Do Dream – 식품산업관리학과] 1학년 때 신문 읽기반 동아리 활동 중에 경제 신문을 활용했다고 되어 있는데요. 그 당시 읽었던 경제 신문 중 기억에 남는 내용이 있다면 한 가지만 얘기해 주세요. 또 이런 활동이 식품산업관리학과를 준비하는 데 끼친 영향이 있다면 설명해 주세요.

〈검증: 학생부 동아리 활동〉

[Do Dream – 전자전기공학부] 교과 학습 발달 상황을 보면 물리학 과목을 이수하지 않은 것으로 되어 있는데요. 전자전기공학부는 물리 지식을 바탕으로 공학을 배우게 되는데, 진학하게 된다면 이를 보완하기 위해 본인은 어떤 계획을 가지고 있는지 얘기해 주세요.

〈검증: 학생부 교과 학습 발달 상황〉

[Do Dream – 정보통신공학과] 1학년 동아리 활동을 보면 인공 지능과 IT 분야에 관심이 많았다고 기재되어 있습니다. 정보통신으로 진로를 구체화하게 된 계기와 이유가 있다면 얘기해 주세요. 또 정보통신공학과 입학을 통해 목표하는 바는 무엇인지 설명해 주세요.

〈검증: 학생부 동아리 활동〉

[Do Dream – 통계학과] 3학년 1학기 수업량 유연화 주간에 빅 데이터 분석 및 통계 활용을 주제로, 마약 범죄 현황에 대한 데이터를 수집해 통계 포스터를 제작했다고 했습니다. 이 과정에서 빅 데이터 및 통계가 어떻게 활용되었는지 얘기해 주세요.

〈검증: 학생부 세부 능력 및 특기 사항〉

[Do Dream - 화공생물공학과] 2학년 자율 활동에 물리, 화학 멘토로 활동했다고 되어 있습니다. 이러한 경험은 본인에게 어떤 긍정적인 영향을 주었나요? 학습 멘토링 활동을 하며 느낀 점을 얘기해 주세요.

〈검증: 학생부 자율 활동〉

[Do Dream - AI소프트웨어융합학부] 교과 학습 발달 상황을 보면, 공동 교육과정으로 인공 지능 기초 과목을 이수한 것을 확인할 수 있습니다. 이수하게 된 계기를 말해 보고 이 과목을 통해 배운 점 중 가장 기억에 남는 내용이 있다면 얘기해 주세요.

〈검증: 학생부 교과 학습 발달 상황, 세부 능력 및 특기 사항〉

 명지대

학생부교과전형 - 교과면접전형

◆ **면접 기초 자료 문항(오전)**

• 고교 생활(검정고시 포함) 중 가장 아쉬웠던 활동은 무엇이며, 이를 다시 수행한다면 어떻게 개선할 것인가를 서술하시오.

• 지원한 학문 분야(학부/학과/전공)와 관련하여 가장 관심 있는 분야는 무엇이며, 관심 분야에서 이루고자 하는 본인의 모습과 예상되는 노력을 서술하시오.

◆ **면접 기초 자료 문항(오후)**

• 지원한 학문 분야(학부/학과/전공)에서 성공하기 위하여 가장 필요한 능력은 무엇이며, 이를 향상시키기 위해 고교 생활(검정고시 포함) 중 기울인 노력을 기술하시오.

• 지원자가 지원한 학과(학부/전공)에 입학한 후의 구체적인 대학 생활 계획을 서술하시오.

> * 면접 기초 자료는 점수화하지 않으며, 면접고사 시 참고 자료로만 활용합니다.
> 면접 위원이 면접 기초 자료 내용과 관련하여 질문할 수 있습니다.

◆ 건축학부(건축학전공)

- 건축학전공에 지원한 동기는 무엇인가?
- '창의성'을 키우기 위해 본인은 어떤 노력을 할 것인가?
- 본인의 기억에 가장 힘들었던 기억은 무엇이고 극복한 사례는?
- 협동하여 작업에 임했던 사례를 소개하고 어떤 능력을 발휘했는가?
- 협업에서 갈등 상황에 직면했을 때 어떻게 극복했는가?

◆ 경영학과

- 학교에서 배운 교과목 또는 비교과 활동 중 경영학과 관련된 사항을 말하시오.
- 경영학 세부 분야 중 관심 분야는 무엇인가?
- 갤럭시와 아이폰에 대해 경영학 관점에서 말하시오.
- 경영학과 관련해 읽어본 책에 대해 말하시오.
- 향후 경영학 분야에서 발생할 문제(이슈)는 어떤 것이 있을지 말하시오.

◆ 국어국문학과

- 국어국문학과 지원 동기 및 졸업 후 진로는?
- 최근에 읽은 문학 작품 가운데 가장 인상 깊은 것과 그 이유는?
- 전공 관련 비교과 활동을 통해 성취한 것 중 가장 인상 깊은 것은?
- 학교생활에서 실패했던 경험과 그 극복 과정은?
- 친구들과의 갈등을 해결한 경험에 대해 설명하시오.

◆ 디지털미디어학과

- 디지털미디어학과에 지원한 동기는 무엇인가?
- 넷플릭스 같은 글로벌 OTT가 한국의 미디어 환경을 어떻게 변화시키고 있다고 생각하는가?
- K-culture가 세계적으로 인기 있는 이유는 무엇이라 생각하는가?
- 어렵지만 도전해서 책을 읽어낸 경험이 있다면 소개하시오.
- 졸업 후 진로 방향에 대해 이야기하시오.

◆ 사학과

- 역사 사건 중 가장 관심을 끈 사건은 무엇이며 그 이유는 무엇인가?
- 학교 자율 활동 혹은 동아리 활동 중 역사 관련 활동 경험은?
- 역사학자가 사회에 어떻게 기여한다고 생각하는가?
- 문화재 보존을 위한 좋은 방법은 무엇인가?
- 공동체 생활에서 중요한 요소나 자질은 무엇이라고 생각하는가?

◆ 산업경영공학과

- 전공에 관심을 가지게 된 이후 가장 중점적으로 준비한 사항은 무엇인가?
- 고교 생활 동안 수행한 교과 또는 비교과 활동 중 전공과 가장 관련이 깊은 활동은 무엇인가?
- 산업경영공학 전공자가 갖추어야 할 가장 중요한 소양은 무엇이라 생각하는가?
- 자신의 역량(장점) 중에서 산업경영공학을 전공하는 데 가장 크게 도움이 될 수 있는 것은 무엇인가?
- 전공을 통해서 향후 사회에 이바지하고 싶은 분야가 있다면 어떤 분야인가?

◆ 전자공학과

- 고등학교 때 흥미가 있었던 교과목은 무엇인가?
- 고등학교 때 과학 관련 활동을 해 본 것이 있는가?
- 수학 과목 중 가장 흥미로웠던 주제는 무엇인가?
- H/W, S/W 등 본인이 해 본 경험에 대해서 설명하시오.
- 졸업 후 어떤 분야로 진출할 것이고 본인의 역량을 어떻게 발휘하려고 하는가?

◆ 화학과

- 화학과에 지원한 동기는 무엇인가?
- 화학 또는 유사 전공과 관련하여 고등학교에서 배운 내용 중 가장 흥미로웠던 내용(실험, 이론)은 무엇인가?
- 전공 관련 실험 경험이 있다면 깨달은 원리와 개선 방향에 대해서 말하시오.
- 화학 중 특히 관심 있는 분야와 그 이유는 무엇인가?

학생부종합전형 – 명지인재면접전형

◆ 면접고사 질문 문항

- 학과에 대한 전반적인 이해 및 관심도를 확인할 수 있는 질문
- 지원 동기 및 향후 진로 계획, 관련 활동(고등학교)
- 전공에 관심을 가지게 된 계기와 그 이후 어떤 활동을 하였는가?
- 전공 관련 본인이 읽은 책이나 동아리 활동 내용
- 본 학과 지원 관련(교과 외) 활동 내용
- 전공에 관련되어 명시된 내용 중 어떤 활동을 어느 정도 해 보았는가?
- 학생이 지원 전공에 대해서 어떠한 활동과 노력을 하였는가?
- 고교 과정 중 전공 관련 탐구 활동 및 진로 탐색을 위한 노력한 결과를 설명하시오.
- 협력 활동에서 본인의 역할과 어려운 점을 해결해 나간 경험 활동 내용

◆ 예시

- 수행 평가로 ○○○에 대해 조사했는데, ○○이 무엇이고, 왜 필요하다고 생각하는가?
- 수업 시간에 '○○○'에 대해 토론했다고 하는데 본인은 찬성과 반대 중에 어떤 입장이었고, 그 근거가 무엇인가? 그리고 상대편의 입장은 어땠는가?
- 수업 시간에 ○○○ 실험을 했는데 어떤 원리를 활용하였는가?

- ○학년 ○학기 학생회장을 했는데 학생들의 안건을 학교에 효과적으로 전달하는 방법은 무엇이었는가?
- 진로 활동 시간에 ○○관련 발표를 했는데 발표 준비를 위해 어떤 노력을 했나요? 그 과정에서 어려움은 없었는가?

 상명대

학생부종합전형 – 상명인재전형

◆ 전공 적합성
- 도시 재생 전문가와 예술가의 협업에 주목하여 동네 공간 재생을 위한 예술의 역할에 대해 탐색하였다고 기록되어 있는데 탐색한 내용을 이야기해 주세요.
- 자율 활동 시간에 소외 계층을 위한 디자인을 기획하였다고 했는데 어떤 디자인이었는지 설명해 주세요.
- 수업 시간에 탐구한 굿 디자인의 조건에 대해 이야기해 주세요.
- '영화 속 수학'이란 주제로 프로젝트를 수행하였다고 했는데 어떤 영화에서 어떤 수학적 내용을 찾을 수 있었는지 이야기해 주세요.
- '올드 보이' 영화 속 미장센을 통해 복선을 나타내는 장면을 찾아 소개하였다고 했는데 구체적으로 어떤 장면인지 이야기해 주세요.
- 숏폼 영상 콘텐츠가 생산자와 소비자에게 미치는 영향이라는 주제로 탐구한 활동에 대해 이야기해 주세요.

◆ 인성
- 모둠 활동의 조장 역할에 적극적으로 지원하였다고 기록되어 있는데, 스스로 지원한 이유와 조장 역할을 통해 배운 점은 무엇인가요?
- 동아리 기장 활동에서 주로 본인의 역할과 기억에 남는 활동이 있다면 이야기해 주세요.

- 1년 동안 학년 전체의 사진 앨범 제작 총괄 및 학급 사진사 역할을 통해 학교생활 중 친구들의 즐겁고 행복한 모습을 앨범으로 제작하였다고 했는데 이 활동을 하게 된 동기와 활동을 통해 느낀 점은 무엇인가요?
- 체육 시간에 학급 친구들이 안전하게 체육 활동을 할 수 있도록 도왔다고 했는데 주로 어떤 도움을 주었으며, 활동을 통해 배운 점은 무엇인가요?
- 통합사회 시간에 학생 멘토로 활동하며 힘들었던 경험과 보람을 느꼈던 점은 무엇인가요?

◆ 발전 가능성
- 4차 산업 시대에서 스포츠 분야 종사자로서 가져야할 바람직한 가치관은 무엇이라고 생각하나요?
- 실력 향상을 위한 구체적인 방안과 더불어 슬럼프 극복에 관한 자신의 경험담을 발표하였는데 발표한 내용을 구체적으로 이야기해 주세요.
- 3D 분야에 관심이 많은 것으로 보이는데 관심 분야와 관련하여 어떤 계획을 세우고 노력하였는지 이야기해 주세요.
- 본인의 운동 역량 증진을 위해 계획적으로 체력 단련을 하였다고 기록되어 있는데, 어떤 운동을 진행하였으며, 결과는 어떻게 되었는지 이야기해 주세요.

서울대

일반전형

◆ 인문학(오전)

※ 제시문을 읽고 문제에 답하시오.

> (가) 진실을 추구하지만 이야기라는 틀을 벗어날 수 없는 혼종 학문인 역사학은 인
> 문학의 경계에 위치하면서 다른 학문보다 더 어렵기도 하고 더 쉽기도 하다. 역
> 사가들은 원하는 정보 모두를 획득할 때까지 사료를 끊임없이 파헤치고, '사실'
> 을 다루는 자신들의 깊이를 앞세워 여타 학문의 동료들을 괴롭히는 콧대 높은
> 경험주의자들이다. 이와 동시에 역사책은 흔히 이야기를 중심으로 전개되며,
> 가장 성공적인 역사서들은 대체로 훌륭한 소설의 속성을 일정하게 갖고 있다.
> 역사학의 본질적 혼종성은 과거를 재구성하는 데 있어서 사실성과 허구성 사이
> 의 경계에 관한 논쟁의 핵심적 이유이다.
>
> (나) 크리스토퍼 브라우닝(Christopher Browning)은 1942~1943년에 걸쳐 약
> 38,000명의 유대인 학살 명령을 수행한 독일 101 예비 경찰대의 재판 기록을
> 통해 '평범한 사람들'이 학살에 가담했던 이유를 설명한다. 유대인을 죽이라는
> 명령을 받고 당황한 대원들에게 상관은 나이가 좀 더 많은 사람들은 임무를 수
> 행하지 못할 것 같으면 빠져도 좋다고 말했지만, 선택의 가능성에도 불구하고
> 80~90%의 대원들이 대량 학살에 가담했다. 브라우닝은 사회적 관계로 인해
> 나약한 인간이 부당한 일을 행할 수 있다고 보았다. 순응주의, 권위에 대한 복
> 종, 임무를 거부할 때 동료들로부터 따돌림을 당할지도 모른다는 두려움이 학
> 살 가담의 결정적 원인이라는 것이다. 브라우닝은 무엇이 보통 사람들을 그토
> 록 잔혹한 범죄에 가담하도록 이끌었는가를 이해하려 했던 것이고 그의 결론은
> 집단적 순응성의 압도적인 영향이었다.
>
> (다) 대니얼 골드하겐(Daniel Goldhagen)은 브라우닝과 동일한 사료를 검토하고 정
> 반대의 결론을 내렸다. 그의 결론은 101 예비 경찰대의 압도적 다수가 동료들의
> 압력, 복종, 혹은 자신들의 경력 때문에 학살에 가담했던 것이 아니라, 섬뜩할
> 정도로 냉담하고 잔인한 행동을 묘사한 기록들에서 드러나듯 유대인 학살의 적
> 극적 욕망을 가지고 행동했기 때문이라는 것이다. 골드하겐은, 학살 가담이 내
> 키지 않았고 자신들의 행동을 혐오했다는 대원들의 진술이 자기변호에 불과하며,
> 그들은 '평범한 보통 사람들'이 아니라 '비정상적인 정치 문화의 보통 사람들'

이라고 보았다. 그의 명제는 단순하고 명확하다. "독일인의 반유대주의적 신념이 홀로코스트를 유발한 핵심 동인이다." 골드하겐은 사회적 관계에 초점을 맞추기보다는 반유대주의라는 당시 독일 사회의 특수성을 문제시했다. 그의 자명한 주장은 앞선 역사가들과 달랐지만, 상당한 대중적 찬사를 받았다.

- 문제 1: 제시문 (가)에서 말한 역사학에서의 허구성을 구체적으로 설명하고, 제시문 (나)와 (다)에서 발견되는 허구적 요소가 각각 무엇인지 설명하시오.
- 문제 2: 제시문 (가)에서 말한 '혼종성'이 다른 학문 분야에서 어떻게 나타날 수 있는지 예를 들어 설명하시오.

◆ 인문학(오후)

※ 제시문을 읽고 문제에 답하시오.

(가) 사람을 믿는 것과 사실을 믿는 것은 사뭇 다른 일이다. 다음 주에 있을 과제 발표를 준비하는 데에 있어 같은 반 친구 유진이가 당신에게 도움을 줄 것인가? 당신이 유진이가 과제를 도와줄 것이라는 사실을 믿는다면, 그것은 주변 친구들을 기꺼이 도와주었던 유진이의 평소 행동 등 증거에 바탕을 둔 것일 수 있다. 반면 과제를 도와줄 것이란 사실과 관련하여 당신이 유진이라는 사람을 믿는 것은 그와의 개인적 관계에 기반한다. 설령 유진이와 친하지 않더라도 당신은 유진이가 과제를 도와줄 것이란 사실을 믿을 수 있지만, 당신이 유진이를 믿는 것은 그에 대한 당신의 개인적 태도 없이는 성립할 수 없다. '믿음'을 사실에 대한 믿음에, '신뢰'를 사람에 대한 믿음에 한정해서 말한다면, 당신이 유진이가 과제를 도와줄 것이라고 '믿는' 것과 유진이가 과제를 도와줄 것이라고 '신뢰하는' 것은 같은 것이 아니다.

(나) 믿음의 기반과 신뢰의 기반의 차이는 믿었던 바가 참이 아닌 것으로 드러난 경우와 신뢰했던 바가 참이 아닌 것으로 드러난 경우에 나타나는 반응의 차이를 만든다. 오후 날씨가 맑을 것이라고 믿었지만 그렇지 않은 것으로 드러났다면, 실망스럽거나 짜증이 날 수 있다. 그리고 앞으로 날씨 예측과 관련해 더 많은 증거를 찾거나 다른 종류의 증거를 찾기도 할 것이다. 반면, 절도 혐의를 받고 있는 친구가 결백을 호소하여 그가 결백하다고 신뢰했지만 그렇지 않은 것으로 드러난 경우, 우리가 느끼는 바는 단지 실망스러움이나 짜증이기보다는 배신감이다.

(다) 여행을 하다가 낯선 도시에 들러 식당을 찾아갈 때, 우리는 처음 보는 사람에게 길을 묻고 그가 일러 주는 방향으로 간다. 이때 우리는 그 사람이 어떤 사람인지 특별히 아는 바가 없고, 그가 잘 알지 못하면서 무책임하게 답했다거나 우리를 골탕 먹이기 위해 엉뚱한 방향을 알려주지 않았다는 사실을 아는 것도 아니다. 그럼에도 불구하고 그 낯선 이가 말해 준 방향대로 길을 간다.

(라) 사람들이 서로를 잘 신뢰하는 사회에서는 타인의 말을 쉽게 믿어 버리고 타인의 말에 더 쉽게 속을 수도 있기 때문에 거짓이 팽배해질 수 있을 것이라 생각할 수 있다. 그러나 이 사회는 거짓이 배제되고 참이 증진되는 건강한 사회로 유지된다.

- 문제 1: 제시문 (가)의 내용에 기반하여 제시문 (다)의 상황이 가능한 이유를 설명하시오.
- 문제 2: 제시문 (가), (나)를 바탕으로, 제시문 (라)의 '건강한 사회'가 유지될 수 있는 이유를 설명하시오.

서울시립대학교

학생부종합전형

◆ 면접 예시 문항

• 3학년 동아리 활동에서 공급망 인플레이션에 대해 탐구했는데 개념을 정의해 보세요. 공급망 인플레이션이 발생하는 과정을 설명해 보세요. 공급망 인플레이션이 주변 사회에 어떤 영향을 주었나요? 인플레이션 대응책으로 긴축 재정 정책과 국제 공조를 제시했는데 이에 대해 설명해 보세요.

• 1학년 '동아리 활동에서 사적 제재를 허용해도 되는가?'라는 주제의 토론에서 찬성 측의 입장으로 참여했는데 사적 제재란 무엇인가요? 사적 제재 관련 법률에 대해 설명해 보세요. 관련 사례를 예시로 들어 보세요. 사적 제재를 허용할 경우, 어떤 문제점이 발생할까요?

- 3학년 동아리 활동에서 아파트의 구조와 안정성을 한옥과 비교하는 연구를 진행했는데 아파트와 한옥의 구조적 차이를 설명해 보세요. 두 건축물 중 어느 쪽이 더 안정성이 높을까요? 그 이유는 무엇인가요?
- 2학년 진로 활동에서 『파인만의 6가지 물리 이야기』란 책을 읽었는데 우주의 기본 상호 작용 4가지가 무엇인지 설명해 보세요. 양자 역학의 해석 중 무엇이 더 합리적이라고 생각하나요? 그 이유는 무엇인가요?
- 3학년 진로 활동에서 제베크 효과와 펠티에 효과 관련 실험을 진행했는데 각각을 정의해 보세요. 당시 실험 내용을 설명해 보세요. 실험 전 세운 가설과 결과가 달랐던 이유는 무엇인가요? 열전 효과에 대해 설명해 보세요. 실험을 통해 어떤 결과를 알 수 있었나요? 현실에서 어떻게 응용할 수 있을까요?

세종대

학생부종합전형(세종창의인재전형) – 자연 계열A(오전)

※ 아래 발표 주제에 따라 아이디어/스토리를 표현(글, 그림, 도형, 기호 등 이용)하고 그 자료를 참조하여 면접 시 구술 발표하시오.

> **[전공 적합성 발표 주제]**
> 저출산·고령화는 출산율 감소로 태어나는 아이 수가 감소하고, 전체 인구에서 노인 인구가 차지하는 비율이 증가하는 현상이다. 저출산 현상의 원인으로는 혼인과 출산에 대한 가치관의 변화, 출산과 양육에 따른 경제적 부담 등을 들 수 있다. 그리고 고령화 현상의 원인으로는 전반적인 생활 수준의 향상, 의료 기술 및 복지 정책 다변화에 따른 평균 수명 증가 등을 들 수 있다.
> 낮은 출산율은 활발한 경제 활동을 위한 노동력 감소를 초래하는 반면, 늘어난 수명은 다양한 관점에서 노인 삶의 질에 영향을 주게 된다. 저출산·고령화에 의한 경제 활동 인구의 감소는 노동력 부족을 초래하고 가족과 사회 구성원의 변화를 가져오게 되며, 결과적으로 국가의 경제 성장을 저해할 수 있다. 이러한 저출산·고령화 문제를 해결하기 위한 자신의 아이디어를 간단한 스토리로 구성하고, 시나리오와 같은 개성 있는 형식 또는 스토리보드로 작성하여 설명하시오.

학생부종합전형(세종창의인재전형) – 자연 계열A(오후)

※ 아래 발표 주제에 따라 아이디어/스토리를 표현(글, 그림, 도형, 기호 등 이용)하고 그 자료를 참조하여 면접 시 구술 발표하시오.

> **[전공 적합성 발표 주제]**
>
> 한 사회 구성원 간에 발생하는 사회 불평등은 구조화되어 지속해서 나타나기도 하는데, 이를 사회 계층화 현상이라고 한다. 사회 구성원은 직업, 학력, 성별 등 일정한 기준에 따라 다양하게 범주화할 수 있다. 이렇게 범주화된 사회 구성원 간에 사회적 희소가치가 차등 분배됨으로써 뚜렷하고 구조화된 위계가 나타나게 된다.
>
> 사회 계층화 현상은 사회 전반에 영향을 미치는데, 사회적 공정이 확립되면 개인과 집단의 창의성과 잠재력이 발휘되며, 사회적으로 평등하고 공정한 사회가 형성됨으로써 경제적, 정치적 안정과 사회적인 통합이 이루어질 수 있다. 반면, 사회적 차별은 불평등과 사회적 분열을 촉진하며, 개인과 집단의 발전을 저해함으로써 사회적 불안정과 불공평한 사회 구조를 초래할 수 있다. 이러한 사회 계층화 현상으로 발생하는 문제를 해결하기 위한 자신의 아이디어를 간단한 스토리로 구성하고, 시나리오와 같은 개성 있는 형식 또는 스토리보드로 작성하여 설명하시오.

학생부종합전형(세종창의인재전형) – 자연 계열B(오전)

> 입법권, 행정권, 사법권을 분리하여 상호 견제하게 함으로써 권력 남용을 막고 국민의 권리를 보호하는 장치를 '권력 분립'이라고 한다.

• 제시문에서 설명한 '권력 분립'을 독창적으로 해석하여, '공간감'을 사물 또는 소재에 대입하고 연상되는 창의적 아이디어를 표현(그림, 도형, 기호, 글 등을 혼합)하여 그 자료를 참조하여 면접 시 구술 발표하시오.

  * 주의 사항: 제시된 개념과 단어 및 사물을 하나로 융합하거나 동일한 맥락으로 연결할 수 있는 아이디어를 도출하여 주제를 설명할 것

학생부종합전형(세종창의인재전형) – 자연 계열B(오후)

> '생애 주기'는 시간의 흐름에 따라 개인의 삶의 모습이 어떻게 달라지는지 단계를 나누어 나타낸 것을 의미한다.

- 제시문에서 설명한 '생애 주기'를 독창적으로 해석하여, '결합'을 사물 또는 소재에 대입하고 연상되는 창의적 아이디어를 표현(그림, 도형, 기호, 글 등을 혼합)하여 그 자료를 참조하여 면접 시 구술 발표하시오.

  * 주의 사항: 제시된 개념과 단어 및 사물을 하나로 융합하거나 동일한 맥락으로 연결할 수 있는 아이디어를 도출하여 주제를 설명할 것

학생부종합전형(정보보호특기자전형)

- ○○ 활동이 가장 활발해 보이는데, 이 활동은 무엇인가요?
- 전반적인 성적보다 ○○ 교과 성적이 좋은데(혹은 나쁜데) 이유가 있나요?
- 지원 전공 분야에 대해 알고 있는 현재 이슈가 있는지, 특히 관심 있는 분야는 무엇인가요?
- ○○ 분야가 유망하다고 생각하는 이유를 말해 보세요. ○○의 활용 사례에 대해 말해 보세요.
- 학업 계획에 ○○가 꿈이라고 했는데, 관심 갖게 된 동기가 무엇인가요?
- ○○라는 진로를 결정하게 된 결정적인 활동을 구체적으로 설명해 보세요.
- 본인이 이 학과와 잘 맞는다고 생각하는 강점과 그 이유를 설명해 보세요.
- 숭실대학교 ○○학과에 지원한 동기를 이야기해 보세요.

연세대

학생부교과전형(추천형) 인문 · 통합계열

※ 다음 제시문을 읽고 질문에 답하시오. [총 100점]

(가) 공자(孔子)가 섭공(葉公)을 만났을 때의 일이다. 섭공은 자기 고을 사람들이 법을 잘 지키고 정직하다며 이렇게 자랑을 했다.

"우리 고을의 어떤 사람은 처신을 올바르게 하고 정직한 행동을 했습니다. 자기 아버지가 양을 훔치는 것을 보더니, 그는 아들이면서도 아버지의 절도죄를 증언해 처벌받게 했답니다."

그러자 공자는 이렇게 응수했다.

"우리 고을 사람들이 정직하다고 여기는 행동은 그런 게 아닙니다. 아버지가 죄를 범하는 일이 생겼을 때 아들은 아버지를 숨겨 주고, 반대의 경우 아버지가 자식을 숨겨 줍니다. 정직함이란 그렇게 부자간에 서로 숨겨 주는 행위 가운데 있는 것입니다."

공자는 죄를 범한 아버지를 법에 따라 곧이곧대로 고발하는 아들의 행위를 정직하다 평가하지 않았으며, 오히려 아버지와 아들이 서로 숨겨 주는 행위에서 정직의 미덕을 발견했다. 그는 이 행위의 동기가 부모 자식 간의 사랑이라는 원초적이고도 지극한 감정이라 여겼는데, 그러한 감정은 인간의 법에 앞서 하늘이 내려 준 것이므로 그에 따르는 것이 순리이고 올바른 행동이라 판단한 것이다. 공자는 사람이 지닌 도덕심의 내적 근거를 인(仁)이라 했고, 인이란 가족 사이의 사랑하는 마음으로부터 비롯되는 것이라고 보았다. 가족 사이 사랑의 마음에서 출발한 인은 더 넓은 범위로 확장되면서 사회를 조화롭게 하는 제도와 규범인 예(禮)의 근거로도 작동한다. 일찍이 공자는 용기만 있고 예가 없는 행동을 미워한다고 한 적이 있다. 단지 법에 따라 아버지를 고발하는 행동은 인을 결여하고 있으므로 예로 나아갈 수 없다. 따라서 그것은 용기만 있고 예가 없는 행동으로 비난받을 수 있다.

(나) 소크라테스는 아르콘 왕의 궁전 앞에서 자신을 불경죄*로 고발한 사람을 기다리다가 에우티프론을 만난다. 에우티프론이 불경죄를 범한 아버지를 고발하러 가는 길이라 하자 소크라테스는 그를 만난 것이 행운이라 여기며 기뻐한다. 에우티프론이 자기 아버지에게 하는 비난이 소크라테스가 받는 비난과 같은 것이었기에, 그로부터 불경죄가 뜻하는 바를 들을 수 있으리라 기대했기 때문이다.

소크라테스는 자신이 불경죄가 무엇인지 모른다고 고백하면서, 그 의미를 설명해 달라고 한다. 소크라테스는 법률가들처럼 불경죄가 무엇인지 정확히 아는 사람만이 그 죄목으로 누군가를 고발할 수 있을 것이므로, 자기 아버지를 고발한 에우티프론이라면 그 죄에 대해 확실히 알고 있을 것이라 생각한다. 그래서 소크라테스는 에우티프론에게 불경한 것이 어떤 것인지 개념을 정의해 달라고 한다. 에우티프론은 여러 대답을 차례로 내놓지만, 소크라테스는 번번이 그 대답이 지닌 한계를 지적하면서 한층 명확한 정의를 요구한다. 에우티프론이 더 이상 대답하지 못하고 혼란에 빠지자 소크라테스는 이렇게 말한다.

"죄목에 대한 정확한 앎이 없는 상태에서 남을 함부로 고발하는 것은 옳지 못한 처사이네. 만일 자네가 불경죄가 무엇인지 명확히 알지 못한다면, 감히 아버지를 고발해서는 안 될 것일세."

* 불경죄(不敬罪): 마땅히 높여야 할 대상을 존중하지 아니하여 짓는 죄

(다) 우리가 정의라는 미덕을 지키는 것은 우리의 자유 의지에 따른 것이 아니라 국가에 의해 강제된 결과라 할 수 있다. 그런데 이러한 강제에 따른 정의의 준수가 가능한 이유는 도덕성의 원천이 공감이기 때문이다.

불의란 자신의 이기적 행위를 타인의 이익을 침해하지 않는 수준으로 제한하거나 억제하지 못하는 것이다. 불의를 행하면 반드시 피해자가 생기고 피해자의 강력한 보복 감정을 불러일으키게 된다. 그에 따라 중립적 위치의 방관자도 이런 불의를 보게 되면 그것을 분개하여 마땅한 일로 여기고, 나아가 그 자연적 귀결로서 처벌받아 마땅한 일로 여기게 된다. 사람들은 불의에 의해 자행된 해악을 보복하기 위해 사용되는 폭력에는 공감을 느끼고 이를 시인한다. 마찬가지로 그들은 가해자를 제어해 그 이웃들을 해치지 못하도록 하기 위해 사용되는 폭력에 대해서도 더더욱 찬성하고 시인한다. 따라서 불의한 행위를 기도하는 사람은 자신이 죄를 범한 후에 도덕적으로 적정하다고 인정되는 물리적 강제력에 의해 처벌될 것이라는 사실을 알아차린다. 그런 사람들이 법을 지키는 이유는, 정의와 불의의 특성에 대해 잘 알고 이에 따라 판단하여 행동하기 때문이 아니다. 그들은 자신의 행동이 타인이 공감하는 범위 바깥에 놓이게 될 때 생길 공분(公憤)과 처벌에 대한 두려움 때문에 법을 지킨다.

(라) 국가 A와 국가 B는 범죄 여부를 판단하는 데 동일한 법 제도를 활용하고 있고, 두 나라 모두 범죄율을 낮추는 데 법 집행의 일차적 목적을 두고 있다. 하지만 두 나라는 범죄자에 대한 처벌 방법과 수준을 결정하는 데는 다른 제도를 활용하고 있다. 국가 A는 전적으로 범죄 및 법 관련 전문가들의 논의와 판단에 기반한

제도를 활용하는 반면, 국가 B는 시민들의 여론 및 이해관계 등을 대폭 고려한 제도를 활용한다. 이러한 두 나라의 범죄 중 작년의 살인율과 사생활 침해율을 정리하면 아래 그림과 같다. 여기서 살인율은 인구 10만 명당 발생 건수를, 사생활 침해율은 1천 명당 발생 건수를 의미한다. 그중 살인율은 두 국가 모두에서 오랫동안 일정한 수준을 유지하고 있는 반면, 사생활 침해는 두 국가 모두에서 지식 정보 기술의 발달에 따라 최근 몇 년간 폭증하고 있는 새로운 유형의 범죄이다. 한편 두 나라의 인구 및 사회 경제적 여건은 동일하다.

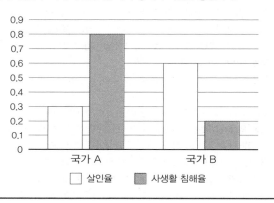

- 문제 1: 법을 준수하는 행위의 전제 조건에 대한 제시문 (가), (나), (다)의 관점을 비교 · 분석하시오. [50점]
- 문제 2: 제시문 (라)의 통계 결과를 요약하고, 제시문 (나)와 제시문 (다) 각각에 근거한 법 집행의 효과성을 평가해 보시오. [50점]

학생부교과전형(추천형) 자연 계열

※ 다음 제시문을 읽고 질문에 답하시오.

(가) 바퀴가 달린 의자에 앉아 벽면을 밀면 앉아 있는 의자가 뒤로 밀려나게 된다.

(나) 발열 반응에서 온도를 높이면 역반응이 일어나는 방향으로 평형이 이동하여 생성물의 농도는 감소하며 평형 상수가 작아진다. 반면에 흡열 반응에서 온도를 높이면 생성물의 농도는 증가하며 평형 상수가 커진다.

$$aA(g) + bB(g) \rightleftarrows cC(g) + dD(g)$$

위 기체 반응에서의 평형 상수(K)는 평형 상태에서의 각 기체의 부분압 P_A, P_B, P_C, P_D를 이용하여 다음 식으로 구할 수 있다.

$$K = \frac{P_C{}^c \times P_D{}^d}{P_A{}^a \times P_B{}^b}$$

(다) 그림과 같이 일정 압력(P)에서 온도 상승 또는 화학 반응을 통해 기체의 부피(V)가 증가하여 피스톤을 밀어내는 것은 외부에 일(W)을 하는 과정이다. 예를 들어, 기체가 열을 흡수하면 내부 에너지가 증가함과 동시에 부피가 팽창하여 외부에 일을 한다. 이때, 내부 에너지의 증가량과 외부에 한 일을 합하면 기체가 흡수한 열과 같다.

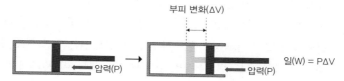

(라) 촉매는 활성화 에너지를 낮추어 반응 속도를 증가시키는 역할을 한다. 생체 내에서 일어나는 다양한 반응들은 생체 촉매인 효소에 의해서 조절된다.

(마) 기온이 올라가거나 운동을 하게 되면 땀을 흘리게 된다. 즉, 기온이 올라가거나 운동을 해서 체온이 증가하면 물질대사가 억제되며 피부 모세 혈관이 확장하여 피부 근처로 흐르는 혈액의 양이 늘어나고 땀의 분비를 촉진하여 몸 표면을 통한 열 방출량이 증가한다.

(바) 최근 신에너지로 수소(H_2)가 주목받고 있다. 수소의 생산에는 탄화수소를 이용한 개질 반응이 사용되며, 다음 열화학 반응식은 개질 반응의 한 예이다.

$$CH_4(g) + 2H_2O(g) \rightarrow CO_2(g) + 4H_2(g) \quad \Delta H = +1660 \text{ kJ}$$

위 반응은 평형 반응으로 낮은 온도에서 빠르게 평형에 도달할 수 있도록 촉매를 활용할 수 있다. 제시문 (다)의 실린더 내에 메테인(CH_4) 1몰과 수증기(H_2O) 2몰을 촉매와 함께 넣었을 때, 수소 2몰이 생성되는 방향으로 평형이 이동하였다. 반응 과정에서 피스톤에 가해지는 외부 기압은 1기압(10^5 N/m^2)으로 일정하게 유지되며 실린더와 피스톤 사이의 마찰은 무시할 수 있다.

- 문제 1: 제시문 (가), (나), (다)는 각각 어떠한 자연법칙 또는 원리를 설명하고 있는지 구술하시오. [8점]
- 문제 2: 제시문 (가), (나)와 제시문 (마)의 현상에는 어떠한 차이가 있는지 제시문 (라)를 고려하여 생명 현상의 관점에서 구술하시오. [12점]
- 문제 3: 제시문 (바)의 반응에서 평형 상수를 구하고 수소 생성량을 높이기 위해서는 어떠한 조건을 어떻게 변화시켜야 하는지 구술하시오. [10점]
- 문제 4: 제시문 (바)의 반응 과정에서 기체가 외부에 한 일에 대해서 구술하시오. 이를 토대로 화학 반응이 평형에 도달하기 위해서 얼마만큼의 열이 가해져야 했는지 구술하시오. (단, 반응 전후 실린더 내부 기체의 온도 변화는 없으며, 모든 기체는 이상 기체로 1몰의 부피는 0.022m^3로 가정하라.) [10점]

학생부종합전형(활동우수형) 인문 · 통합계열

※ 다음 제시문을 읽고 질문에 답하시오. [총 100점]

> **(가)** 로봇으로 대표되는 기술 발전으로 인해 전통적인 고용 구조가 재편되고 소득 격차가 심화될 것으로 예상된다. 사람들이 하는 일의 상당 부분을 로봇이 대신하여 우리 사회는 심각한 일자리 부족과 임금 하락을 경험하게 될 것이다. 로봇은 본질적으로 생산성을 향상시켜 실질 소득을 획기적으로 증가시킬 것이나, 이러한 소득 증가는 일부 상위 계층에게만 편중되어 대부분의 사람들은 빈곤에 더 취약해질 것이다.
>
> 보편적 기본 소득은 이러한 맥락에서 모든 시민의 존엄성, 안전, 기회를 보장하는 하나의 재분배 전략이 된다. 보편적 기본 소득은 모든 국민에게 동일한 수준의 현금성 소득을 제공함으로써 빈곤 예방, 인적 자본 축적, 아동과 가족의 복지 향상, 사회적 연대 증진을 가능하게 한다. 재교육을 위해 수입을 포기할 수 없는 중견 근로자에게 특히 큰 교육 투자 효과가 있을 것으로 예상되며, 이러한 인적 자본의 축적은 자연스럽게 노동자들의 임금 상승으로 이어질 것이다. 보편적 기본 소득은 인간의 자유 증진에도 기여한다. 선별적 재분배 전략은 빈곤을 증명해야만 혜택이 주어지므로 빈곤에 대한 비하의 시선과 낙인을 동반할 수밖에 없기 때문이다. 이 혁신적 전략은 경제적 회복력을 키우고, 사회 경제적 계층 간의 격차를 줄이며, 개인의 주체성과 사회적 결속력이 번성하는 사회를 조성하여 모두에게 보다 공평한 미래를 보장할 수 있는 잠재력을 지닌다.
>
> **(나)** 모든 빈궁은 사실상 어느 정도는 도덕적 범죄이며, 빈궁이라는 결과에 대한 개인의 책임을 간과할 수 없습니다. 빈궁한 사람들은 자신의 상황을 개선하기 위한 선택을 해야 하며, 빈궁에서 벗어나기 위한 충분한 노력을 기울일 책임이 있습니다. 그렇기에 국가의 원조를 받는 빈궁한 가족의 생활은 최소한의 신체적 생존이 가능한 수준이어야 하며, 지원받지 않는 독립 근로자들보다 매력적이어서는 안 됩니다. 이들은 신문을 구독하거나 콘서트 티켓을 사서는 안 됩니다. 아이들은 인형, 구슬, 과자를 사서는 안 되고, 아버지는 흡연과 술을 하지 말아야 합니다. 어머니는 자신이나 자녀를 위해 예쁜 옷을 사는 것을 포기해야 하며, 필수적인 물품 이외에는 구입을 자제해야 합니다. 교회나 예배당에 헌금을 드리거나 이웃을 도와주는 것도 이들에게는 사치입니다. 관대한 지원은 이들을 빈궁한 현실에 안주하게 하며, 일할 의욕마저 상실하게 합니다. 결과적으로 빈궁이 대물림되고 이들을 지원하기 위한 사회적 부담만 가중될 뿐입니다.

(다) 돈으로 살 수 있는 재화나 서비스가 필요한 사람은 여가 시간을 줄여 돈을 버는 활동을 기꺼이 할 수 있다. 반면 그런 필요가 없는 사람이라면 여가 시간에 굳이 일을 하지 않아도 된다. 세금 제도로 빈곤층을 지원하려는 목적으로 누군가의 여가를 압수하는 것이 부당한 일이라 한다면, 같은 목적으로 누군가가 번 돈을 압수하는 것을 합당하다 할 수 있을까? 영화 보기를 좋아하는 사람은 영화표를 사기 위해 돈을 벌어야 하지만, 노을 보기를 좋아하는 사람은 그저 여가 시간에 노을을 즐기면 된다. 그렇다고 하여 영화 보기를 좋아하는 사람들만 자기가 번 돈으로 가난한 사람을 도와야 하고, 노을 보기를 좋아하는 사람들은 그런 의무가 없다고 할 수 있겠는가? 재분배론자들의 논의는 추가적인 노동 없이도 쾌락을 얻을 수 있는 사람은 염두에 두지 않은 채, 쾌락을 위해 더 일하고 그에 따라 돈을 더 버는 사람들에게만 또 다른 부담을 가중시키고 있다. 어째서 비물질적이거나 비소비적 욕망을 추구하는 일은 별다른 방해를 받지 않아도 되는 반면, 자신의 욕망이 물질적인 것과 관련되어 있어 더 일하고자 하는 사람들만 제약을 받아야 하는가? 이런 제약은 더 일하여 더 많은 돈을 벌고자 하는 사람의 노동 의욕을 감소시키지 않을까?

(라) 국민의 소득 수준에 따른 복지 혜택 정책을 아래 [그림 1]에 따라 운영해 온 국가가 있다. 이 나라 국민은 소득이 없더라도 수준 G의 복지 혜택을 보장받으며, 이 혜택은 소득 수준 30% 선까지 계속 증가한 후 최대 수준 M을 유지하다가 소득 백분위*가 P를 넘으면 감소하여 최상위 소득자에 이르러서는 복지 혜택이 없다. 이 국가는 최대 수준 M은 고정시키고 국가가 처한 여건에 따라 G를 조정해 왔는데, G를 G′처럼 높이는 데 따른 추가 재정 부담은 P를 P′로 당겨서 마련해 왔다. [그림 2]는 이러한 복지 정책을 오랜 기간 운영하면서 G값에 따라 소득 상위 계층과 하위 계층의 노동 의욕이 어떻게 달라지는지 조사한 결과이다. 하위 계층은 소득 하위 30%에 속하는 국민을, 상위 계층은 소득 백분위가 P를 넘는 국민을 의미한다.

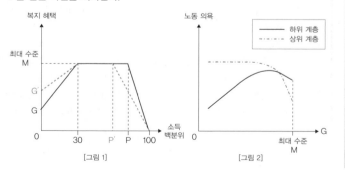

[그림 1]   [그림 2]

- 문제 1: 빈곤의 원인과 그 해결 방법에 대한 제시문 (가)와 제시문 (나)의 주장을 비교하시오. [40점]
- 문제 2: 제시문 (라)의 [그림 2]에 나타난 결과를 요약하고, 이를 바 탕으로 제시문 (나)와 제시문 (다)의 주장을 평가해 보시오. [60점]

학생부종합전형(활동우수형) 자연 계열

※ 다음 제시문을 읽고 질문에 답하시오.

(가) 물질을 이루고 있는 원자의 크기는 매우 작아서 원자의 질량 측정은 저울을 사 용하기가 어렵다. 특수한 실험 장치로 측정된 탄소 원자(C)의 질량은 $1.993 \times 10^{-23}g$으로 매우 작다. 이와 같이 실제 원자의 질량은 매우 작은 숫자 이므로 원자의 질량을 쉽고 간편하게 다루기 위해서 상대적 질량으로 나타내는 데 이것을 원자량이라고 한다. 분자의 질량을 다룰 때도 실제 질량 대신 상대적 질량인 분자량을 사용한다.

(나) 내연 기관은 순환 과정에서 기관 내부 기체의 압력과 부피의 변화를 통하여 외 부에 일을 한다. 이 과정에서 외부와 열을 교환한다. 이러한 열역학 과정은 압 력(P)과 부피(V)를 이용한 그래프와 열역학 제1법칙으로 설명할 수 있다. 열역 학 제1법칙은 에너지 보존 법칙으로, 닫힌계의 내부 에너지의 변화(ΔU)는 계 에 전달된 열(Q)과 계에서 외부에 해준 일(W)의 차이로 나타낼 수 있음을 말 한다. 즉, 다음과 같은 등식이 성립된다.

$$\Delta U = Q - W$$

여기서 $\Delta U > 0$은 계의 내부 에너지 증가, $Q > 0$은 외부에서 계로의 열의 유입, $W > 0$은 계가 외부에 일을 해준 것을 의미한다.

(다) 바이러스는 세포 구조를 갖추지 않고 유전 물질인 핵산과 유전 물질을 둘러싸고 있는 단백질 껍질로 구성되어 있으며, 스스로 물질대사를 할 수 없기 때문에 살아 있는 숙주 세포에서만 증식할 수 있다. 숙주 세포의 효소를 이용하여 자신의 유전 물질을 복제하며 증식한 바이러스는 숙주 세포를 파괴하고 나와 더 많은 세포를 감염시키며 질병을 일으킨다. 바이러스가 원인이 되는 질병에는 감기, 독감, 홍역, 소아마비, 후천성 면역 결핍증(AIDS), 중동 호흡기 증후군(MERS), 코로나바이러스감염증-19(COVID-19) 등이 있다.

(라) 인체는 각종 병원체의 침입에 대항하여 스스로 몸을 보호하는 방어 능력을 갖추고 있으며, 방어 작용은 비특이적 방어 작용과 특이적 방어 작용으로 구분할 수 있다. 비특이적 방어 작용은 병원체의 종류를 구분하지 않고 동일한 방식으로 일어나며, 특이적 방어 작용은 병원체의 종류에 따라 선별적으로 일어난다. 특이적 방어 작용은 세포성 면역과 체액성 면역으로 구분된다. 평소에 건강한 생활 습관과 적절한 백신 접종으로 인체의 방어 능력을 향상하는 것은 질병 예방을 위한 좋은 방법이다.

– 문제 1: (가) 제시문을 참고하여, 현재 국제적으로 사용하고 있는 원자량의 기준이 되는 원소와 해당 원소의 원자량 및 단위를 설명하고, 그 원소를 활용하여 아보가드로수(Avogadro's number)의 정의와 몰(mole)의 정의를 설명하시오. [10점]
– 문제 2: (나) 제시문을 참고하여 답하시오. 계의 상태가 처음 A의 상태에 있고, 구간 $A \rightarrow B$, $B \rightarrow C$, $C \rightarrow A$를 지나 다시 A의 상태로 돌아온다. 각각의 구간에서 내부 에너지의 변화(ΔU), 열의 흡수/방출(Q), 계가 외부에 한(혹은 받은) 일(W)에 대하여 설명하시오. 또한, 전체 순환 과정에서 기체가 외부에 하는 일과 열의 출입, 전체 내부 에너지 변화에 대하여 설명하시오. [15점]

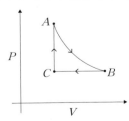

$A \rightarrow B$는 온도가 일정한 구간, $B \rightarrow C$는 압력이 일정한 구간, $C \rightarrow A$는 부피가 일정한 구간이다.

* 압력(P), 부피(V)

- 문제 3: 제시문 (다)와 (라)를 참고하여, 인체의 특이적 방어 작용인 세포성 면역과 체액성 면역의 차이점을 세포 종류와 역할을 구분하여 설명하시오. 또한, 1차 면역 반응과 2차 면역 반응의 특징을 항원으로 인해 활성화된 림프구의 세포 증식 분화 과정을 중심으로 답하시오. 또, 백신 접종 후 병원체 침입 시 보다 효율적인 면역 반응이 일어나는 원인을 항원-항체 반응 특이성과 항체 생성량 변화를 고려하여 설명하시오. [15점]

중앙대

학생부종합전형(CAU융합인재) 면접 예시 문항

◆ 일반

- 전교 학생 자치회 활동을 하면서 독서의 중요성을 알리는 카드 뉴스 제작 및 배포하는 활동을 했는데, 해당 활동을 한 이유는 무엇인가요? 활동을 통해 어떤 결과를 얻었나요?

- 동아리 활동 중 1학년 후배들 간에 다툼이 일어나 감정을 가라앉히도록 지도한 바가 있다고 하였습니다. 당시 본인의 대처 방법과 관련하여 잘 했던 점과 부족했던 점에 대해 어떻게 생각하는지 말씀해 주세요.

- 동아리 활동 시간에 프로젝트 활동에 참여했다는 내용이 있습니다. 이 프로젝트에서 본인의 역할은 무엇이었고, 어떤 활동을 했었는지 구체적으로 설명해 주세요.

- 행동 특성 및 종합 의견에 반장으로서 단합이 어려운 학급을 위해 힘쓰며 리더십을 발휘했다고 기재되어 있습니다. 실제로 학급을 운영하면서 문제가 되었던 점은 무엇이고, 어떻게 해결하고자 노력했는지 말씀해 주세요.

• 학교생활기록부에 구체적인 사례를 활용하여 개념을 알기 쉽게 설명하고 복잡한 자료와 논의 내용을 간략하게 정리하여 발표하는 역량이 뛰어난 학생이라는 언급이 있습니다. 이와 관련된 발표 사례에 대해 설명해 주세요.

◆ 국제물류학과

• '탄소 국경세는 폐지되어야 하는가'라는 주제 토론에 참여했다고 했는데, 탄소 국경세는 무엇이고, 무역과 관련하여 논란이 되는 지점은 무엇인지 간략하게 설명해 주세요.

• 전쟁 등의 국제 정세에 따른 한국 무역 현황과 전망 자료를 꼼꼼하게 조사하고 분석했다고 했는데, 참고 자료의 내용과 본인은 어떠한 결론을 내렸는지 설명해 주세요.

◆ 기계공학부

• 자율 주행차 프로그램에 대해 삼각함수 시간에 배운 내용을 토대로 내용을 작성했다고 했는데, 삼각함수를 어떻게 자율 주행에 적용했는지 설명해 주세요.

• 휴머노이드 로봇의 안정성 제어라는 주제로 수행 평가를 하면서 정적분이 포함된 식을 이용하여 중심을 잡아 걷는 방법에 대해 설명했다고 했는데, 로봇이 걷는 방법과 정적분을 어떻게 연관 지을 수 있는지 간략히 설명해 주세요.

◆ 물리학과

• 고체는 전기적 특성에 따라 도체, 부도체, 반도체로 구분할 수 있는데, 이러한 차이가 나타나는 물리적인 이유가 무엇인지 간단하게 설명해 주세요.

• 빛은 파동과 입자의 이중성을 갖는다고 배웠는데, 파동성과 입자성을 보여주는 대표적인 예를 하나씩 설명해 주세요.

◆ 미디어커뮤니케이션학부
- 가짜 뉴스의 사회적 영향과 대응 방안에 대해 탐구하며 해결 방안을 제시했다고 했는데, 가장 중요하게 생각하는 해결 방안은 무엇인지 설명해 주세요.
- 1인 미디어 콘텐츠 규제 찬반 토론에서 콘텐츠 규제의 실현 가능성을 입증했다고 했는데, 지원자는 토론 과정에서 어떠한 근거를 제시했는지 설명해 주세요.

◆ 영어교육학과
- 생성형 AI의 교육적 활용에 대해서 발표한 경험이 있는데, AI 기술의 발전이 영어 교사의 지위나 영어 학습에 어떤 변화를 가져 올 것이라고 생각하는지 설명해 주세요.
- 16세기 영미 문학과 현대 영어를 비교하는 활동을 했는데 이를 통해 무엇을 알게 되었으며, 21세기 영어의 언어적 변화는 어떨 것이라고 생각하는지 설명해 주세요.

◆ 예술공학부
- 미분이 활용되는 사례 조사에서 미분식을 도입해 실사와 같은 영상 효과와 제작비 절감 효과를 얻어냈다고 했는데, 구체적으로 어떻게 적용이 된 것인지 설명해 주세요.
- 영화 속 장면의 컴퓨터 그래픽에 활용되는 미분을 주제로 발표를 진행했다고 했는데, 어떤 개념과 내용을 다루었는지 설명해 주세요.

◆ 전자전기공학부
- 수업 중 광전 효과에 대해 탐구하면서 광전 효과에 여러 종류가 있다는 것을 알게 되었다고 했는데, 어떤 것들이 있고 원리가 무엇인지 설명해 주세요.

• 과학 축전에서 고카트 만들기 프로젝트를 진행했다고 했는데, 고카트 란 무엇이며 어떤 부품들로 이루어져 있고, 어떤 기능을 구현한 것인 지 설명해 주세요.

◆ **정치국제학과**

• 동아리에서 설문 조사를 실시하여 '국가의 상황이나 국제 정세에 따라 외교 방향이 국민이 원하지 않는 방향으로 가기도 한다.'는 결론을 얻었다고 했는데, 이러한 결론에 도달하게 된 과정에 대해 설명해 주세요.

• 한중 통상 분쟁 사례를 죄수의 딜레마 이론에 접목하여 분석해 보았다고 했는데, 구체적인 분석 내용과 결론은 무엇이었는지 설명해 주세요.

2023학년도
대학별 기출문제

경기대

학생부종합전형

◆ **서류 진위 확인을 위한 신뢰성 검증 예시 문항**

- 자기소개서 1번의 내용 중 시나리오의 종류에 따른 특성을 정리하여 수업 시연을 하였다는 내용이 있는데, 자기소개서에 언급한 영화 시나리오, 게임 시나리오 외에 또 어떤 시나리오가 있는지, 그리고 영화와 게임 시나리오는 어떤 차이가 있는지 예시를 들어 설명해 주세요.
- ○○ 프로그램을 하면서 학급 활동을 뛰어난 리더십으로 이끌었다는 기록이 있는데, 어떻게 리더십을 발휘하였는지 설명해 주세요.
- 멘토링 활동에서 자신의 공부법을 점검해서 친구들에게 가르쳐주었다는 기록이 있는데, 어떤 공부법이었는지 설명해 주세요.
- '○○○' 책을 읽고 여러 나라의 도서관 문화를 파악하였다는 기록이 있는데, 본인에게 가장 흥미로웠던 도서관은 어느 도서관인지와 그 이유에 대해 설명해 주세요.
- 전교생을 대상으로 한국사 십자말 퀴즈 행사를 기획하고 진행해 보았다는 내용이 있는데, 어떻게 준비하였는지와 준비 과정에 대한 본인의 생각은 어떠한지 설명해 주세요.
- 동아리 활동에서 북 큐레이션 기획 활동을 여러 가지 한 것으로 확인되는데, 어떤 활동들이 있었는지 설명해 주세요. 본인이 생각하기에 가장 만족도가 높았던 활동과 그 이유는 무엇인지 설명해 주세요.

- 미래 로봇 산업의 발전에 대한 보고서를 작성하게 된 계기와 이를 통해 얻은 결론이 무엇인지 내용과 함께 설명해 주세요.
- 친환경 패키지 디자인을 주제로 신문 제작 활동에 참여하였는데, 해당 주제를 선정하게 된 이유와 탐구한 내용에 대해 구체적으로 설명해 주세요.
- 동아리 활동에서 우리나라 캐릭터 디자인의 문제점에 대해 탐구하였는데, 어떤 문제점이 있다고 생각하나요? 본인이 생각하는 해결 방안은 무엇인지 설명해 주세요.

◆ 사회 영역(인성, 공동체 의식) 관련 예시 문항

- 멘토링 활동과 교육 봉사 활동을 꾸준히 해 온 것으로 확인되는데, 자신만의 교수법과 노하우가 있다면 무엇일까요? 이 활동이 본인에게 어떤 영향을 주었는지 설명해 주세요.
- 방송부 활동을 하면서 동아리 구성원들에게 긍정적인 영향을 끼친 사례가 있다면 무엇이었는지 구체적으로 설명해 주세요.
- 3년 동안 학급 임원으로 활동하였는데, 활동을 하며 어려움은 없었나요? 있다면 어떻게 극복하였고 학급 임원으로서 활동을 지속하게 된 이유는 무엇인지 설명해 주세요.
- 또래 학습 멘토 활동 기록이 있는데, 구체적으로 어떤 활동을 진행하였고, 이 활동을 하면서 멘티에게 어떤 긍정적인 도움을 줄 수 있었는지 설명해 주세요.
- ○○ 과목의 모둠 활동에서 리더 역할을 수행한 것으로 나와 있는데, 힘들었던 부분이 있다면 무엇이었는지와 해결하기 위해 어떤 방법을 모색하였는지 설명해 주세요.

◆ 잠재 역량(전공 관련 활동 및 경험, 발전 가능성) 관련 예시 문항

- 사회 문제 탐구 세특 기록에서 통신 언어에 관해 조사하고 탐구 보고서를 작성하였다고 되어 있는데, 통신 언어의 특성에는 어떤 것이 있으며 자료는 어디서 어떻게 찾았는지 설명해 주세요.

- 건축물에 사용된 미적분 원리에 대해 조사하고 발표한 내용이 있는데, 주요 내용은 무엇이며 관련된 자료는 어디서 어떻게 찾았는지 설명해 주세요.
- 문화 예술 콘텐츠에서 스토리 텔링이 차지하는 비중에 관한 탐구 보고서를 작성하였는데, 필요한 자료는 어떻게 수집하였는지와 탐구한 내용이 무엇인지에 대해 설명해 주세요.
- 미디어의 종류와 미디어가 미친 영향에 대한 분석 보고서를 작성하였는데, 자료 수집 방법과 내용에 대해 설명해 주세요.
- 선형 회귀 분석을 사용하여 학습 시간과 성적의 상관관계에 대해 분석한 내용에 대해 구체적으로 설명해 주세요.
- 초고층 건물에 대해 조사하여 발표하였는데, 조사하는 과정에서 새롭게 알게 된 지식은 무엇이며, 초고층을 구성하는 데 특별히 고려하여야 할 사항이 있다면 무엇이라고 생각하는지 설명해 주세요.

 경희대

학생부종합전형(네오르네상스전형) – 의학 계열

- 나는 2년차 정형외과 전공의다. 하루 종일 수술 보조를 한 후 잠시 쉬고 있는데 병원 행정팀에서 연락이 왔다. 환자 보호자가 나에 대한 불만을 '고객의 소리'에 올린 것이다. 불만의 내용은 내가 주치의를 맡은 어제 입원한 A 환자의 MRI 검사와 관련된 것이었다.

A 환자는 2주 전 양쪽 어깨 통증으로 외래 진료를 받았는데, 1년 전부터 오른쪽 어깨가 아프기 시작하더니 최근엔 왼쪽 어깨가 좀 더 아프다고 호소하였다. 외래에서 시행한 초음파 검사에서 양쪽 어깨의 힘줄파열이 보였으나 힘줄의 상태로 볼 때 오른쪽 어깨의 수술이 좀 더 급하다고 판단하여 수술 전 정밀 검사로 오른쪽 어깨 MRI를 시행하고 입원하기로 하였다. 하지만 환자가 입원한 후 검사 결과를 확인해 보니 왼

쪽 어깨 MRI를 시행한 상태였다. 외래 진료 기록을 다시 살펴보니, 검사 코드 입력 담당 간호사가 왼쪽 어깨 MRI를 입력한 것으로 되어있었다. 아마도 환자의 주증상이 왼쪽으로 적혀 있는 진료 기록을 보고 검사 부위를 왼쪽 어깨로 잘못 입력한 것 같았다. 선배인 4년차 전공의는 "교수님의 회진이 1시간도 남지 않았으니 당장 오른쪽 어깨 MRI를 촬영하라."라고 다그쳤다. 이에 나는 환자에게 충분히 설명하지 못하고 MRI 검사 동의서를 뒤로 미룬 채 오른쪽 어깨 MRI를 촬영하였다. 무사히 회진을 마치고 바쁘게 다른 업무를 보다가 이 사실을 깜빡 잊고 있었는데, 다음날 의료비 중간 정산서를 본 보호자가 고가의 MRI 비용이 또 청구된 것을 발견하고 "담당 주치의가 제대로 된 설명도 없이 과도한 검사로 환자를 힘들게 하였다."라며 민원을 넣은 것이다. 더구나 보호자에 의하면, 환자는 입원 전 생애 첫 MRI 검사를 하면서 자신이 폐쇄된 좁은 공간에 대한 불안감이 있음을 처음으로 알게 되었고 두 번째 MRI 검사에서는 더 많이 힘들어하였다고 한다.

행정팀에서는 민원에 대해 A 환자와 보호자에게 주치의로서 직접 답변해달라고 하였다. 지원자가 '나'라면 A 환자와 보호자에게 어떻게 답변할지 말해 보시오.

❓ 추가 질문

- 이 상황의 문제점들은 무엇이고 누구의 잘못이 가장 크다고 생각하는가?
- 이러한 상황이 재발하지 않도록 하기 위한 개선책은 무엇일까?
- "초음파 검사에서 양쪽 어깨에 모두 힘줄 파열이 보였으므로 어차피 왼쪽 어깨 상태도 MRI로 정확하게 확인하는 것이 필요하였다."라고 설득해 보는 것은 어떠한가?
- 환자 보호자가 정신적 피해 보상의 차원에서 MRI 검사 비용을 삭감해달라고 요구한다면 어떻게 할 것인가? 단, 병원에서는 원칙적으로 그러한 지원은 없다고 한다.

• 나는 다음 학기부터 임상 실습을 하여야 한다. 그래서 이번 학기 초에 실습 조를 구성하고 다음 학기부터 1년간 함께 실습을 하여야 한다. 실습 조는 매일 아침부터 저녁까지 병원에서 임상 실습, 수기 연습, 조별 과제 등을 수행하며 거의 대부분의 과정을 함께 수행하여야 하는 생활 공동체에 가깝다. 나중에 개별 시험도 있지만 실습 기간 동안에는 조별로 같은 평가 점수를 받는 과제들이 많다. 임상 실습 조는 무작위로 선정된 3인과 선택할 수 있는 1인으로 구성된다. 예전에는 학생들이 자율적으로 조원 구성을 할 수 있었는데, 여러 가지 문제점이 발생되어 구성 원칙이 변경되었다고 한다. 교수님의 설명에 따르면 예전에는 공부를 잘하는 학생끼리 모이거나, 같은 성별로만 구성되거나, 특정한 동아리 학생들이 모이거나, 남녀 커플이 같은 조에 편성되어 조 분위기를 흐리는 등 여러 문제점이 있어서 조 구성 원칙을 개선하였다고 한다.

대부분의 실습 조 구성이 끝날 무렵 우리 조도 3명이 추첨을 통해 무작위로 선정되었고 마지막 1명을 선택할 차례였다. 우리 조가 선택할 후보는 2명이다. A 학생은 평판도와 인성이 좋은데 학교 성적은 중위권이다. A는 상대방을 배려하고 매사에 긍정적인 태도를 가지고 있다. B 학생은 평판도와 인성은 좋지 않으나 실력이 좋아 학교 성적은 상위권이다. B는 다른 학생들에게 상처를 주는 말을 자주하고, 자기주장이 강하다고 알려져 있다.

졸업한 선배들께 이야기를 들어보니 공부를 잘하는 학생이 있는 실습 조는 과제 수행을 잘하고, 실습 중에 교수님과의 질의응답에서도 좋은 평가를 받는다고 한다. 실습 성적은 나중에 학교 내신 성적에 반영되고 졸업 후 인턴과 전공의 선발 때도 전형 요소로 활용된다. 지원자가 '나'라면 A 학생과 B 학생 중 누구를 조원으로 선택할지와 그 이유를 제시하시오.

추가 질문

【A 학생을 선택한 경우】

나의 성적은 중하위권이다. 그런데 알고 보니 먼저 모인 3명의 조원 중에서 내가 공부를 제일 잘한다. 다시 선택한다면 누구를 택할 것이며, 그 이유는 무엇인가?

【B 학생을 선택한 경우】

먼저 모인 조원들에게 물어보니 작년에 B 학생과 같은 조로 실습하였던 학생이 B 학생 때문에 실습 조원간 사이가 너무 나빠져서 휴학할 생각까지 하였다고 한다. 다시 선택한다면 누구를 택할 것이며, 그 이유는 무엇인가?

* 2024학년도는 학생부종합(네오르네상스전형) 의학 계열에 한해 시행되어 온 인성 면접의 출제 문항 면접을 폐지하고 서류 확인 면접을 시행할 예정입니다.

고려대

일반전형(학업우수형) – 인문 계열(오전)

(가) 아리스토텔레스는 국가가 단지 개인의 사적 이익을 위해 만들어진 결사체가 아니라 공공선과 가치 있는 삶을 위해 만들어진 공동체라고 보았다. 그는 국가가 단순한 공동생활이 아니라 정치 도덕 공동체로서 고귀한 가치를 위해 존재한다고 주장하였다. 한편 노직은 개인이 가진 권리와 재산을 보호하는 선에서만 행동하는 최소 국가를 정의롭다고 보았다. 국가가 특정한 사람에게 더 많은 세금을 거두어 복지 정책을 펼치는 것을 개인 재산권의 침해라고 간주하였다. 국가는 가난한 사람들을 돕기 위해 소득 재분배 정책과 같은 강제적인 수단을 사용해서는 안 된다고 주장하였다.

(나) 시장 경제의 운영 원리를 전통적으로 신봉하던 미국 정부는 1930년대 대공황을 해결하기 위해 뉴딜 정책(New Deal, 소외된 이들을 위한 새로운 정책)을 펼친 바 있다. 루스벨트 대통령은 대공황이 발생하자 시장의 가격 조정 기능에만 맡겨두는 것으로는 경기 침체가 해결되지 않는다는 것을 깨달았다. 그는 "정치에서 우연히

일어나는 일이란 건 없다. 만약 우연히 일어났다면 그건 그렇게 계획된 것이라고 봐도 무방하다"라고 말하였다. 1933년에 전국 산업 부흥법을 제정하였는데, 이는 산업에서 일어나는 과잉 생산, 지나친 경쟁, 실업 사태를 막기 위해 정부가 산업을 통제한 것이었다.

(다) 세상에 금지하는 것이 많으면 백성들은 더욱 가난해지고
　　백성이 이로운 기물을 많이 가지게 되면 국가는 더욱 혼미해지고
　　사람들이 재주가 많아지면 기이한 일들이 더 불어나며
　　법령이 복잡해질수록 도둑이 더 많아진다.
　　그러므로 성인께서 말씀하셨다.
　　내가 무위하니 백성들이 절로 교화되고
　　내가 고요함을 좋아하니 백성들이 절로 바르게 되고
　　내가 일을 만들지 않으니 백성들이 절로 부유해지며
　　내가 무욕하니 백성들이 절로 소박해진다.

(라) 세계 보건 기구에서는 2016년 설탕이 함유된 제품 가격의 20퍼센트 정도를 세금으로 부과하도록 하는 설탕세(Sugar Tax) 도입을 각국에 공식적으로 권고한 바 있다. 1922년 노르웨이가 최초로 도입한 설탕세는 비만 등을 예방하기 위해 초콜릿이나 설탕이 들어간 제품에 부과하는 세금이다. 최근 한국에도 도입이 논의되고 있으며, 다른 나라의 경우 도입 초기 실제로 설탕 섭취량을 줄이는 효과를 낳기도 하였다. 하지만 가격 상승에 대한 불만을 표출하는 개별 소비자들도 있었다.

- 문제 1: 제시문 (가)의 내용을 참고하여 제시문 (나)와 (다)를 비교하시오.
- 문제 2: 제시문 (다)의 관점에서 제시문 (나)를 평가하시오.
- 문제 3: 제시문 (나)와 (다)의 관점에서 제시문 (라)의 설탕세를 설명하고 설탕세 도입에 대한 자신의 견해를 밝히시오.

일반전형(학업우수형) – 인문 계열(오후)

(가) 자연 생태계가 시사하는 바에 따르면 모든 생물은 상호 연결되어 있으며, 서로 영향을 주고받는 네트워크를 통해 존재한다. 하나의 생태계 내에 있는 어떠한 요소라도 손상을 입으면 전체 시스템이 위험에 빠질 수 있다. 이것은 언어에도 그대로 적용될 수 있다. 가장 튼튼한 생태계는 가장 다양한 생태계이며 언어의 네트워크도 생태계와 같다. 언어 생태계의 다양성이 무너지면 인류가 참조할 지적 기반이 점점 줄어들고 결국 인류의 적응력을 감소시키는 결과를 낳을 것이다. 그러나 안타깝게도 수많은 소수 언어들이 사멸하면서 다양성이 약화되고 있다. 소수 언어의 사멸은 그 언어로 표현되던 지식의 소멸로 이어질 수 있다. 소수 언어를 보존하여야 할 결정적 이유는 실제로 엄연히 존재하는 어떤 대상이 그 언어의 사멸로 인해 존재할 수 없게 된다는 점이다.

유네스코에 따르면 세계에 존재하는 약 6천 개의 언어 중에서 거의 절반이 소멸 위기에 처해 있다고 한다. 1950년 이후부터 지금까지 이미 약 230개 언어가 소멸하였고, 현재 소멸 위기에 처한 언어의 상당수도 다음 세기면 사라질 것으로 예상하고 있다. 한편, 어떤 지역에서는 정부가 사회 통합을 이유로 학교 교육에서 소수 민족 언어의 사용을 금지하는 등 단일 공용어 사용을 강제하고 있기도 하다. 소수 언어 보존을 위해 유엔(UN)은 2019년을 '국제 토착어의 해'로 지정하는 등 국제 사회의 공동 노력을 촉구하고 있으며, 국제단체 등에서 언어 보존을 환경 보호 운동에 포함시키거나 '언어 인권' 구현을 위한 국제적 차원의 언어 정책 수립을 추진하는 등 여러 방안을 모색하고 있다.

(나) 다음은 'G. M. 홉킨스(G. M. Hopkins, 1844–1889)'의 시(詩) 한 편의 일부를 발췌한 것이다.

얼룩무늬 만물을 지으신 신께 영광을—
얼룩빼기 암소 같은 두 가지 색깔의 하늘,
헤엄치는 송어 등에 빼곡히 점각한 장밋빛 점들,
땅에 떨어져 갓 피운 석탄처럼 열매를 드러내는 밤,
피리새의 날개들, 구획되고 결합한 풍경—방목지와 휴경지와 경작지,
그리고 온갖 교역, 의복과 연장과 배의 장비들에 대해.
만물은 상반되고 색다르고 희귀하고 낯설다.

무엇이든 변하기 쉽고 반점들 생기니 (누가 연유를 알리?)
빠르거나 느리고, 달거나 시큼하고, 눈부시거나 흐릿하다.
이 모든 것을 변치 않는 아름다움을 지닌 그가 낳으셨다.

(다) 프랑스 남부 지역의 니스, 칸 등 30여 곳 지방 자치 단체가 부르키니 단속에 나섰다. 부르키니란 눈을 제외한 신체 전부를 덮는 무슬림 여성 의상 부르카와 비키니 수영복을 합한 말이다. 율법에 따라 온몸을 천으로 가려야 하는 무슬림 여성들은 더운 날씨에도 물놀이할 엄두를 못 냈는데, 디자이너 아헤다 자네티는 2003년 신체를 노출하지 않고도 물놀이를 즐길 수 있는 수영복 부르키니를 디자인하였다. 일각에서는 부르키니를 부르카와 마찬가지로 '여성의 신체를 가두는 옷'이라고 비난하지만 디자이너 자네티는 '억압이 아닌 건강한 삶과 자유의 상징'이라고 강조하였다. 프랑스는 2011년에 유럽 국가 중 처음으로 공공장소에서 얼굴을 가리는 복장을 금지하는 '부르카 금지법'을 시행하였다. 이러한 배경에는 프랑스의 엄격한 정교분리 · 세속주의 원칙인 '라이시테(Laïcité)'가 깔려 있다. 이는 사회 통합을 이루기 위해 공공장소에서 자신의 종교를 드러내는 걸 자제하여야 한다는 취지로 마련된 법안이다. 프랑스 정부는 이 원칙에 따라 공공기관, 공립학교 등에서 종교적 상징물을 착용하는 것도 금지해 왔는데, 부르키니 역시 공공장소에서의 종교적 중립성을 위반할 뿐 아니라 여성의 권리를 억압하는 복장이라고 보고 부정적으로 여기는 것이다. 반면, ㉠ 부르키니 규제를 반대하는 쪽에서는 자유를 억압하고 이슬람에 대한 차별을 노골적으로 드러내는 것이라며 반발하고 있다.

- 문제 1: 제시문 (가)와 (나)의 다양성에 관한 관점을 비교하시오.
- 문제 2: 제시문 (가)의 관점에서 제시문 (다)의 ㉠에 대해 평가하시오.
- 문제 3: 다양성을 존중하기 위한 정책이 다른 가치와 충돌하는 구체적 사례를 들고, 제시문 (가)와 (다)의 내용에 기반하여 사례로 든 정책에 대한 찬성 또는 반대의 견해를 밝히시오.

국민대

어학특기자전형 – 인문 계열(A학과)

■ **기본 소양 Ⅰ**

• 2022년 2월 러시아의 우크라이나 침공과 더불어 미중 무역 갈등은 더욱 첨예하게 대립하고 있다. 특히 글로벌 반도체 공급망의 안정성이 핵심 과제로 부상하면서 미국은 한국, 대만, 일본이 연대하는 반도체 공급망을 강화하기 위해 칩4(Chip4) 동맹을 구축하여 중국의 도전을 따돌리면서 반도체 경쟁력을 강화하고 있다. 이처럼 국제 반도체 시장을 동맹 및 파트너로 결속하여 칩4 동맹을 구축하려는 미국의 구상에 한국은 어떻게 대응하여야 하는지 면접자의 의견을 개진해 보시오.

보조 질문

글로벌 반도체 공급망이 차세대 반도체 기술 동맹 및 양자 ICT 기술 동맹으로 이어지면서 칩4(Chip4)의 중요성이 부상하고 있다. 세계 무역의 1위와 2위 국가인 '미국'과 '중국' 사이의 무역 갈등이 분쟁으로 치닫는 현시점에서 한국은 어떻게 이들 국가와의 관계를 설정하는 것이 국익에 도움이 될지를 말해 보시오.

보조 질문

칩4(Chip4) 구상에서 알 수 있듯이, 동맹과 파트너 국가를 연합하여 반도체 시장 질서를 미국 중심으로 재편하면서 중국에 대해 전례 없는 보복성 무역 정책을 전개하고 있다. 이처럼 미국은 어떠한 이유로 '자유 무역'에서 '보호 무역'이란 정책 기조로 무역 질서를 재편하게 되었는지에 대해 면접자의 견해를 밝히시오.

- **기본 소양 II**

• 방탄소년단(BTS)의 병역 문제가 사회적 이슈로 부상하면서 여론은 상반된 목소리를 내고 있다. 현재의 병역 특례법은 국위를 선양한 운동선수에게는 해당되지만, 대중문화 예술인은 병역 특례 혹은 면제의 대상에 적용되지 않는다. 이처럼 공정성과 형평성의 가치란 측면에서 BTS의 병역 의무 이행에 관한 면접자의 입장이 무엇인지 설명해 보시오.

🔵 **보조 질문**

BTS와 같이 국위 선양을 한 대중문화 예술인에게 병역의 의무는 국가적인 손해일 수 있다는 의견들이 나온다. 하지만 아무리 그렇다 하더라도 병역의 의무는 대한민국 남자들이라면 누구나 예외가 없어야 한다는 반대 목소리도 만만찮다. 양측 의견은 모두 나름의 논리가 있다. 이러한 논쟁에 관해 면접자는 어떠한 가치를 최우선으로 BTS의 병역 의무의 이행을 바라보고 있는지 설명해 보시오.

🔵 **보조 질문**

징병제인 한국에서 대한민국의 남성인 국민은 국방의 의무가 있으며 성실히 수행하여야 한다. 따라서 병역 특례법 개정은 매우 민감한 논쟁거리이다. 그럼에도 불구하고 큰 업적을 세운 대중문화 예술인을 예술 요원으로 편입해 대체 복무를 허용하는 내용의 병역법 개정안이 국회 차원에서 논의되고 있다. BTS의 병역 특혜 관련 법 개정에 대해 면접자는 찬성인지, 반대인지 의견을 말해 보시오.

어학특기자전형 – 인문 계열(B학과)

- **기본 소양 I**

• 현재 우리 사회 일각에서 여성도 의무적으로 군복무를 하여야 한다는 주장이 제기되고 있다. 이런 주장에 찬성 또는 반대한다면 그 이유는 무엇인지 설명해 보시오.

보조 질문

여성을 일반 사병으로 징집하지 않는 것을 성차별로 볼 수 있는가?

보조 질문

여성 징집이 국방 인력의 감소에 대한 적절한 대안이 될 수 있는가?

■ **기본 소양 II**

• 현재 한국에서는 일본과의 관계를 정립하는 문제와 관련하여 상반된 시각이 존재한다. 한편은 미래에 초점을 맞추어 일본과의 협력을 더욱 강화하여야 한다는 입장이고, 다른 한편은 일본과의 깊은 협력 이전에 과거사에 대한 일본의 진심어린 사죄가 먼저 이루어져야 한다는 입장 이다. 국익의 관점에서 어떤 입장이 더 도움이 될지 설명해 보시오.

보조 질문

경제, 군사, 문화 등 제반 영역에 있어서 일본과의 협력이 우리에게 얼마나 중요한가?

보조 질문

과거사 문제와 관련하여 일본이 경제적으로 충분히 한국에 배상하였다는 주장에 대해 어떻게 생각하는가?

학생부종합전형

[불교추천인재 – 문화재학과] 삼국시대 불교 문화재에 대해 조사하고 발표하였던 경험이 있다고 하였는데, 삼국시대 불교 문화재 가운데 대표적인 사례가 무엇이 있을까요? 또 불교 문화재를 조사하고 발표하였던 경험은 불교를 이해하는 데 어떻게 도움이 되는지 설명해 보세요.
〈검증: 학생부 동아리 활동, 자기소개서 3번〉

[불교추천인재 – 불교학부] '자비 실천 나눔 및 빈 그릇 캠페인' 활동에서 본인이 구체적으로 맡은 역할을 말해 보세요. 불교 관련 봉사 활동을 통해 느낀 점이 있다면 설명해 보세요.
〈검증: 학생부 봉사 활동, 자기소개서 2번〉

[특수교육대상자 – 사회복지학과] 자기소개서에서 장애인 복지의 경우 정보 전달성이 중요하다고 하였는데, 그렇게 생각하는 이유를 말해 보고, 그것은 일반적인 정보 전달에 비해 어떤 특징적인 부분이 있는지 설명해 보세요.
〈검증: 학생부 동아리 활동, 자기소개서 3번〉

[고른기회통합 – 바이오환경과학과] 자기소개서를 보면 농업에 관심이 많고, 인간과 자연의 공생을 위해 노력하는 '다방면의 친환경 전문가'가 되고 싶다고 하였는데, 본인이 생각하는 미래 농업의 방향을 설명해 보세요.
〈검증: 자기소개서 1, 3번〉

[Do Dream(소프트웨어) – AI소프트웨어융합학부] 2학년 동아리 활동에서 프로그래밍에 수학이 적용된 사례를 탐구하였다고 하였는데, 구체적인 사례를 설명해 보세요.
〈검증: 학생부 동아리 활동〉

[Do Dream(소프트웨어) – 정보통신공학과] 학생부나 자기소개서를 보면 정보 보안이나 암호 관련해 관심이 많고, 암복호화 프로그램도 제작해 본 경험이 있는데, 본인이 제작한 프로그램에서 사용된 수학적 원리가 어떤 것이 있는지 예를 들어 설명해 보세요.

〈검증: 학생부 동아리, 독서 활동, 자기소개서 3번〉

[Do Dream – 건설환경공학과] 건축가에 대한 꿈을 가지고 관련 동아리, 진로 활동을 수행하였는데, 건축공학과와 건설환경공학과의 관련성에 대해서 본인이 생각하는 바를 설명해 보세요.

〈검증: 학생부 동아리 활동, 진로 활동〉

[Do Dream – 국제통상학과] 2학년 때 공동 교육과정으로 비교 문화 과목을 이수하였습니다. 이수하게 된 동기와 해당 과목 이수를 통해 기억에 남는 학습 내용이 있다면 설명해 보세요.

〈검증: 학생부 교과 학습 발달 상황, 세부 능력 및 특기 사항〉

[Do Dream – 경찰행정학부] 학생부 동아리 활동을 보면 3년간 과학 탐구 동아리 활동을 하였습니다. 과학 탐구 동아리 활동 경험이 경찰행정학부를 준비하는 데 구체적으로 어떻게 도움이 되었는지 설명해 보세요. 또 경찰행정학부 입학 후 본인이 목표하는 바는 무엇인지 설명해 보세요.

〈검증: 학생부 동아리 활동, 자기소개서 3번〉

[Do Dream – 물리 · 반도체과학부] 자기소개서와 학생부를 보면, 융합 탐구 프로젝트에 참여하여 '열전소자를 이용한 PCR 기기 제작'에 2년간 참여하며 많은 노력을 기울였다고 되어 있는데, 어떤 원리인지 간략히 소개하고, 참여하는 과정에서 가장 기억에 남는 부분을 설명해 보세요.

〈검증: 학생부 진로 활동, 자기소개서 1번〉

[Do Dream - 미디어커뮤니케이션학전공] 자율 활동을 보면 인문 독서 토론 캠프에서 〈동물농장〉을 읽고 '가짜 뉴스는 생산자의 질문이다.'를 논제로 참여하였는데, 본인 주장의 근거를 설명해 보세요.

〈검증: 학생부 자율 활동〉

[Do Dream - 바이오환경과학과] 자기소개서 3번을 보면 공기 질 개선을 바탕으로 한 도시 환경 보호를 위해서라도 반드시 친환경적 서식지가 조성되어야 한다고 하였는데, 친환경적 서식지란 무엇이라고 생각하나요? 또 친환경적 서식지가 되기 위해서는 어떤 노력이 필요하다고 생각하는지 설명해 보세요.

〈검증: 자기소개서 3번〉

[Do Dream - 산업시스템공학과] 〈통계가 전하는 거짓말〉을 읽고 느낀 점은 무엇인가요? 통계를 비판적으로 바라보아야 하는 이유는 무엇인지 설명해 보세요.

〈검증: 학생부 세부 능력 및 특기 사항, 독서 활동, 자기소개서 3번〉

[Do Dream - 식품생명공학과] 교과 학습 발달 상황을 살펴보니 생명 과학, 화학 과목의 성적이 다른 과목과 비교해서 상대적으로 다소 저조한데, 그 이유를 설명해 줄 수 있나요? 또 생명 과학, 화학 과목의 학업 보완을 위해 본인은 어떤 노력을 기울였는지 설명해 보세요.

〈검증: 학생부 교과 학습 발달 상황〉

[Do Dream - 연극학부] 출결 상황을 보면 미인정 지각이 3번 있었는데, 그 이유를 설명해 줄 수 있나요? 또 개선을 위해 학생이 기울인 노력이 있다면 설명해 보세요.

〈검증: 학생부 출결 상황〉

[Do Dream – 정치외교학전공] 2학년 사회 문제 탐구 시간에 사회적 소수자의 차별 사례를 조사하고 차별이 일어나는 원인을 알아보았다고 하였는데, 차별이 일어나는 원인은 무엇이라고 생각하는지 말해 보세요. 또 차별을 개선하기 위한 방안으로 생각해 본 것이 있다면 설명해 보세요.

〈검증: 학생부 교과 학습 발달 상황, 세부 능력 및 특기 사항〉

[Do Dream – 회계학과] 2년 동안 또래 상담반 활동을 하면서 친구들의 다양한 고민을 들어준 기록이 있는데, 가장 기억에 남는 사례 하나를 소개하고, 또래 상담을 하며 배운 점을 설명해 보세요.

〈검증: 학생부 동아리활동, 자기소개서 2번〉

명지대

학생부교과전형 – 교과면접전형

◆ **면접 기초 자료 문항(오전)**

• 지원자의 고등학교(검정고시 포함) 과정 중에서 본인이 느낀 취약한 역량과 이를 극복하기 위한 방안에 대해서 서술하시오.

• 지원자가 지원한 학과(학부/전공)에서 배우고, 이루고자 하는 바가 무엇인지 서술하시오.

◆ **면접 기초 자료 문항(오후)**

• 지원한 학과(학부/전공)에서 가장 중요하다고 생각하는 역량은 무엇이며, 이를 위해 본인이 현재까지 수행한 활동에 대해서 서술하시오.

• 지원자가 최근 3년의 학업 과정에서 가장 성공적으로 성취한 사례에 대해 서술하시오.

> * 면접 기초 자료는 점수화하지 않으며, 면접고사 시 참고 자료로만 활용합니다.
> 면접 위원이 면접 기초 자료 내용과 관련하여 질문할 수 있습니다.

◆ 건축학부(건축학전공)

- 건축을 선택하게 된 계기는 무엇인가? 건축공학과 건축학 전공의 차이에 대해 본인이 이해하는 바는 무엇인지 설명하시오.
- 본인이 가장 좋아하는 과목은 무엇인지 설명하시오. 건축학 전공에 가장 중요하고 필요하다고 생각되는 과목은 무엇인지 설명하시오.
- 봉사 활동 중 겪은 가장 어려웠던 점과 극복한 사례는 무엇인지 설명하시오.
- 미래 건축가의 역할과 책임은 무엇이라고 생각하는지 설명하시오.

◆ 경영학과

- 본인의 진로와 가장 관련이 높다고 생각하는 교과목은 무엇이고, 그 교과목과 '경영학'과의 관련성을 설명하시오.
- 공동체 활동 경험이 있다면 소개하시오. 활동 중 가장 어려운 점은 무엇인가? 이를 극복하기 위해 노력한 사례를 말하시오.
- '경영' 관련 교과 또는 비교과 활동 경험을 간략히 소개하시오.
- 경영학의 핵심 목표는 무엇이라 생각하는가? 경영자의 역량 중 중요하다고 생각하는 점을 들고 이를 어떻게 배양할 수 있는지 설명하시오.

◆ 국어국문학과

- 국어국문학과 지원 동기는 무엇인지 설명하시오.
- 최근에 읽은 현대 문학 또는 고전 문학 작품 가운데 가장 인상 깊었던 것은 무엇이며, 그 이유는 무엇인지 설명하시오.
- 동아리 등의 학교생활 속에서 발생한 구성원 간의 갈등 상황을 효과적으로 조정한 사례를 말하시오.
- 국어국문학 전공 관련 비교과 활동 경험 중 가장 기억에 남는 것은 무엇이며, 그 활동을 통해 성취한 바는 무엇인지 설명하시오.

◆ 디지털미디어학과

• 전공 탐색을 하며 가장 노력한 활동과 그로 인해 성취한 것은 무엇인 지 설명하시오.

• 코로나 비대면 상황(수업, 활동 등)으로 겪었던 소통의 어려움, 갈등을 언급하고 이를 어떻게 해결 · 극복하였는지 본인의 경험을 토대로 설명 하시오.

• 전공 탐색을 하며 가장 인상 깊게 읽었던 책 · 영화 · 컨텐츠는 무엇인 지 설명하시오.

• 본인이 생각하는 4차 산업 혁명 시대에 미디어는 어떻게 변화 · 발전하 고 있는지 설명하시오.

◆ 사학과

• 사학과에 지원한 동기는 무엇인지 설명하시오.

• 학교 동아리 중 역사 관련 동아리 활동 경험은 무엇인지 설명하시오.

• 문화재 보존을 위한 좋은 방법은 무엇이라고 생각하는지 설명하시오.

• 역사 분야에서 메타버스를 활용할 수 방안은 무엇인지 설명하시오.

◆ 산업경영공학과

• 산업 공학에서 배우게 되는 교과목 중 가장 관심 있는 것은 무엇인지 설명하시오.

• 본인의 가치관을 가장 잘 나타내는 키워드 3가지는 무엇인지 설명하시오.

• 현재 본인이 가장 많이 사용하는 인공 지능 서비스가 있다면 무엇이 고, 어떻게 개선하고 싶은지 설명하시오.

• 4차 산업 혁명에서 산업경영공학이 기여할 분야는 무엇이라 생각하는 지 설명하시오.

◆ **전자공학과**

• 전자공학과에 입학하여 수학하는 데 본인의 가장 큰 강점은 무엇인지 설명하시오.

• 봉사 활동 중 기억에 남는 것은 무엇이며, 본인의 역할은 무엇이었는지 설명하시오.

• 물리학이 실생활에 사용되는 예는 어떤 것이 있을지 설명하시오.

• 인공 지능이란 무엇이라고 생각하며, 인공 지능이 전자 공학에 어떻게 활용이 되는지 설명하시오.

◆ **화학과**

• 화학과를 지원한 동기는 무엇인지 설명하시오.

• 고등학교에서 배운 화학 관련 지식에서 가장 흥미를 느낀 부분과 그 이유는 무엇인지 설명하시오.

• 화학 관련 실험을 진행해 본 경험이 있다면 어떤 원리를 깨달았는지 설명하시오.

• 봉사 활동 경험이 있다면 설명하시오.

학생부종합전형 – 명지인재면접전형

◆ **면접고사 질문 문항**

• 본 학과 지원 관련(교과 외) 활동 내용

• 전공 관련 본인이 읽은 책이나 동아리 활동 내용

• 지원 동기 및 향후 진로 계획, 관련 활동(고등학교)

• 학생이 지원 전공에 대해서 어떠한 활동과 노력을 하였는가?

• 학과에 대한 전반적인 이해 및 관심도를 확인할 수 있는 질문

• 전공에 관심을 가지게 된 계기와 그 이후 어떤 활동을 하였는가?

• 전공에 관련되어 명시된 내용 중 어떤 활동을 어느 정도 해 보았는가?

• 협력 활동에서 본인의 역할과 어려운 점을 해결해 나간 경험 활동 내용

• 고교 과정 중 전공 관련 탐구 활동 및 진로 탐색을 위한 노력한 결과를 설명하시오.

◆ **(예시)**

• 수업 시간에 ○○○ 실험을 하였는데, 어떤 원리를 활용하였는가?

• 수행평가로 ○○○에 대해 조사하였는데, ○○○이 무엇이고, 왜 필요하다고 생각하는가?

• ○○대회에서 수상을 하였는데, 수상을 하기 위한 과정에 대해 자세히 설명하시오.

• ○학년 ○학기 학생회장을 하였는데, 학생들의 안건을 학교에 효과적으로 전달하는 방법은 무엇이었는가?

• 진로 활동 시간에 ○○ 관련 발표를 하였는데, 발표 준비를 위해 어떤 노력을 하였는가? 그 과정에서 어려움은 없었는가?

• 수업 시간에 '○○○'에 대해 토론하였다고 하는데, 본인은 찬성과 반대 중에 어떤 입장이었고, 그 근거는 무엇이었는가? 그리고 상대편의 입장은 어땠는가?

상명대

학생부종합전형 – 상명인재전형

◆ **전공 적합성**

• 수업 시간에 윤리적 가치를 담고 있는 예술 작품이 상업적으로도 성공할 수 있다는 소신을 바탕으로 보고서를 제출하였다고 하는데, 그 내용에 대해 이야기하고, 대표적인 작품은 무엇이 있는지 설명해 보세요.

• 수업 시간에 〈맥베스〉, 〈오셀로〉, 〈햄릿〉, 〈리어왕〉 작품을 탐구한 것으로 기록되어 있는데, 셰익스피어에 관심을 가지게 된 이유와 이 작가의 작품이 자신에게 미친 영향은 무엇인지 설명해 보세요.

• 수업 시간에 계면 활성제를 공부하였는데, 계면 활성제를 통해 세균과 바이러스가 죽는 원리는 무엇인지 설명해 보세요.

- 수업 시간에 세계 도시와 관련된 보고서를 작성하였는데, 보고서에서 작성한 우리나라와 도쿄가 세계 도시로 성장해 가면서 나타나는 지리적 특성에는 어떤 것이 있는지 설명해 보세요.
- 수업 시간에 국어 교육에서 '가짜 뉴스 구별법'에 대한 교육이 필요하다고 하였는데, 그 이유에 대해 설명해 보세요.

◆ 발전 가능성
- 목표 성취 활동 '나만의 국어 포트폴리오 만들기'를 통해 변화한 모습이 있다면 무엇인지 설명해 보세요.
- 10주 동안 '매주 책 한 권 이상 읽기'라는 목표를 세워 철학, 적정 기술 등 다양한 분야의 책을 골고루 읽으며 시야를 넓히는 계기가 되었다고 기재되어 있는데, 어떠한 목표 의식을 가지고 실천하였는지 설명해 보세요.
- 도시 공학에 관심이 많은 것으로 보이는데, 앞으로의 진로 계획은 무엇이며, 자신이 어떤 부분에서 더 발전할 필요가 있다고 생각하는지 설명해 보세요.

서울대

일반전형

◆ 인문학(오전)

※ 제시문을 읽고 문제에 답하시오.

> (가) 생태계가 어떻게 작동하는지 알면 알수록 많은 환경 정책이 부적절하다는 사실이 드러난다. 얼핏 봐서는 상관없어 보이지만 실제로는 다른 동식물에게 유난히 큰 영향력을 미치는 종에 대해 조사하는 과정에서, 나는 친환경을 표방하는 많은 농장과 그곳의 관리 체계가 빈껍데기에 불과하다는 것을 점점 더 깨닫게 되었다. 그들 농장은 많은 생물의 서식처인 나무와 관목과 죽은 나무를 잃음으로써, 물리적 구조뿐 아니라 생태계를 구성하는 다양한 종들의 관계 또한 상실하였다. 그런 공간에는 생명의 거미줄이 거의 몇 줄 남아 있지 않다.

(나) 환경 파괴와 기후 위기에 대한 경각심이 커지면서 플라스틱 빨대는 일회용품 중에서 대표적인 퇴출 대상으로 지목되었다. 하지만 플라스틱 빨대를 금지하는 정책은 빨대를 반드시 필요로 하는 사람들의 요구와 충돌한다. 빨대의 기본 형태는 오래전부터 있었지만 입구 부분이 휘어지는 플라스틱 주름 빨대는 환자들을 돕기 위해 처음 발명되었다. 플라스틱을 대체하는 친환경 빨대로 제공되는 종이 빨대, 쌀 빨대, 옥수수 전분 빨대 같은 것들은 플라스틱처럼 부드럽게 휘어지지 않아 불편하고, 뜨거운 음료에서는 쉽게 분해되므로 사용이 쉽지 않다. 플라스틱 주름 빨대를 굽은 금속 빨대 등으로 대체하는 것 역시 신체 기능이 저하된 사람들에게는 위험한 상황을 만들 수 있다. 따라서 주름 빨대를 비롯해 현대에 대량 생산되는 빨대는 부드럽고 얇은 플라스틱으로 제조되므로 신체를 움직이기 어려운 사람들이 다른 사람의 도움 없이 음료를 마실 수 있는 유일한 방법이다.

(다) 너희 인간들은 코로나 때문에 한 명만 죽어도 호들갑을 떨면서, 우리 동물은 수천만 마리 땅에 묻고 손을 탁탁 털더라! 자기 새끼는 끔찍이 아끼면서 남의 새끼는 끔찍하게 죽이더라! 우리의 모성애를 무시하는 당신들은 그 고매한 자식 사랑으로 무얼 하였는가. 미래의 하늘에 탄소를 뿜고 미래의 땅에 분뇨 폐수 살처분 시체를 버리고 미래의 숲을 마구 베고 미래의 바다를 플라스틱으로 채운 것 말고?

– 문제 1: 환경 정책을 수립할 때 유념하여야 할 점에 대한 제시문 (가)와 (나)의 입장을 비교하시오.
– 문제 2: 제시문 (다)의 화자를 만났을 때, 제시문 (가)와 (나)의 글쓴이가 자신의 입장을 각각 어떻게 변호할지 논하시오.

◆ 인문학(오후)

※ 제시문을 읽고 문제에 답하시오.

> (가) 고전 비평은 결코 독자를 다룬 적이 없다. 고전 비평에서는 저자 이외에 누구도 존재하지 않았다. 그러나 현대의 비평에서 독자는 역사도 전기도 심리도 없는 사람으로 재탄생한다. 그는 이미 씌어진 것들의 흔적을 한곳에 모아 새롭게 쓰는 자다. 그러므로 누군가 고전 비평에서처럼 인본주의라는 이름 아래 위선적으로 독자의 권리를 옹호하며 이 새로운 글쓰기를 비난한다면 그것은 가소로운 일일 터이다. 이제 우리는 독자의 새로운 글쓰기를 위해 저자의 신화를 전복해야 한다는 것을 안다. 독자의 탄생은 저자의 죽음이라는 대가를 치러야 한다.
>
> (나) 창작은 오직 독서를 통해서만 완성된다. 작가는 자기가 시작한 작품의 완성을 독자에게 맡기지 않으면 안 되며, 작가가 작품의 본질적 요소로 파악되는 것은 오로지 독자의 의식을 통해서만 가능하다. 따라서 문학 작품은 하나의 호소다. 작품을 쓴다는 것은 작가가 언어라는 수단을 통해 자신이 드러내고자 한 바를 독자에게 객관적 현실로 만들어 달라고 '호소'하는 것이다. 작가는 다만 독자에게 호소할 뿐이고, 그의 작품이 어떤 효과를 가지려면 독자가 자유롭게 그 작품을 갱신해야 한다.
>
> (다) 고전은 한 시대의 특정한 사회 집단이 자신들의 이익이나 관심을 반영하여 선별한 작품이다. 고전이 선별되는 과정에는 작품의 직접 생산자(작가, 필사자, 인쇄업자 등), 작품의 가치를 생산 또는 재생산하고 그 가치를 인정하여 소유하려는 소비자나 청중, 그리고 소비자와 청중을 만들어 내는 관계자 및 제도·기관(이를테면 후원자, 사원, 학교, 박물관, 출판사, 정치 단체 등)이 적극적으로 참여한다. 여기에서 무엇보다 중요한 문제는 이러한 가치가 누구에 의해 어떤 목적으로 어떻게 생성되고 보존되며 전달되는가 하는 것이다.

- 문제 1: 독자와 저자(혹은 작가)의 관계에 관해 제시문 (가)와 (나)에 제시된 입장을 비교하시오.
- 문제 2: 제시문 (가)와 (나)에 나타난 독자에 대한 공통된 이해 방식을 제시문 (다)의 맥락에서 평가하시오.

서울교육대

수시전형

◆ 교직 인성(오전)

○○초등학교에서 학급 간 축구 대회가 열릴 예정이다. 이 대회에서 우승하면, 학급의 모든 학생에게 상품이 제공된다. 학생들 사이에 팀 구성 방법을 두고, 두 가지 의견이 팽팽하게 대립하고 있다. 하나는 축구를 잘하는 학생 위주로 팀을 구성하자는 것이고, 다른 하나는 여러 학생이 골고루 참여하게 팀을 구성하자는 것이다. 여러분이 교사라면 학생들에게 어떤 조언을 할 것인가? 그 이유는 무엇인지 설명하시오.

◆ 교직 적성(오전)

강자는 더욱 강해지고, 약자는 더욱 약해지는 현상을 '마태 효과(Matthew effect)'라고 한다. 예를 들어, 저명한 과학자에게는 무명의 과학자보다 명성과 보상을 받을 기회가 더 많이 주어진다. 학교 현장에서 마태 효과에 해당하는 상황을 구체적으로 제시하고, 그 상황에서 마태 효과를 최소화하기 위한 방안을 교사 차원과 학교 차원에서 각각 제안하시오.

◆ 교직 교양(오전)

1980년대에 제시된 '모라벡의 역설(Moravec's paradox)'에 의하면, 인간은 컴퓨터보다 지각과 인지를 잘하고, 컴퓨터는 인간보다 복잡한 계산을 쉽게 할 수 있다. 그러나 최근 빅 데이터 기반 인공 지능의 발달로 모라벡의 역설을 반박하는 사례들이 나타나고 있다. 이에 해당하는 사례를 두 가지 제시하고, 그 이유를 설명하시오.

◆ **과제 발표(오후)**

【과제】

※ 코로나19 확산 이후, <u>또래들 간의 면대면 소통 및 교류의 부재</u>가 사회
  적 문제로 대두되었다. 이 문제를 해결하기 위한 창업 아이템(제품,
  앱, 서비스 등)을 발굴하여 개발할 예정이다. 아래의【과제 수행 지침】
  에 따라 '<u>사업 계획서</u>'를 작성하여 발표하시오.

【과제 수행 지침】

1. 사업 계획서는 제공되는 필기구와 용지를 사용하여 자유롭게 작성하
   되, 다음의 〈내용〉을 포함한다.

> 〈내용〉
> • 아이템 이름
> • 아이템에 관한 설명(개발 목적 또는 의도, 기능 등)
> • 아이템에 관한 그림
> • 아이템 홍보를 위한 광고 카피

2. 사업 계획서는 다음의 〈조건〉을 고려하여 작성한다.

> 〈조건〉
> • 구체적이고 실현 가능할 것
> • 사회 · 윤리적 가치를 추구할 것
> • 광고 카피는 한 줄 이내로 작성할 것

3. 발표 방법은 제한이 없으며, <u>10분 발표</u> 시간을 갖는다.

정시전형

◆ 교직 인성(오전)

사향이는 담임 선생님에게 과제물 제출 기한 연장을 요청하였다. 사향이에게는 기한 내에 과제물을 제출할 수 없었던 사정이 있었다. 선생님은 고민에 빠졌다. 모든 학생들을 대상으로 제출 기한을 연장하려고 하였지만, 일부 학생들이 이의를 제기하였기 때문이다. 여러분이 선생님의 입장이라면 어떤 결정을 내릴 것인가? 그 이유는 무엇인지 설명하시오.

◆ 교직 적성(오전)

알파 세대는 2010년 이후 태어난 세대이다. 이들은 출생과 동시에 인터넷에 언제나 연결된 디지털 기기를 사용하고 있다. 알파 세대는 숏폼(short form) 위주의 영상 콘텐츠 소비와 생산에 익숙하다. 알파 세대의 학습 특성을 제시하고, 이를 고려한 교육 방안을 말하시오.

◆ 교직 교양(오전)

집단 토의 과정에서 개인은 자신의 의견을 고수하기보다 집단의 의사 결정에 수렴하는 경향을 보인다. 예를 들어, 어떤 사안에 대한 개인별 설문 조사에서 사람들은 대부분 소신대로 응답하였다. 그런데 집단 토의를 거친 후 동일한 설문 조사를 실시하였더니, 사람들은 집단의 의사 결정을 따르는 응답 결과를 보였다. 이런 현상이 발생하는 원인을 제시하고, 집단 토의를 통해 최선의 결과를 얻을 수 있는 방안을 말하시오.

◆ 교직 인성(오후)

청람이는 친한 친구로부터 탐구 보고서를 보여 달라는 요청을 받고, 흔쾌히 빌려주었다. 친구는 탐구 대회에서 우수한 성적으로 입상하였다. 친구의 탐구 대회 출품작을 보니, 아이디어와 내용이 청람이의 탐구 보고서와 전반적으로 유사하였다. 청람이는 억울한 생각이 들었다. 여러분이 청람이라면 어떻게 할 것인가? 그 이유는 무엇인지 설명하시오.

◆ **교직 적성(오후)**

4학년 3반 사향이는 아직 글 읽기가 서툴고 문제 풀이가 느리다. 평소 선생님의 설명을 이해하지 못하는 경우가 많고, 눈치가 부족하다. 이로 인해 사향이와 같은 모둠이 되는 것을 싫어하는 학생들도 있다. 담임 선생님의 입장에서 사향이의 학교생활 적응을 도울 수 있는 방안을 말하시오.

◆ **교직 교양(오후)**

과학 기술 발달은 인류의 삶을 혁신적으로 변화시켰지만 동시에 예상하지 못하였던 부작용을 초래하였다. 예를 들어, 항생제는 질병 치료에 효과적이지만, 내성이 강한 슈퍼 박테리아를 출현시키는 부작용을 낳았다. 이러한 사례를 한 가지 제시하고, 과학 기술 발달에 따른 부작용을 최소화하기 위해 어떤 노력이 필요한지에 대해 말하시오.

세종대

학생부종합전형(창의인재전형) – 자연 계열A 만화애니메이션텍 전공(오전)

※ 아래 발표 주제에 따라 아이디어/스토리를 표현(글, 그림, 도형, 기호 등 이용)하고 그 자료를 참조하여 면접 시 구술 발표하시오.

[전공 적합성 발표 주제]

생명 공학은 미생물을 이용한 식품 생산, 의약품 개발, 동식물의 형질 전환 등 생명체를 활용하는 분야에서부터 인공 장기를 연구하는 의공학, 로봇 제어 기술을 뒷받침하는 인공 지능, 인간의 작동에 적합한 기계 설계를 위한 인간 공학 등 다양한 분야로 확대되고 있다. 발전된 생명 공학 기술을 바탕으로 불임 치료 기술의 발달, 심폐 소생술의 발달, 인간의 배아 복제 연구, 인간의 유전자 정보 해독, 장기 이식 등이 현실화하면서 생명 공학과 의료 과학 기술에 대응하는 윤리적 문제가 의사뿐만 아니라 많은 사람들을 새로운 도덕적 상황에 직면하게 만들었다.

가까운 미래, 공학 기술에 의존하여 인간의 생명을 연장하는 과정에서 윤리적으로 발생할 수 있는 여러 상황과 수명 연장으로 인해 삶의 목적과 방식이 변화하는 과정을 스토리로 구성하고, 시나리오와 같은 개성 있는 문제 또는 스토리보드로 작성하여 설명하시오.

학생부종합전형(창의인재전형) – 자연 계열A 만화애니메이션텍 전공(오후)

※ 아래 발표 주제에 따라 아이디어/스토리를 표현(글, 그림, 도형, 기호 등 이용)하고 그 자료를 참조하여 면접 시 구술 발표하시오.

[전공 적합성 발표 주제]

지구에 생명체가 번성한 까닭 중 하나는 물이 풍부하게 존재하기 때문이다. 그만큼 물은 우리가 살아가는 데 꼭 필요한 물질이다. 하지만 환경 훼손과 지구 온난화 등의 영향으로 현재 전 세계의 물은 오염과 부족이라는 이중고에 시달리고 있다. 국제 연합(UN) 조사에 따르면 세계 인구의 약 1/5에 달하는 12억 명이 안전하게 마실 수 있는 물의 부족 현상을 겪고 있고, 이러한 물 부족 사태는 각국의 수자원 확보를 위한 분쟁으로 이어져 세계 주요 하천의 수자원을 둘러싼 국가 간 물 분쟁으로 이어지고 있다.

이러한 갈등 상황을 해결하기 위해 환경 훼손과 물 오염을 최소화하는 양질의 수자원 확보를 위해서 국가 간의 조화로운 협력과 지속적인 개발을 추구하는 과정을 스토리로 구성하고, 시나리오와 같은 개성 있는 문체 또는 스토리보드로 작성하여 설명하시오.

숭실대

학생부종합전형(SSU미래인재, 고른기회, 특수교육대상자, SW우수자)

- 숭실대학교 ○○ 학과에 지원한 동기를 말해 보세요.
- ○○ 활동이 가장 활발해 보이는데, 이 활동은 무엇인지 말해 보세요.
- 학업 계획에 ○○가 꿈이라고 하였는데, 관심 갖게 된 동기가 무엇인지 말해 보세요.
- 전반적인 성적보다 ○○ 교과 성적이 좋은데(혹은 나쁜데), 이유가 있는지 말해 보세요.
- ○○라는 진로를 결정하게 된 결정적인 활동을 구체적으로 설명해 보세요.
- 본인이 이 학과와 잘 맞는다고 생각하는 강점과 그 이유를 설명해 보세요.

- 지원 전공 분야에 대해 알고 있는 현재 이슈가 있는지, 특히 관심 있는 분야는 무엇인지 말해 보세요.
- ○○분야가 유망하다고 생각하는 이유를 말해 보세요. ○○의 활용 사례에 대해 말해 보세요.

연세대

학생부종합전형(추천형) 인문 · 사회 · 통합 계열

※ 다음 제시문을 읽고 질문에 답하시오. [총 100점]

(가) 인간은 타인의 시선에서 벗어나 있을 때 과연 윤리적일 수 있는가? 칸다울레스 왕이 다스리는 리디아 왕국에 기게스라는 목동이 살았다. 기게스가 양을 치고 있던 어느 날 갑자기 커다란 지진이 일어났다. 지진이 일어난 자리에는 땅이 갈라져 동굴이 생겼고, 기게스는 호기심이 생겨 갈라진 동굴 안으로 들어갔다. 그는 동굴 안에서 거인의 시체가 놓여 있는 것을 발견하였다. 시체의 손가락에는 금반지가 끼워져 있었다. 기게스는 그 반지를 빼 들고 밖으로 나왔다. 그러다 우연히 자신이 끼고 있는 반지의 흠집 난 곳을 안쪽으로 돌리면 자신은 투명 인간이 되고 바깥쪽으로 돌리면 자기 모습이 다시 보인다는 사실을 알게 되었다. 이제 남들의 시선에서 벗어나 보이지 않는 힘을 갖게 된 기게스는 자연스럽게 나쁜 마음을 먹게 되었다. 가축의 상태를 왕에게 보고하는 전령으로서 궁전에 들어간 기게스는 자신의 새로운 힘인 마법 반지를 이용하여 모습을 감춘 후, 왕비를 겁탈하고 그녀를 자기 편으로 끌어들여 왕을 암살한 뒤 스스로 왕이 되었다.

(나) 서로 잘 아는 사람들이 소규모로 모여 사는 마을 공동체에서 개인은 대체로 합리적이고 도덕적인 성향을 보인다. 그는 다른 사람들의 말에 크게 영향받기보다는, 이성과 주관에 따라 판단하고 규범에 맞게 행동한다. 혼자 있을 때도, 여럿이 있을 때와 크게 다를 바 없이 처신한다. 그런데 19세기 이후 대도시에 인구가 밀집하고 대량 생산과 소비, 그리고 대중문화가 발전하면서 대중사회가 등장한다. 이제 대중 속에서 이름 없는 한 명이 된 개인은 집단적인 분위기에 복종하고 전체의 결정을 따르라는 무언의 압력에 쉽사리 굴복한다. 대중의 일원으로서 그는 익명성 아래 자신의 욕망, 정열, 관심을 분출하고 실현한다. 이때 권력을 가진 지도자의 역할은 결정적이다. 권위적 지도자는 단순하고 선동적인 말로 대중에게 행동 방향을 제시하며, 대중은 지도자의 말을 마치 절대적

인 진리인 것처럼 이해한다. 대중은 직관과 감정에 따라 권위적 지도자의 말을 무비판적으로 수용한다. 무리 속의 익명적 개인들은 쉽게 흥분하고 변덕을 부리며 열정을 드러낸다. 그러한 감정 에너지는 때로 대중이 난폭하게 폭력을 행사한다든지, 용감하게 순교를 불사하는 등의 행동을 하도록 만든다.

(다) 도시 문명의 발전은 현대 사회의 주요 특징이다. 과학과 기술의 진전을 통해 이루어진 도시화는 익명성이 전통에 따르는 도덕규범과 오랜 대면 관계를 대신하도록 만들었다. 그런데 우리는 도시인의 생존이 도시의 잔인한 익명성 탓에 소모되고 훼손된다는 말을 자주 듣는다. 개인은 작은 시골 마을에 있을 때 이미 정해진 행동 규범을 따르며, 스스로 그것을 의무로 여겼다. 그러한 규범을 어길 때 마을에서 평판이 나빠지기 때문이다. 하지만 그는 누가 누군지 알 수 없는 대도시로 나오면서부터 깊은 인간관계를 쌓을 수 없게 된다는 것이다. 이런 까닭에 대중 사회 속의 도시인은 마치 정체성을 상실하고 자아를 잃어버린 채로 살아간다고 비판받기까지 한다. 그러나 이처럼 도시의 익명성이 과거 마을 공동체 시절의 인간적 교류를 사라지게 하였다는 비판은 그 익명성이 지니는 독특한 이점을 보지 못한 데서 나온다. 도시의 익명성은 마을 공동체의 넌더리 나는 속박에서 벗어나는 자유의 가능성을 제공하므로 위협적이고 피폐한 것이 아니라 훨씬 더 인간적이고 해방적인 현상이다. 왜냐하면 도시 생활의 익명성 형태는 인간 삶에 필수적인 사생활을 보호하는 데 도움을 주며 도시인을 마을 생활의 부담스러운 도덕규범과 강요된 인습이라는 족쇄에서 벗어나도록 만들기 때문이다. 따라서 도시인은 이런 익명성 덕택에 과거와는 비교할 수 없을 만큼 많은 사람과 다양한 교류를 할 수 있게 되었을 뿐만 아니라 자유롭고 창의적인 생각을 펼칠 수 있게 되었다.

(라) 기업 A는 신제품의 결함과 개선 방안을 논의하기 위해 온라인 대화방 네 개를 만들었다. 기업 구성원 중 40명을 모아 각 대화방에 10명씩 배정하였는데, 40명 구성원들은 서로 아는 사이다. 모든 대화방의 대화에는 참여자의 직급이 표시되지만, 네 개의 대화방은 다음과 같은 두 가지 차원에서 서로 다르다. 첫째, 위계 차원에서는 참여자의 기업 내 직급이 비슷한 구성원끼리 이루어진 수평적 대화방과 다양한 직급이 섞인 수직적 대화방으로 나뉜다. 둘째, 익명성 차원에서는 참여자가 서로 신원을 알 수 없이 별명만으로 논의하는 대화방과 실명을 쓰는 대화방으로 나뉜다. 이렇게 나누어 30분 동안 진행한 방별 토의 내용을 정리한 결과는 아래와 같다.

구분	수평적 대화		수직적 대화방	
	익명 대화방	실명 대화방	익명 대화방	실명 대화방
총 발언 수	236	158	210	93
창의적인 제안 수	43	28	26	31
비난, 감정적 발언 수	11	9	25	3

- 문제 1: 제시문 (가), (나), (다)에는 익명성에 대한 다양한 관점이 들어있다. 제시문 (가)와 (나), 그리고 제시문 (나)와 (다)의 공통점과 차이점을 각각 논하시오. [50점]
- 문제 2: 제시문 (라)의 조사 결과를 요약하고, 제시문 (나)와 (다)를 바탕으로 그 결과를 설명하시오. [50점]

학생부종합전형(추천형) 자연 계열

※ 다음 제시문을 읽고 질문에 답하시오. [총 40점]

(가) 헤르츠는 금속에 빛을 쪼여주면 금속으로부터 전자가 방출되는 광전 효과를 발견하였으며, 아인슈타인은 빛을 광자라고 하는 입자의 흐름으로 생각하는 광양자설을 제안하였다. 전자기파는 파동의 특성과 입자의 특성을 동시에 가지며, 전자기파의 파장이 짧을수록 광자가 가진 에너지는 커진다.

(나) 현대 원자 모형에서 전자는 정확한 위치를 알 수 없으며 원자핵 주위에서 전자가 발견될 수 있는 확률로 표현한다. 원자핵 주변의 전자가 발견될 확률 분포를 오비탈이라고 한다. 각각의 오비탈은 서로 다른 에너지 준위를 가지며 원자에 존재하는 전자는 파울리 배타 원리, 훈트 규칙과 같은 쌓음 원리에 따라 낮은 준위의 오비탈부터 채워진다. 특정 오비탈에 존재하는 전자에 일정한 에너지를 가진 전자기파를 비추게 되면 전자는 더 높은 에너지 준위를 가진 오비탈로 이동한다.

(다) 고체에서는 원자들의 거리가 가까워서 전자의 오비탈이 이웃한 원자들로부터 영향을 받는다. 고체를 이루는 원자의 수가 증가할수록 에너지 준위는 미세하게 여러 갈래로 나누어진다. 미세한 차이를 가진 에너지 준위들은 원자의 수가 많아지면 연속적인 띠의 형태를 보이게 되며, 이를 에너지띠라고 한다. 바닥상태에서 원자의 가장 바깥쪽에 해당하는 전자가 차지하는 에너지띠를 원자가 띠라 하고, 전자가 채워지지 않은 에너지 띠를 전도띠라 한다. 원자가 띠와 전도띠 사이의 에너지 차이를 띠 간격이라 한다.

(라) 식물의 광합성은 명반응과 암반응으로 구분된다. 명반응은 빛에너지가 화학 에너지로 전환되는 과정이다. 명반응은 틸라코이드 막에 존재하는 광계 II 가 빛을 흡수하여 들뜬상태로 바뀌고 고에너지 전자를 방출하며 산화되는 것이다. 방출된 고에너지 전자는 전자 전달계로 이동하여 산화 환원 반응을 거쳐 단계적으로 에너지를 방출하며, 비순환적 전자 흐름을 통해 최종적으로 전자 수용체에 전달된다. 명반응의 전자 전달과 유사한 산화 환원 반응이 세포 호흡 과정에서도 일어난다.

– 문제 1: 원자 내에 존재하는 전자가 불연속적인 에너지 준위를 가지고 있음을 설명하고 이를 증명할 수 있는 실험은 어떠한 것들이 있는지 구술하시오. [15점]

- 문제 2: 에너지띠의 관점에서 도체, 절연체, 반도체의 차이를 설명하고, 반도체에서 전류가 흐를 수 있는 조건에 대해 구술하시오. [15점]
- 문제 3: 광합성의 명반응 과정에서 고에너지 전자를 방출한 광계II가 바닥상태로 되돌아오는 과정과 고에너지 전자를 최종적으로 수용하는 물질을 밝히고, 광합성의 명반응 과정과 세포 호흡의 산화적 인산화 과정의 차이점에 대해 구술하시오. [10점]

인하대

학생부종합전형(인하미래인재) 서류 기반 면접 문항

구분	면접 질문
리더십 활동	• 임원으로 활동하면서 무엇을 배웠다고 생각합니까? • 임원으로 일하면서 가장 기억에 남는 일은 무엇입니까? • 임원으로 일하면서 가장 어려웠던 점(일)은 무엇이었으며, 이를 어떻게 해결하였습니까?
봉사 활동	• 동아리에서 가장 인상 깊었던 활동은 무엇이며, 그 이유는 무엇입니까? • 봉사 활동을 하면서 가장 기억에 남는 것은 무엇입니까? 그 이유는 무엇입니까? • ○○에서 봉사하였는데, 그러한 봉사를 하게 된 계기는 무엇이며, 구체적으로 어떠한 봉사를 하였습니까?
동아리 활동	고등학교 때 ○○동아리 활동을 하였는데, 구체적으로 동아리의 성격과 활동에 대해 설명해 주십시오.
장래 희망	• 앞으로 ○○분야에서 일하기를 희망한다고 하였는데, 구체적으로 어떤 분야에 관심이 있으며 그 분야에서 어떤 역할을 하고 싶습니까? • 앞으로 ○○가 되고 싶다고 하였는데, ○○로서 자신이 가지고 있는 장점이나 부족한 점은 무엇이라고 생각합니까? 더욱 실력 있는 ○○가 되기 위해 대학 생활을 어떻게 보낼 계획입니까?
기타	• 식물유래 추출물에 대한 다양한 효능 실험을 하였는데, 주제는 어떻게 정하였습니까? • 1학년 과학 교양에서 주제를 화학 공학의 원료인 석유로 선정한 이유는 무엇입니까?

- 생명 과학 시간에 '미주신경성 실신' 발표를 하였다고 하는데, 간단히 설명해 주십시오.
- 영어2 수업 중 교사에게 가장 효과적인 학습 방법이 동료 장학의 중요성이라고 하였는데, 이유를 설명해 주십시오.
- ○○책(프로그램)을 읽었다고 하였는데, 그 내용을 간략하게 설명하고 왜 그 책(프로그램)이 자신에게 인상적이었는지 설명해 주십시오.
- 3학년 국제경제 세특에 지속적인 경제 발전을 위한 우리나라 기업이 취할 수 있는 전략을 발표하였다고 하는데, 무엇인지 설명해 주십시오.
- 2학년 교육학 세특으로 핀란드의 교육 방식에 관한 동영상 시청 후 토론에서 본인의 생각을 이야기하였다고 하는데, 우리나라와 차이점을 설명해 주십시오.
- 성적이 많이 향상 되었다고 하였는데, 그 계기는 무엇이며 성적 향상을 위해 어떠한 노력을 하였습니까? 특별한 전략이나 방법이 있었습니까?
- 자신이 유명한 국제회의 기획자가 되었다고 가정하고 서론−본론−결론의 3단 구조를 갖춘 자서전을 작성하였다고 하는데, 어떤 구성이었는지 설명해 주십시오.
- '구르는 돌에 이끼가 끼지 않는다.'라는 프랑스 속담이 부정적 의미를 내포함을 설명하면서, 정확한 속담 이해와 인용을 위해 해당 문화권에서 독특하게 개념화한 기저 의미 파악이 필요하다고 하였는데 이유는 무엇입니까?

※ 이상의 문제는 2024학년도 구술면접 대비를 위해 대표 기출 유형을 발췌한 것입니다. 자세한 면접 내용은 각 대학 입학처 홈페이지를 참고하기 바랍니다.

2022학년도
대학별 기출문제

  경희대

학생부종합전형(네오르네상스) – 의학 계열

• 1866년 8월 20일 고종 3년에 '나'는 평안감사로 재직 중이었다. 외국에서 온 상선이 대동강을 거슬러 올라와 평양까지 도착하여 통상과 교역을 요구한다는 보고를 받았다. 당시 우리나라는 외국과의 통상과 교역이 국법으로 금지되어 있어 외국 상선의 승조원들에게 이에 대해 설명하고 돌아갈 것을 권하였다. 그러나 이들은 지시를 따르지 않고 통상을 강요하며 만경대까지 올라와 이를 말리던 관리를 붙잡아 배에 감금하여 평양성 관민들의 분노를 샀다. 강물이 빠지면서 외국 상선이 움직이지 못하게 되자 당황한 승조원들이 감금된 관리를 구하러 몰려든 관민들을 향해 총을 쏘는 일이 발생하였다. '나'는 이런 상황들을 조정에 알렸고 조정에서는 '외국 상선과 승조원들을 모두 불태워라.'라는 왕명을 보내왔다. '나'는 실학사상을 공부하며 자주적인 개국을 통해 선진 문물을 받아들여 나라와 백성을 이롭게 해야 한다는 신념을 가진 개화사상가다. 성리학을 내세우며 쇄국 정책만을 고집하고 탁상공론을 일삼는 조정의 대신들에게는 넌더리가 난다. 사태에 대한 진지한 고민 없이 사람을 불태워 죽이라는 것에 실망을 금할 수가 없다. 그러나 '나'는 관직자로서 당연히 왕명을 따라야 한다. 한편으로는 외국 상선을 불태워버린다면 외국과의 전쟁으로 비화될 수도 있다는 걱정도 앞선다. 또한 난동을 피우기는 하였어도 외국 상선에 타고 있는 24명

의 사람들을 모조리 불태워 죽인다는 것은 너무 지나치고 이치에 맞지 않다. 외국 승조원들에게 물과 식량을 주고 생명이 위태로운 상황임을 알려서 돌아가게 할 수 있지 않을까? 그러나 외국 승조원들이 우리의 권고를 무시하고 백성을 위태롭게 하였으므로 침략 행위로 볼 수 있어 왕명이 하달된 것이다. 왕명을 따르지 않는다면 내 목숨뿐 아니라 가족들의 안위도 위협받는다. 날이 밝기 전 결정을 해야 한다. 외국 상선의 승조원들을 설득하여 되돌려 보낼 것인가? 왕명을 따라 배와 승조원들을 불태워 없애버릴 것인가? 지원자가 '나'의 상황이라면 어떤 선택을 할 것인지 말하고 그 이유를 설명하시오.

? 추가 질문

【외국 상선의 승조원들을 설득하여 되돌려 보낸다고 대답한 경우】
오늘날의 공직자 직업 윤리의 개념을 왕명을 따르지 않는 '나'의 선택에 적용시킨다면 어떻게 설명할 수 있는가?

【왕명을 따라 배와 승조원들을 불태워 없앤다고 대답한 경우】
'비판적으로 생각하지 않고 그저 지시만 따르는 것은 악(惡)이 될 수 있다.'라는 명제에 대해서 어떻게 생각하는가?

• 2021년 12월 3일 금요일, 대학병원 성형외과 전공의 4년차인 '나'는 오전 외래 진료 중이며 오후에 K교수님 수술 팀에 참여하기로 되어 있다. 외과에서 의뢰된 60세 B씨가 진료실로 들어왔다. B씨는 좌측 뺨 위쪽에 발생한 종양에 대해서 일주일 전 K교수님 진료를 받았던 환자이며, 당시 시행하였던 조직검사 결과를 알아보기 위해 담당 전공의인 '나'를 찾은 것이다. 검사 결과는 '악성'이었고 '나'는 수술로 종양을 제거하여야 한다고 B씨에게 설명하였다. B씨는 크게 낙담하며 하루라도 빨리 수술을 받고 싶다고 하였다. 병변이 매우 작기 때문에 수술 시간이 30분 정도 걸리는 간단한 절제 수술로 치료가 될 것으로 예상되었다. B씨는 6개월 전에 대장암으로 진단받고 수술을 받았으며 한 달

에 한 번씩 병원에 입원하여 항암 치료를 받는다. B씨는 3일 전에 항암 치료를 받기 위해 외과에 입원하였으며 오늘 오후에 퇴원 예정이다. B씨는 오늘 오후에 K교수님에게 피부암 제거 수술을 받고 내일 퇴원하기를 원하였다. 그러나 타 과의 환자를 퇴원 당일 성형외과로 주치의를 변경하여 당일 수술을 받는 것은 병원 운영 원칙에 어긋난다. 타 과에서 퇴원 후 최소한 24시간이 경과한 후 성형외과로 다시 입원하여 수술을 받는 것이 원칙이다. 그러지 않고 외과 퇴원 당일 성형외과 수술을 받았을 경우 의료 보험 규정상 병원은 성형외과 수술 비용을 추가로 받지 못한다. '나'는 B씨에게 병원의 원칙을 설명하고 오늘 외과에서 퇴원하여 다음 주 월요일에 성형외과로 다시 입원해서 수술을 받아야 된다고 말하였다. 그러나 B씨는 집도 멀어서 너무 불편하니 오늘 오후에 꼭 수술을 받게 해 달라고 부탁하였다. K교수님께 문의하니 교수님은 환자가 원하는 대로 해 드리라고 말씀하신다. '나'는 자신이 불편하다는 이유로 의사에게 무리한 요구를 하는 B씨와 병원의 원칙이 있는데도 환자의 요구에 따라 주라는 교수님의 지시가 난감하였다. '나'는 병원 운영 원칙을 근거로 환자의 요구를 거절할 것인지, 병원 운영 원칙을 거스르더라도 환자의 요구대로 해 줄 것인지를 결정하여야 한다. 지원자가 '나'의 상황이라면 어떤 결정을 할 것인지 말하고 그 이유를 설명하시오.

고려대

일반전형(학업우수형) - 인문 계열(오전)

(가) 고전적 공리주의자 벤담과 밀은 행복은 곧 쾌락이고 불행은 고통이라는 인식을 공
유하며, 인간 행위의 목적을 고통을 피하고 쾌락을 늘리는 것에 두었다. 특히 이들
이 중시한 것은 최대 다수의 최대 행복이었는데 여기에서 공공선의 문제가 제기되
기도 하였다. 한편, 20세기 사상가 칼 포퍼는 불행의 최소화를 중시하며 ㉠ '소극
적 공리주의'를 제시하였다. 개인의 자유가 억압되는 일에 민감하게 반응한 그는
공공의 영역을 인정하되 최대 행복을 명분으로 개인의 자유가 침해 받는 일을 경
계하였다. 세계사적 비극인 전체주의의 폐해를 떠올리면 그의 우려가 지나치다고
말하기는 어려울 것이다. 고전적 공리주의가 행복을 극대화하려 한다면, 소극적
공리주의는 행복이 아닌 불행을, 쾌락이 아닌 고통을, 선이 아닌 악을 제거하고 최
소화하려 한다.

소극적 공리주의에 따르면, 행복이나 선이라는 목표는 항상 미래에 오는 것이므로
불확실하며 대체로 추상적이다. 반면에 고통이나 악을 제거한다고 할 때, 그 고통
이나 악은 항상 현재에 존재하는 구체적인 것이다. 불확실한 미래의 추상적인 선
을 추구하기보다는 확실한 현재의 구체적인 악을 제거하는 것이 우리가 해야 할
일이다. 또한 행복이나 선은 사람들마다 서로 다른 것인 경우가 많아서 일률적으
로 산출하기 어렵다. 무엇이 좋은 것인지는 지극히 주관적이기 때문에 사람들 간
에 의견 일치가 쉽게 이루어지지 않는다.

반면에 고통이나 악은 사람들이 쉽게 합의할 수 있다는 것이 소극적 공리주의의
주장이다. 맛있는 음식에 대해서는 각각 의견을 달리하는 사람들도 배고픔의 고통
에 대해서는 쉽게 의견 일치를 볼 수 있다.

(나) 일반적으로 국가를 평가할 때 국내 총생산(GDP) 등 경제적 지표를 사용하는 경향
이 있으나 이것만으로 국민의 행복과 불행을 종합적으로 판단하는 데에는 한계가
있다. 이를 보완하기 위해 도입된 ㉡ 국가 행복 지수는 국내 총생산뿐만 아니라 건
강 상태, 자유, 기대 수명, 부정부패 등을 바탕으로 집계된다. 국민 소득이 2000달
러에도 미치지 못하는 작고 가난한 나라지만 국민의 97%가 '행복하다'고 하는 부
탄이 널리 알려진 것도, 선진국 대열에 합류한 나라의 국민이지만 한국인의 불행
이 주목 받게 된 것도 국가 행복 지수 때문이다. 2018~2020년 평균을 산출한 결
과 한국은 국가 행복 지수 10점 만점에 5.85점으로 OECD 회원국 중 거의 끝자리
를 차지하였는데, 미세먼지 농도는 가장 높았고, 연간 근로 시간은 멕시코 다음으

로 가장 길었다. 또한 2020년 유니세프가 발표한 어린이행복 지수에 따르면 한국은 OECD 및 EU 회원국 38개국 가운데 21위였다. 신체 건강(13위), 학업 및 사회 능력(11위)은 상위권이었지만 정신적 행복은 34위로 최하위권이었다.

(다) 나는 이사하기를 좋아한다. 인간이라는 것은 크게 나누면 대충 두 가지 타입으로 나눌 수 있다. 즉, 이사하기를 좋아하는 인간과 싫어하는 인간이다. 특별히 전자는 행동적이고 진취성이 풍부하나 후자는 그 반대라는 식의 이야기가 아니다. 단순히 이사하기를 좋아하느냐 싫어하느냐라는 극히 단순한 차원의 이야기이다. 짐을 챙겨 동네에서 동네로, 집에서 집으로 옮겨 다니노라면, 정말로 © 행복한 기분이 든다. 그렇다고 해서 내가 적극적인 인간인가 하면 그렇지도 않다. 오히려 그 반대로, 생활 습관을 바꾸거나 사물에 대한 가치 판단을 바꾸거나 하는 걸 극단적으로 싫어하는 편이다. 양복만 해도 15년 전과 거의 같은 것을 입고 있다. 하지만 이사가는 것만은 좋아한다. 이사의 좋은 점은 모든 것을 '무(無)'로 만들 수 있다는 것이다. 이웃과의 교제, 인간관계, 그 밖의 온갖 일상생활에서의 자질구레한 일, 그러한 것이 전부 한순간에 소멸해 버리는 것이다. 이 쾌감은 한번 맛보면 결코 잊어버릴 수가 없다. 야반도주야말로 이사의 기본적 원형이다. 나는 지금까지 굉장히 여러 번 이사를 하고, 여러 곳에 살았으며, 여러 종류의 사람들과 상종을 해왔다. 그리고 그때마다 모든 것을 '무'로 만들고 지금에 이른 것이다.

- 문제 1: ㉠의 특성을 바탕으로 ㉡, ㉢에 제시된 '행복'에 대한 관점을 평가하시오.
- 문제 2: 제시문 (나)의 내용을 참고하여 ㉠의 견해를 비판하시오.
- 문제 3: 제시문 (가)의 '소극적 공리주의'를 반영한 정책을 예로 들고 그것의 순기능과 역기능에 대해 설명하시오.

일반전형(학업우수형) - 인문 계열(오후)

(가) 사람들은 살면서 여러 가지 선택을 해야 합니다. 오늘 무엇을 먹을지, 어떤 옷을 입을지 같은 사소한 결정을 하는 경우에는 자신의 선택에 대해 뒤돌아보지 않지만, 진로나 결혼 같은 중요한 결정을 내린 경우에는 자신의 선택이 적절하였는지 반추하기도 합니다. 사람들이 어떤 것을 선택한 후에 '만약에 내가 다른 선택을 하였더라면'하고 생각하는 것은 매우 흔하며, 대부분의 사람은 무의식적으로 이러한 ⊙ 반사실적(反寫實的) 사고를 하고 있습니다. 반사실적으로 생각한다는 것은 '사실과 반대' 혹은 '대안 선택 시 일어날 수 있었던 (현실에 대비되는) 상황'에 대해 상상하는 것과 같은 의미를 가집니다. 이 개념은 고대 그리스 철학자인 플라톤과 아리스토텔레스의 가정법 시제에 대한 논의에서 시작되었고, 대안 세계에 관해 쓴 17세기 독일 철학자 라이프니츠에 의해 더욱 발전되었습니다. '반사실적 사고'라는 용어는 1940년대 중반에 처음 사용되었는데, 이후 학자들은 1980년대 초에 사회 인지적 관점에서 이 주제를 체계적으로 연구하기 시작하였고, 반사실적 사고 뒤에 후회나 만족과 같은 특정한 감정이 발생한다는 것을 발견하였습니다. ⓒ 반사실적 사고는 현실과 대비해 상황이 더 나은 경우와 상황이 더 나쁜 경우를 생각하는 방향으로 나뉩니다. 상상할 수 있는 대안적 상황과 현실을 비교하면 후회, 수치심, 죄책감 또는 비난과 같은 감정이 발생할 수도 있고, 반대로 안도와 만족과 같은 감정이 생길 수도 있습니다.

(나) 노란 숲속에 두 갈래 길 나 있어,
나는 둘 다 가지 못하고
하나의 길만 걷는 것 아쉬워
수풀 속으로 굽어 사라지는 길 하나
멀리멀리 한참 서서 바라보았지.
그러고선 똑같이 아름답지만
풀이 우거지고 인적이 없어
아마도 더 끌렸던 다른 길 택했지.
물론 인적으로 치자면, 지나간 발길들로
두 길은 정말 거의 같게 다져져 있었고,

사람들이 시커멓게 밟지 않은 나뭇잎들이
그날 아침 두 길 모두를 한결같이 덮고 있긴 했지만.
아, 나는 한 길을 또 다른 날을 위해 남겨 두었네!
하지만 길은 길로 이어지는 걸 알기에
내가 다시 오리라 믿지는 않았지.

ⓒ 지금부터 오래오래 후 어디에선가
나는 한숨지으며 이렇게 말하겠지.
숲속에 두 갈래 길 나 있었다고. 그리고 나는—
나는 사람들이 덜 지난 길 택하였고
그로 인해 모든 것이 달라졌노라고.

(다) A는 한 음료 업체의 마케팅 부서에서 근무하고 있는데, 현재 회사에서는 음료의 매출을 높이기 위해 광고를 띄우려고 한다. 어느 날 A는 상사로부터 과거에 회사에서 광고를 집행하였을 때 음료 매출이 얼마나 올랐는지를 분석하라는 지시를 받고, 데이터를 살펴보았다. 그 결과 2020년에 회사가 음료를 광고하였더니 2019년에 비해 음료 매출이 20% 상승하였다는 사실을 알게 되었다. 이 사실을 발견한 A는 그 즉시 상사에게 음료를 광고한 덕분에 2020년 음료 매출이 전년도보다 20% 상승하였으며, 따라서 올해도 광고를 하게 되면 음료 매출이 20%가량 증가할 것이라고 보고하였다.

– 문제 1: 제시문 (가)의 내용을 참고하여 제시문 (나)의 화자가 ⓒ과 같이 표현한 이유에 대해 이야기하시오.
– 문제 2: 제시문 (가)의 내용을 바탕으로 제시문 (다)에 나타난 A의 주장을 평가하시오.
– 문제 3: 제시문 (가)의 ⓑ에 제시된 두 가지 반사실적 사고가 사람들에게 어떠한 영향을 줄 수 있는지 구체적인 예시를 들어 설명하시오.

국민대

어학특기자전형 – 인문 계열(A학과)

■ 기본 소양 I

• 최근 정부는 플랫폼 기업의 독과점을 막기 위한 각종 규제를 도입할 예정이다. 가령 공정거래위원회와 금융위원회는 카카오의 골목 상권 진입을 막기 위해 최근에 카카오의 계열사 확장에 대한 제재를 가하였다. 카카오의 무분별한 확장을 반대하는 사람들은 카카오가 소상공인

들이 설 자리를 없앤다고 한다. 그러나 카카오의 확장이 불러일으키는 경쟁이 오히려 기존 사업체들로 하여금 소비자들에게 양질의 서비스를 제공하는 데 일조할 것이란 의견도 있다. 네이버나 카카오와 같은 플랫폼 기업 규제에 대한 본인의 의견을 말해 보시오.

🔮 보조 질문

기업은 공공의 선을 위해서 봉사해야 할 의무가 있다고 생각하는가?

🔮 보조 질문

만약 카카오 같은 기업을 규제한다면, 예상되는 피해는 무엇이 있을까?

■ **기본 소양 II**

• 최근 정부는 '위드 코로나' 정책의 일면으로 백신 패스 도입을 고려, 그에 대한 국민 의견 조사를 실시한다고 발표하였다. 백신 패스는 백신 접종을 한 국민에 한하여 증명서를 발급, 증명서가 있는 국민만 다중 시설 이용을 자유롭게 풀어주는 제도이다. 그러나 백신 패스가 역차별을 불러일으킬 수 있다는 반대 의견 또한 존재한다. 백신 패스에 대한 본인의 의견을 말해 보시오.

🔮 보조 질문

다수의 안전과 개인의 자유 중 어떤 것을 더 중요하게 생각해야 하는가?

🔮 보조 질문

백신 패스로 인해 피해 볼 사람들도 아우를 수 있는 제3의 방안이 있을까?

어학특기자전형 – 인문 계열(B학과)

■ 기본 소양Ⅰ

• 넷플릭스 드라마 〈오징어 게임〉에 전 세계 팬들이 열광하고 있다. 〈오징어 게임〉은 서바이벌에 참석한 사람들이 최후의 우승자가 되기 위해 목숨을 걸고 극한 게임에 도전하는 이야기이다. 이 게임은 평등과 공정을 주장하고 있지만, 부당거래가 존재하는 승자독식의 극단적인 경쟁으로 내몰리고 있는 시장만능주의에 뿌리를 둔 자본주의의 모순을 시사하고 있다. 이처럼 평등과 공정의 결과물이 승자독식으로 치닫는 자본주의에 대한 본인의 의견을 말해 보시오.

보조 질문

승자가 모든 성과를 가져가는 앵글로–아메리칸 방식의 자본주의가 공정한 것인가에 대한 자신의 의견을 말해 보시오.

보조 질문

패자가 철저하게 외면되는 자본주의 사회 구조에서 승자독식의 대안은 어떤 길이 있는가?

■ 기본 소양Ⅱ

• 포스트 코로나19 대체를 위한 사회 복지 체제를 둘러싼 기본 소득 논쟁이 뜨거운 감자로 부상하고 있다. 이는 사회 안전망의 방향을 두고 '보편적 복지'와 '선별적 복지'가 대립하는 형국이다. '보편적 복지'와 '선별적 복지'의 입장이 추구하는 가치를 각각 설명하고, 어떠한 입장이 더 바람직한지에 대한 자신의 의견을 말해 보시오.

보조 질문

'보편적 복지'와 '선별적 복지'의 장점과 단점을 설명하시오.

🔎 보조 질문

'보편적 복지'와 '선별적 복지' 중 어떠한 형태의 사회 안전망이 더욱 바람직한 복지 체제라고 생각하는가?

소프트웨어특기자전형 – 자연 계열

■ 기본 소양

• 최근, 네이버와 카카오 등 IT 플랫폼 기업들의 서비스 독과점 문제가 화두이다. 우리나라 국회에서도 플랫폼 기업에 대한 반독점 규제 논의가 한창이다. 반독점 규제를 찬성하는가? 혹은 반대하는가? 의견을 제시하고, 그 이유를 설명하시오.

🔎 보조 질문

모 기업의 경우 배달 시장 독점 후 수수료를 크게 인상하여 논란이 있었다. 이 현상에 대한 본인의 생각을 규제와 관련지어 설명하시오.

🔎 보조 질문

반독점 규제가 기업들의 혁신 성장을 저해하고 서비스 품질을 악화할 수도 있다. 이와 관련하여 본인의 생각을 규제와 관련지어 설명하시오.

기능특기자전형 – 자연 계열

■ 기본 소양 l

• 세계 각국은 지구온난화 문제를 해소하기 위해 산업 활동에서 탄소 배출량을 줄이기 위한 정책을 펼치고 있다. 대표적인 탄소 배출 저감 정책에 대해 설명하고 이러한 탄소 배출 저감 정책이 향후 우리의 삶에 어떠한 영향을 미치게 될지 설명하시오.

🔎 보조 질문

발전 방식을 석탄 화력 발전에서 태양광 또는 풍력 발전으로 전환하였을 때 어떠한 영향이 있을지 설명하시오.

보조 질문

자동차의 동력원을 내연 기관에서 전기 배터리를 사용하는 방식으로 변환하였을 때 우리에게 어떠한 영향이 있을지 설명하시오.

■ **기본 소양 II**

• 사람의 개입 없이 모든 조건에서 스스로 운전할 수 있는 완전 자율 주행차가 완성되면 차량 내부에서 탑승자에게 다양한 서비스가 가능할 것이다. 어떠한 서비스가 가능할지 예를 들어 설명하고 이러한 서비스를 위해 필요한 기본 기술에 대해 설명하시오.

보조 질문

자율 주행에 의해 차량 주변 상황에 대한 인식 없이 손과 발이 자유로운 탑승자는 주행 중 어떠한 일이 가능한지 설명하시오.

보조 질문

자동차의 창을 디스플레이 장치로 이용할 수 있다면 자율 주행 중 어떠한 서비스가 가능한지 설명하시오.

동국대

학생부종합전형

[불교추천인재 – 불교학부] 3학년 '윤리와 사상' 세부 능력 및 특기 사항을 보면, 불교의 연기설을 토대로 자연과 공존을 위해 플라스틱 줄이기 활동을 계획하였다고 하는데, 불교 연기설과 플라스틱 줄이기 활동의 연관성을 설명해 보세요. 또 활동을 통해 느낀 점이 있다면 설명해 보세요.

〈검증: 학생부 세부 능력 및 특기 사항, 자기소개서 1번〉

[특수교육대상자 – 사회복지학과] 진로 활동이나 자기소개서 3번을 보면, 노인들의 건강을 관리하고 요양을 돕는 '건강가정사', 장애학생들을 가르치는 '특수교육지도사'가 되고 싶다고 하였는데, 그중 무엇에 더 관심이 있는지, 그리고 그렇게 생각하는 이유를 설명해 보세요.

〈검증: 학생부 진로 활동, 자기소개서 3번〉

[고른기회통합 – 식품산업관리학과] 자기소개서 3번을 살펴보면 학교에서 '친환경 농업' 과목을 이수하였다고 하는데, 수업에서 배운 내용 중 관심 있게 학습한 내용을 소개해 보세요. 또 본인이 배운 내용이 식품산업관리학과를 지원하는 데 어떠한 영향을 미치게 되었는지 설명해 보세요.

〈검증: 학생부 교과 학습 발달 상황, 자기소개서 3번〉

[Do Dream – 사회복지학과] 봉사 활동을 살펴보면 어르신 케어 보조 활동을 하였다고 되어 있는데, 봉사를 하면서 가장 개선해야 할 문제점이라고 생각하였던 부분을 설명해 보세요. 또 그렇게 생각한 이유는 무엇인지 설명해 보세요.

〈검증: 학생부 봉사 활동, 자기소개서 3번〉

[Do Dream – 북한학전공] 3학년 1학기 언어와 매체 수업에서 남북한 언어 차이와 통일 한반도의 언어 통합 정책을 주제로 탐구하였다고 기재되어 있습니다. 탐구하면서 알게 된 내용 중 가장 인상 깊었던 내용을 소개해 주세요. 또 탐구하는 과정을 통해 느낀 점이 있다면 설명해 보세요.

〈검증: 학생부 세부 능력 및 특기 사항, 자기소개서 2번〉

[Do Dream(소프트웨어) – 정보통신공학전공] 1학년 동아리 활동을 보면 C언어 프로그래밍을 수학과 연관 지어 탐구하였다고 되어 있습니다. 제작한 프로그램이 수학과 어떤 연관이 있는지 설명해 보세요.

〈검증: 학생부 동아리 활동, 자기소개서 1번〉

[Do Dream - 생명과학과] 생명과학Ⅱ 과목에서 '줄기세포 치료제의 전망과 기대 효과'를 조사하였다고 하는데, 줄기세포는 어떤 것이고 왜 치료제로 사용될 수 있는지 조사한 내용을 소개해 보세요.

〈검증: 학생부 세부 능력 및 특기 사항, 자기소개서 3번〉

[Do Dream - 식품생명공학과] 1~2학년, 2년 동안 학급 칠판 관리 담당으로 활동한 기록이 있습니다. 칠판 관리를 하게 된 동기를 설명해 보세요. 또 해당 활동이 본인에게 긍정적으로 미친 영향은 무엇이라고 생각하는지 설명해 보세요.

〈검증: 학생부 행동 특성 및 종합 의견〉

[Do Dream - 화공생물공학과] 자소서 3번을 보면 화학 시간에 하였던 분자 구조 보고서 작성 경험을 토대로 대학 입학 후 '고분자 물질과 첨단 기술이 결합된 신소재'를 개발하고 싶다고 하였습니다. 자소서에 기재한 본인의 포부를 구체적으로 설명해 보세요.

〈검증: 학생부 세부 능력 및 특기 사항, 자기소개서 3번〉

[Do Dream - 건설환경공학과] 동아리, 진로 활동을 살펴보면 생명과학이나 환경공학 분야에 주로 관심이 나타나 있는데, 토목공학으로 관심을 전환하게 된 계기와 이유에 대해 설명해 보세요.

〈검증: 학생부 동아리 활동, 진로 활동, 자기소개서 3번〉

[Do Dream - 융합에너지신소재공학과] 1학년 진로 활동 중 '4차 산업혁명과 신재생 에너지'를 주제로 보고서를 작성하였다고 되어 있는데, 본인이 조사하고 탐구한 내용을 소개해 보세요.

〈검증: 학생부 진로 활동, 자기소개서 1번〉

[Do Dream − 연극학부(연출)] 2학년 때 미인정 지각이 3회 있었는데요. 그 이유를 설명해 줄 수 있나요? 또 이를 개선하기 위해 학생이 기울인 노력이 있다면 설명해 보세요.

〈검증: 학생부 출결 상황〉

[Do Dream − 행정학전공] 수상 경력을 보면 교내 NIE 공모전에 참여하여 3명이 공동 수상한 것을 확인할 수 있는데, 함께 참여한 학생들 중 본인은 어떤 역할을 맡았나요? 또 출품한 NIE 내용과 구성에 대해 간략하게 소개해 보세요.

〈검증: 학생부 수상 경력〉

[Do Dream − AI융합학부] 독서 활동 중 '쏙쏙 들어오는 인공지능 알고리즘'을 읽었다고 기재되어 있습니다. 책 내용 중 인상 깊었던 부분을 소개해 보세요.

〈검증: 학생부 독서 활동, 자기소개서 1번〉

명지대

학생부교과전형 − 교과면접전형

◆ 면접 기초 자료 문항

- 대학에 입학하여 가장 하고 싶은 것과 그 이유를 말하시오.
- 지원자가 이룬 성취 중 가장 자랑스러운 것은 무엇이며, 이를 통해 느낀 점을 말하시오.
- 지원자가 지원한 학과(학부/전공)에 입학하여 두각을 나타낼 수 있는 이유를 말하시오.
- 지원자가 실패하였던 경험과 이를 통해서 배우고 느낀 점을 말하시오.

◆ 중어중문학과

- 중국과 한국 문화 현상 중에서 본인이 생각하기에 가장 다른 점은?
- 외국어 학습에서 가장 어려운 부분은? 어떻게 그 어려움을 극복하였나?

◆ 융합소프트웨어학부
- 본 전공을 이수하는 데 수학이 왜 중요하다고 생각하는가?
- 교내 활동 중 단체 혹은 팀으로 진행하면서 오는 성취감과 행복이 개인이 성취하였을 때보다 더 큰가? 그렇다면 왜 그런지 설명해 보시오.

◆ 경영정보학과
- 경영정보학과에 입학하고자 해 온 노력은 무엇인가?
- 경영정보학과에 대한 정보는 어떻게 수집하였나?
- 경영정보학 공부에 필요하다고 생각되는 학습 역량은 무엇인가?

학생부교과전형 – 고른기회전형
- 인생의 궁극적 목표와 대학 생활이 목표 달성에 어떠한 도움이 될 것인가를 말하시오.
- 고교 생활 중 가장 아쉬웠던 활동과 이를 다시 수행한다면 어떻게 개선할 것인가를 말하시오.
- 지원한 학과와 관련한 독서 활동 중 가장 인상 깊었던 내용과 그 이유를 말하시오.
- 리더십을 가장 잘 발휘한 활동을 구체적인 예를 들어 말하시오.

학생부교과전형 – 성인학습자 및 특성화고등졸재직자전형
- 대학에서의 학업 수행이 지원자에게 어떠한 도움이 될 것인가를 말하시오.
- 끈기 있게 도전하여 성취한 일과 이를 통해 느낀 점을 말하시오.

학생부종합전형 – 명지인재면접전형
- 수행평가로 ○○○에 대해 조사하였는데, ○○○이 무엇이고, 왜 필요하다고 생각하는가?

- 수업시간에 '○○○'에 대해 토론하였다고 하는데 본인은 찬성과 반대 중에 어떤 입장이었고, 그 근거가 무엇인가? 그리고 상대편의 입장은 어땠는가?
- ○○ 관련 독서를 많이 하였던데, 가장 기억에 남는 책이 있는가?
- DNA 추출 실험을 진행하였다고 하는데, DNA가 무엇이죠? 그럼 DNA 추출을 위해 어떤 실험과정을 거쳤는가?
- 진로 활동 시간에 ○○ 관련 발표를 했는데, 발표 준비를 위해 어떤 노력을 하였는가? 그 과정에서 어려움은 없었는가?

학생부교과(고교추천)/수능전형 - 국가안보학과

◆ 인성/전공 적합성/발전 가능성

- 우리 학과에 지원한 이유와 지원하기 위해 그동안 어떠한 노력을 하였나요?
- 자신의 성격, 적성 등을 고려할 때 어떤 면에서 장교가 되고자 하였는지 설명해 보세요.
- 군인으로서 갖추어야 할 가치관 및 덕목은 무엇이라고 생각하시나요?
- 중ㆍ고교 학교생활 중 가장 보람 있었던 일과 그 이유는 무엇인가요?
- 대한민국이 세계에 기여해야 할 것이 무엇이라고 생각하는지 말해 보세요.

학생부종합전형 - 상명인재전형

◆ 인성

- 장애를 가진 친구의 도우미를 자처하여 활동하였다고 기록되어 있는데, 왜 스스로 이 활동에 지원하였으며, 도우미 활동을 하면서 발생한 어려움을 어떻게 극복하였나요?

- 또래 상담사 활동을 3년 동안 꾸준히 하였는데, 활동을 하게 된 계기는 무엇이며, 그 활동을 통해 본인이 배우고 느낀 점이 있다면 무엇인가요?
- 초등학생을 대상으로 과학 실험 지도 봉사 활동을 꾸준히 해왔는데, 어떤 계기로 이 봉사 활동을 시작하였으며, 이 활동에서 가장 의미 있었던 점은 무엇인가요?

◆ 전공 적합성
- 도시재생 관련 보고서를 작성하였는데, 도시재생이란 무엇이며, 우리나라 실정에 맞는 도시재생 방향은 무엇이라고 생각하는지 이야기해 보세요.
- 우리나라 패션의 문제점과 관련된 보고서를 작성하였는데, 왜 그런 문제점이 나타났다고 생각하는지 이야기해 보고, 그것을 개선하기 위한 방안은 무엇이라고 생각하는지 이야기해 보세요.
- 물리 실험 동아리에서 자기력 실험을 할 때 실험 결과가 예상과 달랐음에도 불구하고 포기하지 않고 시도하였다고 하는데, 어떠한 문제들이 있었고 그것을 해결하기 위해 어떠한 노력을 기울였는지 이야기해 보세요. 그리고 이러한 활동을 통해서 본인이 느낀 점이 있다면 무엇인지 말해 보세요.
- 자율 활동에서 코로나19로 인해 디지털 불평등이 더욱 심화되었다고 이야기하였는데, 이를 해결할 수 있는 실질적인 방안은 무엇이라고 생각하나요?
- 교육 동아리 활동을 하면서 미래의 교육이 어떻게 변화할지에 대해 생각해 보는 시간을 가졌다고 하였는데, 변화된 미래 교육에서 교사에게 필요한 역량은 무엇이라고 생각하나요?

◆ 발전 가능성

• 논술 시간에 대입에서 '기회균형 선발 제도 확대'에 대해 토론하였는데, 기회균형 선발 제도가 무엇인지 이야기해 보고, '기회균형 선발 제도 확대'에 대한 본인의 의견을 말해 보세요.

• 경영 관련 동아리 활동을 하면서 공정무역이 제대로 이루어질 수 있도록 소비자에게 올바른 정보를 제공하고 경제 격차를 줄여야 한다고 주장하였는데, 본인이 생각하는 올바른 정보 제공 방법은 무엇인지 이야기해 보세요.

일반전형

◆ 인문학

※ 제시문을 읽고 문제에 답하시오.

(가) 우정의 본질은 모든 사람을 평등하게 대하지 않는다는 데 있다. 우리는 자신의 친구들에게 더 우호적이며, 나와 무관한 제3자들에게보다 나의 친구들에게 더 많은 윤리적 의무와 책임을 진다. 우정은 서로의 '차이'와 '다름'을 인정한다. 그러므로 우정은 인간의 삶을 인간답게 만드는 소중한 가치이다. 친구는 상대의 특별한 상황에 관심을 기울이면서 '바로 이 한 명의 남다른 인간'으로 살아가도록 서로를 인도하는 인생의 안내자이기 때문이다.

따라서 좋은 친구와 맺는 우정의 관계를 본(本)으로 삼는 곳에서만, 진정한 소통과 상생이 가능하다. 나로부터 멀리 있는 타인들, 그리고 멀리서 온 이방인들의 차이를 반기며 그들과 '친구가 될 준비'를 하라! 그런 마음이 준비된 자들의 세계에서만 비로소, 참된 '우리'의 역사가 시작될 것이다.

(나) 나에게 가까운 타인이 행복할 자격이 있든 없든 그가 행복하기를 바라는 마음을 편애(偏愛)라 한다. 공정하게 판단한다는 것은, 이런 치우친 편애의 마음 없이 모두를 똑같이 대한다는 의미이다. 공정한 사람은 '모두'를 나와 연관이 없는 제3자로 바라볼 줄 아는 객관적인 판관의 태도를 취한다.

자기 자신과 가까운 이를 편애하는 마음은 결국 자기를 편애하는 마음에서 생긴다. 편애는 자기애의 확장인 것이다. 나 자신과 가까운 이를 대할 때, 우리 마음속에 공정한 판관의 태도보다 편애의 태도가 앞서는 까닭은 여기에 있다.

그러나 진정으로 좋은 삶을 위해서는, 어떤 경우든 항상, 공정한 판관의 마음이 치우친 편애의 마음을 능가하고 앞서도록 해야 한다. 그 누구를 대하든지, 그의 선함과 옳음을 '먼저' 따져 물은 다음에 그의 행복에 관한 물음이 '뒤따라' 오도록 하라! 이와 반대되는 순서로 묻는 세계가 있다면, 그런 세계에는 경멸만이 넘쳐날 것이다.

- 문제 1: (가)의 관점에 대해 (나)는 어떤 입장을 취할지 설명하시오.
- 문제 2: 모두가 존엄하고 품위 있게 사는 사회를 만들기 위해서는 (가)와 (나)의 견해 중 어느 쪽이 더 절실히 요구되는가? 사회적으로 소외되거나 배제된 사람들의 사례를 제시해 구체적으로 설명하시오.

서울교육대

수시전형 – 교직 교양(오전)

※ 다음 자료를 보고, 각 질문에 답하시오.

> (A) 실옹이 말하기를, "(중략) 내가 너에게 묻겠다. 생물의 종류는 셋이 있으니, 사람·금수·초목이 그것이다. 초목은 거꾸로 나는 까닭에 지(知)는 있어도 각(覺)이 없으며, 금수는 가로 나는 까닭에 각(覺)은 있어도 지혜(慧)가 없다. 이 세 가지 생물은 한없이 얽혀서, 서로 망하게 또는 흥하게 하는데, 귀천의 등급이 있겠는가?"
>
> 허옹이 대답하길, "천지 간 생물 중에 오직 사람이 귀합니다. 저 금수나 초목은 지혜도 깨달음도 없으며, 예법도 의리도 없습니다. 사람이 금수보다 귀하고 초목이 금수보다 천한 것입니다."
>
> 실옹이 고개를 젖히고 웃으면서 말하기를, "(중략) 사람으로서 물(物)을 보면 사람이 귀하고 물(物)이 천하지만, 물(物)로서 사람을 보면 물(物)이 귀하고 사람이 천하다. 하늘이 보면 사람이나 물(物)이 마찬가지다."
>
> 홍대용, 《의산문답》
>
> (B) '인류세'는 인류를 뜻하는 '안트로포스(anthropos)'와 '세(-cene)'를 합쳐서 만든 용어이다. (중략) 우리가 살고 있는 시대는 '홀로세(holocene)'로, 대략 1만 2천년 전 마지막 빙하기가 끝나면서 시작된 간빙기이다. 간빙기의 따뜻하고 안정적인 기후 덕분에 인류는 농업을 시작하면서 문명을 발전시킬 수 있었다. 한편 인류세를 주장하는 학자들은 홀로세의 기후 안정성이 점점 사라져 가고 있으며, 이것이 인류세라는 새로운 시대로 들어선 증거라고 말한다. (중략) 인간이 화석 연료를 사용하면서 대기 중 탄소량이 급증하였고, 이로 인하여 대기의 화학적 조성과 지구의 환경 조건이 돌이킬 수 없이 변화하였다는 것이다. (중략) 모든 것이 연결되어 있으며 인간도 물질적인 세계의 구성 요소의 하나라는 생태적 인식은 인류세라는 새로운 시대에 인간의 생존이 인간 이외의 모든 것들의 생존과 떼어서 생각할 수 없는 문제임을 뜻한다.
>
> 송은주, 〈포스트휴머니즘과 인류세〉

─ 질문 1: 실옹과 허옹이 '인간과 자연을 바라보는 관점'을 (A)의 내용에서 근거를 찾아 비교하시오.

– 질문 2: (A)에 나타난 실용의 관점과 (B)에 나타난 인류세 주장 학자의 관점 사이의 공통점을 말하시오.

수시전형 – 교직 적성(오전)

※ 다음 자료를 보고, 각 질문에 답하시오.

(A) 그래프는 기술 수준과 도전 과제 수준의 관계에 따른 심리 상태를 나타낸 것이다. 기술 수준과 도전 과제의 수준은 '몰입(Flow)' 경험에 영향을 준다. 칙센트미하이(M. Csikszentmihalyi)에 따르면, 몰입은 '무언가에 흠뻑 빠져 있는 심리적 상태'를 의미한다. 몰입을 자주 경험한 사람들은 성취도가 높을 뿐만 아니라 직업 만족도도 높다.

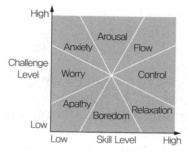

(B) 다음은 수영 수업에서 교사와 학생이 나눈 대화의 일부이다.

교사: 지민아, 너는 왜 발차기 연습을 열심히 안 하니?

지민: 부판을 잡고 발차기하는 것이 너무 시시해서 재미 없어요.

교사: 그럼 부판 없이 한번 해 보자.

지민: 저는 한 번도 안 해 보았는데 어떡하죠? 잘 할 수 있을까요?

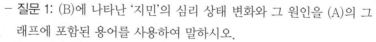

– 질문 1: (B)에 나타난 '지민'의 심리 상태 변화와 그 원인을 (A)의 그래프에 포함된 용어를 사용하여 말하시오.

– 질문 2: (A)의 내용을 바탕으로 '지민'이 몰입 경험을 하도록 지도하려고 할 때, 교사가 갖추어야 할 능력 두 가지를 말하시오.

세종대

학생부종합전형(창의인재전형) - 자연 계열A(오후)

코로나19 사태에 대응하기 위해 백신 유통 업체는 다양한 운송 수단으로 서울에서 포항, 부산, 광주 지역에 코로나 백신 세트를 유통하고 있다. 코로나 백신 1세트는 100개의 백신으로 구성되며, 1세트의 단가는 100만원이다. 이 업체의 한 직원은 코로나 백신 세트 운송하는 일을 맡았고, 코로나 백신 10세트를 24시간 이내에 운송하기 위한 전략을 사장에게 보고해야 한다. 백신 운송 수단과 지역에 따라 운송 비용, 소요 시간 등이 상이하며, 운송 수단과 지역은 자유롭게 선택할 수 있다. 직원에게 주어진 운송 예산은 30만원이며, 아래와 같이 주어진 조건에서 최적의 코로나 백신 10세트의 운송 전략을 논리적 근거와 함께 제시하시오.

조건은 다음과 같다.

1. 코로나 백신 세트는 서울에서 각 지역으로 운송 과정 중 소요 시간에 비례해 1시간당 1%의 백신 효율이 떨어짐(최초 백신 효율은 100%)
2. 백신 효율과 관련한 시간은 분 단위는 고려하지 않음, 제시된 조건 이외에 다른 조건은 무시함
3. 소요 시간은 탑재된 코로나 백신 세트 배송 완료 후, 서울에 있는 업체에 돌아오기까지를 의미
4. 배송 지역과 관계없이 운송 수단을 변경하면 이전 운송 수단을 이용할 수 없음
5. 동일한 운송 수단을 2회 이상 연속으로 이용하거나 운송 수단을 변경할 경우, 백신 적재 시간 10분(단, 운송 지역을 변경할 경우 백신 적재 시간 30분)이 요구됨
6. 백신 효율이 80% 이하인 코로나 백신 세트는 폐기되며, 코로나 백신 세트가 폐기될 경우, 백신 유통 업체에게 코로나 백신 세트 단가의 1.5배 보상이 요구됨
7. 그 외에 주어지지 않은 정보들은 상식적인 선에서 적절하게 가정하여 문제를 풀 수 있음

〈표〉 운송 지역별 운송에 필요한 관련 정보

운송 지역	운송 수단	운송 비용 (원)	소요 시간 (분)	적재 가능한 최대 백신 수 (개)	인구 (명)
포항	차량	20,000	460	300	500,000
	철도	45,000	240	200	
	항공기	100,000	60	100	
부산	차량	30,000	450	300	3,360,000
	철도	40,000	210	200	
	항공기	120,000	60	100	
광주	차량	30,000	480	300	1,440,000
	철도	50,000	200	200	
	항공기	110,000	70	100	

학생부종합전형(창의인재전형) – 자연 계열B(오전)

※ 아래 발표 주제에 따라 아이디어/스토리를 표현(글, 그림, 도형, 기호 등 이용)하고 그 자료를 참조하여 면접 시 구술 발표하시오.

현대 사회에 들어 이른바 '소비하는 인간'이 만들어지고 있다. 상품의 사용 가치보다 상품이 갖는 이미지나 상징 때문에 소비하는 과시적 소비도 나타나고 있다. 이러한 소비 행태가 의식주 생활, 예술과 대중문화 생활과 관련하여 여러 가지 윤리적 문제로 드러나고 있다. 또한 매체의 파급력이 날로 커지는 오늘날, 사람들은 매체를 통해 정보를 생산하기도 하고 수용하기도 한다. 우리는 대중문화의 다양한 관점과 가치를 고려하여 매체 정보를 비판적 · 주체적으로 수용하고 생산할 때 갖추어야 할 태도를 생각할 수 있다.

대중매체 또는 문화상품 시장을 통해 드러나는 대중문화의 윤리적 문제 상황을 스토리로 구성하고, 본인의 시각에서 윤리적 소비가 가능한 실천 방안을 시나리오와 같은 개성 있는 문체 또는 스토리보드로 작성하여 설명하시오.

학생부종합전형(창의인재전형) - 자연 계열B(오후)

※ 아래 발표 주제에 따라 아이디어/스토리를 표현(글, 그림, 도형, 기호 등 이용)하고 그 자료를 참조하여 면접 시 구술 발표하시오.

생물이 생명 활동을 유지하는 데 필요한 물질과 에너지를 얻는 과정을 물질대사라고 한다. 우리 몸은 여러 가지 기관계로 구성되어 있는데, 각각의 기관계는 유기적으로 연결되어 통합적인 작용을 하고 있다. 물질대사에 관련된 기관계는 소화계, 순환계, 호흡계, 배설계 등이 있다. 예컨대, 사람은 음식물로부터 세포 호흡에 필요한 영양소를 얻고, 세포 호흡에 필요한 산소는 호흡계를 통해 얻는다. 또한 잘 먹는 만큼이나 배설을 잘 하는 것도 중요하다.

이와 같은 사람의 물질대사와 건강을 소재로 하여 물질대사 과정에서 일어나는 물질과 에너지의 변화, 기관계의 역할 등과 관련된 건강한 생활습관 만들기를 이야기로 구성하고, 시나리오와 같은 개성 있는 문제 또는 스토리보드로 작성하여 설명하시오.

숭실대

학생부종합전형

- ○○ 활동이 가장 활발해 보이는데, 이 활동은 무엇인가요?
- 전반적인 성적보다 ○○ 교과 성적이 좋은데(혹은 나쁜데) 이유가 있나요?
- 지원 전공 분야에 대해 알고 있는 현재 이슈가 있는지, 특히 관심 있는 분야는 무엇인가요?
- ○○ 분야가 유망하다고 생각하는 이유를 말해 보세요.
- ○○의 활용 사례에 대해 말해 보세요.
- 학업 계획에 ○○가 꿈이라고 하였는데, 관심 갖게 된 동기가 무엇인가요?
- ○○라는 진로를 결정하게 된 결정적인 활동을 구체적으로 설명해 보세요.
- 본인이 이 학과와 잘 맞는다고 생각하는 강점과 그 이유를 설명해 보세요.
- 숭실대학교 ○○학과에 지원한 동기를 이야기해 보세요.

SW특기자전형

- ○○학과에서 목표를 이루기 위해 해 온 활동들은 어떤 것입니까?
- 이 활동에서 본인의 어떤 역량이 나타났으며, ○○학과에서 어떻게 발휘될 것이라고 생각하는지 말해 보세요.
- 이 활동을 수행한 과정에서 느낀 점을 말해 보세요.
- 본인의 어떤 점이 이 학과와 잘 맞는다고 생각하는지 말해 보세요.
- 작성한 계획의 실현을 위해 구체적으로 할 일을 말해 보세요.

 연세대

학생부교과전형(추천형) – 인문 · 사회 · 통합 계열(오전)

※ 다음 제시문을 읽고 질문에 답하시오. [총 100점]

(가) 조선 시대의 한 선비가 자식들에게 말하였다. 부지런함이란 무얼 뜻하겠는가? 오늘 할 일을 내일로 미루지 말며, 아침 때 할 일을 저녁 때로 미루지 말며, 맑은 날에 해야 할 일을 비 오는 날까지 끌지 말도록 하고, 비 오는 날 해야 할 일도 맑은 날까지 끌지 말아야 한다. 늙은이는 앉아서 감독하고, 어린 사람들은 직접 행동으로 어른의 감독을 실천에 옮기고, 젊은이는 힘든 일을 하고, 병이 든 사람은 집을 지키고, 부인들은 길쌈*을 하느라 한밤중이 넘도록 잠을 자지 않아야 한다. 요컨대, 집안의 상하 남녀 간에 단 한 사람도 놀며 지내는 사람이 없게 하고, 또 잠깐이라도 한가롭게 보여서는 안 된다. 이런 걸 부지런함이라 한다.

* 길쌈: 실을 내어 옷감을 짜는 모든 일

(나) 우리 세대 사람들 대부분처럼 나도 부지런하게 일하는 것이 최고의 미덕이고 게으름은 죄악이라는 말을 들으며 자랐다. 그러나 근면이 미덕이라는 믿음은 현대 사회에 엄청난 해악을 일으킨다는 것이 나의 일관된 신념이다.

문명이 시작된 이후 산업혁명에 이르기까지 줄곧 인간은 열심히 일해도 자신과 가족의 생계에 필요한 정도밖에 생산할 수 없었다. 하지만 8시간 이상의 과도한 노동을 강요하였던 예전과 달리 현대 사회는 과학 기술을 활용함으로써 4시간의 노동만으로도 행복한 삶을 누릴 수 있을 만큼 발전되었다. 그럼에도 우리는 기계가 없던 예전과 마찬가지로 계속 쉴 새 없이 일하고 있다. 이 점에서 우리는 어리석었다. 그러나 이러한 어리석음을 지속시킬 이유는 전혀 없다.

여가란 문명에 필수적인 것이다. 예전에는 다수의 노동이 있어야만 소수의 여가가 가능할 수 있었다. 그러나 다수의 노동이 가치 있는 이유는 일이 좋은 것이어서가 아니라 여가가 좋은 것이기 때문이었다. 이제 현대 사회는 기술의 발전으로 문명에 피해를 주지 않고도 얼마든지 공평하게 여가를 분배할 수 있게 되었다. 누구도 하루 4시간 이상 일하도록 강요받지 않는 세상에서는 과학적 호기심에 사로잡힌 사람이라면 누구든 호기심을 맘껏 탐닉할 수 있을 것이고, 어떤 수준의 그림을 그리는 화가든 배곯지 않고 그림을 그릴 수 있을 것이다.

(다) 무더운 여름날 온몸이 햇볕에 까맣게 탄 개미들이 땀을 뻘뻘 흘리며 일을 하고 있었습니다. 그런데 서늘한 풀잎 그늘에서 기타를 치면서 노래를 부르던 베짱이가 개미들에게 말했습니다.

"얘들아, 같이 놀면서 쉬엄쉬엄 하지 그래? 왜 이렇게 더운 날까지 열심히 일을 하고 있어?"

"우리는 추운 겨울에 먹을 양식을 준비하는 거야."

어느덧 여름이 가고 가을이 왔습니다. 산과 들은 누렇게 물들고 날씨는 점점 추워졌습니다.

"어이구 추워. 벌써 겨울이 오는 건가?"

베짱이는 추워서 오들오들 떨며 따뜻한 양지쪽만 찾아다녔습니다.

그러나 본격적인 추위는 금방 닥쳐왔습니다.

"큰일 났구나. 이러다가는 얼어 죽거나 굶어 죽겠는걸."

추위와 배고픔에 지친 베짱이는 할 수 없이 도움을 청하러 개미들을 찾아갔습니다. 하지만 개미들은 그런 베짱이에게 소리쳤습니다.

"우리가 힘들게 일할 때 놀며 즐긴 너는 우리 사회에 쓸모없는 존재야!"

결국 잠자리와 먹을 음식을 개미들에게서 얻지 못한 베짱이는 이곳저곳을 떠돌며 이루 말할 수 없이 힘든 겨울을 보내게 되었습니다.

(라) 영국의 한 연구소는 열심히 일하는 사람과 열심히 일하지 않는 사람의 비율이 노동의 생산성과 효율성에 미치는 영향을 살펴보고자 하였다. 이를 위해, 열심히 일하는 사람과 그렇지 않은 사람의 비율이 노동의 생산성과 효율성에 어느 정도 영향을 미치는지, 그리고 그 비율이 단기적으로 그리고 장기적으로 어떠한 효과를 가져오는지를 조사하였다. 아래의 〈표〉는 서로 다른 세 집단에서의 열심히 일하는 사람과 열심히 일하지 않는 사람의 비율을 보여 준다. 〈그림 1〉은 열심히 일하는 사람과 열심히 일하지 않는 사람의 비율을 관찰한 지 2개월 후 생산성과 효율성을 측정한 것이고, 〈그림 2〉는 3년 후에 다시 측정한 것이다.

구분	열심히 일하는 사람의 비율 (%)	열심히 일하지 않는 사람의 비율 (%)
A집단	100	0
B집단	80	20
C집단	30	70

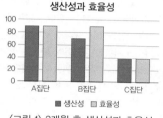

〈표〉 A, B, C집단의 열심히 일하는 사람과 열심히 일하지 않는 사람의 비율

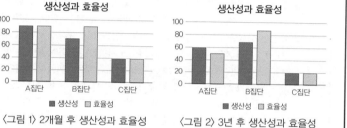

〈그림 1〉 2개월 후 생산성과 효율성   〈그림 2〉 3년 후 생산성과 효율성

- 문제 1: 제시문 (가), (나), (다)에는 근면에 대한 다양한 관점이 포함되어 있다. 제시문 (나)의 관점에서 제시문 (가)와 (다)를 각각 평가하시오. [50점]

- 문제 2: 제시문 (라)의 조사 결과를 분석하고, 그 결과를 통해 제시문 (가)와 (다)를 평가하시오. [50점]

학생부교과전형(추천형) – 인문 · 사회 · 통합 계열(오후)

※ 다음 제시문을 읽고 질문에 답하시오. [총 100점]

(가) 정신분석학자 프로이트(Freud)는 어떤 대상을 상실하였을 때 상실한 대상에게 쏟아 부었던 리비도(libido)*를 서서히 거둬들여서 새로운 대상에게 쏟아 붓는 과정을 애도(mourning)라고 말한다. 그런데 상실한 대상이 무엇인지 모르거나 상실 자체를 인지하지 못할 때 애도는 불가능해진다. 이처럼 애도가 원천적으로 봉쇄된 상태를 프로이트는 우울(melancholy)이라고 말한다. 프로이트는 무의식에 억압된 것들이 사라지지 않고 언제든지 귀환할 수 있다고 말한다. 애도되지 않은 상실도 우울로 남아 우리 안에 머문다. 애도와 우울은 흔히 개인적인 사건으로 인식되지만 여러 학자들은 이것이 사회적인 일이며, 때로는 정치적인 사건이 될 수 있다고 말한다. 상실과 애도는 사회적인 층위에서 다양한 계기들과 연결되며, 때로는 '애도할 수 있음'과 '애도할 수 없음' 사이에서 해당 사회의 다양한 수준과 경계가 드러난다. 한 학자는 대부분의 사회가 저마다의 고유한 애도 방식을 갖고 있는데 '애도할 수 없음'의 상황에 직면할 때 큰 문제를 겪게 된다고 지적하기도 하였다.

* 리비도(libido): 좁은 의미로는 성적 본능이나 욕구, 충동 등을 가리키지만 넓은 의미로는 인간 개개인에 내재한 정신적 에너지를 뜻하는 말이다. 여기서는 후자의 의미로 해석한다.

(나) 인간은 누구나 죽는다. 인간은 어떤 의존 없이 죽음에 이를 수 없고, 죽음 이후에도 누군가의 도움을 필요로 한다. 사회적 동물로서 인간은 공동체 내 관계와 이 관계에 기반한 의존 속에서 죽음을 맞이한다. 사람이 공동체 안에서 더불어 산다는 것은 물리적으로 가까이 모여 사는 것만을 뜻하는 게 아니라, 타고난 상호 의존성과 구성원들 사이의 상호 책임을 인정한다는 것을 의미한다. 이러한 사실을 뒷받침하는 가장 구체적인 예로 사회보장 정책을 펴서 국민을 보살피겠다는 정부의 약속을 들 수 있다. 하지만 공동 책임의 원칙이 국가에만 있는 것은 아니며, 도시와 지역 사회, 직장, 사교 단체, 종교 단체 등에도 이 책임과 연관된 다양한 역할 규범과 기대가 존재한다. 이런 맥락에서 볼 때 나와 상관없는 죽음이란 존재하지 않는다. 상호 의존과 상호 책임의 관점에서는 내가 알지 못하는 이의 죽음조차도 나의 애도 대상이 된다.

(다) 뉴욕시는 'COVID-19' 희생자들의 시신을 보관하기 위해 냉장 트럭을 사용하고 있는데, 대유행의 절정기에 사망자가 급증하면서 시신들이 감당할 수 없을 정도로 늘어나자 이 트럭들을 1년 전부터 임시 영안실로 사용해 왔다. 뉴욕시 검

시국은 '750구의 시신을 브루클린 부두의 냉장 트레일러에 장기간 보관하고 있다.'라고 말하였다. 그런데 수석 검시관실의 부청장은 시의회 위원회에서 '39번가 부두에 안치된 시신들 중 상당수가 하트섬의 도시 공장에 묻힐 수도 있다.'라고 말하였다. 뉴욕시는 무연고 유해를 하트섬에 묻기 전에 유해 보관 기간을 14일로 단축하고, 무연고 유해를 나중에 옮길 수 있도록 일시적으로만 섬에 묻는 방안을 모색하고 있다고 말하였다.

(라) 다음 그래프는 A 국가의 복지 관련 부서에서 조사한 무연고 사망자에 관한 자료를 바탕으로 무연고 사망자 중 시신 인수 포기자의 비중과 장애인의 비중(2016년~2018년, 〈그림 1〉), 그리고 무연고 사망자의 연령대별 비중(2018년, 〈그림 2〉)을 표시한 것이다. 무연고 사망자는 2016년에 1,820명, 2017년에 2,008명, 2018년에 2,447명이었다.

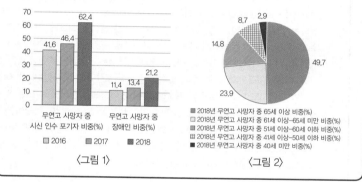

〈그림 1〉　　　　　　　　　〈그림 2〉

- 문제 1: 제시문 (가)와 (나)를 바탕으로, 제시문 (다)가 제시하는 사회적 상황을 분석하고 이에 대한 대응 방안을 설명하시오. [50점]
- 문제 2: 제시문 (가)와 (나)를 바탕으로, 제시문 (라)의 그래프를 통해 드러나는 사회 현상을 '애도'의 관점에서 분석하시오. [50점]

학생부종합전형(활동우수형, 기회균형Ⅰ·Ⅱ) − 인문·사회·통합 계열 (오전)

※ 다음 제시문을 읽고 질문에 답하시오. [총 100점]

(가) 불확실한 상황에 놓여있는 것은 누구에게나 불편하고 괴로운 일이다. 자신이 처해 있는 상황에 대해 정확하게 알고 있다면 가장 적절하다고 생각하는 행동으로 대처하면 된다. 그러나 불확실한 상황에서 우리는 미래를 예측하기 어렵고, 상황을 통제할 수 없다고 느끼게 되고, 이는 곧 심리적 불편과 스트레스를 유발한다.

물론 어떤 사람들은 다른 사람들에 비해 더 많이 걱정하고 불안해한다. 불확실한 상황에 대해 얼마나 불편하게 느끼는지는 개인마다 다를 수 있기 때문이다. 심리학에서는 이처럼 예측할 수 없는 미래로 인해 경험하게 되는 불안을 피하려고 하는 경향성을 '불확실성 회피'라고 정의한다.

불확실성 회피 성향이 높은 사람들은 모호한 상황을 싫어하고 결과를 예측할 수 없을 때 위험을 무릅쓰지 않는다. 또 그런 사람들은 변화나 혁신에 대해 저항감을 느끼며 개성이나 재능을 마음껏 펼치기보다는 안정적인 직업에 높은 가치를 부여하기도 한다. 예를 들어, 불확실성 회피 성향이 높은 사람이라면 여행을 준비하면서도 미리 꼼꼼하게 계획을 세우고, 여행에서 일어날 수 있는 모든 일을 예측 가능하게 만들려고 할 것이다. 만약 미리 알아본 식당이 하필이면 문을 닫았다거나, 여행 중 예상하지 못하였던 일이 생긴다면 상당히 강한 스트레스를 받을 것이다. 이런 불확실성 회피 성향은 개인마다 차이가 있지만, 나이가 들수록 그 성향은 점차 높아지게 된다고 한다.

(나) 슘페터는 기업가들이 새로운 경영 조직을 만들고, 새로운 시장을 개척하고, 새로운 제품을 개발하는 창조의 과정을 '창조적 파괴'라고 부르면서, 창조적 파괴가 경제 발전의 본질이라고 보았다. 그가 말하는 창조적 파괴 과정은 기술혁신을 의미한다. 기술혁신은 새로운 상품, 새로운 원료, 새로운 시장, 새로운 경영 조직 등이 등장하는 과정이다.

혁신을 주도하는 기업가에게는 손해를 보거나 망할지도 모른다는 위험이 뒤따르기 마련이다. 그런 위험을 무릅쓰고 새로운 분야에 진출하여 성공할 때 비로소 독점적 이익을 확보하게 된다. 미래가 불확실하고 위험 부담이 큰 새로운 영역에 도전하는 모험적이고 창의적인 속성을 '기업가 정신'이라고 한다. 애플사를 창업한 스티브 잡스는 창의성과 새로운 시장을 보는 안목, 강한 성취 욕구 등을 통해 오늘날까지 변화에 대해서 두려워하지 않으며 위험을 극복하고자 하였던 기업가 정신의 본보기를 보여 주고 있다.

(다) 사람은 살아가면서 여러 가지 상황을 마주하게 되는데, 각 상황에서 어떻게 생각하고 행동해야 하는지에 대해 모호하거나 불확실하다고 느끼는 경우가 많다. 이때 대부분의 사람은 상황을 더 잘 파악하기 위해 타인의 행동을 관찰하고, 이를 정보의 원천으로 삼아 자신이 할 행동을 결정한다. 왜냐하면 상황에 대한 타인의 해석이 더 정확해서 적절한 행동을 할 수 있을 것이라고 믿기 때문이다. 심리학자 셰리프의 실험에 따르면, 어두운 방에서 촛불 한 점을 바라보도록 하고 불빛이 움직인 거리를 추정하도록 하였을 때, 피험자들은 혼자서 불빛을 보았을 때는 서로 다른 추정치를 제시하였지만, 집단으로 함께 모여서 타인들의 추정치를 들었을 때는 그 말에 근거해 자기 자신의 판단을 포기하고 모두 비슷한 추정치를 제시하였다. 이러한 결과는 사람들이 불확실한 상황에 처하였을 때 타인을 정보의 원천으로 삼아 자기 행동을 결정한다는 점을 말해 준다.

(라) 사람들의 불확실성 회피 성향과 선호하는 직업과의 연관성이 연령별로 차이가 있는지를 알아보기 위해 다음과 같은 설문조사를 실시하였다. 100명의 초등학교 5학년 학생들과 100명의 고등학교 2학년 학생들 각각에게 장래에 어떤 직업을 선택할지 물어보고 아래의 그래프와 같은 결과를 얻었다(연령 외에 부모의 직업, 학력 수준, 소득 등의 다른 조건들은 모두 동일한 것으로 가정).

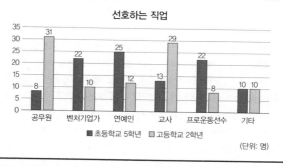

선호하는 직업

(단위: 명)

- 문제 1: 제시문 (가), (나), (다)에는 불확실성을 바라보는 다양한 관점이 들어있다. 각 제시문을 비교 · 분석하시오. [50점]
- 문제 2: 제시문 (라)의 설문조사 결과를 분석하고, 이를 제시문 (가)와 (나)에 연결해 설명하시오. [50점]

학생부종합전형(활동우수형, 기회균형 Ⅰ · Ⅱ) − 인문 · 사회 · 통합 계열 (오후)

※ 다음 제시문을 읽고 질문에 답하시오. [총 100점]

(가) 연결(Connectivity)은 사람이 갈구하는 가장 크고 근원적인 욕구 중 하나다. 아리스토텔레스(Aristotle)는 일찍이 사람을 규정하면서 상호 연결에 의한 휴먼 네트워크(Human Network)를 필수적인 요소로 밝혔다. 연결은 인간의 본능이며 삶의 질을 결정짓는 핵심 동력 중 하나이기에 관계가 단절된 사람은 인간다운 삶을 살기 어렵다.

연결의 중요성을 인식하게 되면서 연결 매체도 함께 진화하였다. 과거 최소 구성 집단인 가족과 같은 작은 공동체에서는 면대면(face to face) 커뮤니케이션만으로도 충분한 의사소통이 가능하였다. 추가적인 수단과 매체가 필요하지 않았다. 하지만 시간이 흐르면서 공동체의 규모는 '가족−마을−국가' 단위로 확장되었다. 소통해야 하는 지역이 확대되면서 연결 수단도 진화하였다. 미디어 학자 마셜 매클루언(M. McLuhan)은 '미디어는 단순한 수단이 아니며, 감각의 확장으로 연결된다.'라고 정의하였다. 가상현실도 감각을 확장하는 매체 가운데 하나다. 가상현실을 통해 확장된 감각은 몸이 불편한 이들에게 새로운 경험을 안겨 주기도 한다.

(나) 뉴욕타임스는 2015년 정기구독자 100만여 명에게 가상현실 체험 기기를 배송하였다. 그리고 가상현실 체험 기기를 통해 신문 기사 속 현장을 체험할 수 있는 가상현실 콘텐츠 플랫폼을 개발해 배포하였다. 이 플랫폼을 통해 배포된 대표적인 가상현실 콘텐츠는 내전으로 고통 받는 아이들의 삶을 다룬 〈난민(The Displaced)〉이었다. 독자들은 뉴욕타임스가 배송한 가상현실 체험 기기를 활용해 활자와 사진으로 보았던 이슈의 현장을 접할 수 있게 됐다.

그런데 가상현실 체험에 참여한 사람이 가상의 현장에 있다고 믿도록 만들기 위해서는 사람이 느낄 수 있는 시각, 청각, 후각, 미각, 촉각 등 인체의 오감이 일치되어야 한다. 만약 참여자가 빵집에서 전쟁 관련 가상현실을 체험한다면 그가 눈으로 보는 것은 전쟁터의 모습인 반면, 코로 맡는 냄새는 빵집에서 갓 만들어 낸 빵 냄새일 것이다. 이렇게 될 때 참여자는 완벽하게 가상의 공간에 있다는 느낌을 받을 수 없고, 인지불일치를 경험하게 된다. 시각 정보와 실제 신체 정보의 불일치에서 일어나는 이와 같은 현상을 가상현실 멀미라고 한다.

(다) 한 철학자는 이라크 전쟁을 두고 '이라크전은 일어나지 않았다.'라고 말하였다. 이라크전이 일어나지 않았다고 말한 것은 미디어를 통해 전 세계에 보도된 이

미지로서의 전쟁이 이라크에서 사람들이 경험한 전쟁과는 판이하게 다른 것이었기 때문이다. 세계인들이 본 것은 방송을 통해 중계된 전폭기 조종사의 모니터 영상일 뿐이다. 폭격기 모니터를 통해 이라크 지상에 폭탄이 투하되는 것을 본 사람들은 이라크 전쟁을 컴퓨터 게임 속의 장면들과 다르지 않은 것으로 인식하기 쉽다. 이 화면상의 '깨끗한 전쟁'을 지켜본 사람들은 전쟁의 참상 속에서 피 흘리며 죽어간 이들이나 고통에 몸부림치는 이들을 상상하기 어렵다. 방송을 통해 생중계 된 전쟁을 보면서, 사람들은 전쟁의 참혹함과 잔인함에 경악하는 대신 영화 속의 장엄한 광경 같은 장면들에 빠져들게 되는 것이다.

(라) 가상현실 기술은 의학 분야에서도 다양하게 활용되고 있다. 아래 두 개의 그래프는 전쟁터에서 돌아온 참전 군인들을 대상으로, 가상현실 기술을 활용하여 외상 후 스트레스 장애 치료를 시행한 후 치료 전후의 효과 변화를 비교하여 나타낸 것이다. 치료 과정에 참여한 200명의 참전 군인들은 외상 후 스트레스 정도에 따라 경증과 중증 그룹으로 나뉘어 가상현실 기술을 활용한 동일 내용의 치료를 받았다. 이들은 신체 조건, 사회적 환경, 가족 관계 등 외상 후 스트레스 정도를 제외한 나머지 조건이 모두 동일한 것으로 설정되었다. 여기서 〈그림 1〉은 경증 환자 그룹에 나타난 치료 효과를, 〈그림 2〉는 중증 환자 그룹에 나타난 치료 효과를 표시한 것이다. 그래프의 수치는 사람 수를 나타낸다.

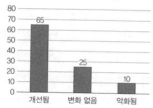

〈그림 1〉 경증 환자 그룹의 치료 효과
(총 100명)

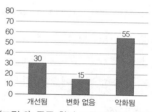

〈그림 2〉 중증 환자 그룹의 치료 효과
(총 100명)

- 문제 1: 제시문 (가), (나), (다)를 '연결'의 관점에서 비교 분석하여 논하시오. [50점]
- 문제 2: 제시문 (라)의 그래프를 분석한 후, 이를 제시문 (가), (나), (다)의 핵심 내용과 연결하여 설명하시오. [50점]

2021학년도
대학별 기출문제

경희대

학생부종합전형(네오르네상스전형) – 인문 계열

• 수도권의 면적은 대한민국 전체 면적의 12%를 차지한다. 그러나 수도권의 국내 총생산은 전체 국내 총생산의 절반을 차지하며 경제 성장에 중추적 역할을 담당하고 있다. 특히 서울은 2017년 세계 도시 종합 경쟁력 순위에서 6위에 오를 정도로 글로벌 자본이 집중되며 정보와 문화가 생산·전달되는 세계적 도시로 자리매김하고 있다. 이러한 수도권의 역할에도 불구하고 정부는 세종특별자치시와 혁신 도시의 건설, 그리고 공공 기관의 이전을 통해 수도권의 인구와 기능을 분산하는 정책을 시행하고 있다. 이러한 정부의 수도권 분산 정책은 대한민국의 지속 가능한 발전에 기여할 수 있는지 의견을 밝히시오.

? 추가 질문

【인구와 기능의 분산 정책이 대한민국의 지속 가능한 발전에 기여한다고 대답한 경우】
세종특별자치시와 공공 기관이 건설되는 혁신 도시로 이동하는 수도권 인구와 민간 조직의 비중은 아직 낮은 수준이다. 이러한 상황에서 수도권 분산 정책을 통해 양질의 일자리 확보, 불평등 해소와 같은 지속 가능한 발전을 달성할 수 있는가?

【인구와 기능의 분산 정책이 대한민국의 지속 가능한 발전에 기여하지 못한다고 대답한 경우】

이번 코로나19와 같은 팬데믹 현상은 대도시의 인구 집중으로 더욱 확산되는 것으로 보인다. 건강과 복지를 추구하는 지속 가능한 발전을 이루기 위해 수도권의 인구와 기능은 분산되어야 하지 않는가?

• 인간이 경제적 활동을 하면서도 자신의 행복을 추구하기 위해서는 일과 삶의 균형이 매우 중요하다. 이를 실현하기 위해 우리나라 정부는 '주 52시간 근무제'를 법으로 정하여 단계적으로 시행하고 있다. 2018년 7월, 300인 이상 고용 사업장을 중심으로 시작된 이 제도는 2021년 1월부터 50~299인 고용 사업장을 운영하고 있는 중소기업에 대해서도 적용될 예정이다. 이러한 정부 정책에 대해 50~299인 고용 사업장을 운영하고 있는 중소기업들은 '주 52시간 근무제' 적용 강도를 완화시켜야 한다고 주장한다. 이에 대해 정부는 300인 이상 고용 사업장과의 형평성 등 여러 문제로 인해 차별적 법 적용은 어렵다는 입장이다. 50~299인 고용 사업장에 대한 '주 52시간 근무제'의 확대 적용과 관련하여 정부와 중소기업의 입장 중 어느 입장을 지지하는지 그 이유를 설명하시오.

🔧 유의 사항

현재 시행되고 있는 '주 52시간 근무제'는 노동자와 고용주 간 합의와는 상관없이 주 52시간 이상 근무하면 불법이 되어 고용주가 처벌받게 된다.

학생부종합전형(네오르네상스전형) – 자연 계열

• 바이오 에너지는 식물, 동물, 미생물 등의 유기성 생물체를 총칭하는 바이오매스를 물리적·화학적 변환을 통해 고체, 액체, 기체 연료나 전기 에너지, 열 에너지 형태로 이용하는 기술이다. 바이오 에너지는

화석 연료를 사용하는 것에 비해 공해 물질을 현저히 적게 배출하고 태양광이 있는 한 어느 곳에서나 계속 원료를 생산할 수 있어 지속 가능하다. 하지만 바이오 에너지 생산을 위해 농산물을 생산하던 농지를 활용하여 농업인들의 생계가 위협받고 있으며 식량 생산에 차질이 생겨 식량 가격 상승을 초래한다. 바이오 에너지에 대한 긍정적인 입장과 부정적인 입장 중 한 가지를 선택하여 자신의 의견을 말하시오.

추가 질문

【바이오 에너지 사용에 대한 긍정적인 입장일 경우】
미국 등 주요 곡물 생산국이 바이오 연료 시장에서 영향력을 행사하면 전 세계 곡물 가격 급등이 단기적인 충격에 그치지 않고 장기화될 우려가 있다. 이러한 부정적인 측면에 대한 자신의 의견을 말하시오.

【바이오 에너지 사용에 대한 부정적인 입장일 경우】
바이오 에너지를 활용하면 수입 에너지에 대한 의존도를 낮출 수 있다는 의견이 있다. 이러한 긍정적인 측면에 대한 자신의 의견을 말하시오.

- 올해 전 세계적으로 확산된 코로나19의 근본 원인은 지구 온난화로 인한 생태계 균형의 파괴 때문이라는 의견이 제기되었다. 현대 문명은 지구 온난화를 유발하는 화석 연료를 이용하여 대부분의 에너지를 확보하고 있다. 2차 전지 배터리에 전기를 충전하여 구동되는 전기 자동차는 지구 온난화 문제를 줄일 수 있을 것인가에 대한 찬반 의견을 말하시오.

추가 질문

【"전기 자동차는 지구 온난화 문제를 줄일 수 있다."에 찬성하는 경우】
발전소에서 화석 연료를 이용하여 전기를 생산할 경우 온실 기체가 발생하기 때문에 지구 온난화 해결에 도움이 되지 못할 수 있지 않은가?

【"전기 자동차는 지구 온난화 문제를 줄일 수 있다."에 반대하는 경우】
화석 연료 대신에 태양광, 풍력 등과 같은 신재생 에너지를 이용하여
전기를 생산하면 지구 온난화 문제를 해결할 수 있지 않은가?

학생부종합전형(네오르네상스전형) – 의학 계열

- 코로나19 팬데믹 현상으로 인해 전 세계 인류가 심각한 영향을 받고
  있다. 백신(vaccine) 개발은 통상 5년여 정도의 개발 및 임상 시험 기
  간이 필요하다. 그러나 최근 미국에서는 1년 미만의 연구 및 시험 기
  간을 통해 개발된 ○○○ 제약 회사의 코로나19 백신을 긴급 승인해서
  접종을 시작하였다. 백신의 작용 원리를 설명하고 이를 근거로 긴급
  승인된 ○○○ 백신의 취약한 문제점은 무엇인지 예상해 보시오.

? 추가 질문

  - 백신과 치료제의 차이점을 설명하시오.
  - 코로나19의 전 세계적 확산으로 인해 상당한 인명 피해가 발생 중이
    며 세계 경제도 심각한 침체 현상을 겪고 있다. 그럼에도 불구하고
    코로나19 팬데믹 현상이 국내 의료계 혹은 의료 관련 산업에 미칠
    수 있는 긍정적인 영향 한 가지와 그 이유를 설명하시오.

- 59세 B씨는 조기 발병 알츠하이머형 치매로 진단을 받았다. 기억력 손
  상이 심하여 가스레인지를 켜 놓고 잊어버려 화재가 날 뻔하였던 적
  이 여러 번 있었으며 외출 후 집을 찾지 못해 경찰이 귀가를 도운 적
  도 몇 차례나 된다. 배우자와는 오래 전 이혼하였고 3년 전에 전 배우
  자가 사망하였다. 자녀는 아들과 딸, 남매인데 둘 다 전 배우자가 맡
  아 키웠으며 성인이 된 자녀들은 B씨와 명절 때 전화 통화하는 정도의
  관계였다. 주치의인 '나'의 소견으로는 B씨가 아직 자기 위생 관리 능
  력은 보존하고 있으므로 돌보는 이가 있다면 요양 시설 보다는 익숙
  한 집에서 지내는 것이 치료적으로 조금 더 도움이 될 것 같았다. '나'

는 보호자로 함께 온 아들과 딸에게 현재 환자의 상태를 설명하였다. 아들은 시설도 좋을 것 같다고 하면서도 망설였고 딸은 '나'의 권고에 따르겠다고 하였다. 자녀 둘 다 미혼이고 마음만 먹으면 B씨와 지낼 수 있는 상황이기는 하나, B씨가 키우지 않아서인지 정서적 교감이 부족하였고 이혼을 선택한 B씨에 대한 원망감도 있는 것 같았다. '나'는 주치의로서 자녀들의 희생을 바탕으로 하는 '가족 간 돌봄'을 권할 것인지, 진행하는 질병 경과상 결국 피할 수 없게 될 '요양 시설 입소'를 지금부터 권할 것인지 고민하였다.

지원자가 '나'라면 어떤 권고를 할 것이며 그 근거는 무엇인지 설명하시오.

❓ 추가 질문

【자녀들이 돌보도록 권고하는 경우】

환자가 "자녀들을 힘들게 하고 싶지 않고 혼자 지내겠다."라고 주장한다면 어떻게 할 것인가?

【요양 시설 입소를 권고하는 경우】

치매 특성상 병이 점점 악화되어 나중에는 자녀를 못 알아볼 수도 있는데 지금 자녀들이 환자를 돌보면서 관계 회복의 기회를 갖는 것은 어떨까?

어학특기자전형 – 인문 계열

■ 기본 소양 I

• 현재 대한민국의 대학 입시 제도는 고등학교 생활기록부와 면접을 통한 수시모집과 대학수학능력시험 성적을 통한 정시모집으로 나뉜다. 수시모집과 정시모집의 장점과 단점을 비교하고 어떤 방식이 더 바람직한지에 대한 본인의 의견을 말해 보시오.

? 보조 질문

수시모집과 정시모집은 각각 고등학교 교육에 어떤 영향을 미치는가?

? 보조 질문

정시모집은 수시모집보다 더 공정한가?

■ 기본 소양 II

• 기후 위기에 대응하기 위해 전 지구적으로 그린 뉴딜 정책에 대한 관심이 높아지고 있다. 탄소 제로 등을 목표로 하는 근본적인 에너지 전환과 녹색 일자리 창출, 그리고 사회 불평등의 완화 등을 추구하는 그린 뉴딜 정책이 전 세계적으로 확대될 경우 개발 도상국들에서 발생할 수 있는 사회 경제적 문제들에 대해 본인의 의견을 말해 보시오.

? 보조 질문

그린 뉴딜을 주도하는 서구 선진국들과 달리 개발 도상국들이 처한 사회 경제적 상황은 어떠한가?

? 보조 질문

재생 에너지로의 전환이 가져올 긍정적/부정적 현상에는 어떤 것이 있는가?

어학특기자전형 – 경영대학(KIBS)

■ **기본 소양 I**

• 현재 대한민국의 대학 입시 제도(university admission system)는 고등학교 생활기록부(school record)와 면접을 통한 수시모집(irregular admission)과 대학수학능력시험(college scholastic aptitude test) 성적을 통한 정시모집(regular admission)으로 나뉜다. 수시모집과 정시모집의 장점과 단점을 비교하고 어떤 방식이 더 바람직(desirable)한지에 대한 본인의 의견을 말해 보시오.

❓ 보조 질문

수시모집과 정시모집은 각각 고등학교 교육에 어떤 영향을 미치는가?

❓ 보조 질문

정시모집은 수시모집보다 더 공정(fairer)한가?

■ **기본 소양 II**

• 기후 위기(climate crisis)에 대응하기 위해 전 지구적으로 그린 뉴딜(Green New Deal) 정책에 대한 관심이 높아지고 있다. 탄소 제로(carbon zero) 등을 목표로 하는 근본적인 에너지 전환과 녹색 일자리 창출, 그리고 사회 불평등의 완화 등을 추구하는 그린 뉴딜 정책이 전 세계적으로 확대될 경우 개발 도상국들(developing countries)에서 발생할 수 있는 사회 경제적(socio-economic) 문제들에 대해 본인의 의견을 말해 보시오.

❓ 보조 질문

그린 뉴딜을 주도하는 서구 선진국들과 달리 개발 도상국들이 처한 사회 경제적 상황은 어떠한가?

재생 에너지(renewable energy)로의 전환이 가져올 긍정적/부정적 현상에는 어떤 것이 있는가?

소프트웨어특기자전형 – 자연 계열

■ 기본 소양

• "망 중립성(Network Neutrality)의 원칙"이란 모든 네트워크 사업자와 정부들은 인터넷에 존재하는 모든 데이터를 동등하게 취급하고 사용자, 콘텐츠, 플랫폼, 애플리케이션, 장비, 전송 방식 등에 따른 어떠한 차별도 하지 않아야 한다는 원칙이다. 그래서 인터넷 서비스를 제공하는 사업자(ISP)는 의도적으로 트래픽을 차단하거나 속도를 늦출 수 없고, 또 특정한 사이트에 금전적인 요구를 할 수 없다.

최근 미국은 이 원칙을 폐기하는 법안을 통과시켰고, 우리나라 국회에서도 망 중립성 폐지에 관한 토론을 하고 있다. 이에 대한 여러분의 찬성 혹은 반대 의견을 제시하고, 그 이유를 설명하시오.

Netflix나 YouTube와 같은 기업들에 의해 대부분의 트래픽이 유출되도록 허용하는 것이 정당하다고 생각하는가? 혹시, 사용한 만큼 적정한 요금을 부과해야 한다고 생각하는가?

사용한 만큼 적정한 요금을 그들(Netflix나 YouTube)에게 부과하면, 그들도 구독자들에게 그만큼을 부과할 것이다. 어떻게 생각하는가?

미술조형특기자전형 – 예능 계열

■ 기본 소양

• 현대인의 정신 건강 유지 및 회복을 위해 디자이너 혹은 공예가는 무엇을 할 수 있을지 제안하시오.

보조 질문

정신 건강 유지 및 회복을 위한 좋은 디자인 혹은 공예품의 사례를 들고, 그 이유를 설명하시오.

보조 질문

자신의 창작물로 누군가의 마음을 치유한 경험이 있는가?

체육특기자전형 − 체능 계열

■ 기본 소양 I

• 코로나(COVID-19)가 자신의 종목(유도, 볼링, 스키/스노보드)에 미치고 있는 부정적 영향과 긍정적 영향을 각각 설명하시오.

보조 질문

부정적 영향이 나타나고 있는 이유 또는 과정을 설명하시오.

보조 질문

부정적 영향을 줄이기 위한 방안은 무엇인지 설명하시오.

■ 기본 소양 II

• 이스포츠(e-sports)가 스포츠인지 아닌지에 대한 자신의 의견을 말하고, 그 이유를 설명하시오.

보조 질문

자신의 종목(유도, 스키/스노보드, 볼링)과 이스포츠의 차이점을 설명하시오.

보조 질문

이스포츠가 빠르게 성장하고 있는데, 자신의 종목(유도, 스키/스노보드, 볼링)에서 참고해야 할 점이 있다면 무엇인지 설명하시오.

학생부종합전형

[불교추천인재 – 불교학부] 자비와 지혜 실천을 위해 불교학부에 지원하였다고 하는데, 본인이 생각하는 자비와 지혜의 실천이란 무엇인가요?

〈검증: 자기소개서 4번〉

[특수교육대상자 – 경영학과] 자기소개서 4번에서 전문 경영인이 되고 싶다고 하였습니다. 또 기업이 사회적 책임을 실현하기 위해서 소외 계층을 대상으로 한 경영 활동을 해야 한다고 하였는데, 그렇게 생각하는 이유를 설명해 보세요.

〈검증: 학생부 진로 희망 사항, 진로 활동, 자기소개서 4번〉

[고른기회통합 – 기계로봇에너지공학과] 3학년 자율 활동으로 진로 분야가 같은 학급 친구들을 모아 수소 연료 전지 자동차 탐구 프로젝트를 기획하고 실행하였는데, 그 프로젝트에서 본인이 맡은 역할을 중심으로 어떻게 활동을 진행하였고, 결과는 어땠는지 설명해 보세요.

〈검증: 학생부 자율 활동, 진로 희망 사항〉

[Do Dream – 사회복지학과] 1~2학년 봉사 활동 중 교내 · 외 장애우 대상 활동을 많이 하였는데, 본인의 봉사 경험을 통해 성찰이나 깨닫게 된 점이 있다면 말해 보세요.

〈검증: 학생부 봉사 활동, 행동 특성 및 종합 의견, 자기소개서 3번〉

[Do Dream – 법학과] 2학년 때 학급 반장, 3학년 때 학생회 부회장을 역임하였는데, 리더십을 발휘하여 갈등을 해결한 사례가 있으면 말해 보세요.

〈검증: 학생부 자율 활동, 자기소개서 3번〉

[Do Dream - 경찰행정학부] 1학년 때 교내 인권 신문 만들기 대회에서 4명이 공동 수상하였는데, 그중 본인이 주도적으로 맡은 역할은 무엇이었나요? 또 인권 신문 만들기에 참여하며 배운 점이 있다면 말해 보세요.
〈검증: 학생부 수상 경력〉

[Do Dream - 교육학과] 동아리 활동에서 여러 나라의 교육 수준을 비교하는 탐구 활동을 하였는데, 그중 우리나라 교육의 장점은 무엇이라고 생각하나요? 또 탐구를 통해서 나타난 우리나라의 바람직한 수업은 어떤 모습으로 나타났는지 소개해 보세요.
〈검증: 동아리 활동, 자기소개서 4번〉

[Do Dream - 경제학과] 경제 과목이 개설되지 않는 상황에도 불구하고, 협력 교육과정을 통해 경제 과목을 수강했다고 자기소개서에 기재하였는데, 그중 특히 국제 경제를 수강한 이유는 무엇인가요? 또 이 과목을 수강하며 알게 된 것 중 가장 관심 있는 내용을 소개해 보세요.
〈검증: 학생부 교과 학습 발달 상황, 자기소개서 2번/4번〉

[Do Dream - 경영정보학과] 《빅데이터를 지배하는 통계의 힘》 도서를 읽었는데, 이 책에서 소개된 경영 방식에서 빅데이터가 활용되는 예를 하나만 말해 보세요.
〈검증: 학생부 동아리 활동, 독서 활동 상황〉

[Do Dream - 정치외교학전공] 3년간 꾸준히 선행·봉사 부문 표창장을 수상하였는데 본인이 생각하는 봉사의 의미와 본인이 실행한 선행이 무엇이었는지 말해 보세요.
〈검증: 학생부 수상 경력〉

[Do Dream - 건축공학부] 화석 연료 에너지 문제를 극복할 친환경 에너지 시스템을 연구하겠다고 기재하였는데, 예를 하나만 말해 보세요.
〈검증: 학생부 진로 희망 사항, 자율 활동, 자기소개서 4번〉

[Do Dream – 지리교육과]《4차 산업 혁명 Why》를 읽었는데, 지원자가 생각하는 지리학 또는 지리 교사에게 필요한 4차 산업 혁명의 기술은 무엇이라고 생각하는지 말해 보세요.

〈검증: 학생부 독서 활동 상황〉

[Do Dream – 불교학부] 자기소개서에 문학을 응용한 불교 연구를 하고 싶다고 하였는데, 이에 대한 본인의 생각을 구체적으로 말해 보세요.

〈검증: 학생부 동아리 활동, 세부 능력 및 특기 사항, 자기소개서 4번〉

[Do Dream – 영어영문학부] 진로 희망 사항에 기재된 장래 희망이 국제 기구 종사자였다가 자기소개서에는 문화 연구원으로 바뀌게 되었는데, 바뀌게 된 계기를 설명해 보세요.

〈검증: 학생부 진로 희망 사항, 자기소개서 4번〉

[Do Dream(소프트웨어) – 멀티미디어공학과] 확률과 통계 수업에서 프로그래밍과 확률이라는 주제로 보고서를 작성하였는데, 이 과정에서 새롭게 알게 된 사실은 무엇인가요? 또 실생활에서 찾아볼 수 있는 확률과 통계 사례에는 어떤 것이 있는지 말해 보세요.

〈검증: 학생부 세부 능력 및 특기 사항, 자기소개서 1번〉

[Do Dream(소프트웨어) – 컴퓨터공학과] 학생부 수상 경력에 교내 창의 코딩 경진 대회 장려상이 기재돼 있는데, 이 대회를 준비하며 본인이 수행한 내용을 소개해 보세요.

〈검증: 학생부 수상 경력〉

[Do Dream – 의생명공학과]《내가 유전자 쇼핑으로 태어난 아이라면》 이라는 책의 내용을 간단히 소개하고 생명 과학의 관점에서 본인의 의견을 말해 보세요.

〈검증: 학생부 세부 능력 및 특기 사항, 자기소개서 4번〉

명지대

학생부종합전형 – 교과면접전형

- 지원한 학과(학부/전공)에서 공부하는 데 필요한 핵심적인 능력은 무엇이라 생각하며, 이러한 능력을 키우기 위해 특히 어떠한 노력을 기울였는가를 구체적으로 말하시오.
- 지원한 학과(학부/전공)와 관련하여 가장 기억에 남는 책은 무엇이며, 이를 통해 알게 된 점을 구체적으로 말하시오.
- 지원한 학과(학부/전공)와 관련한 학습 중 가장 흥미로웠던 분야와 내용은 무엇이고, 이 분야가 가장 흥미로웠던 이유를 말하시오.
- 지금까지 수행한 활동(자율, 동아리, 봉사, 진로 활동 등) 중 가장 기억에 남는 활동은 무엇이고, 이를 통해 느낀 점을 말하시오.

학생부교과전형 – 고른기회전형

- 고등학교 재학 시절 가장 어려웠던 일과 이를 어떻게 극복하였는지 말하시오.
- 지원한 학과와 관련하여 대학에서 가장 필요한 능력은 무엇이며, 이를 향상시키기 위해 고등학교 재학 시절 어떠한 노력을 기울였는지 구체적으로 말하시오.

학생부교과전형 – 성인학습자 및 특성화고등졸재직자전형

◆ 수시

- 이 학부/학과에 지원하게 된 동기와 입학 후의 학업 수행 계획을 말하시오.
- 어떤 사람이 성공한 사람이라고 생각하며, 이를 위해 지원자는 어떠한 노력을 하고 있는가를 말하시오.

◆ 정시

• 대학에 입학하여 공부하고 싶은 세부 분야와 이 분야에서 두각을 나타
  낼 수 있는 지원자의 강점을 말하시오.
• 조직 생활 중 개선이 필요하다고 여겼던 부분과 이를 해결하기 위한
  지원자의 노력에 대해 말하시오.

학생부종합전형 – 명지인재전형

• 《법은 왜 부조리한가》라는 책을 감명 깊게 읽었다고 하였는데, 법의 한
  계를 극복하려면 어떤 노력이 필요하다고 생각하는지 말하시오.
• 진로 활동 시간에 투자 상품 관련 발표를 하였는데, 모든 세대를 위한
  투자 상품은 어떤 것이 있으며 왜 그것이 모든 세대를 위한 상품이라
  고 생각하는지 말하시오.
• 명지대학교 해당 모집 단위(학부/학과/전공)에 지원하게 된 동기와 대학
  에 진학하여 해당 모집 단위에서 공부하기 위해 가장 필요한 역량은 무
  엇이며, 역량을 높이기 위한 고등학교 재학 시절의 경험을 설명하시오.
• 대학 졸업 후의 진로(취업, 창업, 대학원 진학 등)에 대한 계획과 계획
  을 달성하기 위해 가장 필요한 역량은 무엇이며, 고등학교 재학 시절
  의 경험을 바탕으로 지원자가 원하는 진로에서 성공할 수 있는 이유를
  설명하시오.

상명대

학생부교과전형 – 안보학전형

- 우리 학과에 지원한 이유와 지원하기 위해 그동안 어떠한 노력을 하였나요?
- 자신의 성격, 적성 등을 고려할 때 어떤 면에서 장교가 되고자 하였는지 설명해 보세요.
- 군인으로서 갖추어야 할 가치관 및 덕목은 무엇이라고 생각하나요?
- 중·고교 학교생활 중 가장 보람 있었던 일과 그 이유는 무엇인가요?
- 대한민국이 세계에 기여해야 할 것이 무엇이라고 생각하는지 말해 보세요.

학생부종합전형 – 상명인재전형

◆ 인성

- 장애를 가진 친구의 도우미를 자처하여 활동하였다고 기록되어 있는데, 왜 스스로 이 활동에 지원하였으며, 도우미 활동을 하면서 발생한 어려움을 어떻게 극복하였나요?
- 또래 상담사 활동을 3년 동안 꾸준히 하였는데, 활동을 하게 된 계기는 무엇이며, 그 활동을 통해 본인이 배우고 느낀 점이 있다면 무엇인가요?
- 다문화 가정 아이들을 대상으로 학습 멘토링 봉사 활동을 꾸준히 하였는데, 참여하게 된 이유와 봉사 후 본인의 생각이나 행동의 변화가 있다면 말해 보세요.

◆ 전공 적합성

- 과학 토론 동아리에서 배아 줄기세포와 관련된 토론을 진행하였는데, 배아 줄기세포의 생명 윤리적 문제를 해결하기 위한 적절한 사회적 규제에는 어떤 것이 있다고 생각하나요?

- '사회적 기업가'라는 진로를 결정하는 데 독서 활동이 큰 영향을 주었다고 하였는데, 어떤 책이었는지 소개하고, 가장 기억에 남는 구절을 설명해 보세요.
- 동아리 활동에서 핀란드 교육의 특징에 대해서 조사하였는데, 본인의 학교생활에 비추어 핀란드 교육과 한국 교육의 가장 큰 차이점은 무엇이라고 생각하는지 말해 보세요.
- 난민과 관련하여 보고서를 작성하였는데, 만약 우리나라에 난민들이 온다면 가장 문제되는 점은 무엇이라고 생각하는지 말해 보세요.
- 《엄마를 부탁해》라는 책을 감명 깊게 읽었다고 하였는데, 이와 같은 상황이 발생하지 않도록 하려면 어떤 극복 노력이 필요하다고 생각하나요?

◆ 발전 가능성
- 과학 교과 시간에 '과학 기술과 인문학과의 관계'를 주제로 한 탐구 활동에서 본인의 역할은 무엇이었나요? 친구들과 준비 과정에서 힘들었던 점과 가장 인상 깊었던 점을 이야기해 보세요.
- 창업 관련 자율 동아리 활동을 하면서 온라인 의류 쇼핑몰 이용 시 교환 및 반품을 자주하게 되는 문제점을 해결하는 아이디어를 제공하였다고 되어 있는데, 어떠한 의견을 제시하였는지 이야기해 보세요.

서울대

일반전형 - 인문 계열

◆ 인문학

※ 제시문을 읽고 문제에 답하시오.

(가) 공공 미술은 공공장소에 설치되므로 미술관에 전시된 작품과 달리 원하지 않는 시민들에게도 노출되기 마련이다. 따라서 공공 미술을 기획할 때는 대중의 미적 만족을 고려해야 한다. 일반적 취향을 벗어나 아름답기는커녕 불쾌감만 주는 작품에 공공 재정을 지출하는 것은 정당하지 않다.

(나) 공공 미술의 공공성은 그 목적에서 찾아야 한다. 누구의 심기도 건드리지 않기 위해 무난하고 의례적인 작품만 선정한다거나, 작품의 선택을 주민 투표에 맡긴다면 예술을 지원할 이유가 없다. 공공 미술은 대중의 취향을 교육하고 시민에게 더 나은 삶의 가치를 전달할 기회다. 어떤 작품이 그럴 만한 것인지 판단할 수 있는 사람은 인정된 전문가들이다.

(다) 1981년 리차드 세라는 정부의 지원을 받아 길이 36미터의 녹슨 강철판인 〈기울어진 호〉를 맨해튼의 작은 광장에 설치하였다. 시민의 동선을 변경하여 광장의 기능을 다시 생각하게 하려는 것이 작가의 의도였다. 이 작품은 전통적인 조각처럼 관조의 대상에 머무르지 않는다. 작품에 반응하는 관람객의 행동과 이로 인해 새롭게 규정되는 공간까지 작품의 일부가 되는 것이다. 하지만 관습에 익숙한 눈에 작품은 건축 폐기물에 불과하였다. 충격과 불편함에 시민들의 항의가 이어졌고 논란 끝에 작품은 1989년에 철거되었다.

1982년 유사한 양식의 조형물이 워싱턴 국회 의사당 인근에 세워졌다. 공모전에서 마야 린의 〈베트남 참전 용사 기념물〉이 선정된 것이다. 길이 150미터의 검은 화강암 벽은 중간이 한 번 꺾여 있을 뿐 단순하였다. 작가는 기존의 전쟁 기념물과 달리 전쟁이 아닌 사람을 기리겠다고 생각하여, 베트남에서 죽은 이들의 이름을 사망 연도순으로 벽에 새겨 넣었다. 전혀 영웅적이지 않다는 일부의 불만에도 불구하고, 이 조형물은 몇 년 만에 워싱턴에서 가장 많은 사람이 방문하는 장소가 되었다. 베트남 전쟁으로 양분된 미국은 오랫동안 정치적이고 이념적인 대립을 겪었고, 그 상처는 깊었다. 작품에서 린은 이 논쟁적인 사안에 화해나 종결을 제안하지 않았다. 참전 용사부터 반전 평화주의자까지, 입장이 다른 모든 관람객이 이곳에서 원하는 방식으로 전쟁을 반추할 수 있었다.

- 문제 1: (다)의 사례들을 (가)와 (나)에 비추어 평가하시오.
- 문제 2: (가)와 (나)의 입장을 중재할 수 있는 안을 제시하시오.

서울교육대

사향인재추천전형

- COVID-19 상황에도 불구하고 대학 생활 동안 가장 도전해 보고 싶은 일이 무엇인지 제시하고, 그 이유를 말하시오.
- 교사가 갖추어야 할 인성 한 가지를 제시하고, 이를 개발하기 위해 어떤 노력을 기울일지 말하시오.
- 조별 과제에 적극적으로 참여하지 않는 조원과 협력할 수 있는 방안을 자신의 경험에 비추어 말하시오.
- 세계에 알리고 싶은 한국 교육의 장점을 말하고, 이러한 장점을 키우기 위해 자신이 할 수 있는 일이 무엇인지 말하시오.

세종대

학생부종합전형(창의인재전형) – 자연 계열

◆ 전공 적합성

※ 아래 발표 주제에 따라 아이디어/스토리를 표현(글, 그림, 도형, 기호 등 이용)하고 그 자료를 참조하여 면접 시 구술 발표하시오.

- 문제 1:

> 생명 복제와 유전자 조작 기술을 비롯한 생명 과학의 연구로 우수한 동식물의 품종을 개발하고 유지할 수 있게 되었으며, 유전병이나 난치병 등의 질병을 퇴치할 수 있게 되었다. 인간은 행복을 추구할 권리를 가지고 있기 때문에 생명 과학을 통한 삶의 질 향상은 당연하다는 의견이 있다. 그러나 이러한 생명 과학의 발전은 악의적으로 해석되거나 활용될 경우 인간의 존엄성이 훼손되는 등 다양한 사회적 문제와 생명 윤리 문제를 야기할 수 있다.

생명 과학의 활용 또는 남용으로 발생할 수 있는 긍정적, 부정적 상황을 기승전결이 포함된 극 갈래(서술자를 내세우지 않고 등장인물의 대사와 행동으로 사건을 직접 보여주는 문학 작품)의 스토리를 구성하고, 형상화 방법으로서 시나리오와 같은 개성 있는 문체나 스토리보드 같은 시각적 이미지로 표현하여 설명하시오.

– 문제 2:

급속한 산업화로 인한 인구 유입에 기인하여 도시화가 촉진된다. 도시에 많은 인구가 유입되면서 도로가 발달하고 문화 및 상업 시설 등이 생겨나면서 점점 편의성이 더해진다. 반면에 급속한 도시화는 도시 뒷골목 거주 지역의 슬럼화를 촉진하고, 도시의 각종 시설들 또한 시각적으로 다소 차갑고 경직되게 느껴져 오히려 삭막한 정서적 환경을 조성하기도 한다.
이를 해결하기 위한 아이디어로써 공공 미술이 활용될 수 있다. 횡단보도, 도로, 육교, 건물 등 도시의 각종 요소 및 재개발 지역, 빈민촌 등의 슬럼화 요소들을 시각적으로 따뜻하고 재미있게 꾸밀 수 있는 다양한 미술적, 윤리적 환경 개선 아이디어를 비주얼브레인스토밍(아이디어를 개념화하고 파악하기 위해 시각적 요소를 활용하는 방법)을 활용하여 설명하시오.

연세대

학생부종합전형(활동우수형 · 기회균형) – 자연 계열

(가) 전자기파는 파장에 따라 여러 가지로 구분된다. 파장이 대략 400nm에서 700nm 정도인 것을 '가시광선'이라 하는데, 파장이 짧은 쪽이 보라색으로 보이고 파장이 긴 쪽은 빨간색으로 보인다. 가시광선보다 긴 파장으로 대략 700nm에서 1mm 정도인 것을 '적외선'이라 하고, 가시광선보다 파장이 짧은 10nm에서 400nm 정도를 '자외선'이라 한다. 별은 온도에 따라 다른 색깔로 나타난다. 표면 온도가 높은 별은 짧은 파장에서 상대적으로 많은 에너지를 방출하여 파란색으로 보이고, 표면 온도가 낮은 별은 긴 파장에서 상대적으로 많은 에너지를 방출하여 붉은색으로 보인다. 같은 원리로 표면 온도가 300K 정도 되는 물체는 적외선을 주로 방출하는데, 최근에 많이 사용하고 있는 비접촉식 온도계도 이 원리를 사용하고 있다.

(나) 태양의 표면 온도는 약 6000K로 알려져 있다. 이는 태양광 스펙트럼을 분석하여 추정한 것이다. 태양광 스펙트럼의 세기는 가시광선의 중앙부인 550nm 정도의 파장에서 최댓값을 보이며, 550nm를 중심으로 그보다 짧거나 긴 파장들이 연속적으로 분포한다. 파장별 스펙트럼 세기의 분포를 보면, 최댓값 파장에서 멀어질수록 연속적으로 약해진다. 이러한 태양광은 우리 눈에 백색광으로 보인다. 백색광은 가정용 전등이나 핸드폰, TV에 매우 유용하게 사용되는데, 태양광처럼 연속 스펙트럼으로 만들기도, 단일 파장의 광원 여러 종류를 조합하여 만들기도 가능하다.

(다) 사람 눈에 있는 원뿔 세포는 빛의 색깔에 반응하여 색을 인식하는 시각 세포로, 대부분의 사람은 적원뿔 세포, 녹원뿔 세포, 청원뿔 세포의 3종류를 가지고 있다. 최근 사람이 빛을 인식하는 과정에 대한 연구가 이루어지고 있는데, 이를 통하여 보통 사람의 눈은 녹색(파장 550nm) 빛에 가장 민감하게 반응한다는 것을 알게 되었고, 이 연구를 통해 여러 가지 디스플레이 장치들이 한층 더 발전하고 있다. 원뿔 세포 유전자 가운데 두 종류는 X 염색체에, 나머지 하나는 7번 염색체에 존재한다.

(라) 회화 기법 중 하나인 점묘 화법은 몇 가지 색의 물감을 점으로 찍어 여러 색깔을 표현한다. 이 방법은 사람의 눈이 세 종류의 원뿔 세포에서 받아들인 신호를 종합하여 물체의 색깔을 인지하는 것을 활용한 것이다. 물감 대신 빛을 이용하여 여러 색을 표현하는 것도 가능하다. 컴퓨터 디스플레이, TV 등에 사용하는 기술도 이를 활용한 것이다. 최근에는 실내조명에서 특정 색감을 구현하는 데도 응용된다.

- 문제 1: X 염색체에 이상이 생겨 원뿔 세포의 기능이 완벽하게 작동하지 않을 확률을 10%라고 가정하자. 이 경우, 남성과 여성 각각에 대해서 X 염색체 이상으로 색맹이 나타날 확률을 추정하시오. [15점]
- 문제 2: 상온의 암실에 토스터 한 대가 있는데, 식빵을 굽기 위해 이 토스터를 켜면 시간이 지남에 따라 전열선이 붉게 보이기 시작한다. 이에 대해 제시문을 참고하여 이유를 설명하시오. [10점]
- 문제 3: 전압이 걸리면 빛을 내는 소자인 LED(발광 다이오드)의 발명은 적색과 녹색이 먼저 이루어졌고 청색 LED의 발명은 그보다 한참 늦게 이루어졌다. 2014년도 노벨 물리학상 주제는 '청색 LED의 발명'이었다. 이 발명이 왜 중요한가? 그리고 여러분이 LED를 사용하여 백색광을 만들고자 한다면 어떤 점을 고려해야 할지 제시문을 참고하여 논리적으로 설명하시오. [15점]

2020학년도

대학별 기출문제

 경희대

학생부종합전형(네오르네상스전형) – 인문 계열

• 다음 도표는 2018년에 통일 연구원이 19세 이상 한국인 성인 남녀 1,002명을 대상으로 실시한 〈통일 의식 조사 2018〉에 포함된 20대, 30대 응답자의 설문 결과이다. 두 연령대에서 모두 통일이 필요하다는 응답자는 과반수를 넘었지만 필요하지 않다는 응답자 비율도 낮지 않았다. 또한 한민족 단일 국가의 필요성에 대해서는 부정적 의견이 긍정적 의견보다 많은 것으로 나타났다.

설문	통일은 필요한가?		남북이 한민족이라고 해서 반드시 하나의 국가를 이룰 필요는 없다.	
답변	필요하다	필요하지 않다	동의한다	동의하지 않는다
20대 응답자	55.4%	44.6%	49.1%	23.4%
30대 응답자	59.6%	40.4%	39.2%	28.7%

통일은 필요한가? 아니면 필요하지 않은가? 통일의 필요성에 관한 본인의 입장을 밝히고, 그 이유들을 설명하시오.

❓ 추가 질문

【통일이 필요하다고 답한 경우】

통일을 회피하는 사람들이 내세우는 이유 중 남북 간의 현격한 경제 격차로 인해 발생할 막대한 통일 비용 부담이라는 점이 있다. 이에 대해 어떻게 생각하는가?

【통일이 필요하지 않다고 답한 경우】

남북한이 분단 이전에 오랫동안 하나의 국가에서 민족 공동체를 이루고 더불어 살아 왔기 때문에 당연히 통일해야 한다는 주장에 대해 어떻게 생각하는가?

• 아래는 '소비자 1'과 '소비자 2'의 소비 행위에 관한 설명이다.

> 소비자 1: 지구 온난화, 자원 고갈 및 근로자 인권 침해 등을 문제점으로 인식하여 인간과 동물, 환경에 해를 가하지 않고 윤리적으로 생산된 상품을 구입한다. 이러한 윤리적 소비 제품의 가격이 일반 제품의 가격에 비해 높더라도 공정 무역, 친환경, 동물 복지 등의 마크가 있는 제품을 구입한다. 더불어 주변 사람들에게도 윤리적 소비를 하도록 권유한다.
>
> 소비자 2: 구매 결정 시 개인의 경제 사정을 고려하여 비용 대비 최고의 이익을 추구할 수 있는 제품을 선택한다. 가격과 품질을 우선적으로 고려하며 온라인을 통해 가격을 비교하여 최소 지출로 최대 만족을 얻을 수 있는 합리적 소비를 추구한다.

본인이 지지하는 소비자 한 명을 선택하고, 그 이유를 설명하시오.

추가 질문

【'소비자 1'의 윤리적 소비를 선택한 경우】

윤리적 소비는 비합리적 소비로 비판을 받을 수 있다. 이에 대한 의견을 말해 보시오.

【'소비자 2'의 합리적 소비를 선택한 경우】

합리적 소비는 개인이 눈앞의 이익만을 추구하고 공동체 이익을 외면하는 비윤리적 소비로 비판을 받을 수 있다. 이에 대한 의견을 말해 보시오.

학생부종합전형(네오르네상스전형) – 자연 계열

• 최근 급속도로 발전하고 있는 인공 지능(Artificial Intelligence, AI) 기술은 기계가 주변 환경을 인지·판단·예측해 상황에 적절하게 대응하도록 지능을 부여하는 활동을 의미한다. 인공 지능 기술은 인간 생활의 편의성을 향상시키고 인간의 삶의 가치를 제고시키는 데 기여할 수 있다는 점에서 긍정적이다. 하지만 인공 지능 기술의 혜택이 공정하게 분배되지 못할 수 있다는 점, 악용될 경우 사회·윤리적 문제가 발생할 수 있다는 점에서 부정적인 측면을 동시에 지니고 있다. 이와 같이 인공 지능 기술의 개발이 사회에 미칠 영향에 대해 긍정적으로 보는 입장 혹은 부정적으로 보는 입장 중 하나를 선택하여 자신의 의견을 제시하시오.

❓ 추가 질문

【인공 지능이 사회에 긍정적인 영향을 미친다고 답한 경우】

인공 지능이 긍정적 측면을 가지고 있는 것도 사실이지만 사회에 미치는 부정적인 측면 또한 존재하는 것이 사실이다. 인공 지능이 사회에 미칠 수 있는 부정적인 영향에 대해 본인의 의견을 제시하시오.

【인공 지능이 사회에 부정적인 영향을 미친다고 답한 경우】

인공 지능이 부정적 측면을 가지고 있는 것도 사실이지만 사회에 기여하는 긍정적인 측면 또한 존재하는 것이 사실이다. 인공 지능이 사회에 미칠 수 있는 긍정적인 영향에 대해 본인의 의견을 제시하시오.

• 유전자 변형 식품(Genetically Modified Organism, GMO)은 생물체의 유전자 중 필요한 유전자를 분리·결합해 개발자가 목적한 특성이 나타나도록 변형한 식품을 말한다. 유전자 변형을 이용하면 기존의 작물이 지닌 단점을 극복해서 제초제나 특정 해충에 대한 저항성이 높은 작물을 생산할 수 있다. 하지만 유전자 변형 식품의 위험성이 꾸준히 제기되고 있다. 유전자 변형 식품의 도입과 확산에 대해서 긍정적인 입

장과 부정적인 입장 중 한 가지를 선택하여 자신의 의견을 제시하시오.

❓ 추가 질문

【유전자 변형 식품의 도입과 확산에 대해 긍정적인 입장의 경우】

유전자 변형으로 작물의 유전자가 불안정한 상태가 될 수 있고 이러한 식품을 사람이 섭취하였을 때 인체에 부정적인 영향을 줄 수 있다는 우려가 있다. 이러한 부정적인 측면에 대한 자신의 의견을 제시하시오.

【유전자 변형 식품의 도입과 확산에 대해 부정적인 입장의 경우】

유전자 변형 농산물은 해충에 강하기 때문에 따로 농약을 사용하지 않고 친환경적인 재배를 할 수 있다는 의견이 있다. 이러한 긍정적인 측면에 대한 자신의 의견을 제시하시오.

고려대

학교추천 I 전형(토론 면접 제시문) – 인문 계열

• 다음 자료를 바탕으로 질문에 답하시오.

> ○○ 인공 지능 연구소 소장은 서울에서 개최된 한 포럼에서 국내 자동차·금융·정보 통신(IT) 등 다양한 산업 분야의 전문가들과 함께한 자리에서 4차 산업 혁명 시대의 윤리적 딜레마와 기술 발전 방향에 관한 흥미로운 화두를 다음과 같이 던졌다.
> "도로 왼쪽에는 어린이가, 오른쪽에는 노인이 걸어가고 있을 때 자율 주행 자동차가 사고를 피할 수 없는 상황이라고 가정해 보지요. 인공 지능(AI)은 어떤 선택을 해야 할까요? 결과도 중요하지만, 본질은 내린 결정에 대한 이유를 인공 지능 스스로 설명할 수 있어야 한다는 것입니다."
> 인공 지능 기술이 발달할수록 향후 이 기술을 활용하는 산업 분야는 다양해질 것이며 따라서 인공 지능의 역할 또한 더욱 중요해질 것이다. 이에 인공 지능 개발자인 당신은 '인공 지능이 반드시 지켜야 할 원칙'에 대해 고민하여 '생명 존중'을 최우선의 원칙으로 결정하였으며, 추가적으로 다음 여섯 가지 원칙에 대해 고려하고 있다.
>
> (가) 공정성(차별과 편견이 없을 것)
> (나) 공익성(사회에 혜택과 이익을 줄 것)
> (다) 개인 정보 보호(프라이버시를 존중할 것)
> (라) 투명성(결정에 대한 설명이 가능할 것)
> (마) 합법성(법과 규칙을 준수할 것)
> (바) 인간적 가치 추구(인간의 존엄과 권리에 부합할 것)

– **문제:** 인공 지능 개발자로서 (가)~(바) 중 우선적으로 고려해야 한다고 생각하는 원칙 세 가지와 우선순위를 결정하고, 그 이유를 설명하시오.

🔧 유의 사항

※ 제시문에 주어진 정보만을 고려할 것
※ 응답지 작성 시 선택 사항의 번호를 큰 글씨로 작성할 것

학교추천 II 전형 – 인문 계열

• 다음 자료를 바탕으로 질문에 답하시오.

(가) 유교는 인간의 몸과 마음에 하늘과 우주의 이치가 내재되어 있어서 천지 만물 중 인간을 가장 중요한 존재로 여기는 인본주의적 성격을 지닌다. 유교의 인본주의는 초월적 존재나 정해진 운명의 힘을 믿기보다는 인간이 자기 삶의 주인으로서 현재를 성실하게 살아갈 것을 강조한다. 유교 사상은 인본주의를 바탕으로 현실에 있어서 인간관계를 중시하고 사랑을 실천할 것을 강조하였다. 그리고 인격을 완성하고자 끊임없이 노력하며, 또 도덕적으로 완성된 인간을 성인으로 대우하며 이상적인 인간상으로 삼았다. 이런 도덕적 실천에 기초한 조화로운 인간관계를 강조한 유교의 경향을 볼 때 유교 사상은 공동체를 중시하는 강한 사회성을 지니고 있음을 짐작할 수 있다. 유교에 따르면, 가족은 사회를 구성하는 기본 단위이며 사회나 국가는 가족이 확대된 것이다. 그래서 국가의 원리를 축소하면 가족의 원리가 되는데, 이것이 이른바 '천하일가(天下一家)'의 관점이다.

(나) 근대에 들어 자본주의는 칼뱅의 직업 소명설과 금욕 정신을 통해 더욱 체계화되었다. 칼뱅은 개인의 운명은 신의 섭리에 의해 예정되어 있으며, 신이 부여한 자신의 직업에 성실하게 임하여 얻은 부는 신이 주신 구원의 징표라고 생각하였다. 따라서 인간은 신의 은총을 확인하기 위해 일을 열심히 하여 부를 쌓아야한다고 보았으며, 이러한 자본의 축적이 신의 뜻에 어긋나지 않음을 주장하였다. 그리하여 이윤 추구를 위한 개인의 노력을 도덕적·종교적으로 합리화하였으며, 나아가 근면하고 검소한 금욕적 생활 자세도 중요하게 생각하였다. 베버는 후에 칼뱅의 프로테스탄트 윤리가 '자본주의 정신'의 출발임을 강조해서 노동을 중시하였으며, 규율에 따라 직업에 헌신할 것을 주장하였다. 그뿐만 아니라 낭비를 비윤리적인 것으로 간주하여 근검절약과 저축 정신을 높이 평가하였다. 그는 이러한 합리적인 이윤 추구 행위와 금욕주의 정신을 자본주의 정신의 바탕이라고 보았다.

(다) 미국의 하버드 대학교 교수인 두웨이밍(杜維明)은 "역사적으로 유교 문화와 밀접한 관련이 있는 동아시아의 산업화와 경제 발전은 서양의 산업화, 경제 발전과는 다른 양상을 띱니다."라고 말하였다. 그가 자신의 책 "문화의 대화"에서 지적한 내용은 바로 유교 문화와 서양의 자본주의가 결합하여 형성된 새로운 형태의 자본주의, 즉 유교 자본주의이다. 그는 효율과 이익을 추구하여 경제 발전을 이룬 서양의 산업과는 달리 혈연, 학연, 지연을 중시하는 가족주의, 가부장적인 권위, 높은 교육열, 개인보다는 집단을 중시하는 공동체 의식, 도덕과

윤리를 중시하는 사회의식, 유교 문화의 동질감 등 유교 문화의 영향으로 동아시아가 성공적인 산업화와 경제 발전을 이루었다고 주장하였다.

(라) 자본주의에서 재산은 개인의 노력 이외에도 타고난 환경이나 지능, 상속, 복권과 같은 우연적 요인들에 의해 형성된다. 문제는 이러한 우연적 요인이 자본주의 사회에서 부의 분배를 불균등하게 만들기 쉽다는 것이다. 특히 사회 구조적으로 생산 수단과 교육의 정도를 대물림하면서 부자와 가난한 사람의 격차가 커지는 경제 불평등이 심해지고 있다. 이는 빈곤한 사람들의 인간 존엄성을 해치기도 하며, 계층 간의 위화감을 조성해서 사회 통합을 저해하는 등 심각한 부작용을 유발한다. 자본주의에서는 개인 또는 집단 간의 지나친 경쟁을 유발하여 인간성을 해치는 경우나 경쟁에서 이기는 법을 가리지 않거나 인간을 물질적 가치로만 평가하기도 한다. 이는 개인의 삶을 피폐하게 할 뿐 아니라 사회 전체의 연대와 공동체 의식을 약화한다.

– 문제 1: 제시문 (가)에서 설명한 유교의 입장에서 제시문 (나)의 '자본주의 정신'에 대해 말해 보시오.
– 문제 2: 제시문 (나)와 (다)를 참고해서 사회에 미치는 윤리 사상의 영향에 대해 말해 보시오.
– 문제 3: 제시문 (가)~(다)를 종합해서 제시문 (라)에 제기된 문제의 해결 방안을 말해 보시오.

학교추천Ⅱ전형 – 자연 계열

• 다음 자료를 바탕으로 질문에 답하시오.

(가) 유전자는 단백질 합성을 명령하지 않고, 단백질 합성에 좀 더 직접적으로 작용하는 RNA에게 자신의 유전 정보를 먼저 전달한다. DNA의 유전 정보를 RNA로 전달하는 것을 전사라고 한다. DNA로부터 유전 정보를 전달 받은 RNA는 단백질을 합성한다. 이와 같이 RNA에 의해 단백질을 합성하는 과정을 번역이라고 한다.

(나) 계급은 경제적 자원 보유 등의 기준에서 같은 지위를 가진 사람들의 집단을 가리킨다. 계급은 경제적 요소에 따라 집단을 위계적으로 서열화하는 것으로, 집단 간 경계가 뚜렷하게 구분된다. 자본주의 소유 여부에 따라 자본가와 노동자로 구분하는 것이 그 예이다.

(다) 수소의 전자가 가장 낮은 에너지를 갖는 궤도에 있을 때를 양자 수 n이 1인 상태라고 한다. 이 상태보다 한 단계 높은 n이 2인 상태를 첫 번째 들뜬 상태, 두 단계 높은 n이 3인 상태는 두 번째 들뜬 상태라고 한다. 이와 같이 원자 내에서 전자의 에너지는 n이 1, 2, 3, …에 해당하는 값을 가지는데, 이를 에너지의 양자화라고 한다.

(라) 일상생활에서 아날로그 정보는 시계나 속도계처럼 대개 숫자판을 바늘로 가리키는 방식으로 표기되며, 디지털 정보는 보통 1씩 변하는 숫자로 나타내는 방법을 많이 사용한다. 우리가 거시적인 자연에서 얻는 신호는 대개 아날로그이다. 하지만 컴퓨터를 비롯한 대부분의 전자 제품에서는 2진수로 이루어진 디지털 신호를 사용하여 정보를 처리하고 저장한다. 따라서 저장한 문서, 그림, 음성, 영상 정보 등은 2진수 정보이다.

(마) 소리는 공기의 진동 방향과 이동 방향이 평행한 종파로서 공기를 진동시켜 밀도가 밀한 부분과 소한 부분을 만들어 낸다. 이때 밀한 부분에서 다음 밀한 부분, 또한 소한 부분에서 다음 소한 부분까지 거리가 소리의 파장에 해당된다. 이러한 소리는 공기의 온도에 따라 다르지만 공기 중에서 약 340m/s의 속력으로 전파된다. 만일 유리병 입구에 바람을 불어 소리를 내면 물이 많을 때 높은 소리가 나고 물이 적을 때 낮은 소리가 난다. 그 까닭은 공기 진동이 유리병 내부에서 정상파를 만들기 때문이다.

- 문제 1: 제시문 (가)~(마)에서 공통으로 연상되는 개념을 설명하시오.
- 문제 2: '문제 1'에서 답한 개념과 관련된 예를 과학 현상에서 찾아 보시오.
- 문제 3: 제시문 (나)~(마)와 비교하여 제시문 (가)에서만 가지는 차이점을 설명하시오.

 국민대

어학특기자전형 - 인문 계열(오전)

■ **기본 소양 I**

• 현재 한국의 중·고등학교 학생들은 교복(school uniforms)을 착용 (wear)하고 있다. 최근 학생의 복장(dress code)을 자율화(liberation) 하자는 의견과 교복 착용을 유지하되 모든 학생에게 교복을 무상으로(free of charge) 지급(supply)하자는 의견이 있다. 각각의 입장 (position)이 추구(pursue)하는 가치(value)를 설명하고, 어떤 입장이 더 바람직한지에 대한 의견을 말해 보시오.

 보조 질문

의무적인(required) 교복 착용의 장단점(pros and cons)은 무엇이며, 자신의 의견은 어떠한가?

 보조 질문

모든 학생에게 교복을 무상으로 지급하는 정책(policy)은 바람직한가?

■ **기본 소양 II**

• 최근 한일 관계(relation of Korea and Japan)는 계속 악화되어 왔다. 지난 7월, 일본은 한국 대법원(supreme court)의 강제 징용(forced labor) 판결(decision)에 대한 사실상(de facto)의 보복(revenge)으로

'화이트리스트(whitelist)'에서 한국을 배제(elimination)하는 등 수출 규제(export restriction) 조치를 실시하였다. 이에 대해 한국 정부는 한일 군사 정보 보호 협정(GSOMIA, 지소미아)의 파기 방침을 결정하며 맞대응하였고, 한국인들은 일본 제품 불매 운동(boycott)을 해 오고 있다. 그러나 정부(government) 간의 갈등이 수습되지 않더라도 민간(civilian)의 교류(exchange)는 계속되어야 한다는 관점에서, 한국인들의 일본 제품 불매 운동은 자제(restrain)되어야 한다는 의견이 있다. 이에 대해 어떻게 생각하는가?

? 보조 질문

한국의 일본 제품 불매 운동이 지속된다면 한일 관계에 어떤 영향을 미치게 될까?

? 보조 질문

한일 군사 정보 보호 협정(GSOMIA, 지소미아)의 연장 여부는 어떤 영향을 가져올까?

어학특기자전형 - 인문 계열(오후)

■ 기본 소양 I

• 최근 거리에서 10~20대 청년들이 전동 킥보드(motor scooter)를 타고 다니는 모습을 흔히 본다. 하지만 현재 법 체계(legal system)로는 전동 킥보드가 인도(walkway)를 달리는 것은 불법(illegal)이다. 게다가 빠른 속도로 인해 차량과의 충돌 사고(collision) 등 안전 문제(safety issue)도 일어나고 있다. IT 혁신(innovation)으로 새로운 사업이 발전하려면 법이 없더라도 우선 허용(permission)해야 한다는 입장이 있는가 하면, '안전 규정(safety regulation)' 등 법이 생길 때까지는 불법 운행이므로 금지하고(prohibit) 처벌해야(punish) 한다는 입장도 있다. 여러분은 어느 입장에 동의하며, 그 근거는 무엇인지 설명하시오.

? 보조 질문

기술의 발전 속도가 빨라 새로운 사업이 나타나면 법은 그 뒤를 쫓아 간다. 법이 기술 혁신을 늦추는가, 아니면 국민 안전을 위해 법을 먼저 갖추는 것이 맞다고 생각하는가?

? 보조 질문

최근 공유 차량 서비스 허용을 둘러싸고 택시 업계가 강력 반발하고 있 고 정부는 결정을 못 내리고 있다. 이에 대해서는 어떻게 생각하는가?

■ 기본 소양Ⅱ

• SNS(Social Network Service)와 유튜브(Youtube)의 추천 (recommendation) 기능은 사용자가 좋아하는 콘텐츠와 정보를 쉽게 찾을 수 있는 편의성(convenient)을 제공한다. 그러나 동시에 한쪽으 로 치우친(biased) 정보만을 제공하여 사용자의 편견(prejudice)을 강 화한다는 지적이 있다. 이로 인해 발생할 수 있는 사회적 부작용은 무 엇이라고 생각하는가? 본인의 의견을 말해 보시오.

? 보조 질문

SNS를 통해 가짜 뉴스(fake news)가 검증되지 않은 채 빠르게 확산 되는 경우가 종종 있다. 이러한 문제를 해결하기 위해 정부가 처벌 등 을 하는 것이 필요한가? 아니면 사회가 자율적으로 해결하도록 두는 것이 나은가?

? 보조 질문

페이스북, 트위터, 유튜브가 사회 갈등을 유발하는 사례를 설명하시오.

기능특기자전형 – 자연 계열

■ 기본 소양 Ⅰ

• 기술의 진보는 새로운 상품이나 서비스 출현의 중요한 요인이다. 이로 인해 새로운 일자리가 생기기도 하지만 기존의 일자리가 줄어들거나 사라지면서 사회적인 갈등을 유발하기도 한다. 이런 현상을 설명할 수 있는 적절한 사례를 제시하고 기술적인 인과 관계를 설명해 보시오. 그리고 그로 인해 발생한 사회적 문제를 최소화하거나 해결하기 위한 본인의 의견을 말해 보시오.

❓ 보조 질문

지금은 일반화된 현상(예 집적 회로, 고속 통신, 고성능 카메라의 발달 → 스마트폰의 발달 → 네비게이션 산업의 하락)에 대해 어떻게 생각하는지 말해 보시오.

❓ 보조 질문

고속도로 톨게이트 수납원과 같은 직종은 미래에 어떻게 될 것 같은가?

■ 기본 소양 Ⅱ

• 과잉된 정보와 뉴스를 실시간으로 접하는 시대가 되었다. 이러한 지식 환경에서 객관적 사실이나 과학적 진리가 여전히 유효할 수 있는가에 대해 코페르니쿠스의 관점에서 말해 보시오.

❓ 보조 질문

우리가 어떤 내용을 접하였을 때, 그것이 맞거나 틀리다고 판단하는 이유는 무엇인가?

❓ 보조 질문

모두가 천동설을 믿을 때, 코페르니쿠스는 왜 지동설을 주장하였다고 생각하는가?

동국대

학생부종합전형

[불교추천인재 - 불교학부] 현대 사회와 불교는 현재 상호 의존적 관계라 생각한다고 하였는데, 어떤 경험을 통해 그렇게 생각하게 되었는가?

〈검증: 자기소개서 4번〉

[농어촌학생 - 경제학과] 2학년 영어 시간에 우리나라에서 경제 발전이 환경 보호보다 우선시되어야 한다고 에세이를 작성하였는데, 에세이에 대한 근거를 설명해 보시오.

〈검증: 학생부 수상 경력, 봉사 활동, 자기소개서 2번〉

[기초생활수급자 및 차상위계층 - 철학과] 고전적 조건화와 조작적 조건화에 대해 언급하고 있는데, 고전적 조건화와 조작적 조건화는 무엇인지 각각 사례를 들어 설명해 보시오.

〈검증: 자기소개서 1번〉

[특수교육대상자 - 법학과] 경제 시간에 금융과 시장에 대한 배움을 통해 법과 인간의 경제 활동이 연관성을 가지게 된다는 것을 알게 되었는데, 법과 인간은 어떻게 연관성을 가지는가? 사례를 들어 설명해 보시오.

〈검증: 학생부 세부 능력 및 특기 사항, 자기소개서 1번〉

[Do Dream - 영어영문학부] 일반적인 영어 교사가 아니라 '외국어 교사'를 꿈꾼다고 하였는데, 그 둘의 차이는 무엇인가? 그리고 그 꿈을 이루기 위한 역량을 키우기 위해 어떤 노력을 하였는가?

〈검증: 학생부 진로 희망 사항, 자기소개서 4번〉

[Do Dream - **일본학과**] 일제 강점기 일본이 우리나라의 역사, 정치, 경제 등의 분야에 미친 영향들과 지금까지 남아 있는 잔재들을 바라보는 시각과 해결 방안 프로젝트를 하였는데, 주제 선정 과정과 준비하면서 배운 점은 무엇인가?

〈검증: 학생부 동아리 활동, 자기소개서 2번〉

[Do Dream - **수학과**] 멘델의 법칙 수업 후 호기심으로 "하디 – 바인베르크 법칙의 수학적 증명"에 대해 탐구하였다고 하는데, 어떤 호기심으로 탐구하게 되었는지 구체적으로 설명해 보시오.

〈검증: 학생부 세부 능력 및 특기 사항〉

[Do Dream - **물리 · 반도체과학부**] 《세상에서 가장 쉬운 양자 역학 수업》이라는 책에서 양자 역학에 대해서 어떻게 설명하였는가? 그리고 독서를 통해 양자 역학에 대해 어느 정도 알게 되었는지 이해한 만큼만 설명해 보시오.

〈검증: 학생부 독서 활동〉

[Do Dream - **정치외교학전공**] 노동 인권과 경제 성장 속도 간 문화 지체 현상이 일어나고 있다고 하였는데, 구체적인 사례를 들어 설명해 보시오. 그리고 노동 정책에 주목하게 된 이유는 무엇인가?

〈검증: 학생부 동아리 활동〉

[Do Dream - **사회학전공**] 4차 산업 혁명이 진행되는 과정에서 노인들의 사회적 소외가 더욱 가속화될 것이라고 하였는데, 이에 대한 예시를 소개해 보시오.

〈검증: 학생부 세부 능력 및 특기 사항, 자기소개서 4번〉

[Do Dream - **미디어커뮤니케이션학전공**] 미디어 정보 격차를 줄일 수 있는 영상 제작자를 희망하는데, 미디어 정보 격차의 의미가 무엇인지 설명하고, 해소 방안에 대해서 말해 보시오.

〈검증: 학생부 진로 희망, 자기소개서 4번〉

[Do Dream – 식품산업관리학과] 생산, 가공, 서비스를 합친 6차 산업 시대에 대해 소개해 보고, 다시 1차 산업인 농업이 중요한 시대가 될 것이라고 생각한 근거를 설명해 보시오.

〈검증: 학생부 동아리 활동〉

[Do Dream – 경찰행정학부] '학교 폭력 방관자 처벌'이라는 주제로 글을 쓴 적이 있는데, 해당 내용에 대한 학생의 입장과 처벌의 긍정적·부정적 효과에 대해 이야기해 보시오.

〈검증: 학생부 동아리 활동, 자기소개서 2번〉

[Do Dream – 회계학과] 블록체인 기술이 기업 회계의 투명성을 높이고 투자자의 신뢰 확보에 기여할 수 있다고 하였는데, 그 이유는 무엇인가?

〈검증: 자기소개서 2번〉

[Do Dream – 경영정보학과] 탈세 방지 시스템에서 빅데이터를 활용해야 한다고 하였는데, 탈세 방지에 빅데이터를 어떻게 활용할 수 있는가?

〈검증: 자기소개서 4번〉

[Do Dream – 전자전기공학부] 수학과 물리를 융합하여 극좌표로 무릎 관절의 반발력을 계산하였는데, 기준점과 변수 설정을 어떻게 하였는가?

〈검증: 학생부 동아리 활동, 자기소개서 2번〉

[Do Dream – 정보통신공학전공] 머신러닝에 사용되는 수학 원리(선형 회귀, 기울기 하강법, 편미분 등)를 학습하였는데, 설명해 보시오.

〈검증: 학생부 세부 능력 및 특기 사항, 자기소개서 2번〉

[Do Dream – 교육학과] 싱가포르 교육 제도와 비교하는 '나를 바꾸는 시간' 강연자 활동을 하면서 우리나라에서 교사에게 자율권을 제공해야 한다고 하였는데, 이에 대해 구체적으로 설명해 보시오.

〈검증: 학생부 자율 활동〉

[Do Dream – 영화영상학과] 배리어프리 영화감독을 꿈꾸게 된 결정적인 계기 및 동기는 무엇이었는가? 그리고 그 꿈을 이루기 위해 하였던 노력 중 가장 기억에 남는 것은 무엇인가?

〈검증: 학생부 진로 희망 사항, 자기소개서 4번〉

학생부종합전형

- ○○ 활동이 가장 활발해 보이는데, 이 활동은 무엇인가?
- 전반적인 성적보다 ○○ 교과 성적이 좋은데 (혹은 나쁜데) 이유가 있는가?
- 지원 전공 분야에 대해 알고 있는 현재 이슈가 있는지, 특히 관심 있는 분야는 무엇인가?
- ○○ 분야가 유망하다고 생각하는 이유를 말해 보시오. ○○의 활용 사례에 대해 말해 보시오.
- 학업 계획에 ○○가 꿈이라고 하였는데, 관심을 갖게 된 계기는 무엇인가?
- ○○라는 진로를 결정하게 된 결정적인 활동을 구체적으로 설명해 보시오.
- 본인이 이 학과와 잘 맞는다고 생각하는 강점과 그 이유를 설명해 보시오.
- 숭실대학교 ○○학과에 지원하게 된 동기를 이야기해 보시오.

SW특기자전형

- ○○학과에서 목표를 이루기 위해 해 온 활동들은 어떤 것이 있는가?
- 이 활동에서 본인의 어떤 역량이 나타났으며, ○○학과에서 어떻게 발휘될 것이라고 생각하는지 이야기해 보시오.

- 이 활동을 수행한 과정에서 느낀 점을 이야기해 보시오.
- 본인의 어떤 점이 이 학과와 잘 맞는다고 생각하는가?
- 작성한 계획의 실현을 위해 구체적으로 할 일을 이야기해 보시오.

이화여대

학생부전형

◆ 학업 기초 역량의 우수성
- 이수 교과목 중, 지원 학과에서 강점이 될 수 있다고 생각되는 부분은 무엇인가?
- 고등학교와 대학교에서의 공부 간의 공통점·차이점은 무엇이라 생각하는가?
- 수업 시간에 한 가장 좋은 질문과 가장 좋은 답변 사례는 무엇인가?
- 고 2 ○○ 교과목 시간에 한 발표 주제에 대해 보충 설명해 보시오.

◆ 지원 동기 및 전공 잠재 역량
- 이화여대, ○○학과 지원 동기는 무엇인가?
- 지원 학과에 대해 관심을 가지게 된 학교 활동을 소개해 보시오.
- [동아리 활동] ○○ 동아리를 꾸준히 하였는데, 동아리에서 주로 어떤 역할을 하였는가?
- [자율 활동/리더십 활동] 동료 학생들과 협력을 해야 할 때, 본인은 주로 어떤 역할을 선호하는가?
- 가장 뛰어난 성취를 거둔 활동은 무엇이고, 성공 요인이 무엇이라고 생각하는가?

◆ 자기 주도성 및 발전 가능성

- 대학 진학에 유리한 활동과 본인이 좋아하는 활동 중 갈등한 사례가 있는가?
- 자신감이 떨어질 때 어떻게 대처하는가?
- 대학에 입학해서도 꾸준히 이어가고 싶은 활동은 무엇인가?
- 과제 수행 시, 본인의 문제 해결 과정을 간략히 설명해 보시오.

◆ 의사소통 능력 및 인성

- 전공 분야 관련 사회적 이슈(예시)에 대한 본인의 생각은 어떠한가?
- 집단 활동에서 친구끼리 마음이 맞지 않을 때 어떻게 해결해 나갔는가?
- 본인의 학교생활을 비유적으로 표현해 보시오.

학생부종합전형

- 성장하면서 자신에게 가장 영향력을 미친 사람은 누구이며, 구체적으로 어떠한 영향을 받았는가?
- 남들보다 조금 어려운 환경에서 지내 온 자신에게 다른 학생들과 구별되는 자신만의 장점은 무엇이라고 생각하는가?
- 자신에게 가장 어려웠던 시기는 언제였으며, 이를 어떻게 극복하였는가?
- 자신과 비슷한 상황에 있는 중·고등학교 후배가 있다면 어떠한 조언을 해 주고 싶은가?
- 임원으로 일하면서 가장 기억에 남는 일은 무엇인가?
- 임원으로 활동하기 전과 후의 자신의 모습을 비교하였을 때, 임원 활동을 하면서 무엇이 가장 달라졌다고 생각하는가?
- ○○○에서 봉사하였는데, 그러한 봉사를 하게 된 계기는 무엇이며, 구체적으로 어떠한 봉사를 하였는가?

- 봉사 활동을 하면서 가장 기억에 남는 것은 무엇인가?
- 봉사 활동이 자신의 생각이나 가치관, 습관 등에 어떠한 영향을 미쳤다고 생각하는가? 왜 그렇게 생각하는가?
- 고등학교 때 ○○○ 동아리 활동을 하였는데, 구체적으로 동아리의 성격과 활동에 대해 설명해 보시오.
- 대학에서 전공 공부 이외에 해 보고 싶은 동아리나 기타 활동이 있는가?
- ○○○ 책(프로그램)을 읽었다고 하였는데, 그 내용을 간략히 설명하고, 왜 그 책(프로그램)이 자신에게 인상적이었는지 설명해 보시오.
- 고등학교 재학 중 좋은 성적을 유지한 자신만의 공부 방법은 무엇인가?
- 성적이 많이 향상되었다고 하였는데, 그 계기는 무엇이며, 성적 향상을 위해 어떠한 노력을 하였는가? 특별한 전략이나 방법이 있었는가?
- 장래 희망이 ○○라고 하였는데, 그러한 꿈을 가지게 된 계기는 무엇인가? 대학생이 되면, ○○가 되기 위해 어떠한 준비를 할 계획인가?
- 인하대를 졸업한 10년 후 자신의 모습이 구체적·현실적으로 어땠으면 좋겠는가?
- 자신이 생각하는 전문가란 어떤 사람인가? 그리고 ○○라는 전문직에 가장 중요한 덕목은 무엇이고, 왜 그렇게 생각하는지 말해 보시오.

빈출 인성 면접 기출문제

- 자기 자랑을 해 보시오.
- 지원 동기를 말하고, 자기소개를 해 보시오.
- 본인의 장단점은 무엇인가?
- 본인이 다니고 있는 고등학교 자랑을 해 보시오.
- 전공과 관련한 자신의 장점을 말해 보시오.
- 자신이 가장 잘할 수 있는 것과, 자신 없는 것을 말해 보시오.
- 자신의 장단점들이 해당 학과에 입학하였을 때 어떤 영향을 미칠지 말해 보시오.
- 취미와 특기가 무엇인가?
- 리더십을 갖는 데 중요한 것 세 가지만 말해 보시오.
- 리더 활동을 하면서 갈등을 어떻게 해결하였는가?
- 자신의 장점을 토대로 리더로서 행동한 점을 어필해 보시오.
- 본인의 내신 성적과 지난 모의고사의 성적은 어떠한가?
- 학업 계획에 대해 말해 보시오.
- 미래에 어떤 일을 하고 싶은지 구체적으로 말해 보시오.
- 졸업 후에 하고 싶은 일이 무엇인지 말해 보시오.
- 자신의 5년 후와 10년 후의 모습을 말해 보시오.
- 20년 후의 자기 모습은 어떤 모습일 것 같은가?
- 학생들이 봉사 활동을 하는 것에 대한 장점은 무엇이고, 봉사 활동을 하면서 올바른 태도는 무엇이라고 생각하며, 대학에 가서 하고 싶은 봉사 활동은 무엇인가?

- 봉사 활동 중 가장 기억에 남는 것을 말해 보시오.
- 자신에게 봉사를 받은 사람이 감동을 표출하였던 경험이 있는가?
- 감명 깊게 읽은 책을 고르고, 그 책의 내용과 인물에 대해 자세히 말해 보시오.
- 창의적으로 한 일이 있다면 무엇인가?
- 친구와의 관계에서 속상하였던 일과 이런 감정을 조절하기 위해 필요한 노력은 무엇인가?
- 가장 힘들었던 일은 무엇이었는가?
- 힘든 일을 극복하는 노하우는 무엇인가?
- 살면서 도움을 준 일은 무엇인가?
- 고등학교 시절 중 가장 기억에 남는 활동은 무엇인가?
- 내신은 좋은데 못하는 과목은 무엇이었는가?
- 공부하기 힘들었던 과목이나 쉬웠던 과목에 대해 말해 보시오.
- 좋아하는 과목과 싫어하는 과목은 무엇인가?
- 가족과는 잘 지내는가?
- 가족 중에서 누구와 제일 많은 대화를 나누는가? 그 사람을 통해 제일 위로받았던 말은 무엇인가?
- 지원자를 합격시켜야 하는 이유는 무엇인가?
- 지원한 학과에서 어떤 공부를 하며, 이 학과에 진학하기 위해 고등학교에서 필요한 공부는 무엇인가?
- 이 학과에 들어와서 구체적으로 어떤 분야를 공부하고 싶은가?
- 우리 학과에 오기 위해 노력한 일은 무엇인가?
- 본교 외에 어떤 대학에 지원하였는가?
- 다른 학교는 어떤 학과를 지원하였는가?
- 학생에게 고민이 생겨 주변에서 조언을 해 주면 얼마나 받아들일 것인가?
- 관심 분야가 무엇인가?
- 1학년 성적은 좋은데 3학년 성적은 떨어졌다. 그 이유가 무엇인가?

- 장래 희망이 바뀐 이유는 무엇인가?
- 장래 희망과 지원 학과가 일치하지 않는데, 그 이유가 무엇인가?
- 쉬는 시간에는 무엇을 하는가?
- 전공에 관한 활동 이외의 활동 중 기억에 남는 것은 무엇인가?
- 마지막으로 하고 싶은 말이 있다면 말해 보시오.
- 대학에 들어가면 하고 싶은 것이 무엇인지 말해 보시오.
- 대학교에 진학해서 자신이 꿈꾸는 대학 생활이 있는가?
- 대학에 입학하면 꼭 이루고 싶은 한 가지를 말해 보시오.
- 본인이 겪었던 공동체 의식에 대한 경험을 말해 보시오. 공동체 의식에서 왜 희생과 봉사 정신이 필요한가?
- 자신의 경험 중 가장 가치 있는 것을 판다면 어떤 것을 얼마에 팔겠는가?
- 원칙을 준수하는 편인가, 융통성 있게 행동하는 편인가?
- 가장 자랑스러운 일과 부끄러운 일은 무엇인가?
- 좋아하는 친구 유형과 싫어하는 친구 유형을 말해 보시오.
- 존경하는 인물은 누구인가?
- 기억에 남는 체험 활동 중 하나를 말해 보시오.
- 학교 폭력의 범위와 기준은 무엇인가?
- 중학교에서 고등학교로 올라가면서 겪은 고난, 역경 그리고 극복 사례가 있는가?
- 자신의 인성을 상·중·하로 평가하고, 그 근거를 제시하시오.
- 학생이 학업 다음으로 중요하다고 생각하는 것은?
- 지금 속한 단체 활동에서 지원자가 한 활동과 그 단체에 참여하게 된 이유는 무엇인가?
- 전체의 조화와 개인의 성취 중 중요하다고 생각하는 것은 무엇인가?
- 사회 전체적으로 가장 심각한 사회 문제는 무엇이라고 생각하는가?
- 본인은 사회 속에서 공동체를 중시하는가, 개인을 중시하는가?
- 복수 전공을 할 계획이 있는가?

부록

유형별 출제 0순위 질문

인성 평가

- 자기소개를 해 보시오(영어 관련 학과는 영어로).
- 가훈을 소개해 보시오.
- 학생의 가족을 소개해 보시오.
- 자신을 자랑해 보시오.
- 자신의 좌우명은 무엇인가?
- 학생의 출신 고등학교를 자랑해 보시오.
- 감명 깊게 읽은 책이나 감명 깊게 본 영화에 대해 말해 보시오.
- 몇십 년 후에 자신이 어떤 모습을 하고 있을 것 같은지 말해 보시오.
- 가장 존경하는 인물은 누구이고, 자신의 삶에 가장 큰 영향을 미친 인물은 누구인가?
- 생활신조가 있다면, 그 이유를 말해 보시오.
- 30년 후의 자기 모습을 그려 보시오.
- 고교 시절을 어떻게 보냈는가?
- 학생의 성격이 갖는 장점을 말해 보시오.
- 취미나 특기가 있다면 소개해 보시오.
- 사회 봉사 활동을 한 경험이 있는가? 있다면 그 과정에서 느낀 점을 구체적으로 말해 보시오.
- 수행 평가에 대한 학생의 의견은 무엇인가?
- 내신을 반영하는 현 입시 제도의 문제점은 무엇이라고 생각하는가?

- 자신이 세상에 필요한 사람이라고 생각하는가? 그 이유는 무엇인가?
- 봉사 활동의 점수화는 옳다고 생각하는가?
- 인생에서 가장 소중하다고 생각하는 것 두세 가지를 말해 보시오.
- 지금까지 살아오면서 소외감을 느낀 적이 있는가? 있었다면 어떻게 극복하였는가?
- 과거로 갈 수 있다면 되돌리고 싶은 것은 무엇인가?
- 우리나라 고등학교 교육의 문제점이 무엇이라고 생각하는가?

학업 계획

- ○○학은 왜 중요한가?
- ○○학에 대해 아는 대로 설명해 보시오.
- 이 과에 지원하게 된 동기는 무엇인가?
- 우리 학교에 지원하게 된 동기는 무엇인가?
- 우리 학교가 요구하는 인재상은 무엇이라고 생각하는가?
- 학부 중에서 어떤 과를 선택할 것이며, 그 이유는 무엇인가?
- 부전공을 한다면 무엇을 하겠는가?
- 대학 진학 후 공부를 어떻게 할 것이며, 졸업 후의 계획은 무엇인지 말해 보시오.
- 대학 입학 후 어떤 친구를 사귀고 싶은가?
- 대학 입학 후 학업 이외에 꼭 하고 싶은 일이 있는가?
- 직업 선택 시 고려해야 할 요인은 무엇이라고 생각하는가?
- 만약 학생이 대학 입시의 면접관이라면 수험생들에게 어떤 질문을 던지겠는가? 그 이유는 무엇인가?
- 왜 대학에 진학하려고 하는가?
- 부모님께 한 권의 책을 권한다면 어떤 책을 선택하겠는가?
- 학생의 성격의 장점을 말해 보시오.

- 취미나 특기가 있다면 소개해 보시오.
- 학생회 활동을 한 경험과 느낀 점을 말해 보시오.
- 직업 선택 시 고려해야 할 요인은 무엇이라고 생각하는가?
- 자신이 세상에 필요한 사람이라고 생각하는가? 그 이유는 무엇인가?
- 자신을 잘 표현할 수 있는 형용사는 무엇인가?
- 미래에 살고 싶은 나라는 어디인가?
- 세계 무역 분쟁이 더욱 심화되어 가고 있는 현상에 대한 학생의 의견은 무엇인가?
- 최근 감명 깊게 읽은 책의 내용을 이야기해 보시오.
- 한 달간 해외로 배낭여행을 한다고 할 때 계획을 말해 보시오.

시사 문제

- 정보화 사회에 적합한 인간형을 말해 보시오.
- 성차별에 대해 어떻게 생각하는지 말해 보시오.
- 교사의 체벌이 정당하다고 생각하는가?
- 인간 복제에 대한 윤리 도덕적 차원의 문제를 말해 보시오.
- 정부 중심의 구조 조정은 우리 경제를 해치지 않겠는가?
- 워크아웃에 대해 설명하시오.
- 국회 의원을 견제할 수 있는 제도적 장치가 필요한가?
- 외래 문화의 바른 수용 태도는 무엇인가?
- 유가가 폭등하고 있는데, 이에 따른 파급 효과는 어떠할 것이라고 생각하는가?
- 학교에서 두발 자율화를 금지하는 것에 대해 어떻게 생각하는가?
- 학교에서 주5일제 수업을 하는 것에 대한 학생의 의견은 어떠한가?
- 학원 수업을 밤 10시까지로 제한하는 제도에 대해 학생의 의견을 말해 보시오.

- 사형 제도를 존속시켜야 하는가, 폐지시켜야 하는가?
- 영어 공용화론에 대한 자신의 견해를 밝히시오.
- 국제 정치에는 도덕은 없고 힘의 논리만 있다고 하는 견해에 대한 자신의 생각을 말해 보시오.
- 우리나라 사람들이 정치에 무관심한 이유는 무엇이라고 생각하는가?
- 정치 논리가 경제 논리를 압도하는 이유는 무엇이라고 생각하는가?
- 국가 경쟁력을 키우는 방편으로서 벤처 산업의 중요성을 말해 보시오.
- 오늘날 중소 기업의 경쟁력이 왜 중요한지 말해 보시오.
- 중국이나 미국, 일본 등지에 살고 있는 한국 교포들에게도 투표권과 공무 담임권을 가질 수 있게 하려는 법안 개정 움직임이 있었다. 이에 대한 학생의 의견을 말해 보시오.
- 대부분의 의사 결정은 다수결로 이루어진다. 이 점에 대해 생각해 본 적이 있는가? 만약 소수의 견해가 배척되는 것에 대해 문제 의식을 가지고 있다면, 문제를 해결하기 위한 방법을 제시해 보시오.
- 정치인이 꼭 가져야 할 능력과 갖지 말아야 할 것을 각각 하나씩 들어 보시오.
- 과소비는 왜 하게 되는가? 학생의 경험을 중심으로 이야기해 보시오. 또 과소비를 줄일 수 있는 방안은 무엇인가?
- 경제 위기와 관련해서 대학이나 학자들이 책임져야 할 몫이 있다면 어떤 것이 있겠는가?
- 경제 위기로부터 얻을 수 있는 가장 큰 교훈은 무엇이라고 생각하는가?
- 어떤 나라의 '삶의 질'을 알 수 있는 지표를 일상생활 속에서 한 가지만 선택하라고 한다면 무엇을 택하겠는가?(GNP/GDP/수출·수입과 같은 총량적 경제 지표는 제외) 그 근거는 무엇인가?
- '경제적이다.' 혹은 '경제성이 있다.'라는 말의 뜻이 우리 사고와 행동에 미치는 영향은 무엇인가?
- 만약 물가를 인위적으로 동결시킨다면 어떤 일이 일어날 것인지 예상해 보시오.

- 요즘 늘고 있는 황혼 이혼에 대해서 찬성인가, 반대인가?
- 학교 우등생이 사회의 우등생인가?
- 추석 같은 명절에 제사를 지내지 않고 콘도나 별장으로 놀러 가는 사람들이 늘고 있는데, 어떻게 생각하는가?
- 청소년 문화의 특징과 문제점은 무엇인가?
- TV의 선정성과 폭력성에 대해 어떻게 생각하는가?
- 다른 매체와 차별화되는 라디오의 장점은 무엇이라고 생각하는가?
- 디지털 방송은 기존의 아날로그 방송과 어떤 점에서 다른가?
- 매스 미디어의 종류에는 무엇이 있는가?
- 블로그(Blog)는 언론인가?
- 스크린 쿼터 제도에 대한 자신의 의견은 어떠한가?
- 신문의 사설이란 무엇인가?
- 알자지라(Al Jazeera) 방송은 무엇인가?
- 여론(Public Opinion)이란 무엇이며, 어떻게 형성되는가?
- 영화와 마찬가지로 방송도 우리 민족의 정체성을 지키는 데 큰 역할을 한다. 어떤 점에서 그러한가?
- 의제 설정(Agenda Setting)이란 무엇인가?
- 인터넷 댓글은 쌍방향성을 구현하고, 여론 형성을 주도하는 등의 긍정적인 기능을 한다. 그렇다면 부정적인 측면은 어떤 것이 있는가?
- 인터넷 실명제에 대해서 본인은 어떠한 견해를 가지고 있는가?
- 정보 사회에서 예상되는 부작용은 어떤 것이 있는가?
- 케이블 TV나 위성 방송과 같은 매체의 장점은 무엇인가?
- 통신사란 무엇을 하는 조직인가?
- 트렌디 드라마란 무엇인가?
- 포털 뉴스의 문제점은 무엇이라고 생각하는가?
- 핫(Hot) 미디어와 쿨(Cool) 미디어란 무엇인가?
- 청소년들의 스타 추종은 하루 이틀의 문제가 아니지만, 갈수록 심화되는 경향이 있다. 이러한 현상의 문제점을 다양한 각도에서 지적해 보시오.

- 청소년들에게 문화 시설을 제공해 준다면, 어떤 것이 바람직한가?
- 최근 이혼율이 증가하고 있어 사회 문제를 야기하고 있다. 부모의 이혼이 청소년에게 미치는 부정적인 측면을 설명하시오.
- 청소년 시기 이성 교제는 허락해야 한다고 생각하는가, 아니면 금지해야 한다고 생각하는가?
- 청소년들이 가장 많이 고민하는 것은 어떤 것이고, 자신은 어떤 고민을 가장 많이 하였는가?
- 음란 폭력물이 청소년 정서에 악영향을 미친다고 보는가?
- 사회 복지 실천의 3요소에 관해서 설명하고, 각각의 중요성을 설명하시오.
- 자신은 어떤 부모가 되고 싶은가?
- 자신이 제일 좋아하는(존경하는) 기업인 또는 기업이 있다면(한국 혹은 외국 포함) 그 이유는 무엇인가?
- 모기지론이란 무엇인가?
- 버블 경제란 무엇인가?
- 베블런 효과란 무엇인가?
- 한 나라의 경제 규모를 나타내는 변수 중 국민총생산(Gross National Product, GNP)이란 무엇인가?
- 국제 통상 전공 희망자로서 가장 관심 있는 국가는 어디인가?

추가 질문 외국 여행을 한 적이 있는가? 있다면, 어느 나라인가? 여행을 하면서 느낀 전체적인 소감은 무엇인가? 외국 여행을 한 적이 없다면, 어느 나라를 가장 가 보고 싶은가? 그 이유는 무엇인가? 등

※ 이상의 문제는 각 대학교 면접 내용을 취합한 자료입니다.

PART
2

면접 꿰뚫기
Q&A 70

CHAPTER 1 면접 준비하기

CHAPTER 2 학생부종합전형 면접

CHAPTER 3 면접의 태도와 방법

CHAPTER 4 면접 준비 방법

CHAPTER 5 면접관 면접하기

대학으로 가는 구술면접 380제

면접 준비하기

면접은 무엇인가요?

면접이란 수험생과 면접관이 서로 얼굴을 맞대고 대화하는 과정을 통해 응시자가 그 학과에서 요구하는 인재상에 부합하는지를 평가하는 방법이다. 이때 수험생의 태도와 인성, 가치관을 평가하고 수학 능력과 학습 정도, 잠재력 등을 파악하여 다른 지필 고사로 평가하기 어려운 점을 보완하는 시험 방식이다. 이러한 면접은 대학 합격의 가장 중요한 관문 중 하나이다. 여러 가지 시험을 통한 종합적인 판단에 의해 대학 합격이 보장되기도 하지만, 최종 면접에 의해 당락이 결정되기도 하기 때문이다. 그리고 대학 입시는 합격선에서의 경쟁이 치열하기 때문에 한 마디 답변에 따라 내년 시험을 준비해야 하는 경우가 생길 수도 있다.

대부분 입시의 전형 방법은 1단계에서 내신이나 서류 성적으로 일정 배수를 선발하고, 2단계에서는 논술이나 면접으로 선발하게 된다. 즉, 마지막 단계는 면접이기 때문에 당락의 중요한 변수로 작용한다. 1단계에서 우수한 성적으로 통과하고 2단계 면접에서 떨어진다면 무슨 소용이 있겠는가. 그렇기 때문에 마지막 단계인 면접이 중요한 것이다.

핵심 포인트

면접(面接)은 서로 얼굴을 대면하고 보는 시험이다. 긴장하지 않고 또박또박 이야기할 수 있도록 미리 실전 연습을 해 두어야 한다.

대학을 가는 데 면접이 왜 그렇게 중요한가요?

대학 입시, 특히 수시 모집에서 면접은 중요하다. 면접은 단순 실력보다 남다른 특성과 자질의 파악에 중점을 두는 입시 환경에서 가장 유용한 전형 자료로 부각되면서 점차 중요해지고 있다.

면접은 대부분 전형의 제일 마지막 단계에서 실시되기 때문에 합격과 불합격을 결정하는 중요한 요소로 작용한다. 특히, 최근 대학 입시가 수능 시험 성적에 의한 한 줄 세우기식 선발 방법에서 점차 수험생의 개성과 소질 등에 기반을 둔 다양한 선발, 즉 여러 줄 세우기식 방법으로 전환되고 학생부종합전형이 활성화되면서 면접 등 수능 이외의 전형 자료에 대한 비중과 관심이 높아지고 있는 것이다. 이런 현상은 특히, 대입 제도에서 대학마다 학교장추천전형 등의 특색 있는 다양한 전형을 도입하면서 더욱 심화되었다. 다양한 모집 형태에 맞추어 새로운 전형 자료의 개발에 대한 필요성이 대두됨에 따라, 그동안 보조적 수단에 그쳤던 '면접고사'에 대한 인식이 변화되고 그 중요성이 새롭게 부각되고 있는 것이다. 따라서 단순 실력보다 남다른 특성과 자질의 파악에 중점을 두는 입시 환경에서 면접은 가장 유용한 전형 자료로 활용되고 있다.

핵심 포인트 F

기본 소양과 전공에 관련된 지식을 업그레이드하라. 개성 있고 독창적인 답변이 합격의 지름길이다. 그러기 위해 자신을 표현하는 능력을 길러야 한다.
"자신을 PR하라!"

면접을 통해서 학생을 선발하는
목적은 무엇인가요?

서류 심사나 지필 검사로 측정할 수 없는 학생들의 신체적 특징이나 정의적 행동 특성을 측정하여 우수한 인재를 선발하는 데 목적이 있다. 대학에서의 학생 선발은 학생 개개인에게는 삶의 진로를 모색하는 단계이고, 국가 사회적으로는 사회를 이끌어 가는 구성원을 선발하는 매우 중요한 절차이다. 따라서 대학의 전형 방법은 대입 준비 수험생뿐 아니라 교사 및 학부모 등 모든 입시 관련자들의 관심 사항이다.

면접(Interview)이란, 말 그대로 얼굴을 맞대고 언어를 매개로 면접관과 학생 간의 상호 작용을 통하여 학생이 지닌 특징을 분석하는 것이다. 그렇기 때문에 서류 심사나 지필 검사로 측정할 수 없는 학생들의 신체적 특징이나 정의적 행동 특성을 측정하는 데 용이하다. 신체적인 특징으로는 용모나 발음, 음성의 상태 정도 등을 들 수 있으며, 정의적 행동 특성으로는 학생들의 가치관, 흥미, 적성, 잠재 능력, 성격 등을 들 수 있다. 그뿐만 아니라 면접은 학생들이 평소 지니고 있는 많은 특성을 종합적으로 평가할 수 있는 총체적인 평가 방법이다. 즉, 직접적으로 학생이 지니고 있는 특성을 관찰하여 대면성, 직접성, 내용의 독자성, 상호 작용성, 종합성 등의 항목을 평가한다.

면접의 방법에는 무엇이 있나요?

면접 방법은 크게 세 가지로 분류할 수 있다. 개인 면접, 집단 면접, 그리고 집단 토론식 면접이다.

먼저 개인 면접은 학생 한 명을 대상으로 면접관이 평가하는 방법이다. 보통 면접의 객관성을 유지하기 위하여 면접관 2인 이상이 한 명의 학생을 대상으로 종합적으로 평가한다.

집단 면접은 학생이 2인 이상이며, 면접관 역시 2인 이상인 면접 방법을 말한다. 면접의 객관성을 유지하면서 면접 시간도 줄일 수 있는 장점이 있다. 집단 면접에서는 면접관 앞에서 자신의 평소 생각이나 의견을 조리 있게 발표할 수 있는 능력을 발휘하는 것이 주요 관건이다.

마지막으로 집단 토론식 면접은 어떤 문제를 제시하고 여러 학생들이 각자의 견해를 밝히며 토론하는 방법이다. 의사 전달, 표현력, 논리력, 설득력, 그리고 질문하고 답변하는 태도 등을 측정하고, 특히 적극성, 협조성, 이해력, 지도력, 적응력, 순발력, 발표력 등을 종합적으로 측정한다. 토론을 통하여 상대방을 배려하는 자세, 그리고 토론 집단을 유도하는 능력 등을 평가할 수 있다. 최근 기업체나 일부 대학에서는 합숙 형식의 면접을 실시하기도 한다.

심층 면접을 실시하는 이유는 무엇인가요?

　대부분 대학 입시에서는 정량적 평가를 할 수 있는 내신 성적이나 논술, 적성 고사 등 대학별 고사와 수능을 통해서 학생을 선발한다. 그러나 점점 많은 대학들이 학생을 다각도로 살펴보기 위해 심층 면접을 실시하고 있다. 이를 통해 학교 성적이나 지필 고사 성적으로 파악하지 못한 다양한 모습을 종합적으로 평가할 수 있기 때문이다. 또한 가치관이나 성격, 성품 등의 인성적인 측면도 살펴볼 수 있다. 보통 지원 동기나 학업 의욕을 살펴 대학의 인재상에 맞는 학생을 독자적으로 선발하기도 한다. 심층 면접은 표현력과 판단력, 협조성 및 리더십 등의 사회성을 판단하는 근거가 된다. 대학에서의 기본 소양인 일반 구술면접과는 달리 심층 면접은 전공 적성 시험 수준이므로, 변별력 및 난이도가 있다. 서울대를 비롯하여 일부 상위권 대학에서는 수능 문제 이상의 어려운 문제를 출제하여 대학에서 원하는 수준의 수학 능력을 가진 학생들을 선발한다.

기본 소양 평가와 전공 적성 평가의
차이는 무엇인가요?

　기본 소양 평가는 말 그대로 기초적이고 기본적인 소양을 묻는 것이다. 소양이란 수험생의 인성과 자아관, 가치관, 세계관과 같이 기본적으로 학생이 가지고 있는 가치 체계를 말하며, 기본 소양 평가에서는 사고력과 의사 표현 능력 등을 종합적으로 평가한다. 제시된 문제나 문항 없이 면접관이 직접 질문할 수도 있고, 간단한 문제지를 보고 요구하는 질문에 답하기도 한다. 말할 때는 조리 있고 명료하게 대답해야 한다. 특히 요즘 들어 구술면접의 비중이 커지면서 변별력을 요구하는 문제나 사고력과 논리력을 필요로 하는 문제들이 출제되고 있어 철저한 준비가 필요하다.

　전공 적성 평가는 수험생들이 지원하는 학과나 학부 계열에 관계되는 문제를 묻는다. 지원하는 학과와 관련된 지적 수준을 평가하기 위해 깊이 있는 문제가 주를 이룬다. 전공 학과에 관한 기초적인 문제부터 대답하기 어려운 수준 있는 문제를 출제하기 때문에 평소에 전공에 대한 기본 개념을 익히고, 관련된 것들을 준비해야 한다. 이는 전공에 대한 관심, 흥미, 열정, 비전 등을 면접관에게 밝힐 수 있는 좋은 기회가 된다.

구술과 면접의 차이는 무엇인가요?

구술과 면접은 특별한 차이가 없다. 대부분 함께 사용하여 '구술면접'이라고 하며, '심층 면접'과 다른 개념으로 말하기도 한다.

구술은 어떤 사실을 얼마만큼 인지하는지, 그리고 알고 있는 내용을 얼마나 잘 표현하는지를 측정하는 데 목적이 있다. 이는 질문을 하여 입으로 응답하게 하는 형태의 평가 방법으로 면접과 동시에 병행할 수 있다.

하지만 면접은 일반적으로 정의적 행동 특성인 가치관이나 적성 등을 측정하기 위하여 갈등 상황이나 가치에 대한 논란이 제기될 수 있는 질문이 부여된다는 점에서 구술과 차이가 있다.

대학 입시에서는 대부분 구술과 면접을 통합해 구술면접 또는 심화된 전공 적성을 묻는 심층 면접을 실시하여 학생 개인의 잠재적 능력을 평가하게 된다. 구술면접은 흔히 인성 평가나 기본적인 소양을 평가하는 형태이기 때문에 전문적인 교과나 심층적인 지식을 묻는 심층 면접과는 또 다른 차이가 있다.

또한 학생부종합전형이 실시되면서 다양한 방법의 면접 형태가 실시되고 있다. 학생부종합전형은 학생의 잠재적 능력을 종합적으로 평가하기 위한 방법이기 때문에 앞으로 면접의 형태가 더 다양하게 변화될 수 있다. 따라서 이에 대한 대비가 필요하다.

면접에서 무엇을 평가하는 건가요?

　면접에서는 무엇보다도 수험생의 가치관과 대학이 바라는 수학 능력을 평가하고, 학생의 인성에 관한 기본 소양과 전공 적성에 관련된 지식의 수준을 측정하고자 한다. 그렇기 때문에 남과 다른 자신의 목소리를 낼 줄 알아야 한다. 다른 사람과 똑같이 말하는 개성 없는 목소리가 아니라 자신만의 정체성이 담겨 있는 목소리를 낼 줄 알아야 한다는 것이다. 또한 전공과 관련한 지식을 묻는 문제에 있어서는 정확한 이해 및 창의적 · 독창적인 답변이 준비되어야 한다. 엉성한 답변과 성의 없고 수준이 낮은 답변으로는 결코 좋은 점수를 얻을 수가 없다.

　특히 학생부종합전형의 면접은 대부분 학교생활기록부에 기록된 내용을 토대로 질문이 구성된다. 학생이 제출한 제반 서류를 중심으로 질문이 이루어지므로 본인이 학교생활 중에 참여한 활동 등을 잘 숙지하고, 그런 활동을 통해 경험한 내용에 대한 답변을 사전에 준비하는 것이 중요하다.

　주요 질문의 내용은 다음과 같다.

- 교과 수업에서 활동한 내용과 그에 대한 이해도 확인
- 탐구 활동 과정에서 느낀 점, 담당한 역할과 활동 내용
- 학교 차원의 프로그램인 학교 특색 활동에 참여한 경험과 내용
- 학생 자치 활동과 동아리 활동에서 담당한 역할과 구체적인 내용

면접에서 알아보고자 하는
내용에는 어떤 것들이 있나요?

　면접의 내용은 일반적으로 기본 소양을 묻는 영역과 전공 교과를 묻는 영역으로 나눌 수 있다. 일반적인 기본 소양은 인성과 가치관, 의사 소통 능력, 기타 행동을 관찰하는 영역 등이다.

　인성에서는 도덕적 가치를 바르게 이해하고 그에 따라 행동하는지를 알 수 있는 도덕성과 타인과 어울리기 좋아하고 감정을 잘 헤아리는지를 보여 주는 사회성을 평가한다. 가치관에서는 수험생이 사고하는 관점에 일관성이 있는가와 얼마나 긍정적인가를 알아본다. 의사 소통 능력에서는 논리적·비판적·창조적 능력 및 말하는 내용을 잘 선정하고 조직화하여 발표하는 표현력을 측정한다. 기타 행동 관찰 능력에서는 올바른 태도 및 예절을 갖추었는지, 자신감이 있고 침착하며 행동과 말씨가 공손한지 등을 평가한다. 이러한 점들을 종합하여 학교가 추구하는 교육 목적에 부합하는 인재인가를 판별한다.

　전공 영역에서는 전공에 대한 지식과 지원 동기, 장래 학업 계획 등을 묻는다. 구술면접은 주로 전공과 관련된 항목을 평가하여 대학이 요구하는 인재를 선발하는 것에 목적을 두고 있기 때문이다.

핵심 포인트

　면접은 서류 전형과 달리 학생의 인성에서부터 시작하여 열정, 의지, 문제 해결 능력, 제출 서류까지 확인하는 종합적인 평가이다.

기타 다른 면접 내용을 알려 주세요.

　면접의 내용은 목적에 따라 다소 상이하다. 사범 대학의 경우 학과 지원 동기, 장래 희망, 교직 적성, 교사로서 지녀야 할 가치관과 태도, 외모 등을 평가한다. 최근에는 지원 동기, 지원 학교에 대한 인지도, 학업 계획, 장래 희망 등을 묻는 형식적인 수준에서 벗어나서 학생이 지니고 있는 특성을 심층적으로 분석할 수 있는 내용으로 변하는 추세이다.

　서울대의 경우 면접에서 대학에서 필요로 하는 기본 소양과 학과 또는 대학에서 요구하는 적성을 측정하기 때문에 기본 소양에서는 면접을 통해 대학에서 공부하기 위한 논리적 사고와 종합적 판단력을 가지고 있는지 평가한다.

　교과 적성 평가에서는 전공 분야 교과에 대한 이해와 기본 교양, 교과와 관련된 사고력, 새로운 경험을 통합하고 사태에 적응하는 능력 및 학과에서 필요한 능력과 소양을 측정한다.

　앞서 말하였듯 면접 내용은 대학과 전공에 따라, 그리고 면접 종류와 목적에 따라 다양한 내용으로 구체화된다. 그러므로 학생과 학부모들은 관심이 있는 대학이나 전공 학과의 면접에 대해서 지속적으로 관심을 두어 어떤 내용을 평가하는지 분석하고 준비해야 한다.

면접을 통해서 인간성을 알 수 있나요?

인간성을 파악하는 것은 면접의 중요한 목적 중 하나이다. 답변하는 태도나 모습을 통해 그 사람의 품성을 보고, 정서적 태도, 관계성 등의 대인 적응 능력과 사회적인 수용력을 파악할 수 있기 때문이다.

인성 항목은 주로 수험생의 가치관과 교내 활동을 중심으로 하는 정성 평가 방식으로 측정된다. 이전의 교과 중심의 문제 풀이식 면접에서 벗어나 학생부와 자기소개서 및 서류를 바탕으로 인성을 평가하는 일반 면접이 강화되고 있다. 따라서 현상에 대한 이해력과 사고력이 높고, 자기 자신에 대한 자존감이 높으며 나라와 세계에 대한 가치관이 분명한 학생이 선발된다.

지원하는 대학의 홈페이지를 방문하여 각 학교별 인성 평가 방식을 알아보는 것도 중요하다. 경희대학교의 경우 인성 면접에서 가치관과 인성을 평가할 때 주로 서류 역량을 재확인하고 창학 이념을 질문한다. 이러한 학교별 평가 기준과 방식을 잘 파악하여 학교생활 전반과 수험생이 가지고 있는 가치관을 잘 피력하고, 대학의 인재상에 맞는 교육적 가치관을 담아 답변해야 한다.

핵심 포인트

인간성은 인재상과도 연결된다. 대학이 원하는 인재는 성품과 재능, 지적 능력에서 드러난다. 각 대학의 인재상과 자신의 인간성을 잘 연결해 보자.

답변의 수준에 따라 합격이 좌우되나요?

　많은 학생들이 구술면접은 단순히 면접관인 교수님과 만나 신변잡기나 시사적인 문제에 대해 의견을 나누는 것쯤으로 생각한다. 하지만 이는 크나큰 오산이다. 많은 대학에서 인문계나 자연계의 전문적인 교과 지식을 묻는 문제가 출제되기 때문에 준비를 하지 않으면 안 된다. 최근의 면접은 영어 제시문을 해석하고 주제를 파악해야 하거나 영어로 대화를 할 수 있어야 하며, 수학·과학 문제를 풀어서 해결해야 하는 수준에까지 이르렀다.

핵심 포인트

　영어 관련 면접에서는 제시문을 주고 읽기, 해석하기, 중심 내용 파악하기 등과 관련된 평가가 이루어진다. 특히 영어 관련 학과를 지원하는 학생들은 영어 면접을 철저히 준비해야 한다. 또한 수학, 과학과 관련된 학과에 지원하는 학생들은 교과서를 바탕으로 수학, 과학의 기본적인 공식을 암기해 가는 것도 좋다.

구술면접에는 정답이 없나요?

　정답이 있는 문제가 있고, 없는 문제가 있다. 정답이 있는 구술면접은 대부분 전공 적성과 관련된 문제이고, 정답이 없는 문제는 기본 소양에 관한 문제이다. 하지만 정답이 없다고 해서 아무렇게나 대답해도 된다는 것이 아니다. 예를 들어, '자신을 소개해 보시오.'라는 문제에는 정답이 없다. 하지만 누가 더 논리적이고 창의력 있게 자신을 표현하는가에 따라 점수가 달라진다. 같은 내용의 질문이라도 답변하는 태도나 자세에 있어서 다양한 차이가 나기 때문에 면접에는 정답이 아니라 수준 높고 좋은 답이 있는 것이다. 따라서 답의 범위를 폭넓게 이해하고 배경지식을 충분히 쌓아서 보다 풍부한 답변이 되도록 꾸준한 준비를 해야 한다.

> **핵심 포인트** 🚩
>
> 　대학에서는 자신들의 평가 기준에 맞는 답변을 할 수 있는 학생을 원한다. 정답을 찾아 답변하는 훈련을 하자. 이때 정답은 논제에 맞는 답변이다.

독창적인 답변은 무엇인가요?

'독창적인 답변'이란 다른 사람과는 차별되는 자신만의 창의적이고 개성적인 답변으로, 개성을 나타내야 하는 면접에서 매우 중요하다. 면접에서는 자신에게는 남과 다른 노력을 통해 얻은 차별화된 가치가 있다는 것을 보여 주어야 하기 때문이다.

개성 있는 답변은 자신을 차별화하여 스스로의 가치를 높여 준다. 이런 답변을 위해서는 철저한 준비가 필요하다. 다른 지원자에 비해 깊이 있는 사고와 창의성 있는 수준을 보여 줄 수 있도록 사전 준비를 게을리 하지 말아야 한다. 독창적인 답변은 같은 질문이라도 이를 남다르고 수준 높게 볼 수 있는 시각에서 나온다.

핵심 포인트

> 면접관들은 수험생들이 무슨 생각을 가지고 있는지, 어느 정도의 지적 수준이 있는지를 알고 싶어 한다. 다른 사람이 다 가지고 있는 평범한 답변보다는 깊이가 있고 사고력과 자신만의 개성이 드러나는 답을 해야 한다. 이것이 독창적인 것이다. 초 · 중등 학생 같은 답을 하면 되겠는가? 그렇기 때문에 수험생은 자신이 가지고 있는 창의적인 답변과 독창적인 것을 쏟아 낸다고 생각하고 자신 있고 소신 있게 담대한 마음으로 답변하는 것이 가장 중요하다. 또한 이 대학 아니면 안 된다는 각오로 열정과 패기를 보여 주고, 자신을 잘 드러내서 강한 인상을 남길 수 있도록 노력해야 한다.

면접의 진행 절차는 어떻게 되나요?

대체로 면접의 진행 절차는 다음과 같다.

① 대기실에서 대기(수험생 사진 대조, 면접 번호표 배부) → ② 호명 → ③ 문항 선택 구상 → ④ 면접장 입실 → ⑤ 면접관에게 인사 → ⑥ 구술면접에 답변 (기본 소양과 교과 적성 평가) → ⑦ 퇴실

위에 제시된 절차는 대학마다 다를 수 있다. 서울대의 경우 면접표를 배부하고 면접 5분 전에 면접 문항을 추출하여 생각을 정리할 수 있는 시간을 준다. 수험생이 일단 뽑은 문항 카드는 회수하여 다른 문항 카드와 섞은 후, 다른 수험생이 사용할 수 있도록 하여 뽑는 순서와 관계없이 공평한 뽑기 조건을 갖춘다.

그렇기 때문에 수험생은 지원하는 대학의 면접 안내서를 필히 읽어 면접 절차를 숙지하고 사전에 연습하는 것이 바람직하다. 면접 시 면접관이 점수를 부여할 때는 후광 효과(Halo Effect)를 배제하기 위하여 접수 번호와 별개의 면접 번호를 부여받는다. 면접 대기실에서 대기하다 입실하면 면접 위원에게 자신의 신원을 밝히지 않고 면접 번호와 문항 번호를 알리고 질문에 답변하되, 미리 준비한 메모나 기록한 자료를 참고할 수 있는 경우도 있다.

면접이 끝나면 면접 내용의 누설 등을 방지하기 위하여 면접을 이미 실시한 학생과 면접을 실시하게 될 학생들이 서로 만나지 않게 한다.

심층 면접은 어떻게 진행되나요?

　대부분의 면접은 잠재력 평가를 위한 인성 면접(기본 소양)과 심층 면접으로 시행된다. 1단계를 통과한 모든 지원자는 잠재력 평가 면접을 거쳐야 한다. 대학마다 다르지만 보통 학생 한 명의 면접을 2~3명의 면접관이 15분 내지 30분에 걸쳐 진행한다.

　심층 면접에서는 학업 능력 및 전공과 관련된 사항을 평가한다. 인문계는 시사 문제나 교과서에서 배운 인문학적 소양을 평가하고, 자연계는 수학과 과학(물리, 화학, 생명과학 중 택 1)과 관련해서 기본적으로 알아야 할 개념의 심층적인 내용을 평가한다.

　심층 면접은 기본 소양을 물을 때와는 다르게 좀 더 시간이 걸리기 때문에 보통 지원자 1명당 과목별 30분씩 진행한다. 그리고 문제 출제의 범위는 고교 교과 범위를 벗어나지 않는다. 보통 고교 교육을 정상적으로 받은 학생이 무리 없이 답변할 수 있도록 출제 하고 있다. 질문 유형은 주로 원리와 개념 이해이며, 질문을 통해 학생의 창의성을 파악하게 된다.

면접의 평가 항목에는 무엇이 있나요?

　다음은 K대학의 면접 평가 항목이다. 이를 통해서 면접의 개략적인 평가 요소를 알 수 있을 것이다.

평가 영역	평가 항목	평가 요소	배점
잠재력	인지적 태세	• 지적 호기심 • 깊이 있는 탐구 자세 • 폭넓은 기초 지식	15
	창의적 사고	• 독창성 • 융통성 • 정교성	15
	논리적 사고	• 문제의 파악 • 논의의 일관성 • 논증 방식의 타당성	15
인성	성실한 태도	• 계획성 • 지속적 노력 • 자기 조절	10
	정서적 안정	• 자기 이해 • 실패에 대한 인내 • 정서 조절	10
	사회적 관심	• 타인 배려 • 리더십 • 시민 의식	10

6개 평가 항목과 관련 요소들을 종합적으로 고려하여 5단계로 평가

CHAPTER
2

학생부종합전형 면접

학생부종합전형은 무엇인가요?

학생부종합전형은 대학이 고등학교 교육과정, 대학의 학생 선발 방법 등에 대한 전문가를 채용하고, 이들을 통해 학생의 성적, 개인 환경, 잠재력 및 소질 등을 종합적으로 판단하여 신입생을 선발하는 제도이다. 즉, 대학이 학생 선발의 다양화와 전문화를 도모하고 잠재력과 발전 가능성을 고려하여 재능이 있는 학생을 선발하는 전형이다. 내신 성적과 수능 성적, 대학별 고사를 통해 학생을 선발하는 것처럼 또 다른 전형 방법이라고 보면 된다.

그렇다고 학교 내신과 수능 성적을 소홀히 해도 된다는 오해는 하지 말아야 한다. 특기나 적성을 계발할 기회가 아주 없다시피 한 우리나라에서 점수화된 성적은 학생의 잠재력을 어느 정도는 설명한다고 간주되기 때문이다. 서류 전형이 기본적으로 포함되기 때문에 학생부에 기록되는 모든 관련 사항은 충실히 해 두어야 한다.

특정한 능력을 보유하고 있어도 학업 성적이 지나치게 안 좋은 학생들은 대학 생활에 적응하지 못하는 경우가 있다. 따라서 대학에서는 다방면에서 우수한 학생들을 선발하기 위해 학생부종합전형을 활용하여 과거와는 다른 방식으로 학업 성적을 고려할 것이다.

학생부종합전형의 목적은 무엇인가요?

학생부종합전형의 구체적인 사업 내용을 보면 그 목적을 이해하는 데 도움이 된다. 앞으로 이 제도를 통해 대학 입시를 선발 대상과 주된 전형 요소에 따라 다양화 및 특성화하고, 잠재 능력을 가진 학생들을 발굴할 수 있는 평가 방법 및 기준 등이 개발될 것이다. 암기 위주 지식 외에 학생들의 적성, 소질, 특기, 창의력, 문제 해결 능력, 책임감, 봉사성, 리더십, 역경 극복 등의 다양한 특성을 평가 · 반영하여 대학별 대입 전형 선진화를 적극 유도하는 것이 학생부종합전형의 기본 방향이기 때문이다. 시험 점수 위주의 학생 선발 관행 완화를 매개로 하여 학생 자원을 다양화함으로써 공교육 정상화 및 대학 발전을 주된 목적으로 시행하고 있다.

핵심 포인트

한마디로 학생부종합전형의 목적은 대학의 설립 목적에 맞는 우수한 인재를 골라 선발하겠다는 것이다. 그렇기 때문에 지원하고자 하는 대학의 홈페이지를 통해서 그 대학의 설립 목적과 교육 이념을 알고 면접에 임해야 한다.

학생부종합전형에 지원하려면
무엇을 준비해야 하나요?

학생부종합전형은 대학의 설립 취지와 특성 및 교육 목표에 맞는 학생을 선발하는 것을 목적으로 한다. 따라서 본인이 가진 자질과 재능, 적성에 맞는 대학과 전형을 찾아 지원하는 것이 우선이다. 자신의 재능에 따라 리더십 전형, 봉사 활동 전형 등 여러 가지 전형에 지원할 수 있다. 또한 자신의 전공에 대한 열의도 빼놓을 수 없는 지원 조건 중 하나이다.

그렇기 때문에 학생부종합전형에서 준비해야 할 것은 대학 전형 요소에 맞춰 자신의 특기와 재능을 보여 줄 수 있도록 하는 것이다. 무엇보다도 자신의 객관적인 사실을 증명할 수 있는 서류를 준비하고, 진실하고 좋은 평가를 받기 위한 준비 과정을 거치면 된다. 따라서 자신의 매력을 보여 줄 수 있는 여러 가지 활동 내역 및 입증 자료들을 체계적으로 정리해 놓는 것이 중요하다. 이때 중요한 것은 자료의 부피와 양이 아니라 활동 내역에 대한 일관된 열정과 적극적이고 자기 주도적인 태도로 꾸준한 활동을 해 왔는지의 여부이다.

학생부종합전형의 면접에서는 제출한 각종 서류와 관련된 사항을 확인하는 질문을 받을 수 있으므로 미리 꼼꼼하게 준비해 두어야 한다.

학생부종합전형에서 면접은
왜 중요한가요?

　최근 대학 입학 정책의 주요 방향이 기본적으로 각 대학의 자율적인 방식에 따라 정해지면서, 각 대학은 그만의 고유 특성을 살려 다양한 전형 자료를 연구·개발하여 대학 입학 전형에 활용하고 있다. 이에 따라 일반 전형과 특별 전형의 모집 형태가 다양해지고 구체화됨은 물론, 선발 시 각 전형 점수의 일괄 합산 사정에서 전형 자료별 또는 단계별로 대학이나 모집 단위(계열 또는 학부, 학과/전공)에서 성격에 맞는 전형을 채택할 수 있게 되었다.

　대학 입학 전형 방법 중 대부분의 대학에서 가장 큰 비중을 차지하는 것은 대학수학능력시험이며, 그 다음은 학교생활기록부이다. 하지만 학생부의 경우 교과의 학업 성적이나 출석 사항 등은 기본 점수를 높게 책정하고 점수의 폭을 좁힘으로써 변별력을 거의 상실한 상태이므로 수능 시험에 크게 의존한다 해도 과언이 아니다.

　그렇기 때문에 앞으로 학생부종합전형에서 면접의 중요성은 더욱 커질 것이다. 서류 평가에서 알 수 없었던 내용을 구체적으로 보강할 수 있는 기회가 면접이기 때문이다.

　학생부종합전형에서의 면접은 입학 사정관이 직접 할 수도 있지만 전형이 다단계 절차로 이루어지기 때문에 대부분 최종 평가는 각 지원 학과의 전공 교수들이 직접 맡아서 하게 된다.

학생부종합전형에서 서류는 미리 준비해야 하나요?

당연한 일이다. 학생부종합전형에 지원하기 위해서는 학생부, 추천서, 수상 실적을 비롯한 우수성 입증 자료를 제출해야 한다. 급하게 서류 준비를 하다 보면 마음이 조급해져 실수를 할 수도 있으므로 평소 여유 시간이 생길 때마다 작성해 다듬는 것이 좋다. 특히 학생부종합전형에서의 면접은 면접관과 수험생이 직접 대면하여 서류의 내용을 확인하고 학생의 성적, 개인 환경, 잠재력 및 소질 등을 종합적으로 판단하기 때문에 서류 제출의 진실성 및 일치도에 신경을 써서 준비해야 한다.

핵심 포인트

학생부종합전형에서 자기 자신을 가장 객관적으로 입증할 수 있는 것은 서류이다. 서류를 잘 챙겨서 지원해야 하고 서류의 가치와 영양가를 높이기 위해서는 평소에 스펙을 쌓아야 한다.

그 많은 지원자의 서류를 어떻게
가려낼 수 있을까요?

면접에서 가장 중요하게 보는 것은 지원 학생의 인성 중 '정직성'이다. 예를 들어, 학업 능력이 뛰어나도 제출 서류의 허위 사실이 드러나면 불합격 처리를 할 것이다. 따라서 서류의 공정성과 투명성 확보를 위해 대학마다 입학 사정관들 간의 중복 검토를 거치도록 하고 있다. 입학 사정관들은 소그룹으로 나뉘어 지원자 각각의 제출 서류를 상세히 검토하고 평가한다. 서류의 사실 확인이 필요하거나 더 구체적인 내용을 파악할 필요가 있을 때는 직접 학교를 찾기도 한다.

이 부분에서 대학마다 10여 명 내외의 입학 사정관들이 수천 명이 넘는 지원자를 꼼꼼히 검증할 수 있을까 하는 의문이 들 것이다. 게다가 성장 가능성과 잠재력 등의 요소는 정성 평가 요소가 다분하기 때문에 평가에 대한 신뢰도가 떨어지기 쉽다고 생각하지만, 이는 기우(杞憂)에 불과하다. 입학 사정관들은 대학 입시의 전문적인 지식을 가진 입시 전문가이기 때문에 서류를 추려 내는 데는 큰 무리가 없다.

아주대 사정관 Tip

지원자 1명당 3명의 사정관이 서류를 심사하고, 그 후에 몇 단계의 선발 과정을 거쳐 심사를 하기 때문에 우수한 인재를 선발할 수 있습니다.

학생부종합전형에서 집단 토론이
실시되는데, 어떻게 준비할까요?

집단 토론은 리더십과 사회성 및 지도력을 평가하기 위한 것이다. 보통 자신의 주장을 말한 후 상대의 의견을 옹호하거나 반박하고, 자신이 응답한 내용에 대해 상대 학생 또는 입학 사정관의 보충 질문이 따른다. 그러므로 자신에게 주어진 질문의 요지를 빨리 파악하고 그에 부합하는 응답을 해야 한다.

집단 토론의 경우는 토론 능력뿐 아니라 토론 태도도 평가 대상이 되므로 이에 대한 바른 태도를 지녀야 한다. 발표할 때는 자신의 생각을 간단하고 명료하게 쉬운 말로 말한다. 그리고 다른 학생의 의견을 진지하게 경청하는 자세를 보여야 한다. 본인과 같거나 다른 견해를 가진 학생들에게 가능한 한 좋아하거나 싫어하는 감정을 갖지 말아야 한다. 흥분된 어투나 감정이 섞인 태도로 말하다 보면 자기 함정에 스스로 빠질 위험성이 있기 때문이다. 따라서 기본적으로 본인과 다른 견해에 대해서 질문할 때 다른 학생의 의견을 존중하는 자세를 바탕으로 토론에 임해야 한다. 모르는 학생들과 처음으로 대화를 나눈다는 것은 여간 힘든 일이 아니지만, 그럴수록 자신의 의견을 분명하게 주장하고 상대의 의견은 존중하되 비판적인 태도를 가지도록 노력해야 한다.

면접의 태도와 방법

면접에 임하는 바람직한 자세는 무엇인가요?

차분한 걸음으로 면접실에 들어가서 공손하게 인사를 하고, 면접관의 별도의 지시가 없을 경우 자신의 자리에 바른 자세로 앉는다. 앉은 상태에서 손은 무릎에 얹고 면접관의 얼굴을 부드럽게 쳐다보며 기다리면 된다. 상당히 떨리고 긴장되는 순간이지만 최대한 차분한 마음을 유지하도록 해야 한다. 가벼운 인적 사항을 묻고 난 후 질문하는 경우도 있고 바로 질문을 하는 경우도 있는데, 질문을 받았을 때는 약간의 여유를 가지고 침착한 자세로 자연스럽게 평소처럼 답변한다. 만약에 질문을 알아듣지 못하였을 경우 "죄송하지만 다시 말씀해 주시면 감사하겠습니다."라고 정중히 부탁한다. 만약 잘 아는 문제라면 질문의 핵심을 파악한 뒤 명확한 내용으로 답변한다. 또한 질문에 대하여 답을 할 수 없는 경우에는 "약간의 힌트를 주십시오."라고 한 번쯤 정중하게 부탁해 본다. 그리고 생각을 정리한 후 최선을 다하여 성의 있게 답변한다.

핵심 포인트

면접에 임할 때 가장 중요한 자세는 역시 대학에 합격하고자 하는 강한 열정이다. 그것은 자신을 드러낼 수 있는 자신감에서 나온다.

면접에서 높은 점수를 받기 위한
전략은 무엇인가요?

- 질문의 핵심을 잘 파악한다.
- 결론부터 구체적으로 말한다.
- 자신감을 가지고 말한다.
- 표현력이 풍부해야 한다.
- 밝은 표정으로 대화한다.
- 열정을 가지고 말한다.
- 솔직하고 진실하게 말한다.
- 마지막 순간까지 최선을 다한다.
- 전공과 관련지어 말한다.
- 지나치게 욕심을 부리지 않는다.
- 경어체로 말하며 공손한 태도를 지닌다.
- 횡설수설하며 산만하게 행동하지 않는다.
- 다음 기회는 없다는 마음가짐으로 면접에 임한다.

Q&A 27

면접관들이 자주 하는 질문에는
무엇이 있나요?

- 자신을 소개(자랑)해 보시오.
- 자신의 장점과 단점을 말해 보시오.
- 우리 대학을 지망한 이유를 말해 보시오.
- 전공을 선택한 이유를 말해 보시오.
- 우리 대학에 대해서 아는 것을 말해 보시오.
- 자신의 고등학교 생활에 대해 말해 보시오.
- 합격한다면 대학 생활을 어떻게 할 것인지 말해 보시오.
- 자신이 읽은 책의 내용과 느낀 점을 말해 보시오.
- 가장 존경하는 인물은 누구인지 말해 보시오.
- 봉사 활동은 얼마나 하였고, 하면서 얻은 점은 무엇인지 말해 보시오.
- 자신의 생활신조나 신념을 말해 보시오.
- 자신의 특기나 취미에 대해 말해 보시오.
- 최근의 시사 문제가 무엇인지 말해 보시오.
- 앞으로 20년 후의 자신의 모습을 말해 보시오.

전혀 모르는 문제가 나오면
어떻게 해야 하나요?

면접을 잘 준비하고 평소에 실력이 있다고 자신하는 학생도 모든 내용을 다 알 수는 없다. 인간이기에 모르는 것이 있고 실수를 할 수도 있다. 때문에 전혀 모르는 문제를 질문 받았을 때는 최대한 생각을 해 보고, 그래도 정 모르겠는 경우 "잘 모르겠습니다. 힌트 좀 주십시오."라고 솔직하게 말한다. 또는 재치를 발휘하여 다른 문제를 달라고 부탁해 보는 것도 괜찮은 방법이다.

핵심 포인트 🚩

중언부언하면서 틀린 대답을 하기보다는 모르는 것은 모른다고 말하는 솔직 담백함이 더 좋다!

한림대 사정관 Tip

한림대학교 학생부종합전형 심층 면접에서는 여러분에게 단편적인 지식을 요구하지 않습니다. 지원한 전공에 대한 목표 의식과 관심을 적극적으로 표현해 주시기 바랍니다. 꾸며 내지 않은 대답으로 자신 있고 명료하게 답변해 주시는 것이 핵심이 될 것입니다.

면접 문항 제시 방법에는
어떤 유형이 있나요?

면접 문항 제시 방법은 정해진 하나의 방법이 있는 것이 아니고, 전형 방법에 따라 다양하다. 일반적으로 다음과 같은 것들이 있다.

모든 지원자에게 동일한 문항을 질문하는 경우, 출제된 여러 문항 중에서 면접관이 선택하여 질문하는 경우, 출제된 여러 문항 중 하나를 지원자가 추첨하는 경우, 출제된 여러 문항 중 일부를 지원자가 읽어 보고 선택하는 경우 등이 있다. 대부분의 대학에서는 '출제된 여러 문항 중 하나를 지원자가 추첨'하는 방법으로 면접 문항을 제시한다. 하지만 면접이 일반화되고 전문화되면서 여러 가지 유형이 개발되어 수험생들의 어려움은 점점 더해 갈 것이다.

핵심 포인트

문항 유형에 상관없이 적극적으로 답변하는 자세가 중요하다.

성균관대 사정관 Tip

학생부종합전형은 학생이 지원하는 전공과 고교 시절 꾸준히 노력한 관심 분야의 연계성을 중시합니다. 자신의 관심 분야와 지원한 전공이 다를 경우, 자신이 지닌 능력과 잠재력이 지원하려는 학과와 어떤 연관성이 있는지에 대한 에세이나 포트폴리오, 면접 등을 통해 입학 사정관에게 설득력 있게 표현하여야 합니다.

답변을 준비할 시간을 얼마나 주나요?

　면접 방식에 따라 다르다. 심층 면접의 경우는 대기하고 있다가 문제를 뽑아서 풀고 면접관에게 가서 설명하는 방식이 주류를 이룬다. 대부분의 대학들은 과정에 공정성을 기하기 위해 면접 전에 문항을 제시함으로써 수험생들이 답변을 준비할 수 있는 시간을 줄 것으로 예상된다. 독일이나 프랑스와 같은 외국 대학의 경우도 면접 전에 지원자에게 미리 질문 내용을 제시하고, 이에 대해서 20~30분 정도 답변을 준비할 수 있는 시간을 주고 있다. 따라서 대기실과 면접장에 들어가기 전에 문제를 한 번 풀어 보고, 핵심적인 내용과 답변을 메모한 후 조리 있게 답하는 것도 하나의 방법이 될 수 있다.

　반면에 바로 면접관에게 가서 질문을 받고 답변하는 경우도 많고, 추가 질문과 전공과 관련된 심층 질문이 주어지기도 한다. 답변을 준비할 시간은 그리 넉넉하지 않기 때문에 상당한 순발력이 요구된다.

핵심 포인트

　면접 방법은 다양한 형태로 진행된다. 인성 면접과 전공 적성 심층 면접 등 다양한
방식이 있기 때문에 지원 대학의 면접 방법을 필히 숙지하고 있어야 한다.

답변을 할 때는 어떤 식으로
말해야 하나요?

물론 공손하고 예의 바른 태도로 질문에 응해야 한다. 대답을 잘하는 것도 중요하지만 무엇보다도 학생답고 예의 바른 태도가 가장 중요하다. 진지하고 정확한 답변을 해야 하고, 미리 암기한 내용을 발표하는 형식으로 해서는 안 된다. 경어체를 바탕으로 속어, 은어, 유행어를 사용하지 말고 말끝을 명확히 하여야 한다.

핵심 포인트 🚩

면접에서 평가하고자 하는 것 중 하나는 바로 표현 능력이다.

숭실대 사정관 Tip

숭실대학교 면접의 특성은 'man to man' 방식입니다. 즉, 세 명의 면접관이 배석하는 면접실에 한 명의 지원자가 입실하여 모든 면접관과 일대일로 대화를 나눕니다. 질문하는 면접관과 지원자가 대화하는 동안 다른 면접관은 관찰하면서 함께 평가합니다. 학생부종합전형의 종류가 다양함에 따라 그 평가 기준도 다르지만, 기본적으로 면접에서 확인하고자 하는 것은 학생이 제출한 서류의 진실성입니다. 자기소개서가 과연 얼마나 진실한지, 누군가가 대필해 준 것은 아닌지를 까다로운 질문을 통해 확인합니다. 아울러 서류 평가 과정에서 파악하기 힘든 학생의 의지, 열정, 몰입도를 면접에서 평가합니다.

면접에서 무엇을 보여 주어야 하나요?

　면접에서 보여 주어야 할 것은 자기 자신과 자신이 대학에 지원하게 된 동기이다. 면접에서는 지원 동기와 관련된 내용을 기본적으로 묻게 되므로, 그와 관련한 내용을 잘 정리하여 지원 대학에 입학하고자 하는 포부와 신념을 나타내도록 한다.

　전공 적성 면접은 교과와 관련된 지식을 정확하게 답하면 된다. 일반적인 기본 소양과는 다르게 정답을 요구하므로, 실력을 쌓아야 한다.

핵심 포인트

　면접관의 질문에 가장 적합한 답을 하는 것이 제일 중요하다. 많은 수험생들이 너무 긴장한 나머지 질문과 전혀 관계없는 답을 하거나 우왕좌왕하듯 답변을 횡설수설하는 경우가 많다. 질문을 들으면 잠시 심호흡을 하고 머리와 마음속으로 답을 정리한 다음 말을 하면 좋다. 말하기가 힘든 수험생은 질문의 요지를 잘 파악한 다음 조리 있게 '첫째는~, 둘째는~, 셋째는~' 이런 식으로 나열하면서 말하는 것도 좋은 방법이다.

가톨릭대 사정관 Tip

'인터뷰 및 토론'은 어떤 점이 중요할까?

　말하는 내용이 포인트! 토론을 통해 문제를 해결하는 능력, 창의적 · 논리적 · 비판적인 사고 등을 보여 주는 것이 가장 중요합니다.

어떤 경우에 감점을 받게 되나요?

- 면접 시간에 늦으면 안 된다.
- 문을 열고 닫을 때 노크를 하고, 시끄러운 소리가 나지 않도록 한다.
- 복장이 단정하지 않으면 점수에 영향을 미칠 수 있다.
- 예의 바른 태도를 갖지 않으면 감점을 받는다.
- 다리를 벌리거나 떨면서 산만하게 행동하면 안 된다.
- 머리를 자주 긁적이면 자신감 없는 모습으로 보일 수 있으므로 자제한다.
- 다른 사람이 말을 할 때 말을 가로막으면 안 된다.
- 되도록 표준어를 사용한다.
- 대답할 때는 말끝을 흐리지 않는다.
- 대화 중 시선이 다른 곳을 향하지 않도록 한다.
- 질문과 상관없는 대답을 하는 것은 감점을 받는 지름길이다.
- 중언부언하지 말고 질문의 핵심을 말해야 한다.
- 단순히 외워 온 암기식 답변은 좋은 점수를 받지 못한다.

깐깐한 면접관이 곤란한 질문을 하면 어떻게 해야 하나요?

면접장에 들어가면 가끔 곤란한 질문을 받아서 난처한 상황에 처하는 경우가 있다. 일부러 대답하기 곤란한 질문을 하여 위기의 순간 또는 난처한 상황에서의 학생의 순간 대처 능력을 평가하려는 것이다.

예를 들어, "자네는 그 답이 맞다고 생각하는가?", "이 정도 성적 가지고 우리 대학에 지원해서 합격하리라고 생각하는가?" 등의 질문으로 수험생을 난처하게 만든다. 이때 대부분의 수험생은 당황하게 된다. 하지만 위기는 기회라는 말이 있잖은가. 위기의 순간에서 멋지게 벗어나서 합격의 기회로 삼아야 한다. 따라서 곤란한 질문을 받았어도 당당하게 흐트러짐 없이 면접관에게 시선을 맞추고 답변을 해야 한다.

"성적은 조금 미치지 못하지만 저는 다른 기회로 합격할 수 있습니다. 면접에서 점수를 만회할 수 있으리라 생각하였고, 설령 합격하지 못한다 해도 후회는 없습니다. 도전할 수 있는 기회가 많기 때문입니다."처럼 말이다.

기본 소양 인성 면접에는
모범 답안이 있나요?

　면접에는 정답이 있기도 하고, 없기도 하다. 기본 소양이나 인성에 관한 면접의 답이 100개이면 100개 모두가 정답이 될 수 있다. 자신의 삶의 가치관이나 인생관 및 세계관을 사실대로 또는 창의적으로 말하면 된다. 거짓으로 꾸며서 말하는 것이 아니라 진실함이 묻어나게 대답하면 되는 것이다. "인생관이 무엇입니까?"라고 묻거나, "왜 경영학과를 전공하려 합니까?", "국가가 나서서 출산을 권장해야 하는가 아니면 개인이 선택할 문제인가?" 등과 같은 질문을 하면 자신의 소신을 그대로 말하면 된다. 이런 문제에는 정답이 없다. 이는 말 그대로 학생의 가치관과 입장을 확인하려는 질문이기 때문이다. 또한 단순한 기본 소양 인성 면접 속에 시사성 짙은 문제들을 결부시켜 단순 의견이 아닌 논리적이고 창의적인 발상과 소양을 심도 있게 평가하기도 한다.

CHAPTER
4

면접 준비 방법

면접 준비는 어떻게 해야 하나요?

가장 중요한 면접 교재는 교과서이다. 대부분의 학생들은 면접에 대한 중압감에 눌려 있다. 면접 자체에 주눅이 들어서 미리 겁을 먹는 것이다. 하지만 수업 시간에 배운 것들을 상기하고 기본적인 개념들을 정리하면서 면접을 준비하면 답변을 하는 데 크게 어려움이 없을 것이다. 인문 계열은 기본 교과적인 소양이나 사회적인 시사 문제, 사회 현상에 대한 질문이 주류를 이루고 있기 때문에 이 방면으로 준비를 철저하게 해야 한다. 자연 계열은 교과 지식의 이해 정도와 실생활에서 벌어지는 과학적 현상에 대한 응용력을 묻는 문제들이 출제되기 때문에 이에 초점을 맞추어 준비를 해야 한다.

핵심 포인트

면접 준비는 대학에서 무엇을 평가하는가를 알고, 그것을 준비하면 된다. 대부분의 대학은 수험생의 자질, 수험생의 적성, 수험생의 소양, 수험생의 능력을 면접을 통해 종합적으로 평가한다.

카이스트 사정관 Tip

과학 및 인문 사회 등의 분야에서 출제된 주제에 관해 토론 또는 토의하는 집단 면접과 주어지는 질문에 대해 자신의 견해, 소신 및 특성을 밝히는 개인 면접으로 진행됩니다. 이러한 과정을 통해 지원자의 탐구 역량, 대인 역량, 내적 역량, 특정 분야 영재성을 종합 평가합니다. 면접은 모두 구술로만 진행되며 필기 고사는 실시하지 않습니다. 다만, 개인 면접에 몇 분간의 영어 면접이 포함될 수 있으며, 효과적인 평가를 위해 면접 방식이 다소 변경될 수 있습니다.

전공에 따라 면접 문제가
각기 다른가요?

　대부분 그렇다. 일반적으로 전공에 따라 전공 적성 문제는 각각 다르게 출제된다. 본래 면접의 목적은 수험생이 지원한 학과의 전공에 대한 수학 능력과 학업 능력을 평가하는 것이다. 그래서 지원하는 학과에 따라 문제가 각양각색일 수 있다. 전공과 관련된 것을 준비하기 위해서는 학교에서 배운 교과의 기본 개념을 충실히 이해하고 심화 문제들을 풀어서 응용력을 길러야 한다. 인문 계열은 시사 문제와 관련된 이슈나 쟁점 사항을 정리하면 좋다. 특히 한자를 혼용하거나 영어 단문을 해석하고 자기 주장을 말하는 문제들이 출제될 수 있으니 미리 준비해 두는 것이 좋다. 자연 계열은 수학과 과학의 기본적인 개념을 충분히 이해하는 것이 좋다. 실생활과 관련된 내용들을 적용해서 푸는 문제들이 출제되기 때문이다.

핵심 포인트 🚩

　지원하고자 하는 대학, 모집 단위 학과의 전년도 면접 기출 문제를 풀고 유형을 익히면 쉽게 대비할 수 있다.

면접을 보는 데 시간은
얼마나 걸리나요?

면접 시간은 대개 10분에서 30분 사이이다. 간단한 기본 소양과 인성 면접을 보게 되면 15분 정도면 끝나기도 한다. 그렇기 때문에 최선을 다해 자신이 가지고 있는 모든 것을 발휘해서 자신 있게 펼쳐 보여야 한다. 짧은 시간 안에 모든 것을 보여 주어야 하므로 답변을 할 때 실수를 줄이는 것이 중요하며, 15분 안에 모든 승부를 걸어야 한다.

핵심 포인트

두괄식으로 자신의 입장을 먼저 밝히고 그에 타당한 근거를 충분히 제시하는 것이 좋다. 여러 번에 걸쳐 반복적인 이야기를 들어야 하는 채점자의 입장을 고려할 때, 명확하고 분명하게 전달하기 위해서라도 두괄식 답변은 꼭 필요하다. 그리고 답변 시간은 2분 내외로 하는 것이 좋다. 너무 짧으면 충분한 입장 전달이 어렵고, 너무 길면 장황함과 반복을 피할 수 없다.

친구들과 함께 면접을 연습하는 것도 효과적이겠죠?

친구들과 함께 면접 연습을 해 보는 것처럼 좋은 준비는 없다. 발표하는 것을 서로 고쳐 주고 조언해 주는 것은 매우 효과적인 방법이 될수 있다. 또한 친구들이 발표하는 것을 보면서 타산지석(他山之石)으로 삼을 수 있다.

면접관은 학생 선발에 있어서 전문가이다. 전문가 앞에서 자신 있고 당당하게 말하기 위해서는 다른 사람들과 함께 하는 연습이 가장 효과적이다.

핵심 포인트

면접 대비는 친구들과 함께 하는 것이 혼자 하는 것보다 서로 도움을 주고받을 수 있어서 좋다. 서로 면접관이 되고 수험생이 되어서 말하고 평가하다 보면 상대의 잘하는 점과 미흡한 점이 나타날 것이다. 모의 면접을 통해서 긴장감이나 당혹스러운 점을 극복할 수 있다. 그리고 친구 사이이므로 서슴없이 적극적이고 당황스러운 질문을 던질 수 있어 준비하는 데 많은 도움이 될 것이다.

면접 준비는 언제 하나요?

구술면접은 하루 아침 또는 단시일에 준비하여 되는 것이 아니기 때문에 평소 집에서 신문이나 텔레비전의 토론 프로그램을 자주 접하는 것이 중요하다. 학교에서도 친구들과 자기 주장을 펴는 훈련을 하고 학급 회의나 수업 시간에도 비판력을 가지고 말하는 연습을 해 보는 것이 좋다. 이를 위해 평소 시사 문제나 정치·경제·문화적인 측면에 관심을 가지고 있어야 한다. 구술면접 또는 집단 토론의 기본 능력을 배양하는 것이 가장 바람직할 것이다.

수험생 여러분이 직접 예상 질문을 만들어 준비하는 것도 좋다. 서류와 전공 및 시사 문제 등 출제 가능한 예상 문제를 만들어 반복적으로 연습을 해야 한다. 자기소개서 같은 경우도 문항당 예상 질문의 수를 여러 개 만들 수 있을 것이다. 최대한 문제를 만들어서 질문하고 답하는 연습을 해야 한다. 이때 혼자 하는 것도 좋고 친구들과 또는 가족들과 상호 입장을 나누어서 연습하는 것이 긴장감을 가질 수 있어서 좋다. 예상 질문을 통해서 답변하는 것이 익숙해질수록 면접장에 가서는 훨씬 자신감 있게 말할 수 있을 것이다.

핵심 포인트

뉴스나 신문 기사뿐만 아니라 상식책을 보는 것도 큰 도움이 된다. 면접에서는 다양한 분야와 관련된 질문을 하므로 수험생 또한 다양한 방면으로 공부를 하는 것이 좋다. 특히 상식이 풍부한 모습을 보여 준다면 기본적인 지적 능력과 면접에 대한 철저한 준비성을 보여 줄 수도 있다.

면접은 마지막 순간까지 준비해야 하나요?

면접 전날에는 충분한 휴식을 취하여 면접 당일 첫인상을 그르치는 일이 없어야 한다. 채점을 하는 교수도 사람이기에 첫 대면에서 좋은 인상을 남기는 것이 좋은 점수를 얻는 시작이기 때문이다. 또한 자신감이 없으면 답변 내용이 생각나지 않고 눈앞이 캄캄해지기 때문에 평소에 준비를 철저히 해 두어 자신감을 가지고 시험장에 들어가는 것이 무엇보다 중요하다.

"실력이 있는 자는 어디에서든지 당당하다."라는 점을 명심하자.

핵심 포인트

면접에 임하는 자세
- 사전 지식을 충분히 갖는다.
- 충분한 수면을 취한다.
- 얼굴을 생기 있게 한다.
- 좋은 표정을 짓는다.
- 결론부터 이야기한다.
- 질문의 요지를 잘 파악한다.
- 경청의 자세를 보인다.

대학이 원하는 인재상이 있다는데, 면접과 관련이 있나요?

당연히 관련이 있다. 대학은 건학 이념과 설립 취지에 맞게 인재를 길러 내고자 하는 목표가 있다. 때문에 대학에서 요구하는 인재는 단순히 머리가 똑똑하거나 학문을 잘 연마하는 학생을 말하는 것이 아니다. 대학이 바라는 능력을 최대한 발휘할 수 있는 인재를 면접을 통해 가려내는 것이다.

예를 들어, 서울대학교는 '세계사적 소명을 실천하는 창의적 지식 공동체'라는 가치를 지향하여 이를 실천할 수 있는, 우수한 학업 능력과 적극적인 학업 태도를 지닌 학생을 선발하고자 한다. 이러한 인재의 모습을 ① 학교 교육과정을 성실히 이수하고 학업 능력이 우수한 학생, ② 학교생활에 적극적이고 진취적인 태도를 보인 학생, ③ 글로벌 리더로 성장할 수 있는 자질을 지닌 학생, ④ 다양한 교육적·사회적·문화적 배경과 경험을 지닌 학생, ⑤ 사회적 약자에 대한 배려심과 공동체 의식을 가진 학생에게서 찾는다는 것을 학생부종합전형 안내 책자를 통해 알 수 있다. 이처럼 수험생이 지망하는 대학의 인재상과 면접 평가 요소를 잘 연관시켜 답변을 준비하면 된다.

면접에서 독서 활동 내용에 대해서 질문을 한다면 어떻게 해야 하나요?

　면접에서는 독서 활동에 대한 내용을 묻는 경우가 많다. 학생부나 자기소개서에 읽은 책에 대한 내용을 작성하는 경우가 있기 때문이다. 따라서 책의 내용을 전체적으로 파악하고 면접장에 가야 한다. 꼭 필요한 책은 머리말, 서평, 역자의 말, 책 표지 등 해설에 신경을 써서 읽어 두면 더 도움이 된다. 또한 책에 대한 내용이나 감동, 느낀 점 등은 꼭 숙지하고 면접장에 가야 한다. 특히 전공과 관련된 책이면 더욱 좋다.

　독서 활동과 관련된 질문은 다음과 같다.

- 이 책을 읽은 동기는 무엇인가?
- 이 책의 핵심을 두 단어로 지적하시오.
- 이 책의 저자가 궁극적으로 말하고자 하는 바는 무엇인가?
- 이 책의 문제점을 비판하시오.
- 이 책을 읽고 느낀 점은 무엇인가?
- 책의 내용에 대해 교수와 토론할 수 있는가?

면접에 어울리는 복장이 따로 있나요?

따로 있는 것은 아니지만 가장 좋은 면접 복장은 단연 교복이다. 교복처럼 학생의 멋을 드러내 주는 것은 없다. 깔끔하고 단정하게 교복을 입고 나가면 평소의 느낌 그대로 면접장에 들어갈 수 있다. 일부 학생들 가운데 옷을 새로 구입하여 입고 가는 경우가 있는데, 평소에 사복을 입고 등하교를 하던 학생이 아니면 그 모습이 어색해 보일 수 있다. 오랫동안 면접을 해 온 교수들 입장에서는 마음대로 옷을 입은 것보다는 단정한 교복을 가장 선호할 것이다.

하지만 최근에는 교복 착용을 제한하고 있다. 교복이 특정 학교를 나타내거나 신분이 두드러지게 표시나기 때문에 교복을 입고 면접장에 입실하는 것을 금지한다. 면접 전에 잘 확인할 필요가 있다.

재수생이나 N수생들은 복장에 특히 신경이 더 쓰일 수 있다. 간편하고 단정한 옷차림이나 청바지에 흰 셔츠 등이 무난할 것이다. 깔끔하면서도 세련된 복장이 좋다. 면접관은 이런 외모나 태도를 통해 내면의 가치관을 엿볼 수 있기 때문에 최대한 복장에 예의를 갖추어야 한다. 또한 머리 스타일이나 반지, 목걸이 등의 액세서리에 신경을 쓰고, 학생다운 단정한 이미지를 보일 수 있도록 노력해야 한다. 하지만 외모보다는 내면의 지적 수준과 인성이 중요하다는 것을 항상 잊지 말아야 한다.

면접관 앞에 서기 전 먼저 해야 할 일이 있나요?

자신이 아무리 많이 준비하고 아는 것이 많다고 해도 면접 당일 극도의 긴장으로 인해 머리가 하얗게 되어 버린다면 참으로 안타까운 일이 아닐 수 없다. 그렇기 때문에 면접에서는 상대의 마음을 움직이기 전에 먼저 자신을 설득해야 한다. 긴장을 풀고 자신의 마음을 잘 다스려야 조리 있게 말을 할 수 있다. 심리적으로 안정되지 않은 상태에서 말을 할 경우 논리적인 표현이 제대로 될 리가 없다. 따라서 '나는 잘할 수 있다.', '나는 담대한 마음으로 어려움을 헤쳐 나가는 능력이 있다.' 등 자기 스스로 마인드 컨트롤을 해야 한다. 자신을 설득한다는 것은 곧 자신과의 싸움에서 이기는 것이다.

핵심 포인트

면접장에 가서 낯선 질문이나 예상하지 못한 질문을 접하면 머리가 하얘진다고 흔히 말한다. 특히 처음 가보는 면접장의 낯선 분위기에서 자신을 평가하는 교수와 입학 사정관 앞에 서 있는 상황을 상상해 보라. 얼마나 긴장되고 머리가 하얀 백지 상태가 되겠는가. 자신이 아는 문제나 미리 준비한 예상 문제는 자신 있게 대답하겠지만 모르거나 답하기 어려운 질문을 받으면 난처할 것이다. 질문을 받았을 때는 마음을 가다듬고 심호흡을 하고 차분한 마음으로 답변을 해야 한다. 모르는 문제가 나오면 면접관에게 잠깐 시간을 달라고 해서 생각을 정리한 다음 답변을 해야 한다. 진짜 모를 것 같으면 힌트를 달라고 해서 답변을 하면 된다. 힌트도 지식이 있어야 답할 수 있기 때문에 평소에 최선을 다해서 준비를 하고 공부를 해야 한다.

말할 때 유의해야 할 점에는 무엇이 있나요?

중언부언하지 말고 말하고자 하는 핵심을 쉽게 전달해야 한다. 똑똑한 학생은 문제의 핵심을 잘 파악하여 정확한 답변을 한다. 대부분 학생들이 대답을 잘 못하는 이유는 문제를 제대로 파악하지 못하거나 논리적으로 이를 설명하지 못하기 때문이다. 어떤 학생들은 모르는 문제면서도 아는 것처럼 말하다가 핵심을 말하지 못하고 말끝을 흐린다. 그러지 않기 위해서는 다른 사람 앞에서 논리적으로 말하는 연습을 해 보는 것이 효과적이다.

핵심 포인트

목소리의 크기, 빠르기, 어조는 면접 시 매우 중요하다. 물론 목소리 자체를 바꿀 수는 없다. 하지만 어떻게 연습하고 실전에 임하느냐에 따라 자신의 목소리는 득이 될 수도, 실이 될 수도 있다. 목소리의 크기는 기본적으로 평소 말하는 정도보다 조금 크게 말하는 것이 좋다. 목소리가 일정한 크기로 유지되는 것은 청자 입장에서도 자신감 있어 보인다는 점에서 좋다. 그리고 빠르기는 당연히 너무 느려서도 빨라서도 안 된다. 사실 빠르기보다 더 조심해야 할 것은 말을 더듬고 말하였던 단어를 반복하는 것이다. 조금 템포가 느리더라도 끊이지 않게 이야기하는 것이 훨씬 낫다. 빨리 말해야 한다는 강박을 버리고, 자연스럽게 이야기할 수 있도록 연습하자.

면접관 앞에서 어떤 자세로 임해야 하나요?

　자신을 낮추고 면접관을 존중해야 한다. 잘난 척하기 위해 면접관에게 불손한 태도를 보인다든가 논리에 맞지 않는 말로 우겨서 답변을 하는 것은 참으로 어리석은 일이다. 그리고 면접관과 논쟁적인 토론을 하는 경우도 있는데, 이때 역시 논리적이고 명확한 태도를 보여야 하며 감정적인 태도를 지녀서는 안 된다. 당당하고 자신 있게 말하는 것도 좋지만 겸손한 태도로 상대를 존중하는 자세도 중요하다. 학생은 학생답게, 수험생은 수험생답게 행동하자. 물론 그렇다고 기죽을 필요는 없다.

> **단국대 사정관 Tip**
>
> **면접은 자신감 있고 예의 바른 자세로 임합시다!**
> 　면접은 제출한 서류를 참고로 진행됩니다. 면접 위원들의 질문에 솔직하고 자신 있게 대답하세요!
> 　면접 위원들은 여러분을 심문하는 사람들이 아닙니다. 그동안 준비한 자신만의 노력과 재능을 면접 위원들에게 보여 주는 시간이니 긴장하지 말고 여러분의 있는 그대로의 모습을 보여 주세요.

신문을 보면 면접에 도움이
많이 되나요?

　우리나라 수험생들은 하루 종일 공부에 파묻혀 살다 보니 신문을 볼 시간적인 여유가 없다. 신문은 시사 문제나 사회 현상의 흐름을 담고 있어 면접의 중요한 자료가 되고 훌륭한 교재가 되므로 시간이 없더라도 면접을 위해 자주 읽는 것이 좋다. 정기적으로 신문을 읽다 보면 비판력도 생기고 사물이나 사회 현상에 대한 안목이 넓어져 풍부한 지식을 얻을 수 있다. 단, 한 신문사의 신문만 읽다보면 편향된 사고를 가질 수 있으므로 가능한 한 여러 신문사의 신문을 읽어야 한다. 여러 종류의 신문 속에 담겨 있는 칼럼면, 사회면, 종합면을 다양한 시각으로 바라보게 된다면 깊이 있는 사고를 할 수 있다. 한 발 더 나아가 신문에 나타난 글의 요지를 학교에서 배운 교과 내용과 연계하여 생각해 보고, 본인의 생각을 담아 발표해 보는 연습을 하는 것이 좋다.

핵심 포인트

　신문 기사를 통해서 국민적 관심사가 되는 최근의 이슈를 정리하고 자신의 관점과 견해를 말할 수 있는 능력을 키워야 한다. 시사 문제의 경우 그 자체의 정보의 수집이나 자료량보다는 그에 대한 자신의 비판력을 가지고 답변하는 것이 더 중요하다.

면접 전에 얼마나 연습을 해야 하나요?

연습은 합격의 지름길이다. 아무리 많은 내용을 안다고 해도 연습을 안 하면 아무런 소용이 없다. 연습을 통해서 부족한 것을 만회하고 실전 감각을 터득해야 한다.

연습은 혼자 개인적으로 할 수도 있고, 부모님이 면접관이라 생각하고 실전처럼 할 수도 있다. 또한 친구들끼리 스터디 그룹을 만들어 질문하고 답하는 방식으로 해 보는 것도 좋다. 연습을 많이 하면 긴장감과 두려움을 떨치는 데 큰 도움이 된다.

핵심 포인트

자연계 학생의 경우 수학과 과학의 개념을 충실히 알고 면접장에 가야 한다. 기초적이고 아주 상식적인 질문부터 고차원적인 심층 면접까지 진행하는 경우가 있기 때문에 답변을 위해서는 준비가 필요하다. 특히 고등학교 1학년 과정부터 교과서에 나온 개념이나 정의를 정리하고 면접장에 가는 것이 효과적이라고 본다. 오히려 고차원적인 것을 묻는 경우보다 실질적이고 기본적인 개념을 묻는 경우가 많기 때문에 여기에서 실수하는 경우가 많다. 사소하지만 기본적인 개념이나 공식을 모르면 큰 낭패를 볼 수 있으니 잘 준비해야 한다.

면접을 대비할 때는 제일 먼저 무엇을 해야 하나요?

'지피지기면 백전불태'라고 하지 않았는가. 면접에 앞서 자신이 지원하고자 하는 대학의 정보를 먼저 파악해야 한다. 지원 대학에 대한 정확한 정보의 파악도 없이 진학을 희망한다는 것은 어리석은 일이다. 예를 들어, "우리 대학을 어떻게 생각하는가?" 또는 "우리 대학에 대해 아는 것이 무엇인가?" 등 학교에 대한 인지도나 평판도를 질문하는 경우가 있다. 따라서 지원 대학의 홈페이지나 책자를 통해서 학교에 대한 정보를 알아보아야 한다. 특히 대학의 면접 기출 문제를 찾아서 답변을 미리 구성해 보고 학과 전공에 대한 내용도 꼼꼼하게 정리해 두자.

또한 중요한 것은 실제 면접장에서 조리 있고 명확하게 답하는 것이다. 머릿속에 아무리 많은 정보와 지식을 가지고 있다고 해도 표현해 내지 못한다면 헛수고에 불과하다. 그동안 준비한 것을 말하지 못한다는 것은 끔찍하고 충격적인 일이 아닐 수 없다. 그리고 아무리 좋은 문장을 가지고 말한다고 해도 우물쭈물하거나 변죽을 울리는 답을 말하면 안 된다. 좋은 평가를 받기 위해서는 자신의 생각을 명확하고 조리 있게 전달하는 것이 무엇보다 중요하다. 그리고 답변할 때 면접관과 눈을 맞추고 이야기해야 한다. 면접관과의 눈싸움에서 지면 게임 끝이다.

학교생활기록부 등에
대한 내용을 면접에서 물어보나요?

면접에서 기초 자료가 되는 것은 학교생활기록부와 같은 각종 첨부 서류이다. 이는 면접관이 가지고 있는 수험생에 대한 최소한의 정보이다. 그렇기 때문에 관련 서류에 대해 철두철미하게 숙지하고 있어야 한다. 서류에 대한 내용은 대부분 진정성에 관한 사실 여부를 확인하기 위하여 반드시 질문하는 항목이기 때문에 거짓으로 작성한 것이 발각되면 합격의 길에서 멀어지게 된다. 물론 사실에 입각해서 작성하였다면 외울 필요는 없겠지만, 착오가 없게 하기 위하여 면접을 보러 가기 전에 반드시 한 번은 서류를 검토해야 한다.

즉, 면접의 기본은 학교생활기록부에 대한 확인이기 때문에 이에 대한 준비가 필요하다. 특히 자신이 입학 사정관이 되어서 자신의 학생부를 읽고 무엇을 질문할 것인지를 역지사지의 입장에서 준비해야 한다. 그러다 보면 자신이 질문하고자 하는 것과 입학 사정관이 느끼는 것이 유사하게 나타날 것이다. 그러면 면접에 대한 준비도 되고 학생부에 대한 파악이 저절로 될 것이다. 학생부의 항목을 분야별로 나누어서 준비하고 인성 면접과 전공 적합성의 문항을 만들어서 준비하는 것이 좋다. 그래야 면접장에 가서 막힘없이 답변할 수 있을 것이다. 학생부에 대해 본인이 모르는 내용이 있는지 꼭 확인하고 면접장에 가야 한다.

면접관이 추천서에 대한 내용을 물었는데, 내용과 다르게 대답하면 어떻게 되죠?

　추천서는 선생님이 작성해서 밀봉하기 때문에 학생은 보지 못하게 되어 있다. 그래서 가끔 학생과 선생님이 쓴 내용상의 차이로 인해 답변할 때 착오가 생기는 경우가 있다. 선생님은 잘 써 준다고 쓴 것인데 학생과 너무 동떨어진 내용을 작성하여 학생이 난감해질 수도 있고, 학생에 대한 평가를 절하하여 학생 본인이 생각할 때 마음에 들지 않을 수도 있기 때문이다. 물론 대부분의 선생님들이 추천하는 학생에 대해 나쁘게 써 주는 경우는 많지 않다.

　자기 자신의 모습과 다른 추천서를 보고 면접관이 질문한다면 솔직하게 자기 자신을 그 자리에서 보여 주자. 예를 들어, 자신은 쉬는 시간에 친구들과 단지 수학 문제를 묻고 답하는 식으로 공부를 하였는데, 추천서에는 '급우들과 잘 어울리고 수학 문제를 같이 푸는 스터디 그룹에서 활발하게 활동함'이라고 작성되어 이와 관련된 질문을 받게 되면 대답하기 난감할 것이다. 이때는 당황하지 말고 솔직하게 "스터디 그룹은 아니고 친구들과 자주 어울려 수학 문제를 같이 공부하였습니다."와 같이 말하면 된다. 오히려 솔직하게 말하면 좋은 점수를 얻을 수 있다. 거짓은 얼굴에 바로 나타나기 때문이다.

면접의 바탕이 되는 것은 무엇인가요?

　평소 사물에 대한 관찰력과 관심이 있어야 한다. 그리고 책과 신문을 꾸준히 읽고 자신의 생각을 정리해 두면 기본적인 소양은 충분히 갖춰질 것이다. 뉴스를 보는 것도 지적 능력을 배양하고 배경지식을 갖추기에 좋은 방법이다. 이는 면접 이전에 사회성 신장과 가치관 형성에도 중요한 요인으로 작용하기 때문에 꼭 실천하는 것이 좋다.

　친구들과 사회적 이슈나 현상에 대해서 토론하고 의견을 나누는 자리를 갖는 것도 중요하다. 이를 통해 자신의 의견을 논리적으로 말하고 상대의 의견을 경청하는 태도도 터득하게 되어 비판력과 정서적 성숙도 기할 수 있다.

핵심 포인트

　스스로 예상 문제를 만들어 보는 것도 좋은 방법이다. 기출문제를 바탕으로 면접 예상 문제 50개 정도를 정리해서 연습하는 것도 좋다. 그것이 어려우면 이 책을 열심히 독파하면 좋은 결과가 있을 것이다.

교과서를 통한 면접 대비는
어떤 방법으로 해야 하나요?

면접에서 정확한 답을 말하기 위해서는 기본 배경지식이 있어야 한다. 그러기 위해서는 평소 많은 책을 읽는 것이 중요하지만 무엇보다 학교에서 배우는 교과서 지식을 이해하는 것이 가장 중요하다. 대부분의 면접 문제의 정답은 학교에서 배우는 교과서에 있기 때문이다.

인문계는 정치, 도덕, 윤리, 사회문화, 경제 교과서 등에서 해답을 찾을 수 있고, 자연계는 수학 또는 과학의 개념과 이론에 관한 것을 잘 정리해 두면 좋은 배경지식을 쌓을 수 있다. 더불어 고등학생이 읽어야 할 수준의 도서들을 찾아 꾸준히 독서를 하는 것도 좋은 결과를 얻는 데 도움이 된다.

핵심 포인트

단순한 지식 암기보다는 원리와 개념을 정확히 이해하고 그것을 말로 표현할 수 있을 정도의 수준으로 체득해야 한다.

강남대 사정관 Tip

학생부종합전형 면접은 어떻게 준비해야 하나요?

심층 면접은 지원자에게는 자신의 발전 가능성을 알릴 수 있는 기회인 동시에 입학 사정관에게는 지원자의 의지와 열정, 지적 능력을 확인하는 과정입니다. 자신이 제출한 서류에 나타난 내용을 반드시 숙지하고 심층 면접 과정에서 자신의 활동에 대한 자신감과 긍지를 보일 수 있도록 연습하는 것도 좋은 방법입니다.

면접 전날과 당일에 준비해야 할 일이 따로 있나요?

면접 전날과 당일은 결전의 날이 바로 코앞이라는 것을 실감하는 날이다. 그래서 수험생이라면 초조하고 긴장되기 마련이다. 긴장이 심한 학생은 며칠 전부터 면접 준비에 대한 부담감으로 잠을 설치고 밥맛이 없을 것이다. 하지만 시험 전날이나 당일은 마음을 가다듬고 마지막 시험장에 나갈 준비를 해야 한다.

시험 전날은 그동안 준비한 것을 마지막으로 읽어 보면서 실전처럼 말해 보는 시간을 가져야 한다. 그리고 꼭 출제되는 핵심 사항들을 다시 한번 정리해야 한다. 자신을 소개하는 것이라든지, 학업 계획이라든지, 지원 동기 등은 꼭 정리해 두어야 한다. 그리고 시험 전날 미리 시험장에 입고 갈 옷이나 수험표, 신분증, 요약 노트, 책 등을 챙기는 것은 기본이다. 또한 시험장까지의 교통편이나 걸리는 시간, 도착 시간 등을 확인하고 잠자리에 들어야 한다.

면접 당일은 평소보다 조금 일찍 일어나서 전날 준비한 것들을 다시 한번 확인하고 시험장에 가야 한다. 시험장에 도착해서는 차분하고 조용한 마음으로 그동안 준비한 것을 모두 발휘한다는 마음으로 대기해야 한다. 대기실에서는 떠들거나 산만한 행동을 해서 다른 사람에게 피해를 주는 행동을 해서는 안 된다.

면접관 면접하기

면접관이 사교육을 받은 적이 있냐고 물으면 어떻게 대답해야 하나요?

솔직하게 대답한다. 우리나라 교육 현실에서 사교육을 안 받고 자기 스스로 공부하여 실력을 향상시킨다는 것은 참으로 어려운 일이다. 이런 점을 부각시켜 "혼자 열심히 해 보려고 하였으나 도저히 할 수 없는 문제들, 해결되지 않는 문제들이 있어 어쩔 수 없이 학원에서 도움을 받았습니다." 정도로 대답하면 될 것이다. 물론 자기주도적으로 공부한 학생이 면접관에게 보다 더 좋은 인상을 줄 것이다.

핵심 포인트 🖐

엉뚱한 논제로 이해해서 한국의 교육 제도나 사회 현실로 확대하여 말하지 말아야 한다. 핵심을 벗어난 답변은 깊은 수렁으로 자신을 몰고 가는 길임을 명심하자.

건양대 사정관 Tip

면접 평가 만점을 위하여~
- 독창적(창의적)인 생각으로 문제를 해결할 수 있는 모습을 보여 주세요.
- 장래 희망 및 열정이 불타오르고 있다는 것을 면접 시간(20분) 동안 보여 주세요.
- 떨지 마세요! 자신의 의견은 당당하게. 면접관의 조언은 겸손하게 받아 주세요.
- 아이 컨택은 기본이에요! 3명의 면접관과의 시선 맞춤을 잊지 마세요.
- 나의 꿈 계획서와 학생부에 기재되어 있는 자신의 활동 내용을 꼼꼼히 살피고 면접 시 차근차근 사례를 들어 설명할 줄 알아야 해요.
- 답변은 긍정적으로! 면접에 몰입하는 모습이 그 사람의 열정을 보여 준답니다.

"미리 외워 온 대답 같군요."라는 말을 들으면 어떻게 해야 하나요?

면접관이 이런 말을 하지 않도록 사전에 충분히 연습해야 한다. 답을 외워서 말하는 것처럼 보이는 것은 자신감이 없기 때문이다. 핵심에서 벗어나거나 면접관을 바로 보지 못하고 빠른 속도로 말을 해 버리는 경우가 그런 것이다. 따라서 이런 경우는 속도를 조절하고 마음속으로 호흡을 고른 뒤 평소에 익힌 대로 자연스럽게 말하도록 노력해야 한다.

핵심 포인트

어떤 질문에도 자신 있게 답변하는 것이 중요하다. 솔직함 속에서 지적 성숙도가 묻어나기 때문이다. 위기의 순간을 넘기는 재치는 자신을 더욱 빛나게 한다.

외워 온 대답 같다는 것은 상투적이고 흔한 답이라는 것이다. 독창성이 부족하고 지적인 깊이가 부족하다는 것이므로 처음에는 당황스럽고 쑥스럽겠지만 자신감과 재치 있는 답변으로 면접관을 이겨야 한다. 이럴 때는 "외운 것이 아니고 제 나름대로 준비한 것입니다." 또는 "아닙니다." 등 솔직하게 대답하는 것이 중요하다.

"다른 대학에도 원서를 접수하고 면접을 보는가?"라고 물어본다면 어떻게 대답해야 하나요?

사실대로 말하는 것이 좋다. 하지만 너무 장황하게 여러 대학을 말하기보다는 비슷한 수준의 대학을 말해서 자신의 상품 가치를 높여야 한다. 어느 대학에 원서를 넣고 면접을 기다리느냐고 묻는다면 자신의 유불리를 잘 따져서 면접관에게 대답해야 한다. 이럴 때는 다른 대학에 지원한 이유를 말하는 것도 좋다. "제가 지원한 대학은 B대학인데 전공하고 싶고 좋아하는 학과가 있어서 B대학 ○○과에 소신 지원하였습니다."라고 말하는 것도 도움이 된다. 지원한 학과가 다양하다면 합격만을 위한 소신 없는 행동으로 비춰질 수 있으므로 주의하자.

건양대 사정관 Tip

우리 대학에 지원한 동기와 간략한 자기보고서를 준비하고 차분하게 서류를 검토한 후에 면접에 임하세요. 제출한 서류의 내용과 면접 시 진술한 내용이 일치하지 않으면 지원자의 진실성을 의심받게 됩니다. 전공 관련 질문은 단순 암기식의 지식 평가가 아닙니다. 기본 개념의 이해 및 활용, 사고력을 측정할 수 있는 개방형 질문으로 구성됩니다. 따라서 평소에 전공할 분야에 대한 자신의 생각을 정리해 두세요.

지원서를 여러 대학에 제출하였다면 해당 대학에 제출한 지원서를 반드시 숙지하고 오세요.

"마지막으로 질문할 것은 없는가?" 라고 물으면 어떻게 해야 하나요?

면접을 마치면 대부분의 면접관은 마지막으로 하고 싶은 말이나 질문이 없는지를 묻는다. 이때 마음을 놓고 긴장이 풀어지면 안 된다. 면접은 문을 열고 완전히 나가야 끝나는 것이다. 이런 질문을 받으면 평소에 지원한 대학에 진학하고자 얼마나 노력하였는지 보여 주는 말을 하는 것이 가장 좋다. 전공과 관련된 질문도 좋다. 아니면 선배들로부터 들은 학교에 대한 좋은 정보를 모아서 "꼭 이 학교에 합격하고 싶습니다."라고 간곡히 말하고 나오는 것도 좋을 것이다. 자신에게 도움이 되는 말을 꼭 하고 나오길 바란다.

핵심 포인트

면접 문을 나서면 모든 것이 끝난다. 따라서 평소에 준비한 것을 모두 보여 주고 나올 수 있어야 한다. 사전에 준비를 철저히 해서 면접 후 아쉬움이 남는 일은 없도록 하자.

어떻게 하면 면접관에게 강한 인상을 줄 수 있나요?

질문에 대한 답변을 구체적으로 결론부터 말하면 좋은 인상을 줄 수 있다. 첫인상이 중요하듯이 답변을 할 때 먼저 승부를 걸기 위해서는 처음 답변이 중요하다. 그런데 문제가 구체적으로 출제되면 답변이 진부해지거나 그 문제에 대한 상황 설명이 부족하게 되므로 이런 경우는 일반화시키거나 추상화시켜 답변하는 것이 중요하다. 반면에 문제가 추상적일수록 답변은 구체적으로 해야 한다. 그리고 답이 여러 가지일 경우 순서 없이 장황하게 말하지 말고, 가장 중요하고 핵심적인 내용을 먼저 말하는 것이 좋다.

핵심 포인트

아무리 흙 속에 있는 보석이라도 빛나기 마련이다. 이때 보석은 바로 말의 알맹이다. 알맹이를 탄탄하게 만들자. 그러면 답변을 할 때 힘이 생긴다.

건양대 사정관 Tip

수시의 학생부종합전형 면접은 다수의 면접 위원이 지원자 1~3명을 대상으로 실시하며, 제출 서류를 토대로 서류 내용과 기본적인 학업 소양을 확인합니다. 인문 계열의 특기자 전형 면접은 제출 서류를 참고하여 지원자의 학업 능력, 지원한 모집 단위 관련 지식과 소양 등을 종합적으로 평가하며, 모집 단위에 따라 영어, 한자 등이 혼용된 지문을 활용하기도 합니다. 자연 계열은 자연 과학 및 그 응용 분야를 수학하는 데 필요한 기본 개념에 대한 정확한 이해, 논리적 사고력, 종합적 문제 해결력, 응용 능력과 적성 등을 심도 있게 평가하며, 제출 서류를 참고하여 추가 질문을 할 수 있습니다.

면접 시 금지해야 할 사항은 무엇이 있나요?

　면접 시 금지해야 할 사항에는 여러 가지가 있다. 제일 주의해야 하는 것은 무례한 행동을 하지 않는 것이다. 아무리 똑똑해도 예의 바르지 않은 행동을 한다면 좋은 점수를 받기가 어려울 것이다. 대기실에서부터 차분하고 안정된 마음으로 대기하면서 차례가 되면 예의 바른 태도로 면접장에 들어가야 한다.

　면접 고사장에 들어서는 순간, 면접은 시작된 것이다. 대기실에서부터 큰소리를 낸다든지 주위 사람에게 피해를 주는 행동을 하면 안된다. 긴장하지 않고 자신 있는 태도를 보이는 것은 좋지만 지나치게 노련한 척 하거나 아는 척을 많이 하면 좋은 평가를 받을 수 없다.

한림대 사정관 Tip

심층 면접에서는 편안하게 자신의 가능성을 보여 주세요.
　심층 면접에서는 우선 본인이 제출한 서류의 확인이 이루어집니다. 그 후, 전형에서 요구하는 인재상에 부합하는지를 묻는 질문들과 미래상에 대한 질문들이 이어질 것입니다. 면접에서는 편안한 마음으로 현재까지의 자신의 활동 과정과 결과 그리고 앞으로 보일 수 있는 잠재력과 발전 가능성을 마음껏 보여 주시기 바랍니다.

난처한 상황에서 벗어나는 방법은 무엇이 있나요?

면접을 하다 보면 난처하고 난감한 상황에 부딪힐 때가 있다. 바로 모르는 것을 질문받았을 때이다. 이때는 솔직하게 "모르겠습니다. 앞으로 더 공부하겠습니다." 또는 "잘 모르겠습니다. 더욱 노력하겠습니다." 정도로 말하면 된다.

또 정답은 알겠는데 긴장해서 몸이 굳어버린 경우에는 "잠깐만 시간을 주십시오."라고 부탁을 한 다음, 심호흡을 하고 마음을 가라앉힌 후 차분한 태도로 답변한다.

그리고 질문의 핵심을 잘 알 수 없을 때나 묻는 말을 잘 이해하지 못하였을 때는 "죄송하지만 다시 말씀해 주십시오." 또는 "잘 알아듣지 못하였습니다. ~라는 것입니까?"라고 물어 정확한 내용을 이해하고 나서 답변을 해야 한다.

아주대 사정관 Tip

면접에서 주로 어떤 내용을 평가하며, 주의할 점은 무엇일까요?

면접을 통하여 전형별 평가 요소의 역량을 평가하고 제출 서류의 진실성 및 일치도를 확인합니다. 다만, 사교육을 받은 느낌이 들거나 외운 듯한 답변보다 질문에 침착하고 솔직하게 응답하는 것이 바람직합니다.

영어 면접은 어떻게 준비해야 하나요?

최근 영어 지문을 활용한 질문이 증가하고 있다. 글로벌 전형이나 국제화 전형 논술에서 영어 지문이 출제되듯이 면접에서도 영어를 활용한 질문은 앞으로도 늘어날 전망이다. 주로 300개 내외의 단어로 구성된 비교적 짧은 단문 형태의 지문을 읽고 자신의 견해를 밝히는 유형의 문제가 주류를 이룬다. 문제 수준은 수능 내지는 그보다 약간 어려운 정도이다. 가장 쉬운 형태는 소리 내어 영어 지문을 읽어 보라는 것이고, 그 밖에 제시된 글의 주제를 말하는 것과 밑줄 친 부분의 뜻, 독해력을 측정하는 문제, 찬반 양론의 태도를 묻는 문제, 글을 읽고 토론하는 문제 등이 출제된다.

영어 면접을 준비하기 위해서는 고등학교 교과 과정에서 배운 정도 이상의 외국어 능력을 키워야 하므로 영어에 관한 기본적인 독해력과 관련 소양을 갖춰야 한다. 그뿐만 아니라 지문에 나타난 현상과 원리를 이해하고 내용을 비판하는 능력을 길러야 할 것이다.

> **핵심 포인트**
>
> 영어 면접은 다른 과목에 비해 좀 더 시간을 할애하여 준비해야 한다. A4 용지 한 장 정도의 내용을 독해하는 연습을 하는 것이 좋다. 지문의 주제를 말할 수 있는 훈련을 하자!

영어 제시문을 해석하는 요령이 따로 있나요?

꼭 그렇지는 않다. 영어 해석 능력은 수능을 공부하면서 배운 것과 크게 다르지 않다. 하지만 영어 면접에서 가장 중요한 것은 영어를 독해하는 능력이다. 제시문을 우리말로 옮기지 못하면 합격을 보장할 수 없다. 독해 능력을 기르기 위해서는 제일 먼저 핵심 키워드를 찾아야 한다. 이것을 통해 주제를 파악하고 문제의 핵심을 파악할 수 있기 때문이다. 두괄식이냐 미괄식이냐에 따라 주제의 위치가 달라지는데, 대부분 주제는 앞부분에 있는 경우가 많다는 점에 유의하자. 주로 앞부분의 한두 문장에 논의의 주제나 다양한 견해를 뒷받침할 근거들이 나타나 있다.

다음으로 앞뒤 문장에 나타나 있는 주제와 관련된 뒷받침 문장들을 찾아야 한다. 바로 근거에 해당하는 문장인데, 주제를 나타내는 데 중요한 역할을 하기 때문에 근거들을 찾아서 주장의 논거로 이용해야 한다.

마지막으로 결론에 나타난 함축적인 내용을 분석하고 비판하는 능력을 키워야 한다. 마지막 문장에 주장이나 주제가 나타나 있을 수 있다. 마지막을 잘 분석하여 앞 단락과의 관계를 잘 파악하면 논점을 이해할 수 있을 것이다.

자신의 성장 과정 중 가장 중요한 사건을 말하라고 하면 어떻게 해야 하나요?

　자신을 소개할 때는 지금까지 성장해 오면서 가장 영향력을 미친 사건을 중심으로 구체적이고 명확하게 말하는 것이 중요하다. 그리고 자신의 성격이나 특징을 지원 학과와 관련지어 연결하는 것도 중요하다.

　　제가 5살 즈음에 부모님께서 이혼하셨습니다. 이혼이란 가정의 문제가 제게 남들보다 빨리 철이 들 수 있는 기회를 주었던 것 같습니다. "엄마가 없어서 …하더라. ~가 부족하더라."라는 소리를 듣고 싶지 않아 어떤 일에든 남들을 뛰어넘으려 이를 악물고 노력한 결과, 나이에 비해 어른스럽다는 주위 어른들의 평가를 받을 수 있었고, 학업에 있어서도 다른 또래들보다 빨리 공부에 전념할 수 있어 학교에서 항상 상위의 성적을 유지할 수 있었습니다. 결손의 가정 환경이 제게 더 득이 되리라는 긍정적인 생각을 갖고 좀 더 향상된 제가 되겠다는 결심을 실천하기 위해 최선을 다한 덕분이라고 생각합니다. 그래서 제가 자라온 이런 환경은 사회 복지학을 전공하고자 지원하는 데 영향을 미쳤습니다. 저의 이런 점을 연계하여 앞으로 불우한 가정에서 자라는 청소년들의 상담과 복지 문제를 해결하는 일을 연구하는 분야의 공부를 하고 싶습니다.

자신의 성격을 묻는 질문에는 어떻게 대답해야 하나요?

성격을 묻는 질문에는 대부분 말하기를 주저한다. 그렇지만 자신의 성격의 장단점을 진솔하게 말하고, 단점을 장점으로 발전시킨 점을 부각시키면 더욱 좋다.

> 저는 학교에서 저보다 공부를 못하는 친구가 있으면 항상 그 친구가 잘할 수 있도록 도와주곤 하였습니다. 그러나 남을 가르친다는 것은 생각만큼 쉽지 않았습니다. 그 분야에 대해 완벽하게 알고 있지 않고서는 친구를 이해시키는 것이 불가능하였기 때문입니다. 그래서 저는 모든 지식을 얻게 될 때 항상 완벽하게 알고자 하였고 이러한 태도는 학문에서 매우 중요한 태도라고 생각되며 저의 가장 큰 장점이라고 생각합니다. 반면에 저에게 있어 가장 큰 단점은 저의 편협한 태도입니다. 저는 항상 저의 가치관으로 다른 사람을 평가하려고 하는 못된 습관이 있습니다. 그렇기 때문에 친구들 중 제 생각과 상반되는 생각을 가진 친구는 그 친구가 잘못됐다고 생각하며 저를 합리화시켜 버립니다. 이러한 태도 때문에 친구와 종종 마찰을 빚게 되면서 제가 잘못됐다는 것을 깨달았고 항상 친구의 말을 먼저 경청하고 다른 사람과 의견 차이가 있을 때는 한 발짝 물러서서 제 의견과 다른 사람의 의견을 종합하여 생각해 보는 습관을 길렀습니다.

봉사 활동 경험이 많지 않은데, 봉사 관련 질문을 받으면 어떻게 하나요?

봉사 활동과 관련된 전형에 응시하지 않는 한은 봉사 활동을 한 것 중에서 가장 인상적인 것을 말하면 된다. 단순히 시간을 따져서 점수를 주는 방식의 평가가 아니기 때문에 봉사 활동을 통해서 얻은 가치를 중심으로 말하는 것이 좋다. 그리고 진로 계획과 일맥상통하는 봉사 활동을 하는 것이 중요하다.

학교에서 단체로 다녀온 충북 음성 꽃동네에서의 3박 4일간의 봉사 활동은 저의 가치관 형성에 많은 영향을 주었습니다. 처음에는 장애인들이 더러운 것 같았고 좀 무섭기도 하였습니다. 그러나 곧 그들과 친해지고 보니 별로 거부감이 들지 않았습니다. 또한 몸이 불편하지만 대부분의 사람들이 각자 자기 몫의 일을 가지고 있었고 그것을 열심히 하는 모습을 보며 책상 정리 하나 제대로 못하는 저에게 부끄러움을 느꼈습니다. 봉사 활동을 하면서 제 자신에 대한 반성뿐만 아니라 장애인에 대한 의식의 전환과 정부 차원에서 복지 시설과 교육의 기회 제공, 평등한 행복을 추구할 수 있는 제도적인 장치가 마련되어야 한다고 생각하였습니다. 이러한 체험을 통해 이웃과 사회에 대한 넓은 안목과 이해심을 가질 수가 있었고, 남을 위해 봉사하는 삶의 소중한 가치를 얻을 수 있었습니다.

수상 경력에 대한 답변은
어떻게 하나요?

수상 경력은 학생부에 모두 기록되어 있기 때문에 학생의 답변을 통해 그 상의 의미나 선발 과정 등을 알아보려는 것이다. 교내에서 가장 중요도가 높고 가치가 있는 것 한두 개 정도를 말하고, 교외상도 자신의 전공과 관련해서 노력한 과정과 결과를 의미 있게 평가하여 말을 해야 한다. 이때 장황하게 자신을 자랑하듯 말하는 것보다는 그 상의 의미와 상을 타기 위해 어떤 노력을 기울였는지가 더 중요하다.

제가 수상한 상은 교내·외적으로 많이 있습니다. 그중에 가장 기억에 남는 것은 학교에서 매년 전교생을 대상으로 실시하는 수학 경시대회에서 금상(최우수)을 3회 연속 받은 것입니다. 제가 원래 수학을 좋아하는데 이 상을 통해서 목표 의식도 생겼고 결과를 이룬 성취감도 맛볼 수 있었습니다. 또 저는 이과 학생이지만 문학 작품을 읽고 감상하는 것을 좋아합니다. 그래서 매년 여러 곳에 독후감을 제출하여 상을 받기도 하였습니다. 그중에 가장 가치 있었던 상은 ○○대학에서 실시한 독후감 경진 대회에서 우수상을 받은 것입니다. 1,000개 이상의 작품 중에서 제가 뽑혔다는 것이 제 스스로도 대단하다고 느꼈습니다. 앞으로도 저는 공학을 전공하지만 문학에도 꾸준히 관심을 가지고 생활할 것입니다.

입학 후 학업 계획에 대해서는 어떻게 대답하나요?

학업 계획에 관한 질문을 통해서 알고자 하는 것은 잠재적 능력이다. 학업 계획은 지원자의 소질과 잠재성을 판단하는 중요한 내용이 되고, 앞으로의 대학 생활에 대한 역량과 포부를 평가할 수 있는 근거가 된다. 학업 계획에 대한 답변을 할 때는 우선적으로 지원 학과에 대한 기본 지식이 충분하게 정리되어 있어야 한다. 학과에 대한 지식이 없으면 답변의 내용이 구체적이지 못하고 막연하게 전달될 수밖에 없다. 지원 학과에 대한 충분한 정보를 가지고, 이를 토대로 대학 및 학과 지원 동기, 재학 중 학업 계획, 졸업 후 희망 진로까지 연결해서 답변을 준비해야 한다.

핵심 포인트

대학 입학 후의 학업 계획을 묻는 문제는 '지원 동기'와 함께 자주 출제되는 단골 문제이다. 어느 대학, 어느 학과를 지원하든지 꼭 '학업 계획'과 관련된 답변을 준비해야 한다. 그리고 전공에 대한 확고한 진로 계획이 있어야 한다. 목표 없이 공부하는 인상을 주지 말자. 목표가 없는 학생은 꿈을 이루기가 힘들다.

면접을 경험한 선배들의 충고에는 어떤 것들이 있나요?

- 주장을 일관되게 고수하자(중간에 입장 변화가 없어야 한다).
- 지망 학과에 대한 상식이 풍부해야 한다.
- 평소 시사 상식에 대해 눈여겨보자.
- 대답은 상세하고 명확해야 한다.
- 나열 선택형 문제는 한쪽을 선택하여, 그 이유를 분명히 말한다.
- 구체적인 사례를 근거로 자신의 논리를 펼쳐라.
- 소신과 포부를 당당히 밝혀라.
- 당황하는 것은 떨어지는 지름길이다(아는 만큼 최선을 다해 성의껏 말하는 태도가 중요하다).
- 모를 때는 질문의 의미를 되물어라.
- 당당하고 솔직하게 면접에 임하자.
- 평소 신문을 보고 사회 현상에 대해 나름대로의 입장을 정리해 두자.
- 순간의 재치(순발력)가 중요하다.
- 면접관이 원하는 생각이 중요한 게 아니라 자신의 생각을 또박또박 말하는 것이 중요하다.
- 간결하고 조리 있게 말하자.
- 가벼워 보이지 않는 정도의 유머가 도움이 될 수 있다.
- 잘 알지 못하는 질문은 아는 데까지만 성실히 답하자.

PART
3

면접
실전 연습

CHAPTER 1 인문 계열 Q&A 140

CHAPTER 2 자연 계열 Q&A 140

CHAPTER 3 최신 기출 및 기출 예상

계열 공통 Q&A 30

대학으로 가는 구술면접 380제

CHAPTER
1

인문 계열 Q&A 140

학생에게 고민이 생겨 주변에서 조언을 구한다고 하자. 그 조언을 얼마나 받아들일 것인가?

저는 어떤 일에 대해 고민을 할 때, 되도록 많은 사람들의 의견을 들어 보는 것이 필요하다고 생각합니다. 조언을 해 주는 주변 사람들의 경험이 제각각 다양하기 때문입니다. 특히, 부모님은 삶에 대해 저보다 더 많은 경험을 하셨기 때문에 제가 내릴 결정이 제 삶에 어떤 영향을 끼칠지 조언해 주실 수 있습니다. 그러므로 저는 최대한 많은 선배들과 어른들의 조언과 자문을 구하면서 고민에 대한 답을 찾아낼 것입니다. 하지만 결국 인생을 사는 사람은 저 자신이기 때문에 여러 가지 다양한 조언을 구하되 최종적으로는 '저만의 답'을 찾아내야 한다는 것이 저의 생각입니다.

핵심 포인트 ▶

> 정해진 답이 있는 것이 아니라 자신의 평소 생각에 대해 묻는 질문이므로 평소 자신이 생각하던 것을 명확한 근거를 들어 대답해야 한다.

가장 감명 깊게 읽은 책과 그 이유를 말해 보시오.

제가 가장 감명 깊게 읽은 책은 한비야의 《지도 밖으로 행군하라》 입니다. '내 가슴을 뛰게 하고 내 피를 끓게 한다.'라는 구절이 저에게 큰 감명을 주었습니다. 국제 홍보 회사에서의 안정적인 삶을 포기하고 여자의 몸으로 전쟁터, 오지 마을, 재난 현장 등 구호 물품을 전하기 위해 어디든지 찾아가는 한비야 팀장의 모습을 보며 도전 정신이야말로 정말 위대하고 강력한 힘이라는 것을 알게 되었습니다. 이 책은 저에게 물질적인 가치만을 중시하는 현대 사회에서 우리가 추구해야 할 진정한 가치가 무엇인지를 알려 주었고, 외교관이 돼서 아프리카의 난민, 기아와 같은 전 세계적인 문제를 해결해야겠다는 생각을하게 해 주었습니다. 또 먼 나라의 이야기가 아닌 북한과 우리나라의 어려운 이웃들에 대해서도 관심을 갖게 되었고, 이를 계기로 봉사 활동도 하게 되었습니다. 굳이 많은 돈을 필요로 하는 그런 도움이 아닌 우리가 실천할 수 있는 작은 도움으로도 그들에게는 큰 힘과 위로가 될 수 있다는 것을 배우고 느꼈습니다.

핵심 포인트 📝

책의 내용보다는 그 책을 읽은 후 생각하거나 느낀 점을 중심으로 말하는 것이 좋은 답변이다.

좋아하는 작가는 누구인가?

좋아하는 작가들은 많지만, 그중에서도 한 명을 꼽는다면 독일의 헤르만 헤세입니다. 헤세의 작품들은 대개 전반적으로 '자아성찰'에 관한 내용을 담고 있습니다. 중·고등학교 시절 한창 사춘기를 겪던 제게 《데미안》이나 《수레바퀴 아래서》와 같은 작품들은 자칫 공부에 만 매몰되기 쉬운 청소년 시기에 저 자신에 대해 다시 한 번 생각해 보게 해 주었고, 앞으로 어떻게 살아야 할 것인지에 대해 고민할 시간을 주었습니다. 그리고 한국 작가 중에서는 이병주 작가를 가장 좋아합니다. 《관부연락선》이나 《지리산》과 같은 작품을 읽으며 역사의 아이러니와 민족의 거대한 좌절에 대해 느낄 수 있었으며, 헤세의 작품을 읽었을 때처럼 인간이 어떻게 살아가야 할 것인지를 생각해 볼 수 있었습니다.

> **핵심 포인트** 🚩
>
> 좋아하는 작가를 말할 때, 왜 그를 좋아하는지에 대한 명확한 이유를 밝혀야 한다. 단순히 "○○○를 좋아합니다."라는 단답식으로 답변하였을 때는 면접관에게 높은 점수를 얻기 힘들 것이다.

가장 여행해 보고 싶은 나라는 어디인가?

    저는 독일에 가보고 싶습니다. 독일과 그 주변을 포함한 독일 문화 권은 모차르트, 베토벤 등의 많은 예술가를 배출하였으며 괴테, 카프 카 등의 문인을, 칸트, 헤겔 등의 사상가를, 아인슈타인 등의 과학자 를 배출하여 인류 문명을 발전시키는 데에 큰 기여를 하였기에 과연 독일이 어떤 나라인지를 알아보고 싶습니다. 또한 독일은 유럽의 가 난한 지역이었음에도 불구하고 통일 이후 유럽에서 가장 강력한 국가 중 하나로 성장하였으며 두 차례의 세계대전으로 황폐해진 이후에도 다시 세계 강국으로 복귀하는 데 성공한 나라인 만큼 그 저력을 확인 해 보고 싶습니다. 그리고 독일인들의 심성을 이야기할 때 흔히 무뚝 뚝하고 냉정해 보이지만 법을 잘 준수하고 신의를 저버리지 않는다는 평가를 합니다. 한국인들과는 많이 다른 독일인들의 문화를 체험해 보면서 서로 다른 점을 확인해 보고 싶습니다.

> **핵심 포인트** 🖐
>
>   어떤 나라든 확실한 이유만 대면 어느 나라를 답하든 상관은 없다. 다만 단답형으 로 "그냥요.", "좋아 보여서요."라는 답변은 자제하자.

역사상 우리나라를 대표한다고 생각하는 인물을 두 명 꼽아 보고, 그 이유를 말해 보시오.

첫 번째로 세종대왕을 꼽고 싶습니다. 문자를 직접 만든다는 것은 전 세계에서 세종대왕을 제외하고는 누구도 상상하지 못하였던 일입니다. 백성들을 항상 생각하였던 세종대왕이었기에 어려운 한자 대신 쉽게 사용할 수 있는 한글을 만들 수 있었던 것 같습니다. 또한 그 외에도 세종대왕은 과학기술의 발전에도 큰 기여를 하였으며, 혼란스럽기 쉬운 건국 초기에 태평성대를 이루었던 임금이었습니다.

두 번째로는 김구 선생을 꼽고 싶습니다. 현재 대한민국은 헌법에서 대한민국 임시 정부를 계승한다고 규정하고 있습니다. 김구 선생은 일제 강점기 동안 온갖 위험을 무릅쓰고 임시 정부를 이끌었으며, 해방 후에도 분단을 반대하며 좌우 합작과 남북 협상에 힘쓰다가 돌아가셨습니다. 이러한 점에서 세종대왕과 김구 선생이 우리나라를 대표할 수 있는 인물이라고 봅니다.

핵심 포인트 🚩

이런 질문에서는 이념 논쟁이 있을 수 있는 현대사의 인물보다는 과거의 인물들을 말하는 것이 좋다.

직업을 선택할 때, 가장 중요하게 생각하는 기준을 말해 보시오.

　최근 직업을 선택할 때, 직업의 보수를 직업 선택의 절대적 기준으로 여기는 경우가 많습니다. 하지만 과연 보수가 그 직업을 선택하는 모든 기준을 대체할 수 있을지는 다시 생각해 봐야 할 것입니다. 직업은 짧게는 몇 년, 길게는 한평생에 걸쳐서 매일 해야 하는 일입니다. 그런 만큼 저는 직업을 선택하는 데 있어서 두 가지의 기준이 가장 중요하다고 봅니다. 첫 번째는 적성입니다. 국문학을 전공한 사람이 건축 관련 직업을 갖기는 힘들 것입니다. 적성에 맞는 직업을 찾는다는 것은 곧 좋아하는 일을 찾는다는 것이고, 제 전공과도 밀접한 관련이 있어야 할 것입니다. 자신에게 적합한 일을 할 때 일의 능률도 더 올라갈 것입니다. 두 번째는 직업이 제게 가져다주는 보람입니다. 일하면서 아무런 보람도, 사명감도 느낄 수 없다면 일이 제게 가져다주는 의미가 사라질 것입니다. 일을 즐겁게 할 수 있기 위해서는 일이 보람차야 할 것입니다. 그다음에는 직업의 급여나 복리 후생을 생각해 봐야 할 것입니다.

핵심 포인트

지나치게 현실적인 대답보다는 조금 정석적이긴 해도 무난한 대답이 좋다. 면접관들은 일단 대학에서 공부할 인재들을 선발해야 하기 때문이다.

자신이 체험한 봉사 활동 중 가장 의미 있었던 체험을 한 가지만 말해 보시오.

　가장 기억에 남는 봉사 활동은 '○○의 집' 봉사 활동이었습니다. 저는 정신적 · 신체적 장애를 가지신 분들과 노인 분들이 생활하는 '○○의 집'에 주말마다 봉사 활동을 하러 갔습니다. 일요일에 찾아가는 봉사이기 때문에 도착해서 그분들과 함께 예배를 드렸습니다. 신체적으로 건강하지 않으신 분들이 많기 때문에 집에서 교회로 이동할 때 휠체어를 끌어 드리거나 업어 드리기도 하였습니다. 어렵고 힘든 상황이지만 교회에서 열정적으로 예배를 드리고 감사해 하시는 모습을 보면서 제가 건강하게 살아갈 수 있다는 것에 감사하는 마음이 들었습니다. 예배를 마치고 청소와 빨래를 하고 점심 식사를 도와 드렸습니다. 밥 한 숟갈, 국 한 숟갈을 드릴 때마다 감사해 하시는 모습에 너무 기분이 좋았고, 보람을 느낄 수 있는 봉사 활동이었습니다.

핵심 포인트 👉

　자신의 체험을 너무 과장하거나 꾸미려 하지 말고 그 체험에서 느낀 점을 진솔하게 말하는 것이 좋다.

교내·외 활동 중 대표적인 활동을 말해 보고, 그것이 본인에게 어떤 의미가 있었는지 말해 보시오.

저는 서울시에서 주최한 고등학생 금강산 통일 체험 한마당에 참가하였습니다. 학교를 대표해서 온 학생들과 북한에 대한 교육을 받고 남북 통일에 관한 토론 및 글짓기 활동을 하였습니다. 또한 금강산의 수려하고 웅장한 경치를 보고 자연의 아름다움을 느꼈으며, 북한의 음식도 맛보았습니다. 이번 행사에 참여한 많은 학생들이 북한과 통일 문제에 대해 다양한 상식과 정보를 가지고 있었기 때문에 저도 많은 것을 배울 수 있었습니다. 한 나라임에도 입국 절차를 거쳐야 하는 현실을 직접 체험하면서 통일에 대한 열망이 강해졌고, 그 일을 제가 이루었으면 하는 바람도 가지게 되었습니다.

핵심 포인트

본인의 체험 중 가장 특별하고 의미 있는 체험과 그 이유를 말하도록 한다.

대학에 와서 하고 싶은 일들에 대해
말해 보시오.

제가 대학에 입학한다면 가장 하고 싶은 일은 동아리 활동입니다. 예전부터 악기를 연주해 보고 싶었지만 중·고등학교 시절에는 그럴 여유가 없었습니다. 그렇기에 대학에서는 오케스트라 동아리나 밴드부에 가입해서 열심히 연습한 뒤, 사람들 앞에서 친구들과 함께 연주해 보고 싶습니다.

그리고 부족한 외국어 실력을 많이 늘리고 싶습니다. 공부를 위해 영어는 기본적으로 해야 하는 만큼 영어에 우선순위를 두되, 서양어와 동양어 하나씩은 어느 정도 회화가 가능할 정도로 공부해 보고 싶습니다. 언어를 두루 익혀 외국인 친구들과 자유롭게 교류할 수 있다면 제 생각과 지식의 폭이 넓어질 것이라고 생각합니다.

핵심 포인트 📢

역시 자유롭게 답하는 문제이나, "하고 싶은 일은 없다."와 같은 짧은 대답은 금물이다.

왜 어문학을 전공하고자 하는가?

저는 어렸을 때부터 소설에 관심이 많았습니다. 소설을 읽을 때 처음에는 단지 '재밌다.'라는 생각을 하고, 부모님께서 사다 주시는 책을 읽을 뿐이었습니다. 하지만 소설을 많이 읽다 보니 나중에는 유명한 작가들의 작품을 알아본 뒤에 직접 사서 읽게 되었고, 단순히 읽는 데서 그치는 게 아니라 작품에 대한 해설이나 분석들까지 찾아보게 되었습니다. 그러다 보니 나중에는 소설을 원어로 직접 읽고 싶다는 생각을 하였고, 어학 공부에도 관심을 갖게 되었습니다. 문법이나 단어들이 전혀 다른 외국어들을 접하면서, 새로운 언어를 배운다는 것은 하나의 신세계를 여는 길이라는 것을 알게 되었습니다. 그래서 저는 본 대학교에서 어문학을 전공하고 싶다는 생각을 하였으며, 어학 실력을 탁월하게 갈고 닦아 훌륭한 외국 문학 작품들의 번역에도 직접 도전해 보고 싶습니다.

핵심 포인트

전공에 대한 지원 동기를 밝힐 때는 본인의 경험을 살려 진실하게 이야기하는 것이 좋다. 또한 대학교에 들어온 뒤의 포부까지 밝힘으로써 자신감을 보여 주는 방법도 좋다.

 한양대

시와 소설의 차이점을 말해 보시오.

　가장 큰 차이점은 형식적인 측면입니다. 산문으로 쓰인 시도 있지만 일반적으로 시는 행과 연으로 구성됩니다. 또 시는 길이가 짧다는 특성이 있기 때문에 함축적인 표현을 주로 사용합니다. 하나의 어휘가 다양한 의미를 나타낼 수 있는 것입니다. 또 운율, 심상, 함축적 의미를 시의 3요소라고 합니다.

　이에 반해 소설은 산문 형식으로, 짧은 단편 소설부터 몇십 권에 이르는 장편 소설도 있습니다. 허구적인 내용을 담고 있지만 그 속에 진실성을 담고 있는 것이 바로 소설입니다. 소설의 3요소는 주제 · 구성 · 문체이고, 인물 · 사건 · 배경을 중심으로 글이 전개되어 나갑니다.

　시와 소설 모두 글을 통해서 사람들에게 아름다움과 감동을 준다는 공통점이 있지만 이러한 차이점이 있습니다.

핵심 포인트

　시와 소설은 중 · 고등학교에 다니면서 배우는 친숙한 장르이다. 이에 대한 정리가 확실히 되어 있다면 쉽게 답변할 수 있다.

문학의 사회적인 역할은 무엇이라고 생각하는가?

　문학은 그 차체에 떼어 놓을 수 없는 내재된 아름다움이 있으며, 인간이 만드는 문화이므로 인간의 사회와 떨어뜨려 생각할 수 없을 것입니다. 때문에 문학은 사회를 비추는 거울이라 할 정도로 그 사회의 모습을 어느 정도 반영할 수밖에 없습니다. 그러므로 문학이 사회의 윤리를 바로 세우는 역할에만 치중해야 한다는 극단적인 반영론만 아니라면 분명 사회적으로 사람들에게 기여할 수 있는 바가 존재한다고 생각합니다.

　저는 문학의 사회적인 역할은 개인에게 '어떻게 살아야 하는가?'와 같은 인간사 전반의 문제에 대해 접근 방법을 일러 주고 해결의 실마리를 던져 주는 것이라 생각합니다. 문학은 대개 인간의 삶을 다루고 있기 때문에 실제 인간의 삶을 반영하기 마련입니다. 그런 만큼 다양한 인간 군상과 그들의 행동 양식에서 사람들이 좋은 교훈을 얻을 수 있을 것입니다.

핵심 포인트

> 이와 같은 질문을 받았을 때는 극단적인 답변에 치우치지 않도록 해야 한다. 지나친 신중함도 경계해야 할 것이나, 극단적인 답변은 면접관의 비판으로 이어질 수 있다.

문학이 사료가 될 수 있다고
생각하는가?

　문학은 사회를 반영하는 만큼 그 당시의 사람들이 어떻게 생각하고 행동하였는지를 알 수 있는 중요한 지표라고 생각합니다. 물론 문학은 어디까지나 허구를 바탕으로 한 것이기에 문학의 내용을 현실과 착각해서는 안 되겠지만 이를 충분히 '비판적으로' 검토한다면 역사 연구에도 보탬이 될 수 있다고 봅니다. 가령 고대 그리스를 연구하는 학자의 경우 호메로스의 서사시에서 당시의 사회상과 분위기를 읽을 수 있습니다. 이렇듯 역사가 본격적으로 기록되지 않았던 시대의 신화와 전승을 기록한 문학은 당시의 역사를 바라보는 하나의 틀이 될 수 있습니다. 그러나 문학을 사료로 다룰 때에는 극히 신중해야 하는데, 문학은 일반적인 사료에 비해 작가 개인의 주관을 크게 반영하기 때문입니다. 또한 대상이 되는 시대로부터 너무 멀리 떨어진 시대에 쓰인 문학의 경우 사료로서의 가치는 거의 없다고 볼 수 있습니다. 가령 최근 쓰인 고대 로마 관련 소설의 경우 2,000년도 더 지난 시대를 현대인인 작가가 정확히 그려 내는 것은 거의 불가능할 것입니다.

> **핵심 포인트**
>
> 　이런 질문의 경우 문학이 사료의 범주에 속하는지를 스스로 판단해 보아야 할 것이다. 예시를 많이 들어 주는 것도 좋다.

예술의 질적 차이는 존재하는가?
대중 예술과 고급 예술의 구분은 의미 있는 것인가?

예술에 질적 차이가 과연 존재하는지에 대한 여부는 학자들뿐만 아니라 일반인들의 관심을 끄는 화제 중 하나입니다. 이에 대한 입장은 다양하지만, 저는 예술의 질적 차이는 정해진 기준에 의한 것이 아니라 시대와 장소에 따라 조금씩 변화하는 사회적 합의에 의한 것이라고 생각합니다. 옛날에 대중적이었던 예술 분야가 지금은 몇몇 애호가들의 고급 취향으로 바뀐 것을 통해 살펴볼 때 예술을 평가하는 기준이 조금씩 달라지는 것이 아닌가 생각됩니다. 그렇다면 이 사회적 합의가 어떤 기준에 의해서 성립되는지를 생각해 보자면, 우선은 그 분야에 대한 진입 장벽이 얼마나 높은지가 하나의 기준이 될 수 있습니다. 대중 예술 분야를 살펴보자면 최대한 많은 사람들의 기호에 맞춰야 하기에 사전에 공부해야 이해할 수 있는 소재를 사용하는 것을 기피합니다. 또한 대중 예술은 주로 상업적으로 판매되는 경우가 많으므로 재화의 일종으로 취급되어 빠른 시간 내에 사람들이 읽을 수 있는 경우가 많습니다.

핵심 포인트 🖐

대중 예술과 고급 예술의 구분이라는 문제는 결국 예술이란 무엇인지를 묻는 문제와 직결되어 있다.

단일어와 합성어와 파생어의 차이점을 제시하고, 각각의 예를 들어 보시오.

우선 단일어는 어근 하나만으로 이루어진 단어입니다. 아버지, 해, 나무 등이 단일어의 예에 해당합니다. 파생어는 단일어와 달리 두 개 이상의 형태소로 이루어진 낱말인데, 구체적으로는 어근에 하나 이상의 파생 접사가 결합되어 생성된 단어입니다. 여기서 파생 접사가 어근에 종속적으로 결합된다는 점이 중요합니다. 가령 '-뱅이'라는 접미사는 어근과 결합되어 파생어를 이루는 접사입니다. 여기서 나온 말로는 '가난뱅이, 게으름뱅이' 등이 있는데 '저 사람은 가난뱅이다.'라는 표현은 사용하지만 '저 사람은 뱅이다.'라는 말은 사용하지 않는 이유는 그 접사가 단어에 종속적으로 결합되어 사용되는 성질이 있기 때문입니다. 이에 비해 합성어는 둘 이상의 어근이 결합되어 만들어진 단어입니다. 합성어는 그 의미에 따라서 여러 형태로 분류되는데, 우선 어근들이 병렬적으로 대등하게 연결된 '마소', 두 어근이 종속적으로 결합된 '국밥', 두 어근이 결합하여 새로운 의미를 만들어 낸 '밤낮'과 같은 단어들이 있습니다.

> **핵심 포인트** 🚩
>
> 국어 문법을 영어 문법보다도 소홀히 공부하는 경우가 많은데, 고등학교 교과서에 나오는 필수 한국어 문법은 기본적으로 알고 있어야 한다.

풍자와 유머의 차이를 말해 보시오.

유머는 '익살스러운 농담'입니다. 한마디로 전달하는 방식을 막론하고, 그저 '우스운 이야기'가 유머입니다. 하지만 풍자는 유머와는 다릅니다. 풍자는 정치적인 현실이나 세상, 혹은 인간 생활의 부조리, 불합리, 허위 등을 비판적으로 조소하는 것입니다. 가장 중요한 점은 유머와는 달리 풍자에는 '비판 의식'이 있다는 것입니다. 유머는 유머의 대상에 대해 어떤 감정도 갖지 않지만, 풍자는 풍자의 대상을 비판한다는 것이 결정적 차이입니다. 이러한 풍자는 문학 작품에서 특히 많이 찾아볼 수 있는데, 《레디메이드 인생》이나 《백치 아다다》와 같은 작품에 풍자의 분위기가 깔려 있습니다.

핵심 포인트 ☞

'A와 B의 차이를 말해 보시오.'라는 질문에는 A와 B가 공통점이 있으면서도 어떤 점에서 차이가 나는지를 짚어 내야 한다. 유머와 풍자의 가장 큰 차이점이 '비판 의식의 유무'인 것이 좋은 예이다. 단순히 단어의 사전적인 뜻에만 얽매일 경우, 수준 높은 답변이 나오기 힘들다.

기록 문학과 구비 문학의 차이점을 세 가지 이상 제시하시오.

언어의 예술이라고 불리는 문학은 글로 전해지는 기록 문학과 말로 전해지는 구비 문학으로 나눌 수 있습니다. 우선 기록 문학은 글로 남긴 문학이므로 시간이 지나도 기록된 판본이 남아 있다면 보존할 수 있습니다. 하지만 구비 문학의 경우 입에서 입으로 전해지는 문학이므로 중간에 기록을 통해 남기지 않는다면 소실될 우려가 있습니다. 또한 기록 문학에 비해 구비 문학의 경우 같은 작품이라도 판본이 다양하다는 특징이 있습니다. 구비 문학은 시대를 거슬러 내려오면서 조금씩 변형이 되기 때문에, 처음에는 같은 이야기로 시작됐을지라도 시간이 지나면 지역에 따라 내용이 조금씩 변하는 경우가 많습니다. 그리고 구비 문학의 경우 기록 문학에 비해 저자가 명확하지 않고 공동 저작에 가깝다는 특징이 있습니다. 기록 문학의 경우에도 시기가 오래된 경우에는 저자를 알 수 없거나 여러 명이 공동으로 저술한 경우가 많으나 시대가 지나면서 저자가 명확하게 드러나는 편이지만 구비 문학은 그렇지 않습니다.

핵심 포인트

문학에 관한 기초적인 문제이다. 남들이 다 알 만한 문제에서 실수하지 않도록 하자.

인간의 본성은 선한가?
아니면 악한가?

성선설이 옳은지, 성악설이 옳은지의 문제는 동서양을 막론하고 철학자들 사이에서 꾸준히 논의되어 온 주제입니다. 모든 인간이 태어날 때부터 선하다는 것도, 모든 인간이 태어날 때부터 악하다는 것도 합리적이지 않기 때문에 제 생각에 이 문제는 결론이 날 수 없다고 봅니다. 인간은 선하게도, 악하게도 태어날 수 있는 존재이지만 환경적 요인에도 큰 영향을 받는 존재입니다. 히틀러는 2차 세계 대전의 주범이고 5천만이란 인구를 죽음으로 몰아넣었지만 가족들에게는 좋은 가장이었고, 철혈의 독재자 스탈린도 개인적으로는 괜찮은 사람이었다고 합니다. 인간은 주변 환경에 의해서 많은 영향을 받을 뿐만 아니라 상황에 따라 선과 악을 넘나드는 복잡한 존재이기 때문에 단순히 인간이 '선하다.' 또는 '악하다.'라고 단정 짓는 것은 옳지 않습니다. 오히려 인간이 어떤 환경과 상황에서 선해질 수 있는지, 악해질 수 있는지를 연구하는 것이 의미 있다고 생각합니다.

핵심 포인트

이와 같은 문제는 답이 있는 문제가 아니다. 학생의 사상을 묻기 위한 질문이므로, 생각을 조리 있게 말하도록 하자.

현 시대를 이끌어 갈 만한 리더에 필요한 요소를 세 가지만 말해 보시오.

책임감, 부지런함, 인내라고 생각합니다. 리더는 그 조직을 책임지는 사람이기 때문에 책임감은 리더십의 가장 중요한 덕목일 것입니다. 만약 책임감이 없는 사람이 리더가 된다면 그 조직은 올바른 방향으로 나아갈 수 없고, 절대로 성공할 수 없게 될 것입니다. 또한 리더는 부지런해야 합니다. 조직 구성원들의 여러 가지 상황들, 조건, 여건들을 살펴보고 구성원들이 어떻게 이 조직에 헌신할 수 있는지에 대해 함께 고민할 수 있는 사람이 되려면 무엇보다 부지런히 움직여야 한다고 생각합니다. 마지막으로 인내가 필요합니다. 리더는 전체를 보는 시각을 가지고 있는 반면에, 구성원들은 리더가 가지고 있는 시각을 갖지 못할 때가 많습니다. 그래서 구성원들이 리더의 생각만큼 잘 따라와 주지 못할 때가 분명히 발생할 것입니다. 설령 구성원들이 리더를 제대로 따라가지 못하더라도 리더에게는 그것을 참고 기다려 주는 인내심이 반드시 필요하다고 생각합니다.

핵심 포인트

시대를 이끌어 갈 리더의 필요성은 요즘 우리 사회의 중요한 화두이기도 하다. 때문에 진정한 리더의 모습에 대한 자신만의 생각을 잘 정리해 두는 것이 중요하다.

정치인이 꼭 가져야 할 능력과 갖지 말아야 할 것을 하나씩 말해 보시오.

　정치인으로서 꼭 가져야 할 능력은 공감 능력이라고 생각합니다. 정치인은 어떤 특정한 지역을 대표하는 대표자로서 그 지역 주민들의 목소리를 대변하는 것이 본연의 임무입니다. 우리나라 국민들은 중산층 혹은 서민들이 대다수입니다. 그렇기 때문에 정치인은 그 사람들의 입장에 서서 정치 활동을 해야 합니다. 그러므로 정치인은 대다수의 서민과 중산층이 겪고 있는 고충과 고민들을 잘 이해할 수 있어야 할 것입니다. 그러기 위해서는 타인의 입장에 설 수 있는 공감 능력 즉, 역지사지(易地思之)의 능력이 필요합니다.

　반면에 정치인으로서 갖지 말아야 할 것은 돈에 대한 욕심입니다. '돈으로 흥한 자 돈으로 망한다.'라는 말이 있듯이 정치인들은 특히 돈에 대한 욕심을 버려야 한다고 생각합니다. 세간에 오르내리는 대다수의 정치인들의 몰락은 모두 돈에서 비롯된 것입니다. 개인의 사리사욕을 채우려는 이기적인 욕심을 버리고 국민과 서민들을 위하고 헌신하는 자세가 오늘날 우리나라 정치인들에게 필요합니다.

핵심 포인트 ☞

> 정해진 답이 있는 것이 아니기 때문에 자신의 생각을 잘 정리해서 대답하는 것이 중요하다. 또한 상황에 적절한 관용구를 넣어 답을 하는 것도 논리를 뒷받침할 수 있는 좋은 방법이다.

법의 필요성에 대해 말해 보시오.

  법은 국가 권력에 의해 강제되는 사회 규범을 말합니다. 관습·종교 등을 위반한 경우에는 자율적·심리적 강제를 받지만, 법을 위반한 경우에는 타율적·물리적 강제를 받습니다. 이러한 법이 필요한 이유는 법을 지킴으로써 사회의 질서가 유지되고 개인의 권익이 보호받을 수 있기 때문입니다. 아무런 제재가 없는 자연 상태의 혼란과 그에 따르는 개인의 불이익을 최소화하기 위하여 서로 간에 지키기로 한 약속이 법입니다. 모든 사람들이 법은 자신의 권익에 직접적으로 도움이 되지 않는다고 생각해서 이를 지키지 않는다면 이로 인해 발생하는 무질서와 혼란은 자신이 얻은 권익보다 더 큰 피해를 줄 것입니다. 따라서 사람들은 법을 준수하고 사회의 질서를 유지해야 합니다. 또한 법은 인간의 기본적인 권리도 보장해 주는 역할을 합니다. 법은 사회적 혼란을 막고 인권을 비롯한 인간의 삶에 필요한 여러 권리를 보장해 줄 수 있기 때문에 필요한 것입니다.

> **핵심 포인트** 📋
>
>   법에 대해 정확히 알고 있다면 훨씬 수월히 답할 수 있지만 그렇지 않다고 하더라도 우리 생활에서 법이 있어야 하는 이유를 생각해 보면 쉽게 답변할 수 있다.

성신여대

악법에 대한 시민 불복종에 대해 어떻게 생각하는가?

비록 악법이라고 해도 '악법도 법'이란 논리로 시민들이 절차적 정당성을 존중하여 법을 어겨서는 안 된다고 주장하는 사람들이 있습니다. 국가는 공익을 추구해야 하는 만큼 이 과정에서 불가피하게 개인의 자유와 권리를 침해할 수 있다는 것입니다. 하지만 국가는 자신들의 권리를 지키기 위한 시민들의 사회 계약에 의해 형성되었습니다. 또한 이렇게 조직된 국가를 원활하게 다스리기 위해 제정한 것이 법입니다. 그러므로 법은 시민들의 자유와 권리를 보장하기 위해 존재하는 것이며, 그렇기에 '정의 실현'을 법의 가장 큰 원리로 삼고 있습니다. 저는 이러한 점에서 악법에 순종하지 않는 시민 불복종이 정당화될 수 있다고 생각합니다. 국가가 악법을 제정한 것은 사회 계약을 위반하는 것이므로 그 법은 자동적으로 효력을 상실한다고 봅니다.

핵심 포인트

최근 시민 운동이 활성화되며 이와 관련된 이슈가 면접에 자주 등장하고 있다. 본인의 의견을 미리 정리해 놓는 것이 좋을 것이다.

한국의 선거 문화의 문제점과 해결 방안에 대해서 말해 보시오.

한국 선거 문화의 고질적인 문제점은 선거의 쟁점이 공약이 아니라 지나치게 인물 중심적이라는 데에 있다고 봅니다. 대개 선거 기간에는 그 후보자가 당선되었을 때 과연 그 직책에 걸맞은 능력을 보여 줄 수 있을지에 대한 논쟁보다는 후보자의 소속 정당이나 출신 지역, 이념에 대한 논쟁이 주가 됩니다. 그렇기에 정책에 대한 깊은 토론보다는 후보자의 도덕적 청렴 여부와 이에 대한 폭로전, 그리고 사상 검증이 선거를 지배하게 되며 후보자의 능력 검증은 뒷전이 됩니다. 또한 선거가 끝난 이후에는 당선자의 행보에 관심을 갖지 않는 풍토도 문제가 됩니다. 당선 이후에도 시민들이 당선자의 행동을 꾸준히 감시하고 비판하여 다음 선거에 반영한다면 후보자들이 공약을 제시하는 데에 신중하게 될 것이나, 그렇지 않기 때문에 선거전에서 후보자들이 무책임한 공약을 남발하는 분위기가 지배적입니다. 그런 만큼 투표권자들이 후보자의 정책을 엄격하게 검증하고, 당선 이후에는 당선자의 행보를 감시하는 태도를 갖추어야 바람직한 선거 문화를 만들어 낼 수 있다고 생각합니다.

핵심 포인트 F

시사 문제의 경우 평소에 관심을 갖지 않는다면 즉석에서 대답하기 힘든 문제이다. 그런 만큼 평소에 시사에 관심을 갖고 자신의 생각을 정리하는 습관을 기르는 것이 좋다.

약자를 보호하기 위한 역차별 제도는 정당한가?

최근 소수인 약자들의 인권을 존중해야 한다는 인식이 널리 퍼지면서 채용 과정에서 여성, 장애인, 외국인을 일정 비율 이상 의무적으로 선발해야 하는 역차별 제도를 시행하고 있습니다. 저는 이러한 역차별 제도는 정당하다고 생각합니다. 자유 민주주의 사회에서 사람은 누구나 동일 선상에서 경쟁을 시작할 권리가 있습니다. 하지만 여성이나 장애인, 외국인은 성별이나 신체 조건, 국적만으로 본인이 마땅히 누려야 할 권리를 누리지 못하고 불공평한 경쟁을 받아들여야 하는 경우가 많습니다. 이는 개인적으로는 자아실현의 가능성을 빼앗는 것이고, 국가적으로는 훌륭한 인재의 잠재력을 계발하여 국가 경쟁력을 키울 수 있는 기회를 놓치는 것입니다. 이렇게 귀중한 인적 자원이 낭비되는 일이 없으려면, 남성이나 비장애인, 내국인들이 지나친 역차별을 당하지 않도록 하면서도 모두가 공평한 경쟁을 할 수 있도록 해 주는 적절한 역차별 제도가 필요할 것입니다.

핵심 포인트

> 개인의 기본권 관련 문제는 면접에서 자주 등장하는 문제이다. 찬성이든 반대든 정답이 정해진 것은 아니지만, 본인의 논리가 명확해야 한다는 사실을 항상 잊지 말자.

군가산점 제도를 부활시키는 것에 대해서 어떻게 생각하는가?

징병제, 군복무 제도는 한창 꿈을 키워 나갈 청년 시절에 사회를 떠나 군대라는 열악한 환경에서 2년을 보내야 한다는 이유만으로도 개인의 기본권을 크게 침해하는 제도입니다. 비록 분단 국가라는 특수한 상황 때문에 제도가 일부 정당화될 수 있지만, 어디까지나 임시방편일 뿐입니다. 군복무 제도를 모병제로 전환하는 게 최선이긴 하지만, 상황이 불가피한 만큼 군필자에게 각종 혜택을 주어 군복무에 대한 보상을 해 주는 것이 필요합니다. 그런데 군가산점을 부여하는 제도를 통해 과연 군필자들에게 혜택이 갈 수 있을지는 의문입니다. 군가산점 제도는 공무원 시험에 응시하는 군필자들만 혜택을 볼 수 있어, 결국 군필자 중에서도 소수만이 혜택을 받는 만큼 다른 군필자들이 오히려 차별을 받기 때문입니다. 그러므로 저는 군가산점 부여보다는 소득세 감면과 같은 모두가 누릴 수 있는 혜택을 군필자들에게 제공하였으면 좋겠습니다.

핵심 포인트 👉

'군가산점'이라는 문제에만 집중해서 질문의 핵심을 파악하지 못할 수 있다. 시야를 넓게 보는 습관을 길러야 한다.

역사를 배워야 하는 이유에 대해 말해 보시오.

역사는 인간이 거쳐 온 모습이나 인간의 행위로 일어난 사실 또는 그 사실에 대한 기록을 말합니다. 역사를 배워야 하는 이유는 우선 과거의 경험과 교훈을 통해 미래에 대비할 수 있기 때문입니다. 예를 들어, '어느 지방에 여름에 비가 많이 와서 홍수가 일어났다.'라는 기록이 있다면 후세의 사람들은 이를 통해 여름에 홍수에 대한 대비를 할 수 있게 되는 것입니다. 또 역사는 그 민족, 그 나라의 정신적인 지주이자 그들을 하나로 묶어 주는 구심점의 역할을 합니다. 일제 강점기에 일본이 조선인들에게 왜곡된 역사관을 심으려고 하였던 이유는 바로 역사가 그 민족을 하나로 묶어 주는 구심점의 역할을 하기 때문입니다. 역사는 과거의 경험을 통한 미래의 준비이고 민족을 하나로 묶어 줄 수 있는 역할을 하기 때문에 역사를 배워야 한다고 생각합니다.

핵심 포인트

> 역사 왜곡이 계속해서 문제가 되고 있기 때문에 역사를 배우는 이유나 역사에 관련된 내용 등을 미리 숙지하는 것이 좋다.

개인 블로그를 언론으로 볼 수 있는가?

언론은 매체를 통하여 사실을 알리거나 여론을 형성하는 활동입니다. 개인 블로그는 인터넷을 통해 사실을 알릴 수 있고 여론을 형성할 수도 있는 공간입니다. 개인 블로그에는 지극히 개인적이고 사소한 내용이 게재되지만, 사회적으로 이슈가 되는 내용을 담을 수 있고, 그것을 통해 여론이 형성될 수도 있습니다. 또한 블로그에서는 링크 기능을 많이 사용하는데, 자신과 의견이 맞는 다른 사람의 블로그와 연결해서 온라인 커뮤니티를 만들 수도 있습니다. 특히 개인 블로그는 인터넷을 이용하기 때문에 내용과 의견의 교환이 상당히 빠른 속도로 이루어집니다. 개인 블로그가 주관적이고 불확실한 정보를 전달하기 때문에 언론으로 볼 수 없다는 주장이 나올 수 있는데 신문이나 인터넷 뉴스 등도 사실 주관적인 면이 있습니다. 물론 개인 블로그가 신문, 뉴스보다는 객관성이 떨어지겠지만, 사회의 부조리 등을 고발하고 올바른 여론을 형성할 수 있다는 측면에서 언론으로 볼 수 있다고 생각합니다.

핵심 포인트 🚩

인터넷이 발달하면서 소셜 커뮤니티 관련 문제들도 많이 출제되고 있다. 개인 블로그, 페이스북, 트위터 등 요즘 세대들이 이용하는 소셜 커뮤니티 관련 문제에 대한 대비를 해 두어야 한다.

언론의 사회적 책임에 대해 말해 보시오.

언론의 가장 중요한 역할은 정확한 사실 전달과 건전하고 올바른 여론의 형성이라고 생각합니다. 언론은 신문사, 잡지사, 방송국 등 언론 기관에 의해 취재된 사실을 대중들에게 알리고 이를 통해서 여론을 형성하게 됩니다. 이 과정에서 최대한 객관적이고 정확한 정보의 전달을 통해 대중들이 올바른 판단을 내릴 수 있도록 하는 것이 중요합니다. 특히 언론이 올바른 여론을 형성한다는 것은 부정이나 불의에 비판적인 시각을 갖고 이를 알림으로써 사회가 올바른 여론을 형성할 수 있도록 해 주는 역할을 해야 한다는 것을 말합니다. 이를 통해서 대중들이 비판적인 시각을 갖게 되면 사회적으로 일어나는 부정을 막고 사회가 좀 더 나은 방향으로 나아갈 수 있게 됩니다.

핵심 포인트

문제가 어렵게 느껴질 수 있겠지만 우리 생활 속에 있는 언론을 생각해 보고 그것이 수행해야 할 역할에 대해 말하면 된다.

과거에 철학이 담당하던 영역을 지금은 과학이 담당하는 경우가 많다. 이러한 현실에서 철학의 고유 영역은 무엇인가?

과거에는 철학이 자연과 외부 세계를 다루는 학문이었으나, 현대에 이르러서는 수학, 물리학, 생물학 등에 그 자리를 내주었습니다. 또한 인간의 정신을 다루는 분야 역시 오랫동안 철학의 고유 영역이라고 여겨졌으나 최근 인지 과학을 통해 인간 정신을 설명하려는 시도가 설득력을 얻으며 철학의 고유 영역과 근본 문제가 과연 무엇인지에 대한 의문이 제기되고 있습니다. 이러한 상황에서 저는 철학의 고유 영역이 윤리학이라고 생각합니다. 윤리학은 인간이 세상을 살아가며 내면에 간직하는, 혹은 사회적으로 요구되는 규범을 연구하기 때문에 과학의 방법론으로는 온전히 포섭할 수 없는 분야라고 봅니다. 최근 들어 다원주의와 개인주의가 강화되며 보편적 윤리란 존재하지 않으므로 윤리학의 존재 가치도 없다는 주장이 있긴 하지만, 오히려 보편적 윤리가 과연 존재하는지 그렇지 않은지, 존재한다면 그것이 무엇인지에 대한 연구 역시 윤리학에서 수행할 수 있다고 생각합니다.

핵심 포인트

철학 분야의 문제는 답이 명확하게 하나로 정해지지 않는 경우가 많다. 그런 만큼 자신의 주장에 근거를 갖춰서 논리적으로 표현하는 것이 중요하다.

사회에서 윤리와 법이 충돌하는 경우가 많다. 이에 대한 자신의 의견을 예를 들어 말해 보시오.

윤리와 법을 받아들이는 입장에 따라 이 문제에 대한 평가가 달라질 수 있다고 생각합니다. 우선 사회의 윤리를 성문화시키고 강제력을 부여한 것이 법이라는 입장에서 살펴보자면 윤리와 법이 충돌하는 문제는 법이 해당 사회의 윤리를 제대로 반영하지 못하고 있기에 발생합니다. 그러므로 이 관점에서 볼 때 윤리와 법의 충돌 문제는 입법을 통해서 빠르게 해결되어야 할 것이며, 또한 사법부에서도 적극적 사법주의를 채택하여 실정법에는 어긋나지만 윤리에는 부합하는 판결을 내리는 것도 제한적으로 허용할 수 있을 것입니다. 그러나 실정법은 윤리와는 구별되는 것이라는 관점에서 볼 때 법과 윤리는 다른 범주의 것인 만큼 윤리적으로 그른 행동이 법적으로는 문제가 없거나, 윤리적으로는 옳은 행동이 실정법에는 위배되는 경우도 있을 수 있습니다. 실제로 이 문제는 2차 세계대전 이후 유럽에서, 민주화 이후에 한국의 과거 독재 정권의 '합법적인' 절차를 통해 이루어진 '비윤리적인' 행동을 어떻게 평가할 것인지에 대한 논쟁에서 치열하게 토론된 바 있습니다.

핵심 포인트 👉

사회 과학은 대개 인문학에서 분리되어 나온 것인 만큼 얼마든지 두 학문이 연계돼서 출제될 수 있음에 유의하자.

인간에게 죽음이란 무엇인가?

죽음이란 인간이 태어날 때부터 필연적으로 평생 안고 가야 하는 것입니다. 인간은 죽음이 갖는 의미를 깨닫는 순간부터 죽음을 두려워하며, 이 세상에서의 소멸이 가져다주는 공포심에서 도피하고자 합니다. 인간이 살아가면서 하는 모든 행동은 죽음으로부터 도피하기 위한 행동이란 말이 있을 정도로 대개의 인간은 죽음을 두려워합니다. 죽음이 사람들에게 두려운 이유는 죽음 이후의 세계를 인간으로서는 알 수 없기 때문입니다. 이렇게 많은 사람들에게 죽음이 두려운 것이기는 하지만 죽음 이후의 삶을 설명하기 위한 인간의 노력은 여러 종교의 발전을 가져왔습니다. 또한 죽음을 인간 삶의 요소 중 하나로 파악하고 삶과 죽음은 동전의 양면과 같은 것이라는 견해를 지닌 철학자들도 있습니다.

핵심 포인트

철학적인 문제는 정해진 답이 없는 만큼 대답도 자유롭지만, 평소에 생각해 보지 않은 주제를 즉석에서 대답하는 것은 어렵다. 따라서 말과 글을 통해 자기 생각을 정리하는 시간을 자주 가져야 할 것이다.

우리는 타인의 감정을 알 수 있는가? 가령, 타인이 고통을 느낄 때 이를 온전히 이해할 수 있는가?

 인간이 자신의 감정이 확실한 것인지 의심하는 경우가 많은 만큼, 다른 사람의 감정은 더더욱 이해하기 힘들다고 생각합니다. 가령 누군가가 불에 데어서 고통스러워한다면, 불에 데어 본 적이 있는 사람은 불에 데었던 자신의 경험을 토대로 하여 그 사람의 고통에 공감할 수는 있겠지만 그 고통을 온전히 이해하는 것은 불가능하다고 봅니다. 또한 불에 데어 본 적이 없는 사람은 불에 데는 경험이 자신이 전혀 겪어 보지 못한 상황인 만큼 더 잘 이해할 수 없을 것입니다. 과학을 통해 두 사람의 신경계가 동일한 반응을 보일 경우 서로가 같은 경험을 하였다고 보고 이해가 가능하다고 하는 주장도 있지만, 똑같은 생물학적 반응에서도 서로 다른 감정을 느끼는 경우가 있어 이 역시 부정확하다고 할 수 있습니다. 따라서 인간은 자신의 경험을 넘어선 타인의 경험을 온전히 이해하는 것은 불가능하지 않나 생각합니다.

핵심 포인트 ☞

 인식론은 철학의 주요 연구 분야이다. 철학 관련 학과에 진학하려는 학생이라면 이런 문제를 꼭 한 번쯤 짚고 넘어가야 하며, 단순히 철학자들의 이름이나 사상을 나열하는 것보다는 자신의 생각을 표현하는 논증 구조를 세우는 데 주력해야 한다.

역사학 연구의 가치는 무엇인가? 또한 역사를 연구하는 데에는 어떤 어려움 이 존재하는가?

역사학은 과거의 사실을 기록한 것을 연구하는 학문으로, 사료를 연구하여 과거를 재구성한다고 할 수 있습니다. 인간은 혼자서는 존재할 수 없으며, 태어날 때부터 죽을 때까지 사회에서 살아가게 됩니다. 특정 세대의 인간은 이전 세대의 인간에게 영향을 받게되므로 과거를 거슬러 올라가며 인간의 역사를 연구하다 보면 현대 사회가 어떤 기반 위에 형성되었는지, 현대 사회의 문제가 왜 발생하였는지 등을 알 수 있습니다. 하지만 인간이 과거의 역사를 완벽하게 재구성하는 것은 불가능하다고 생각합니다. 역사는 상상에 의존하는 것이 아니라 사료에 의존하는 것인데, 최근의 역사를 제외하고는 사료가 많이 남아 있지 않기 때문입니다. 그런 만큼 역사학자는 불충분한 사료를 토대로 과거를 재구성해야 하며, 이것이 역사학의 '해석'이라고 할 수 있습니다. 그러나 역사 해석은 학자에 따라서 견해가 다를 수 있으므로 역사학에서 하나의 해석을 찾기는 힘들다고 봅니다.

> **핵심 포인트 ꜰ**
>
> 학문의 의의를 묻는 문제는 간단해 보여도 민감한 사안을 건드릴 수 있다. 그런 만큼 정석적으로 대답하면서 자신의 생각을 첨부하는 것이 좋다.

19세기 유럽에서 형성된 '민족'의 개념은 국민 국가의 형성을 위해 '만들어진 전통'이라는 입장인데, 이에 대한 자신의 생각을 말해 보시오.

유럽의 경우 19세기 이후 급격하게 민족주의가 득세하며 하나의 민족이 하나의 국가를 이룰 것을 주장하였습니다. 한반도에서도 마찬가지로 조선 말기가 되어서야 민족이라는 개념이 일본을 통해 전래되어 한국판 '민족의 신화'가 생겨났습니다. 그러므로 민족이라는 개념이 근대에 이르러서 생성된 것이라는 데에는 동의합니다. 하지만 민족이라는 개념이 만들어진 전통이라는 사실과, 그럼에도 불구하고 민족이라는 개념이 갖는 중요성은 다르게 평가해야 한다고 생각합니다. 유럽의 경우 지금의 유럽 지도를 형성하는 데 있어서 민족주의는 큰 영향을 미쳤으며, 한반도에서도 민족이라는 개념이 확산되며 일본의 식민 지배에 맞서 민족 국가를 세워야 한다는 의식이 발전하였기 때문입니다. 그런 만큼 민족의 신화가 갖는 허구성을 역사적으로 밝히되, 민족주의가 보다 바람직한 방향으로 전개되도록 노력해야 할 것입니다.

핵심 포인트 📢

> 인문학 관련 질문은 대개 변하지 않는다고 생각할 수 있지만, 연구 동향이 변하면 얼마든지 이에 따른 문제가 나올 수 있다.

'모든 것은 역사적이다.'라는 말에 대해서 어떻게 생각하는가?

일리가 있는 말이라고 생각합니다. '모든 것은 역사적이다.'라는 말은, 인간 세상에서 벌어지는 일들은 그 자체로서 독립적인 것이 아니라 항상 맥락 속에서 파악해야 한다는 의미입니다. 인간은 항상 외부와 소통하며 관계를 맺고 살아가기 때문에 인간의 행동, 그의 이념 등은 그 사람의 고유한 것이 아니라 외부에서 영향을 주고받은 결과입니다. 그러므로 '모든 것은 역사적이다.'라는 말은 특정 대상을 연구할 때 통시적인 관점에서 대상을 연구해야 하며, 그 대상 자체만 놓고 볼 때는 본질을 파악하기 힘들다는 주장을 함의하고 있다고 봅니다. 예를 들어, 이념의 경우, 특정 이념을 지나치게 숭배하고 신격화할 때마다 좋지 않은 결과를 낳았습니다. 이념의 숭배자들은 이념이 역사의 산물임을 인정하지 않고, 그 이념이 마치 완전무결한 것이라고 생각하였기 때문입니다. 이러한 초역사적 지위에 오른 이념은 비판의 목소리를 막았고, 결국 그 집단이 붕괴되는 경우가 많았습니다.

핵심 포인트

명언이나 격언의 의미를 설명하는 문제는 그 함의가 무엇인지를 잘 파악해야 한다. 물론 해석이 반드시 유일한 것은 아니며, 중요한 것은 좋은 논증 구조를 담아내는 것이다.

역사학자와 비역사학자가 역사를 공부하는 이유는 같은가, 다른가?

이는 '같다'와 '다르다'로 명확하게 구분지어서 설명할 수 있는 것이 아니라, 각자 어디에 중점을 두고 공부하느냐가 다르다고 생각합니다. 비역사학자들의 경우 역사를 공부하는 주요 목적은 인간이 다른 시대와 다른 장소에서 어떻게 살아왔는지를 파악함으로써 교훈을 얻고 이를 통해 현재를 살아가면서 유용하게 활용하는 데에 있다고 봅니다. '역사는 반복된다.'라는 말처럼 인간은 시간과 공간을 막론하고 공통적인 행동을 보이기도 하며, 반대로 비슷한 시기와 공간에서도 서로 다른 행동을 보이기도 합니다. 그런 만큼 역사는 사람들에게 좋은 길잡이이자 지침서가 될 수 있을 것입니다. 한편 역사학자들은 역사를 공부할 때 과거를 엄밀하게 재구성하는 데에 초점을 둔다고 생각합니다. 그러므로 그들이 역사를 연구할 때는 특정한 결론을 미리 정해 놓는 것이 아니라 사료 분석을 통해 역사적 사건에 대한 정확한 해석을 내리는 것이 목표일 것입니다.

핵심 포인트

이런 질문은 본인이 공부하고자 하는 학문이 어떤 학문인가 알고 있는지를 간접적으로 묻는 질문에 해당한다.

현대 사회에서 문학이 위기를 겪고 있다고 하는데, 이에 대한 자신의 견해와 해결책을 말해 보시오.

대중 매체의 발달로 인해 누구나 문화를 향유할 수 있는 대중 사회가 발전하였습니다. 이로 인해 문학은 '순수 문학'과 '대중 문학'으로 장르가 세분화됨과 동시에 통속화와 상업화라는 과정을 거치게 되었습니다. 또한 영화나 TV, 라디오 등 시청각적으로 화려한 매체가 잇달아 출현하며 문학은 점차 사람들의 관심사에서 멀어지기 시작하였습니다. 그동안 인류 문화를 발전시켜 온 원동력인 활자 문화가 죽어 간다는 소리가 나올 만큼 시청각 문화가 그 자리를 위협하고 있는 것입니다. 그러나 "위기는 곧 기회다."라는 말이 있듯이 문학이 현대에 인기를 잃었다면 이에 맞춰서 변화할 필요가 있습니다. 사람들의 관심을 사로잡고 있는 시청각 매체들과의 퓨전을 통해 이 위기를 타개할 새로운 형식의 문학이 탄생할 수도 있습니다. 또한 대중 문학의 다양한 변신을 통해 사람들의 호응을 얻을 수도 있을 것입니다.

> **핵심 포인트**
>
> 현대 사회로 오면서 기존의 가치 있던 것들이 그 가치를 잃어 가는 현상에 대한 질문 역시 꼭 대비해야 할 주제이다.

시장 경제 체제에 대한 자신의 견해를 말해 보시오.

시장 경제 체제는 자본주의 경제 체제와 의미가 상통합니다. 즉, 자유 경쟁의 원칙에 의해 시장이 작동하는 체제를 말하는데, 시장 경제 체제에서는 모든 경제 주체의 생산, 구입 등이 자유롭게 이루어집니다. 계획 경제의 반대 의미를 지닌 시장 경제는 개인의 이익 추구가 결국 시장을 효율적으로 작동시킨다는 것에 기반을 두고 있습니다. 노동자들은 일을 한 만큼 이익을 얻을 수 있기 때문에 시장 경제 체제에서는 동기 부여가 확실하게 이루어지고 이에 따라서 효율성이 극대화되는 것입니다. 하지만 효율성이라는 장점의 이면에는 형평성이라는 문제가 있습니다. 빈익빈 부익부 현상이 심화되고 결국 엄청난 빈부 격차가 발생할 수 있습니다. 또 시장 경제 체제에서는 개인의 이익을 중요시하기 때문에 공공재의 부족이나 독과점 같은 시장 실패가 나타날 수 있습니다. 따라서 정부가 적절한 규제와 개입을 통해 이러한 문제점을 보완해 준다면 시장 경제 체제는 사회를 매우 효과적으로 이끌어 나갈 수 있을 것입니다.

> **핵심 포인트** 🚩
> 답이 정해진 문제가 아니기 때문에 자신의 주장과 그를 뒷받침할 수 있는 적절한 근거를 대는 것이 가장 좋다.

세계화 시대에서 개인이 노력해야 할 것은 무엇인가?

　세계화의 추세 속에서 개인이 해야 할 노력은 첫째로 우리 민족과 문화에 대한 이해라고 생각합니다. 세계화 시대의 문제점이 바로 문화의 획일성입니다. 다양한 문화가 뒤섞이게 되면 그 문화들이 공존하기보다는 획일화가 되는 것입니다. 따라서 세계화에 맞춰서 우리 문화를 잘 보존하고 알릴 수 있도록 우리 문화에 대한 올바른 이해가 선행되어야 한다고 생각합니다. 두 번째로는 외국어 능력의 향상이 필요합니다. 다양한 국적의 사람들과 다양한 나라에서 일을 해야 하는 세계화 시대를 한국어만으로는 성공적으로 맞이할 수 없습니다. 영어를 공용어로 하자는 말이 나올 정도인 우리나라에서는 이미 유창한 영어 실력은 기본적으로 필요하고, 영어 이외의 외국어를 한두 가지 정도는 할 줄 알아야 하는 시대가 되었습니다. 따라서 외국어 능력의 향상이 가장 필요할 것 같습니다.

핵심 포인트 🚩

　세계화는 거스를 수 없는 추세이기 때문에 세계화에 대한 생각을 정리해 두도록 하자.

다문화 사회를 맞이하여 요구되는 태도에 대해서 말해 보시오.

　최근 국가 간의 이동이 자유로워지면서 한 국가 내에 다양한 인종이나 국적의 사람들이 모여 사는 경우가 많습니다. 한국도 예외가 아니기에 요즘 거리에서 외국인을 만나는 것이 어렵지 않은 상황입니다. 이러한 다문화 사회를 맞이하여 요구되는 태도는 자신과 생김새가 다르고 생활 방식이 다른 사람들을 '다르다'는 이유로 차별하지 않는 개방적인 태도입니다. 한국이 단일 민족 사회라고 하는 경우가 많지만, 사실 한국도 오랜 시간 동안 서로 다른 문화와 외모를 지닌 사람들이 모여 살면서 외모와 문화가 동질화된 사회라고 할 수 있습니다. 그런 만큼 지나친 인종적 순수성에 대한 집착은 역사적으로도 타당성이 떨어지는 것이며, 심할 경우 인종 차별이라는 극단적 형태로도 나타날 수 있습니다. 그보다는 서로가 서로를 인정하며 이해하려는 이성적인 자세가 다문화 시대의 시민들에게 요구되는 태도라고 할 수 있습니다.

핵심 포인트

　주장을 펼칠 때는 자신의 입장을 명확히 해서 합리적인 근거를 제시해야 하며, 극단적이지 않은 방향으로 주장하는 것이 좋다. 입장이 애매하면 양비론의 함정에 빠질 수 있지만, 극단적인 입장에 치우치는 것도 좋지 않은 인상을 줄 뿐더러 근거의 설득력도 떨어질 수 있다.

한국인에게 있는 장점과 단점을 말해 보시오.

우선 우리나라 사람에게 있는 장점은 단결력이 강하다는 점입니다. 월드컵 때를 생각해 보면 수백만의 인파가 모여 같은 옷을 입고 응원가를 부르며 국가 대표팀을 응원하였습니다. 또 사회적인 이슈나 국가적인 어려움이 생길 때마다 촛불을 들고 모여 국민의 단합된 모습으로 문제를 해결해 나가고 극복하는 과정을 통해서 우리 민족의 힘을 드러냈습니다. 이는 우리의 민족성과도 연관이 있다고 생각합니다. 한 민족이기 때문에 '우리 민족끼리 뭉쳐야 한다.'라는 사고가 깔려 있는 것 같습니다.

하지만 이것이 단점이 될 수도 있습니다. 내 나라, 내 가족만을 생각하게 되고 타인을 배척하는 태도를 보일 수 있습니다. 또 '내 친구니까.', '내 동료니까.' 하는 식으로 잘못을 묵인하는 경우가 나타나는데, 이것이 지나친 공동체 의식의 폐해라고 할 수 있습니다.

핵심 포인트 📌

단점과 장점, 찬성과 반대를 동시에 대답할 때에는 균형 있게 대답해야 한다. 한쪽에만 치우친 대답을 원하는 것이 아니기 때문이다.

민족주의 대신 세계 시민주의를 받아들이자는 주장에 대해 어떻게 생각하는가?

민족주의는 근대 민족 국가가 형성되는 과정에서 국민들을 하나로 모으기 위해 등장한 기조입니다. 민족주의는 민족의식을 통해 국민을 결집시키는 데 큰 역할을 하였지만, 자기 민족의 우월성을 과시하는 배타적 민족주의로 이어졌습니다. 그 결과 세계대전에도 큰 영향을 미치게 되었고, 그 외에도 각종 민족 분쟁을 일으키는 데 많은 영향을 끼쳤습니다. 이렇게 민족주의의 폐해가 지적되는 상황에서 과연 더이상 민족주의가 필요한가에 대해 말이 많습니다. 이제 국경의 장벽이 사라지고 세계가 하나의 지구촌을 이루는 상황인 만큼, 민족주의를 버리고 세계 시민주의로 나아가야 한다는 주장도 일리 있는 말입니다. 하지만 아직 세계화는 진전이 더디며 우리는 지금 세계 시민이라기보다는 국민으로 살아가고 있습니다. 그런 만큼 민족주의는 필요합니다만, 편협하고 배타적인 민족주의가 아니라 개방적인 민족주의가 필요하다고 생각합니다.

핵심 포인트

세계화와 국경 개방의 흐름이 가속화되고 있다. '지구화'와 '세계화'라는 주제와 더불어 민족주의에 대해서도 한 번쯤 생각해 보는 기회를 갖도록 하자.

외모 지상주의에 대해 어떻게 생각하는지 말해 보시오.

외모가 개인 간의 우열과 성패를 가름한다고 믿어 외모에 지나치게 집착하는 것을 외모 지상주의라고 합니다. 성형 수술이 유행하는 가장 큰 이유는 외모 지상주의의 확산 때문이라고 생각합니다. TV에 나오는 예쁘고 잘생긴 연예인들을 보면서 사람을 평가할 때 외모를 중요시하게 되고, 그 때문에 나 자신도 더 예쁘고 멋있어지려는 생각을 하게 됩니다. 또 외모가 자신의 성공과 실패를 좌우한다는 인식이 확산되었고 이러한 이유로 성형 수술이 유행하고 있는데, 저는 이러한 외모 지상주의에 대해 부정적으로 생각합니다. 앞서 말한 이유로 성형 수술 열풍이 불면서 성형에 중독되거나 성형 수술 부작용에 시달리는 사람들이 늘어나고 있습니다. 예전 '선풍기 아줌마'처럼 성형 수술 부작용으로 인해 피해를 입는 사람이 늘어날 수 있는 것입니다. 외모 지상주의가 갖는 또 다른 문제점은 능력 있는 사람을 소외시킬 수 있다는 것입니다. 능력은 있지만 외모가 좋지 못하면 그 능력을 발휘할 기회도 얻지 못하기 때문입니다.

> **핵심 포인트**
>
> 부정적 혹은 긍정적인 입장을 취할 때에는 반드시 적절한 근거를 들어서 설명을 해야 좋은 점수를 받을 수 있다.

성차별을 어떻게 해결할 수 있는가?

　여성 인권 운동으로 인해 양성 평등적인 정책이 많이 시도되고 있
긴 하지만, 아직 실생활에서 남성과 여성의 성역할이 사회적 분위기
에 의해 강요되는 경우가 많습니다. 20세기 중반까지만 해도 당연하
게 여겨졌던 인종 차별이 많은 이들의 노력에 의해 완화된 것처럼, 성
차별 역시 우리가 의식적으로 노력하고 나서야 해결할 수 있을 것입
니다. 다만 이 과정에서 주의해야 할 것은, 현재 상태를 가지고 성차
별을 정당화하는 논리로 삼아서는 안 된다는 것입니다. 한때 인터넷
을 통해 '된장녀'가 화제가 되면서 이러한 여성들에 대한 성차별이 정
당화되는 분위기가 팽배해지고 있습니다. 그러나 된장녀 문제에서 더
중요한 것은, 이러한 여성들에 대한 분노를 표출하는 것이 아니라 왜
'된장녀'라고 불리는 여성들이 이러한 심성을 갖추게 되었는지에 대한
사회적 원인을 찾아내서 해결하는 것입니다. 이처럼 일상생활에서의
성차별을 사회적 관점에서 볼 수 있는 시각을 갖추고, 이를 타파하려
는 태도가 중요하다고 생각합니다.

핵심 포인트

　문제의 해결 방안을 제시하는 질문을 받았을 때 중요한 것은 지엽적인 사례에만
얽매이지 않고 폭넓은 관점에서 문제를 조망하는 태도를 보여 주는 것이다. 구체적
인 사례를 제시하되, 사례들을 관통할 수 있는 핵심적인 논변을 함께 갖추어야 한다.

명품을 선호하는 사회적 분위기가 형성되고 있는 것에 대한 자신의 생각을 말해 보시오.

　명품을 선호하는 현상은 명품을 구매하고 사용함으로써 다른 사람들과는 구분되고 싶어 하는 사람들의 심리 때문에 발생합니다. 경제 용어로 스놉 효과 또는 속물 효과라고 하는데, 이는 다수의 소비자가 구매하는 제품을 꺼려하고 더 비싼 제품을 구매해서 다른 사람들과 차별화하려는 현상을 말합니다. 이렇게 명품을 선호하는 사회적 분위기는 남들이 명품을 사니까 나도 사야 한다는 모방 심리도 크게 작용합니다. 또 사람을 평가할 때 부의 정도가 많은 영향을 끼친다는 생각 때문에 명품을 소유하고 사용함으로써 자신의 가치를 더 높이고 싶어 하는 것 같습니다. 이런 명품 선호 현상은 많은 부작용을 가지고 있습니다. 명품은 가격이 비싸기 때문에 명품에 중독된 사람들은 자신의 소득 범위를 넘어선 소비를 하는 경우가 많습니다. 그로 인해서 범죄를 저지를 수도 있습니다. 또한 사회적으로는 모조품 시장이 활개를 칠 수 있기 때문에 우리 경제에 문제를 야기합니다. 그리고 사람의 가치를 그 사람이 지닌 명품에 따라 평가하는 사고방식이 만연하게 될 수 있습니다.

핵심 포인트

　문제에 답변을 할 때 자신이 알고 있는 이론, 용어 등을 적절하게 사용하면 더 좋은 답변이 될 수 있다.

양심적 병역 거부자들을 위한
적절한 방안을 말해 보시오.

양심적 병역 거부자들은 종교적인 이유로 병역의 의무를 거부하는 경우가 대부분입니다. 이들은 전쟁을 거부하는 종교를 믿는다거나 집총 병역이 개인의 양심에 반한다고 하여 병역을 거부하고 있습니다. 이러한 양심적 병역 거부자에게는 대체 복무를 하도록 하는 것이 적절할 것 같습니다. 단순히 병역을 거부하고 징역을 살다 오는 것은 개인적으로든 국가적으로든 손해라고 생각합니다. 징역을 살면서 무의미하게 보내는 시간에 고아원, 양로원, 장애인 요양원 등 사회 복지 시설에서 봉사를 하도록 하면 사회적으로도 이로울 것입니다. 다만, 복무 기간은 현역 군인들보다는 길게 해야 합니다. 대체 복무도 국방의 의무를 대신해서 하는 것이지만, 기본적인 의무가 아니라 양심에 따른 개인의 선택에 따라서 대체 복무를 하는 것이기 때문입니다.

핵심 포인트 Ⓕ

> 양심적 병역 거부, 군가산점 제도 등은 현실적으로 대두되고 있는 문제이다. 현재의 제도가 갖는 장점과 단점, 해결책 등을 미리 생각하도록 한다.

미성년자의 신용 카드 사용에 대한
생각을 말해 보시오.

저는 미성년자의 신용 카드 사용에 대해서 부정적인 입장입니다. 미성년자는 대부분이 학생이고, 따라서 아직 돈에 대한 개념이 확실하지 않습니다. 그래서 어느 정도가 큰돈인지, 그 돈을 벌기 위해 얼마나 일을 해야 하는지도 모른 채 명품을 마구 구입하는 등 과소비를 할 여지가 많기 때문입니다. 특히 청소년기는 친구에게 많은 영향을 받고 자신을 꾸미고 싶어 하는 시기이므로 유행하는 옷이나 가방, 신발 등을 분별없이 소비할 가능성이 높습니다. 또, 신용 카드는 당장 현금이 없어도 물건을 구입할 수 있기 때문에 미성년자의 신용 카드 사용은 많은 문제를 일으킬 것입니다. 직접 돈을 벌고 쓰는 성인들의 경우에도 신용 카드를 무분별하게 사용해서 카드 빚을 지는 경우가 많은데, 미성년자는 아직 소득이 없거나 혹은 소득이 있다 하더라도 돈에 대한 충분한 개념이 확립되지 않았기 때문에 신용 카드를 사용하는 것은 옳지 않다고 생각합니다.

> **핵심 포인트** 📌
>
> 경제에 대한 명확한 개념이 설정된 상태에서 사용해야 함을 강조한다. 이 외에도 현대 사회에 들어서면서 발생하는 다양한 문제들에 대한 자신의 생각을 정리해 두자.

성신여대

사형 제도에 대한 자신의 입장을 말해 보시오.

사형 제도에 대한 찬반은 국가가 범죄자에게 가하는 형벌이 어떤 목적을 갖고 있는지에 따라 달라진다고 봅니다. 만약 형벌의 목적을 복수에 둔다면 사형은 범죄자의 목숨을 거두는 형벌이므로 형벌의 취지에 맞을 것입니다. 그러나 형벌의 목적이 범죄자의 교화와 사회 안정에 있다면 사형은 형벌의 목적에는 크게 기여하지 못할 것이라고 생각합니다. 저는 형벌의 목적이 후자에 있다고 생각하기에 사형 제도는 형벌의 목적에 별로 도움이 되지 않는 처벌이라고 생각합니다. 더 중요한 것은 사형에 이르는 강력 범죄가 일어나지 않도록 범죄를 예방하고 범죄자를 교화하는 제도를 확립하는 것이라고 생각합니다. 사형 제도는 국가의 입장에서는 돈을 별로 들이지 않고 실시할 수 있기에 더 간편한 형벌이기는 하나, 그 자체로서 사회 안정을 가져다주지는 못한다고 봅니다. 그러므로 장기적인 관점에서 범죄율을 낮추기 위해서는 무턱대고 사형 제도를 실시하는 것보다는 범죄 예방을 위한 노력이 더 중요하다고 봅니다.

핵심 포인트

사형 제도 폐지 논란은 이미 사회에서 한번 논란이 되었던 화제이기에 찬반 양측의 근거를 쉽게 접할 수 있다. 답안에서는 사형 반대론자의 근거를 제시하였으나, 본인의 입장에 따라서 근거들을 마련해 놓는 것이 좋을 것이다.

세계화의 긍정적인 측면과
부정적인 측면을 말해 보시오.

　사회가 전 세계적으로 밀접한 관계를 맺게 되는 과정을 세계화라고 합니다. 세계화가 진행되면서 나타나는 긍정적인 면은 국가 간 상호 이익의 도모를 통해 전 세계적인 부가 증가하는 것입니다. 또 세계적으로 상호 의존이 심화되면서 평화 의식이 확산되고 인권 문제나 환경 문제와 같이 전 세계적인 대응이 필요한 문제에 대해 효과적으로 대응할 수 있다는 장점이 있습니다. 하지만 세계화는 부정적인 측면도 있습니다. 세계화가 이루어지면서 후진국의 경제가 선진국에 종속될 수 있다는 점을 들 수 있습니다. 또 할리우드 영화나 다국적 기업의 획일화된 상품 등 대규모 자본을 바탕으로 한 문화가 유입되면서 문화의 다양성이 사라질 수 있다는 문제점이 있습니다.

핵심 포인트 F

　세계화는 현대 사회 문제와 대부분 연관될 만큼 중요하다. 따라서 세계화에 대한 답변을 할 때 이와 연관시켜 말할 수 있고, 반대로 현대 사회 문제에 대해서 말할 때에도 세계화와 연관을 지어서 말할 수 있다.

기회균등선발에 대한 자신의 생각을 말해 보시오.

기회균등선발은 경제적으로 어려운 학생들을 위해 대학에서 따로 전형을 만들어 학생들을 선발하는 제도입니다. 이는 가난한 가정의 학생들에게 기회의 평등을 주기 위해 마련한 제도인데, 저는 이를 긍정적으로 생각합니다. 우선 평등을 위한 이러한 배려가 역차별이 아니냐는 주장이 나올 수 있습니다. 자신보다 학업 성적이 낮은 학생이 더 좋은 대학에 들어갈 수 있다는 것이 불합리하다는 것입니다. 이러한 주장은 일면 타당하나 경제적으로 어려운 학생들은 가정 형편이 어려운 상황에서 분명 다른 학생들보다는 학습 조건이 불리하였을 것입니다. 예를 들어, 자신이 직접 가족들을 먹여 살려야 하는 경우 학교에서의 시간 이외에는 대부분을 일을 해야 하고 이러한 상황에서 공부하기는 어려울 것입니다. 효율성만을 중시한다면 다른 조건은 고려하지 않고 오로지 성적에 의해서만 당락을 결정해야 하지만, 평등의 개념을 생각해 봤을 때 기회균등선발이 기회의 불평등을 조금이나마 해소할 수 있는 제도라고 생각합니다.

> **핵심 포인트** ▶
>
> 기회균형선발, 지역균형선발 등은 역차별 문제와 관련이 있다. 평소 평등과 역차별의 개념을 정리해 두자.

브라질의 아마존강 유역 개발에 대한 생각을 말해 보시오.

　브라질 정부는 아마존강 유역을 오래전부터 개발해 왔습니다. 그러나 브라질 이외의 많은 국가들은 여기에 반대를 하고 개발을 중지할 것을 주장해 오고 있습니다. 그 이유는 아마존강 유역이 지구의 허파라고 불릴 정도로 엄청난 열대 우림 지대이고 그곳이 개발 때문에 파괴될 경우 전 세계적으로 엄청난 환경 문제를 일으킬 수 있기 때문입니다. 브라질 정부는 경제적 성장을 이루기 위해 아마존강 유역을 개발해야 한다고 주장하고, 세계는 환경 보존이라는 이유로 이를 막고 있습니다. 저도 아마존강 유역의 개발에 반대합니다. 그곳에는 엄청난 종류와 수의 동식물이 살아가고 있고, 그 넓은 열대 우림이 파괴될 경우 전 지구적으로 심각한 문제를 초래할 수 있기 때문입니다. 또 브라질은 국토가 넓고 자원이 많기 때문에 굳이 아마존강 유역의 개발을 통해서만 경제 성장을 이룰 수 있는 것은 아니라고 생각합니다. 그리고 세계 여러 국가에서 아마존강 유역 개발 포기에 대한 적절한 경제적 보상을 해 주고, 브라질도 아마존강 유역을 보존해야 한다고 생각합니다.

> **핵심 포인트** 📩
> 　현재 이슈가 되고 있는 국내의 문제뿐만 아니라 세계적인 문제에 관심을 가질 필요가 있다.

헌법재판소가 형법상 낙태죄 조항에 대해 헌법불합치 판결을 내린 것에 대해 어떻게 생각하는가?

낙태죄라는 것은 태아를 인공적으로 모체 안에서 죽이거나 조산시키는 죄라고 알고 있습니다. 우리나라는 1953년부터 이를 적용, 이 죄를 지으면 형법에 따라 낙태한 여성은 징역형이나 벌금형을 받게 되었습니다. 또한 이러한 행위를 한 의료진도 징역을 받게 되는 엄한 형법상의 죄였습니다. 모자보건법상 낙태죄로 처벌받지 않는 예외 사유가 있음에도 이 또한 많은 문제점을 가지고 있었습니다. 그런데 2019년 4월 헌법재판소가 낙태죄를 규정한 형법 조항(269조, 270조)에 대해 헌법불합치 결정을 내렸습니다. 이에 따라 2020년 12월 31일까지 법 조항이 개정되지 않으면 기존의 낙태죄 규정은 폐지되게 됩니다. 앞으로 낙태죄 폐지가 확정된다면 그로 인해 발생할 수 있는 여러 가능성에 대한 구체적인 대책이 필요할 것입니다. 저는 이번 결정문이 생명 존중에 대한 배려나 고민의 흔적이 부족하다는 지적을 받아들이고 더욱 고심하는 계기가 되어야 한다고 생각합니다. 해외의 거의 모든 의사회에서는 산모의 생명이 위협받는 상황을 제외하고는 낙태를 지지하지 않고 있는 것으로 알고 있습니다. 낙태를 허용하고 있는 나라에서도 임신 12주 이하의 낙태를 허용하고, 낙태를 완전하게 허용한 나라는 소수에 불과합니다. 이번 헌재의 낙태죄 헌법불합치 판정은 임신 기간 전체를 통틀어 모든 낙태를 전면적·일률적으로 금지하는 것이 임신한 여성의 자기결정권을 제한한다고 보았기 때문입니다. 그래서 앞으로도 계속해서 생명 존중과 여성의 자기결정권 사이에 논란이 많으리라 생각합니다.

출산을 장려하기 위한 국가적 대안을 말해 보시오.

출산율을 높이기 위해서는 나라에서 운영하는 보육 시설을 늘려야 합니다. 맞벌이 부부가 많은 요즘 아이를 낳지 않는 이유는 맞벌이를 하면서 아이를 키우기가 힘들기 때문입니다. 따라서 나라에서 적은 돈으로도 아이를 믿고 맡길 수 있는 보육 시설을 운영하면 출산율이 증가할 것입니다. 그리고 불임 부부들의 시험관 아기 출산에 관한 비용도 나라에서 많이 보조해 주고 의료 혜택도 늘려 주어야 합니다. 또한 아이를 키우면서 들어가는 엄청난 양육비와 교육비도 출산율 저하의 원인입니다. 아기 때에는 국영 보육 시설에 맡겨서 키운다고 하더라도 그 아이가 커서 초등학교에 들어가고 대학교를 졸업하기 위해서는 엄청난 비용이 들어갑니다. 따라서 국가에서는 아이를 낳으면 보조금을 주는 단기적인 장려 정책보다는 자녀가 2명 이상일 경우 학비를 절감해 주는 식의 장기적인 출산 장려 정책을 펼쳐야 합니다.

> **핵심 포인트**
>
> 출산율 저하는 계속해서 문제가 되고 있는 내용이다. 이에 대한 대안을 말할 때 장기적인 관점에서의 대안을 제시해 주는 것이 바람직하다.

 광운대

저출산 고령화 시대가 한국에서 어떤 결과를 낳을지 본인의 생각을 말해 보시오.

　최근 한국을 포함한 많은 국가가 경제 성장 이후 출산율이 지속적으로 감소하는 추세에 있습니다. 이로 인해 청년 인구가 점차 감소하고 있으며 이는 향후 한국의 경제 활동 인구 감소를 의미합니다. 경제 활동 인구의 감소는 곧 경제력 하락을 의미하며, 자원이 빈약하고 국토가 좁은 한국의 유일한 경제 성장 원동력인 고급 인재들의 수도 줄어든다는 의미입니다. 또한 청년 인구가 감소하고 노년 인구가 증가하는 것은 실버 산업으로 불리는 노인 대상의 산업이 성장하고 노인 복지에 대한 관심이 많아질 것이라는 장점이 있긴 하나, 복지 비용을 감당해야 하는 청년층의 숫자가 감소한다는 것은 청년 1인에게 더 많은 부담이 가중된다는 것을 가리키기도 합니다. 그러므로 지금부터 미리 변화하는 사회 구조에 대응할 것이 요구되는데, 구체적으로는 출산율 증가를 위한 자녀 양육 혜택 제공과 노인 복지를 위한 예산 증액 등이 있다고 봅니다.

핵심 포인트 👆

> 한국은 세계적으로 유래 없는 고령화를 겪고 있다. 그런 만큼 고령화 사회로의 진입이라는 현실적 문제는 시사적으로 중요한 문제라고 할 수 있다.

담배 불법화에 대한 본인의 생각을 말해 보시오.

우선 담배 불법화가 이루어질 경우 현재의 많은 흡연자들은 범법자가 됩니다. 담배의 중독성은 이미 널리 알려져 있다시피 강력합니다. 담배에 중독되어 있는 현재의 흡연자들은 쉽게 담배를 끊지 못할 것이고, 이런 상황에서 담배 불법화가 이루어지면 엄청난 혼란이 발생할 것입니다. 또 흡연자들뿐만 아니라 담배를 생산 · 판매하는 기업과 농민들도 이 제도에 엄청난 저항과 반대를 할 것입니다. 따라서 담배 불법화는 시기상조라고 생각합니다. 먼저 금연 구역을 점점 더 늘려 나가고 담배 가격을 인상하는 등의 조치를 취하고, 담배의 악영향 등을 교육하고 홍보한 뒤 어느 정도의 유예 기간을 두고 차차 담배 불법화를 시행해야 합니다.

> **핵심 포인트** 🖝
>
> 담배 불법화에 대한 찬반 의견이 대립하고 있다. 사회적으로 이슈가 되거나 이슈가 될 만한 사항은 관심을 갖고 생각해 볼 필요가 있다.

청소년 흡연에 대한 본인의 생각을 말해 보시오.

저는 청소년의 흡연에 대해서 부정적인 입장입니다. 우선 청소년기의 흡연은 건강에 매우 해롭습니다. 15세 이전에 담배를 피우기 시작할 경우 폐암으로 인한 사망률이 약 18배에 달하고, 폐암은 대부분 흡연에 의해 발생하기 때문에 청소년기의 흡연은 매우 좋지 않습니다. 신체 발육이 끝나지 않은 청소년기에는 세포와 조직이 약하기 때문에 흡연에 의한 피해가 더 크게 나타나는 것입니다. 또 인격 형성과정에 있는 청소년기에 정신적으로 해로운 흡연을 하게 될 경우 올바른 인격 형성에 악영향을 끼치게 됩니다.

청소년들이 담배를 피우기 시작하는 이유는 호기심과 친구들의 영향입니다. 흡연은 정신 건강에 해로울 뿐만 아니라 비행과도 연관이 될 수 있으므로 사회적으로 이를 막기 위한 노력을 해야 합니다.

> **핵심 포인트 🚩**
>
> 두 가지 입장이 충돌하는 문제를 논할 때는 자신의 주장, 근거, 반론에 대한 재반론을 전부 갖추는 것이 좋다.

21세기를 주도할 산업 두 가지를
말하고, 그 이유를 말해 보시오.

　우선 노인 관련 산업이 발전할 것입니다. 생명 연장의 꿈을 이루기 위해 인간은 많은 노력을 해 왔고, 의학 기술의 발전과 함께 인간의 수명도 늘었습니다. 따라서 앞으로 노인의 수가 현재보다 훨씬 많아지고 그 비율 또한 높아질 것입니다. 그렇기 때문에 노인과 관련된 복지 사업, 노인 보조 기구, 의료 산업 등이 발전할 것입니다. 두 번째로 에너지 관련 산업이 유망하다고 생각합니다. 석유나 석탄 등 기존의 화석에너지는 거의 고갈되어 가고 있습니다. 따라서 바이오에너지, 수소에너지, 태양열에너지 등 새로운 에너지 관련 산업이 크게 발전할 것입니다. 이미 이러한 에너지 개발이 진행되고 있고 21세기 중반부터는 실용화가 되어서 현재의 환경 문제나 자원 고갈 문제 등이 해결될 것이라고 생각합니다.

> **핵심 포인트** 👉
>
> 　변화가 빠른 현대 사회에서 앞으로 크게 성장할 산업을 예상하는 것은 중요하다. 현재뿐만이 아니라 다가올 미래의 사회 모습도 생각해 두자.

정부가 존재해야 하는 이유를 말해 보시오.

정부는 넓은 의미로는 입법, 사법, 행정 등 한 나라의 통치 기구 전체를 가리키며, 좁은 의미로는 내각 또는 행정부 및 그에 부속된 행정 기구만을 가리키는 말입니다. 이러한 정부는 사회의 질서를 유지하고 법을 제정하며 국가를 유지·발전시키는 역할을 합니다. 구체적으로는 사회적 규제, 사회 발전, 사회 질서 유지, 외교 활동, 국방 도모 등의 역할을 합니다. 정부가 없다면 각 부처의 일이 제대로 시행되지 못하고 군경의 지휘 체계 또한 흔들리게 됩니다. 이렇게 되면 국가의 존속마저 위협받게 됩니다.

경제와 관련한 정부의 역할도 중요시되고 있습니다. 정부의 지출을 늘려 경제 대공황을 막은 '뉴딜 정책'이 한 예가 될 수 있으며, 경제 체제는 정부의 개입 정도에 따라 변해 왔습니다. 복지 국가의 성격을 띤 유럽의 대부분의 국가들은 정부가 적극적으로 공공 복지 등의 분야에 많은 투자를 하고 있습니다. 이처럼 정부의 존재는 국가의 존속에 필수적인 요소라고 생각합니다.

핵심 포인트

> 정부의 역할이 커지면서 정부에 대한 논의가 이루어지고 있다. 정부에 대해 확실한 개념을 세워 두고 여기에 더불어 현 정부에 대한 생각도 정리해 두는 것이 좋다.

삼권 분립에 대해 말해 보시오.

삼권 분립은 국가 권력의 작용을 입법, 행정, 사법의 셋으로 나누어, 각각의 기관에 분담시켜 상호 간 견제·균형을 유지시킴으로써 국가 권력의 집중과 남용을 방지하려는 통치 원리를 말합니다. 입법은 국회가, 행정은 대통령을 수반으로 하는 정부가, 그리고 사법은 법원이 담당하는데, 앞에서 말하였던 것처럼 국가 권력을 분산시켜 권력이 한곳에 집중되지 못하게 하는 것이 삼권 분립의 핵심입니다. 삼권 분립이 지켜지지 않을 경우 독재가 나타날 수 있습니다. 실제로 군사 독재 시절에는 삼권 분립이 제대로 시행되지 않았습니다. 따라서 올바른 민주주의가 시행되기 위해 국민들은 어느 한 권력이 너무 강하면 다른 두 권력에 힘을 실어 주는 등의 방법을 통해 삼권 분립의 이행이 이루어질 수 있도록 노력해야 합니다.

핵심 포인트 🚩

정치와 관련한 기본적인 상식이다. 삼권 분립의 의미와 그것이 행해져야 하는 이유 정도는 알고 있어야 한다.

갯벌 보존과 간척지 개간 중 어느 것이 더 중요한지 자신의 생각을 말해 보시오.

저는 갯벌의 보존이 더 중요하다고 생각합니다. 우선 갯벌은 어패류의 생산 및 서식지 제공 기능을 합니다. 갯벌에는 엄청난 양의 생물이 존재하고 이는 인근 주민의 생활과도 밀접한 관련을 맺고 있습니다. 또 갯벌은 오염 정화의 기능을 가지고 있습니다. 갯벌에 존재하는 미생물과 갯지렁이는 엄청난 양의 오염 물질을 정화할 수 있고 덕분에 서해 지역은 적조 현상이 나타나지 않는다고 합니다. 간척지를 개간하면 경제적으로 이용할 수 있다고 하는데, 갯벌은 생물 실험실, 오락적 장소 등의 교육적 혹은 심미적으로 이용할 수 있는 풍부한 환경을 제공하고 있습니다. 또 갯벌의 생태적 다양성은 좋은 연구와 교육의 대상이 될 수 있습니다.

경제적인 이유만으로 갯벌을 파괴하는 것은 옳지 못합니다. 태풍이나 홍수 등을 조절해 주는 것도 갯벌의 중요한 역할입니다. 갯벌은 엄청난 시간에 걸쳐 만들어지는 것입니다. 세계의 5대 갯벌로 꼽히는 서해안 갯벌을 간척지로 만들어 개발하는 것보다는 갯벌 자체를 보호 · 보존하는 것이 더 바람직하다고 생각합니다.

핵심 포인트 ⚑

갯벌 보존이든 간척지 개간이든 논리적 근거를 들어 반대 의견에 대한 반박을 하는 것도 좋은 답변의 필수 요소이다.

자살률이 증가하고 있는데, 그 원인을 말해 보시오.

현재 우리나라의 자살률은 계속 증가하는 추세입니다. 자살의 원인으로는 학업 부진으로 인한 열등감, 부채와 사업 부진 등 경제적인 문제, 결혼 실패의 스트레스와 우울증, 장기적인 경제 불황 등을 들 수 있습니다. 자살은 경제적 불황 같은 외부적인 요인에 의해 발생된 현상일 수도 있지만 우울증과 같은 내부적인 요인도 크게 작용합니다. 특히 현대 사회와 같이 인간 소외 현상이 심화되고 있는 상황에서 인간은 자신의 존재 가치를 찾지 못하고 극도의 우울함을 경험하고, 이로 인해 극단적인 선택을 하게 되어 자살로 연결되는 것입니다. 또 앞에서 말하였듯이 장기적인 경제 불황은 자신이 경제적으로 무능력하다는 인식을 심어 줄 수 있고, 이 역시 자살률 증가의 원인이 되는 것입니다. 한편, 유명인이나 자신이 모델로 삼고 있던 사람 등이 자살할 경우, 그 사람과 자신을 동일시해서 자살을 시도하는 현상인 베르테르 효과도 자살률 증가의 원인입니다.

> **핵심 포인트**
>
> 사회적으로 문제가 되는 자살, 이혼, 출산율 저하 등은 대표적인 면접 질문이다. 이에 대해 확실히 정리해 두는 것이 좋다.

국제 정치에는 도덕은 없고 힘의 논리만 있다고 하는 견해에 대한 자신의 생각을 말해 보시오.

국제 정치에 도덕은 없고 힘의 논리만 있다는 견해에 일면 동의하는 바입니다. 민족 간의 갈등, 국가 간의 이권 다툼, 종교 전쟁과 같은 것들은 오랜 시간 동안 여러 지역에서 계속되어 왔습니다. 그 싸움들의 승패가 군사력, 정치력, 경제력 등과 같은 힘(Power)의 논리에 의해 결정되었다는 사실은 우리 모두가 잘 아는 바입니다. 물론, 미국이 '세계 경찰국'으로서의 역할을 자처하기도 하고, UN이 1945년 설립되면서 국제 사회에서의 화합과 일치를 위해 노력하고 있습니다만, 아직까지도 국제 정치 상황은 그다지 크게 개선되지는 못하고 있는 것 같습니다. 강대국들의 이해 관계에 따라 약소국들은 경제적 식민지로 전락한 것이 오늘날의 현실이기 때문입니다. 따라서 앞으로는 국제 사회를 지배하는 경제 논리에서 벗어나 지구촌이 하나의 운명 공동체라는 사실을 인지하고 연합하고자 하는 노력을 계속해 나가야 할 것입니다.

핵심 포인트

국제 정치에 대한 문제는 학생의 국제적인 안목과 견해를 살펴볼 수 있기 때문에 면접관들이 항상 염두에 두고 낼 수 있는 문제이다. 평소에 국제 뉴스에 늘 관심을 가지고 신문 사설 등을 스크랩해서 정리해 두면 도움이 된다.

비정부 기구에 대해서 아는 대로 말해 보시오.

　비정부 기구는 NGO(Non-Governmental Organization)라고도 하며 어떠한 종류의 정부에도 간섭받지 않고, 시민 개개인 또는 민간 단체들에 의해 조직되는 단체를 의미합니다. 정부로부터 자금 지원을 받는 경우에도 비정부 기구는 정부 관계자를 회원에서 제외시킴으로써 민간 단체로서의 성격을 유지합니다. 일반적으로 국제 기구들의 활동이 정치 · 경제적인 분야에 치우쳐 있기 때문에 비정부 기구는 환경 문제, 인권 문제, 지속 가능한 개발, 저개발국 지원, 긴급 구호 등 다양한 사항에 중점을 두고 활동하고 있습니다. 녹색 연합, 한국 소비자 연맹 등이 국내의 비정부 기구이고, 월드 비전, 국경 없는 의사회, 그린피스 등이 세계적으로 활동하는 비정부 기구입니다. 이러한 비정부 기구들은 전 세계적으로 많은 회원을 보유하고 있으며 활발한 활동을 하고 있습니다.

> **핵심 포인트** 🚩
>
> 　자신이 아는 한 많은 것을 말하는 것이 좋고, 이러한 문제에 대비하기 위해 기본적인 소양을 쌓아 두는 것이 좋다.

게임에 중독된 청소년들이 많은데, 이를 해결할 수 있는 방안에 대해 말해 보시오.

게임 중독은 하루 중 대부분의 시간을 게임을 하는 데 쓰면서 게임을 하지 못하면 초조하고 불안해지는 상태를 말합니다. 청소년들이 게임에 중독될 경우 우선 학업에 많은 지장을 주게 됩니다. 새벽까지 게임을 하면 학교에 가서 수업 시간의 대부분을 졸면서 보내게 됩니다. 또 폭력적인 성향을 갖게 될 수 있고 정신적으로 많은 스트레스를 받게 됩니다. 이를 해결하기 위해서는 청소년들에게 게임 이외의 여가를 즐길 수 있도록 해 주어야 합니다. 현재 청소년들이 즐길 오락거리는 PC방, 노래방 등이 대부분입니다. 이런 오락거리의 제한이 청소년들의 게임 중독에 기여한다고 볼 수 있습니다. 따라서 청소년들이 농구나 축구와 같이 건전한 여가를 즐길 수 있도록 시설들을 늘려 주어야 합니다. 또한 청소년 자신도 게임보다는 친구들과 어울리는 시간을 늘리고, 부모님도 자녀가 게임에 중독되지 않도록 적절한 제재를 해 주어야 합니다.

핵심 포인트

사회 문제의 해결 방안을 말할 때에는 개인, 단체, 정부 차원의 다양한 해결 방안을 말하는 것이 좋다.

청소년들의 스타를 추종하는 현상이 갈수록 심화되고 있다. 이러한 현상의 문제점을 다양한 각도에서 지적해 보시오.

첫째로, 외모 지상주의의 문제가 있습니다. 요즘 한국은 엔터테인먼트 사업이 발달하면서 연예계 활동이 매우 체계적으로 이루어지고 있습니다. 관련 산업이 발전함에 따라 다양한 연예인들이 나오고 있고, 그들은 여과 없이 청소년들에게 많은 영향을 미치고 있습니다. 특히, 외모에 관심이 많은 10대 청소년들은 아이돌 가수나 배우들을 보면서 자신의 외모를 비하하고 심지어는 자살 충동을 느끼기도 한다고 합니다. 이것은 한창 자라는 청소년들에게 매우 좋지 않은 영향을 끼치게 됩니다.

둘째로, 문화 획일화의 문제가 있습니다. 마치 공장에서 상품을 찍어 내듯이 몇몇 거대 기획사에서 아이돌 그룹들을 양산하고 있는데, 청소년들은 그러한 아이돌 그룹을 집단적으로 좋아하거나 또는 싫어합니다. 해당 그룹의 노래와 음악적 성향에 관계없이 또래 집단에 동조하여 맹목적으로 추종하기도 합니다. 그러다 보니 요즘 청소년들에게 음악은 오로지 댄스 음악밖에 남아 있지 않게 되었습니다. 이러한 댄스 음악은 지극히 상업적인 목적으로 만들어진 것이기 때문에 음악적으로 깊이가 있기 힘듭니다. 청소년 시기에 다른 여러 가지 다양한 음악들을 접하면서 감수성을 발달시킬 필요가 있는데, 아이돌의 댄스 음악만이 음반 시장을 독점하는 지금의 상황에서는 음악을 통한 감수성 발달이 현실적으로 어려워 보입니다.

> **핵심 포인트 F**
>
> 최근에 두드러지는 사회 현상에 대한 문제점을 말할 때, 문제점을 지적하고 그에 대한 구체적인 사례를 언급하는 것은 자신의 주장에 대한 논리를 더욱 견고하게 만드는 데 도움이 될 것이다.

인터넷 실명제에 대한 자신의 의견을 말해 보시오.

저는 인터넷 실명제에 대해 긍정적으로 생각합니다. 인터넷이 생긴 이후로 계속적으로 발생하는 악성 댓글, 근거 없는 유언비어 유포, 마녀사냥 등은 이제 엄연히 범죄로 규정되고 있음에도 불구하고 인터넷상에서의 범죄들은 끊임없이 발생하고 있습니다. 인터넷 실명제를 도입할 경우에 그러한 범죄들이 어떻게 발생하게 되었는지 그리고 최초 유포자가 누구인지에 대해 보다 명확한 원인 규명이 가능해질 수 있다고 생각합니다.

표현의 자유라는 미명 아래 지금까지 인터넷은 익명제로 운영되어 왔지만, 표현의 자유를 누리기 위해서는 그에 대한 책임 의식도 따라야 합니다. 최근에 실명제를 실시한 몇몇 사이트들의 결과 보고서에 따르면, 실명제 실시 이후 인신 비방 등의 글이 현저하게 줄어들었고 사이트 내 게시판의 글들에서 자체 언어 정화가 이루어지는 긍정적인 결과가 나타났다고 합니다. 그러므로 인터넷 실명제 시행을 적극 검토해야 합니다.

핵심 포인트

어떤 정책에 대해 평가할 때는 단순한 장단점만 논하는 것보다는 그 정책이 적용된 전후의 사례를 드는 것이 좋다. 더 나아가 그 정책이 잘 이루어질 수 있는 방안을 제시하는 것도 좋은 답변이 된다.

스마트폰의 폐해에 대해서 말해 보시오.

　스마트폰이 대중화되면서 스마트폰의 중독 증상이 문제가 되고 있습니다. 요즘 스마트폰을 소지하지 않은 사람은 찾아보기 힘들며, 어딜 가나 사람들은 스마트폰을 들여다보느라 정신이 없습니다. 친구와 만났을 때나 지하철과 버스 안에서, 학교에서 끊임없이 스마트폰을 사용하고, 심지어 길을 걸어가거나 횡단보도를 건널 때도 사용하다가 사고가 일어나기도 합니다. 스마트폰의 지나친 사용은 학업이나 업무에 집중하지 못하게 한다는 문제점도 있습니다. 또한 스마트폰으로는 인터넷과 SNS에 접근이 용이하여 이를 통해 잘못된 정보나 상업성·음란성을 띠는 정보가 무분별하게 퍼져 나갑니다. 이는 청소년에게 안 좋은 영향을 미칠 수 있고 새로운 범죄를 만들어 내기도 합니다. 스마트폰이 우리에게 즐거움을 주고 사람들과 쉽게 교류할 수 있으며 빠르게 정보를 주고받을 수 있다는 장점도 있지만, 동반되는 여러 문제들을 막기 위해서는 올바른 사용과 규제가 필요합니다.

> **핵심 포인트**
>
> 　문제를 단순하게 보지 말고 핵심을 짚어 내야 한다. 스마트폰의 폐해 같은 경우, 스마트폰 중독 같은 단순한 문제점뿐만 아니라 범죄로 직결될 수 있다는 문제까지 잡아 내야 하는 것이다.

컴퓨터 통신을 하면서 언어를 축약하거나 해체하는 현상에 대한 자신의 생각을 말해 보시오.

한국에 초고속 인터넷이 보급된 지도 십수 년이 지났습니다. 처음에는 인터넷에서 일어나는 독특한 현상으로 보였던 '통신 언어'가 어느새 오프라인에서도 범람하고 있습니다. 물론 언어는 시간이 지나면서 변화하는 것이고, 인터넷상에서의 언어의 축약 혹은 해체 역시 변화의 흐름이라 파악할 수도 있을 것입니다. 하지만 최근 인터넷에서 이루어지고 있는 언어의 축약·해체 현상은 지나치게 국문법을 파괴하고 있다는 것이 제 생각입니다. 실제로 문법에 맞는 언어와 인터넷상에서 사용되는 통신 언어의 괴리가 너무나도 큽니다. 언어의 역사성을 논하기에는 지나치게 빠른 변화라고 생각합니다. 제 생각으로는 정부나 시민 단체 차원에서 언어 순화 운동을 벌여서 조금씩 간극을 메워 나가야 한다고 봅니다.

> **핵심 포인트**
>
> 인터넷 관련 소재는 출제 빈도가 높은 편이다. 인터넷으로 인한 사회 각 분야의 변화에 대해 알아 두자.

mp3 파일 등과 관련하여 저작권 문제가 논란이 되고 있다. 이에 대해 어떻게 생각하는가?

한국의 경우 저작권에 대한 개념 인식이 부족한 채로 인터넷이 발달하였기 때문에, 대부분의 사람들이 저작권을 신경 쓰지 않고 mp3 파일이나 정품 소프트웨어를 다운로드 받는 경우가 많습니다. 하지만 저작권은 창작자에게 보장되어야 하는 기본적인 권리이며, 이러한 지적 재산권이 보장되지 않을 경우 유인 동기가 사라져 누구도 새로운 콘텐츠의 개발에 나서지 않을 것입니다. 그런 만큼 저작권은 반드시 보장되어야 하는 소중한 권리입니다. 하지만 인터넷 기술이 빠르게 발전하고 있는 만큼 저작권을 보호하는 방식도 과거처럼 단순하게 통제하는 방법으로만 이루어져서는 안 됩니다. 인터넷에서의 저작권은 인터넷의 특성을 반영한 방식을 통해 보장되어야 할 것입니다.

> **핵심 포인트** 🚩
>
> 불법으로 파일을 다운로드 받거나 올리는 일, 개인 정보를 유출하는 일 등과 관련하여 자신의 입장을 정리해 두자. 출제 빈도가 높은 문제이다.

SNS 열풍으로 등장한 '전자 민주주의'가 민주주의의 발전에 미칠 영향에 대해서 말해 보시오.

트위터, 페이스북 등의 등장과 스마트폰의 발전으로 현대 사회는 진정한 '유비쿼터스' 시대에 가까워지고 있습니다. 이에 더 많은 사람들이 정보에 접근하고 소통할 수 있는 기회를 얻어 과거 기성 언론들이 외면하였던 사회적 쟁점이 이슈화되고, 온라인에서 활발한 토론의 장이 열리기도 합니다. 반면에 스마트폰을 통해 열린 토론은 순간의 단편적인 생각으로 끝나는 경우가 많아 쟁점에 대한 심사숙고와 심도 깊은 토론이 이루어지기 힘들다는 단점이 있습니다. 우리는 민주주의 사회에 살고 있기 때문에 각자의 주장이 가진 결함을 인정하고 더 나은 대안을 찾기 위해 끊임없이 노력하려는 정신을 가장 중요하게 생각해야 합니다. 때문에 SNS의 발달은 여러 단점에도 불구하고 사용자들의 자세에 따라 대의 민주주의의 한계를 극복할 수 있는 좋은 기회가 될 수 있으며, 전자 민주주의는 서로의 의견을 교환하는 공론장의 형성에 기여할 수 있다고 생각합니다.

핵심 포인트

> 명확한 정답이 없는 문제의 경우 장단점을 동시에 지적하며 균형을 잡는 태도가 중요하고, 마지막에 자신의 입장을 명확히 하는 것도 좋다.

한류 열풍을 어떻게 생각하는가?
또한, 우리는 이것을 어떻게 활용해야
한다고 보는가?

　최근 동남아시아나 일본, 중국을 중심으로 해외 각지에서 아이돌 가수나 드라마, 영화들이 진출하여 소위 '한류' 열풍이 불고 있습니다. 이는 한국의 문화가 해외에서 그 매력을 인정받은 것이라고 봅니다. 하지만 이러한 한류 열풍은 특정 가수나 배우에게 그 인기가 집중되어 있습니다. 한류 열풍의 주역인 가수나 배우가 해외에 나갔을 때 수많은 팬들이 몰리는 것을 보면 알 수 있습니다.

　한류 열풍을 더 발전시키기 위해서는, 외국에서의 인기가 단순히 인물에만 집중되지 않도록 한국의 많은 문화를 전반적으로 알려야 한다고 생각합니다. 특정 한국 가수나 배우에 대한 팬덤이 한국 문화에 대한 동경으로 진화할 수 있다면, 국가 이미지 개선이나 외화 획득에 더 큰 도움이 될 것입니다.

> **핵심 포인트**
>
> 　우리나라 국민은 다른 나라의 문화 유입에 대해서는 부정적이나, 우리 문화가 외국에 전파되는 것은 매우 자랑스러워하고 있다. 이러한 이중 잣대에 대한 입장을 밝히도록 한다. '문화 상대주의'와 '자문화 중심주의(국수주의)'에 대한 차이점도 알고 있으면 답하는 데 도움이 된다.

개발 제한 구역(그린벨트) 해제에 대한 자신의 의견을 말해 보시오.

 최근 여러 지역에서 그린벨트를 해제하고 그곳에 에너지 자립 마을 등의 주거 환경을 조성하거나 합리적으로 토지를 이용하려는 계획을 밝힌 바 있습니다. 그린벨트는 도시의 과도한 팽창을 막기 위해 특별히 지정한 구역이므로 이를 해제하는 일은 신중히 이루어져야 합니다. 자칫하면 도심의 환경 오염을 불러올 수 있고, 투기가 활성화될 수 있기 때문입니다. 그럼에도 그린벨트의 해제를 고려하지 않을 수는 없다고 생각합니다. 그린벨트 지역의 토지를 소유한 사람들의 세금 부담이 만만치 않은데다가, 토지를 자기 마음대로 처분할 수 없어서 재산권이 침해되기 때문입니다. 이처럼 그린벨트 문제는 양날의 검과 같습니다. 장단점이 골고루 존재하기 때문에 섣불리 다루기 힘든 문제입니다. 그런 만큼 비용-편익 분석을 철저히 하여 편익이 큰 방향으로 선택이 이루어져야 할 것입니다.

핵심 포인트

 양비론은 대개 피하는 것이 좋지만, 근거를 확실히 갖춘 양비론은 나쁘지 않다. 어영부영 둘 다 좋다는 주장보다는 양측의 근거를 제시하고, 신중한 접근이 필요하다고 주장하는 것도 좋을 것이다.

환경 혐오 시설 유치를 막기 위한 지역 이기주의인 '님비 현상'에 대해 어떻게 생각하며, 그것을 극복하는 방법에는 무엇이 있는가?

님비 현상은 기본적으로 자신 혹은 주위에 피해를 줄 수 있는 것으로부터 멀어지고자 하는 이기심에서 출발합니다. 인간이라면 모두 이기심을 갖고 있기에 단순히 양심의 호소와 도덕적 교육 등에만 매달려 이기심을 갖지 않기를 바라는 것은 눈 가리고 아웅하는 격밖에 되지 않습니다. 현실적으로 님비 현상을 해결하기 위해서는 이기심을 꺾는 것이 아니라 이기심을 이용하여 님비적 행동을 핌피적 행동으로 유도해야 합니다. 그중에서도 '경제적 유인'을 활용하는 것이 가장 효과적이라 생각합니다. 님비 현상은 특정 지역에 어떠한 피해를 주기 때문에 일어납니다. 예를 들어, 쓰레기 매립장 시설이 설치되는 지역의 경우 이익은 다른 지역과 나누게 되지만 피해는 혼자 감당해야 합니다. 따라서 해당 지역에 경제적으로 보상해 줄 수 있는 시설을 함께 설치하는 등의 유인책으로 피해를 해결할 수 있습니다. 이러한 방안은 경제 정의 측면에서 보더라도 합당한 방안이라 할 수 있습니다.

> **핵심 포인트** 📍
>
> 공공 선택 이론의 문제는 자주 등장하는 면접 질문이다. 대개 시사적인 이슈와 함께 질문을 던진다.

현재 인류에게 당면한 환경 문제의 해결책을 말해 보시오.

　현재 인류는 지구 온난화, 수질 오염, 대기 오염 등 많은 환경 문제에 당면해 있습니다. 이런 위기를 헤쳐 나가기 위해서는 개인·기업·국가·국제 사회 차원에서 노력을 해야 한다고 생각합니다.

　우선 개인적 차원에서는 분리수거와 대중교통 이용 등 환경을 위해 실천할 수 있는 작은 것들부터 시작해야 합니다. 또 우리가 친환경 제품을 사용하여 그에 대한 수요가 늘면 기업들 또한 친환경 제품을 생산하게 될 것입니다. 정부는 기업의 오염 물질 배출에 대한 적절한 규제와 보상을 하고, 기업도 정화하지 않은 폐수를 그대로 유출하는 식의 불법적인 행동을 하지 않고 친환경적인 생각을 가져야 합니다. 또 국제적으로는 기후 변화 방지 협약, 런던 협약 등과 같은 국제적인 협력을 통해 환경 문제를 해결해야 합니다.

핵심 포인트

　환경 문제는 상당히 범위가 넓은 질문으로, 구체적으로 답변해야 설득력을 얻는다. 추상적인 것은 구체적인 것으로 말하고, 구체적인 것은 넓은 개념으로 일반화하여 답변한다.

외국 유명 박물관에 다른 나라의 유물들이 많이 전시되어 있다. 이에 대해 어떻게 생각하는가?

프랑스의 루브르 박물관이나 영국의 대영 박물관과 같은 유명한 박물관에는 막상 그 나라의 유물보다는 다른 나라의 유물들이 자리를 빛내고 있습니다. 이는 대부분 제국주의 시대에 다른 나라에서 강탈해 온 것입니다. 엄연히 역사가 있는 타국의 문화유산을 가져와서는 자기 나라에서 자랑스럽게 전시하는 행동은 결코 보기 좋은 일이 아닙니다. 그런 만큼 제국주의 시대에 다른 나라의 문화유산들을 침탈한 선진 국가들은 유물을 원래 소유하고 있던 국가에 반환하는 것이 타당합니다. 하지만 도의상으로 합당한 일인데도 불구하고, 대부분의 국가는 이를 실천에 옮기지 않고 있습니다. 우리나라의 경우에도 병인양요 때 프랑스에게 소중한 외규장각 문서를 빼앗긴 기억이 있습니다. 여러 협상을 통해 문서들을 돌려받고자 하여 프랑스에 약탈당한 지 145년 만인 2011년 외규장각 도서를 모두 돌려받게 되었습니다. 하지만 영구 반환이 아닌 5년 단위로 갱신하는 장기 대여라는 데 아쉬움이 남습니다.

> **핵심 포인트** 📌
>
> 교과서에 등장하는 내용을 심화해서 출제하는 경우도 있다. 교과서에서 중요하게 다루는 이슈는 미리 정리해 두는 것이 좋다.

국가가 카지노 등의 사행성 사업을
허가하는 일은 정당한가?

　카지노와 경마 같은 사행성 사업으로 인해 패가망신하는 사람이 많다는 것은 널리 알려져 있습니다. 하지만 카지노나 경마 같은 사행성 사업 자체에 원인이 있는 것은 아닙니다. 국가가 개인의 행동에 세세하게 간섭을 하는 것은 지나친 온정적 간섭주의의 일환이라고 볼 수 있습니다. 그러므로 기본적으로는 사행성 사업이라고 해도 개인의 판단에 맡겨 놓는 것이 우선입니다. 사행성 사업의 경우 정부가 잘만 조정하면 공익 기금을 조성할 수 있는 좋은 수단으로 사용할 수 있는 만큼, 개인이 건전하게 여가를 활용하는 동시에 정부가 좋은 일에 사용할 기금을 모을 수도 있는 두 마리 토끼를 잡는 수단으로 활용해야 할 것입니다. 하지만 사행성 사업으로 가정이 파괴되는 등 사회 문제가 발생할 수 있는 것도 사실입니다. 이는 도박에 대한 욕심을 절제하지 못하고 지나치게 큰 금액을 걸어서 일확천금을 노리는 사람들이 존재하기 때문입니다. 그러므로 사회 질서 유지를 위해 정부는 어느 정도의 규제와 감시는 실행해야 할 것입니다.

핵심 포인트

　사행성 사업은 흔히 사회적으로 부정적으로 인식되기 마련이지만, 문제의 본질을 보지 못하고 단순히 반대만 하는 것은 식견이 좁다고 판단되어 감점 요인이 될 수 있다.

우리나라에서 복지 문제가 심각한 화제로 떠오르고 있다.
복지 비용을 어떻게 마련해야 할 것인가?

우리나라는 더 이상 개발 도상국이 아니므로 성장에만 집중하는 것은 바람직하지 않습니다. 따라서 국민들의 생활 수준을 올려주는 복지 정책의 실시가 시급합니다. 그런데 복지 비용을 마련하는 문제는 만만치 않습니다. 복지는 곧 세금을 동원하는 것이고, 더 나은 복지를 위해서는 세금을 올려야 하기 때문입니다. 세금은 납세자와 담세자가 일치하는지의 여부에 따라 직접세와 간접세로 나뉩니다. 부가 가치세는 간접세로 물품에 일괄적으로 부과되어 세금 부담이 역진적이라는 평가를 듣고 있습니다. 그런 만큼 되도록이면 직접세 중에서도 엄격한 누진세를 적용해야 조세 징수의 공평성을 기할 수 있을 것입니다. 특히 우리나라의 경우 고소득층, 전문직의 탈세가 사회적으로 심각한 문제가 되고 있으므로 소득을 철저히 조사하여 누진세를 징수하면 효과적으로 복지 비용을 마련할 수 있을 것이라고 생각합니다.

핵심 포인트 P

성장과 분배의 문제와 관련하여 복지 문제가 등장할 확률이 높다. 이러한 문제를 해결하기 위해 경제학적 개념을 미리 공부해 놓으면 많은 도움이 될 것이다.

보편적 복지와 포퓰리즘의 관계에 대해서 말해 보시오.

보편적 복지는 선택적 복지와 대비되는 개념으로, 특정 집단이 아닌 국민 전체를 대상으로 한 복지를 의미합니다. 수혜 대상이 정해져 있는 선택적 복지에 비해 보편적 복지는 국민 다수를 대상으로 한다는 점에서 좀 더 복지의 이상에 가깝다고 할 수 있습니다. 그러나 보편적 복지는 국민 전체가 그 혜택을 받기 때문에, 선거전에서 후보자들이 대책 없이 공약에 포함시키는 경우가 많아 포퓰리즘으로 이어지는 경우가 많았습니다. 이러한 공약 남발은 보편적 복지에 대한 인식을 나쁘게 한다는 점에서 큰 문제를 야기합니다. 후보자가 보편적 복지 공약을 제대로 이행하지 않는 경우, 사람들은 보편적 복지가 곧 포퓰리즘을 의미한다고 생각하게 되고, 이후에 꼭 필요한 보편적 복지 정책에도 포퓰리즘이라는 이유로 반대하는 사태가 발생할 수 있습니다. 따라서 정치인들과 국민들은 보편적 복지를 단순히 선거의 도구가 아닌 그것이 과연 '복지'의 의미에 걸맞은 정책인지를 심각하게 검토할 필요가 있습니다.

핵심 포인트 F

쉽지 않은 사회 과학의 개념에 대한 문제가 제시될 경우 먼저 그 개념이 무엇인지를 명확하게 정의해 주는 것이 좋다. 또한 개념들의 관계를 이야기하라고 할 때는 그 관계가 갖는 사회적 함의를 적절히 제시해도 좋다.

언론의 역할과 책임은 무엇인가?
한국 언론은 어떻게 개선되어야 하는가?

언론의 기본적인 역할은 새로운 소식을 빠르고 정확하게 전달하는 것입니다. 신문 및 방송과 같은 언론은 가치 있는 정보를 신속하게 전달하는 과정에서 사회적 여론을 형성할 수 있기에 막중한 책임을 지고 있습니다. 언론은 우선 정확한 사실에 근거하여 보도해야 하며, 지나치게 한쪽으로 치우쳐서는 안 됩니다. 현실적으로 언론이 각자의 성향을 갖고 이에 입각하여 보도하는 경우가 많은데, 어느 정도까지는 바람직하나 이러한 치우침이 심해진다면 사회적으로 문제가 될 수 있습니다. 이러한 점에서 제가 생각하는 한국 언론의 문제점은 언론이 대기업과 같은 광고주들의 영향을 많이 받는다는 것입니다. 언론사는 광고를 통해 대부분의 수입을 얻는 만큼 광고주들의 이해 관계를 반영하기 마련입니다. 하지만 이로 인해 왜곡과 편파 보도를 하게 된다면, 국민들이 언론의 영향을 받아 자본가들의 입장만이 옳은 것으로 착각하게 될 가능성이 있습니다. 따라서 언론은 최대한 공정성을 기하기 위해 외부의 간섭을 최소화해야 할 것입니다.

핵심 포인트 🚩

언론은 사회를 움직일 수 있는 큰 힘이다. 언론의 특성과 문제점에 대해 알아 두는 것이 좋다.

정보화 사회에 적합한 인간형을 말해 보시오.

정보화 사회는 물질과 에너지 중심의 산업 사회 이후에 등장한 형태로서 정보가 중심이 되는 사회를 말합니다. 즉, 다시 말해서 누구든지 인터넷을 통해 무한한 정보와 지식을 습득하고 공유할 수 있는 사회를 의미합니다.

이러한 정보화 사회에서는 정보와 지식의 유통이 원활·신속하며 풍부하기 때문에 수많은 정보들을 골라서 알맞게 취합할 수 있는 정보 처리 능력이 요구됩니다. 그리고 인터넷을 통해서 자유롭게 자신의 의견을 개진할 수 있는 만큼 직접적 민주주의에 자연스럽게 참여할 수 있는 정치 참여적 태도 역시 필요합니다. 또한 다양한 의견을 가진 사람들과의 의사소통을 통해서 자신의 의견과 다르더라도 그것을 인정하고 정당한 토론을 통해서 합의를 이루어 가는 다원적 가치에 대한 존중 의식이 필요합니다.

핵심 포인트

정보화 사회에 대한 질문은 언제든지 나올 수 있는 단골 면접 문제이다. 정보화 사회의 개념과 특징에 대해 반드시 정리하고 면접장에 들어갈 것을 권한다.

여론(Public Opinion)이란 무엇이며, 어떻게 형성되는가?

한 사회에서 쟁점이 될 만한 어떤 이슈가 있다면, 그것에 대해 찬성하는 입장도 있을 것이고 반대하는 입장도 있을 것입니다. 두 입장 중에서 더 많은 대중들의 지지를 얻는 쪽의 입장을 소위 여론이라 말할 수 있습니다.

여론이 형성되는 과정을 살펴보면 다음과 같습니다. 첫째로, 사회적으로 주목을 받을 만한 어떤 이슈가 등장하고 둘째로, 그 이슈가 많은 사람들에게 알려져야 합니다. 셋째로, 그 이슈를 접한 사람들은 다양한 언론 매체를 통해 해당 쟁점에 대한 자신의 의견을 형성합니다. 넷째로, 이러한 대중들의 의견들이 매스 미디어와 인터넷 등 각종 매체들을 통해 표출되고 다섯째로, 대중들의 다양한 의견들이 종합되면서 점차적으로 합의점을 이루게 되며, 마지막으로 대중들의 다수가 합의하는 '여론'이 형성되는 것입니다.

핵심 포인트

언론, 정치, 사회에 관련된 학과에 지원하는 학생이라면 여론에 대한 문제는 반드시 확인해 둘 필요가 있다. 특히, 인터넷의 발달로 여론에 대한 문제의 출제 빈도수가 더욱 증가할 것으로 보인다.

TV의 선정성과 폭력성에 대해 어떻게 생각하는가?

방송은 현대인들에게 마약과 같은 존재입니다. 방송을 통해서 정보를 얻기보다는 즐거움을 찾는 경향이 더 짙어지고 있기 때문입니다. 그리고 이러한 시청자들의 요구에 따라서 방송사는 점점 더 자극적인 것들을 내보낼 수밖에 없게 되었습니다. 인간의 감정은 시간이 지날수록 그 역치가 높아져서 이전의 자극보다 더 강한 것이 들어오지 않으면 반응하지 않기 때문입니다. 이것은 인간의 본성이기 때문에 개개인이 조절할 수 있는 것이 아닙니다. 방송사는 시청률을 올리기 위한 수단으로 이를 악용하여 방송을 해서는 안 되며, 시청자의 범위가 미성년자와 미취학 아동들을 포함한다는 사실을 간과해서도 안 될 것입니다. 또한, 이를 규제하기 위하여 방송 심의를 강화하고, 방송 시간을 규제하는 법적 제도 역시 마련되어야 할 것입니다.

핵심 포인트 🚩

> 언론의 폭력성에 대한 문제는 면접에 자주 등장하는 질문 중 하나이다. 때문에 이에 대한 대답을 평소에 생각하고 정리해 두는 것이 중요하다.

다른 매체와 차별화되는 라디오의 장점은 무엇이라고 생각하는가?

　TV는 시각 매체로서 모든 정보를 일괄적으로 제공해 주기 때문에 개인의 상상력이 발현되기 어렵습니다. 반면에 라디오는 DJ의 설명을 청각으로 받아들이기 때문에 개인의 상상에 의해 비로소 완성된다고 할 수 있습니다. 다시 말해서 TV는 정보를 모든 사람이 천편일률적이고 수동적으로 받아들이게 만들지만, 라디오는 정보를 청취자 개인의 상상과 더불어서 완성하므로 보다 능동적인 매체라고 할 수 있습니다.

　또한 라디오는 청취자와 실시간으로 소통이 가능한 매체라는 점에서 다른 매체와 구별됩니다. 특히 요즘에는 인터넷의 발달로 댓글을 입력하거나 사연을 실시간으로 전송할 수 있게 되었습니다. 덕분에 청취자는 DJ와의 사이가 더욱 긴밀해지는 듯한 느낌을 받아 다른 매체와는 달리 인간미를 느끼게 됩니다. 비록 지금 언론 매체에 있어서 라디오가 큰 영향을 끼치고 있는 것은 아니지만, 그 역사와 매력을 볼 때 매체로서의 충분한 존재 이유가 있다고 생각합니다.

> **핵심 포인트**
>
> 　다른 개념들과 구별되는 독자적 특징을 묻는 질문에는 개념의 특징을 위주로 말해야 하며, 다각도의 측면으로 접근하는 것이 좋다.

핫(Hot) 미디어와 쿨(Cool) 미디어에 대해 말해 보시오.

마셜 맥루한은 미디어를 핫(Hot)한 것과 쿨(Cool)한 것으로 분류하였습니다. 핫 미디어란 정보의 양은 많고 논리적이지만, 감정이 제대로 전달되지 않아서 수신자들로 하여금 참여를 요구하지 않는 미디어를 말합니다. 예를 들어, 라디오, 영화, 서적, 신문, 잡지, 사진 등이 이에 속한다고 할 수 있습니다. 이에 반해, 쿨 미디어는 정보의 양이 적고 불분명하여 수신자들로 하여금 깊이 참여하도록 하고, 직관적이며 감성적으로 관여할 것을 요구하는 미디어입니다. 예를 들어, TV, 전화, 만화 등이 이에 속하는 미디어들입니다.

핵심 포인트

용어의 개념은 많이 알면 알수록 유리하다. 면접에서 용어에 대해 물어볼 때, 정확히 그 개념을 이해하고 있어서 설명할 수 있다면 합격률은 급격히 높아질 것이다. 그런 점에서 용어에 대한 개념 정리는 매우 중요하다.

매스 미디어의 종류에는 무엇이 있는가?

매스 미디어란 불특정 다수에게 공적 · 간접적 · 일방적으로 많은 정보를 전달하는 것으로 대중 매체라고도 합니다. 이것은 과학 기술과 근대 산업 발달에 따른 도시에의 인구 집중, 경제적 여유와 여가 시간 증대 등 대중 사회 형성을 기반으로 발달하였습니다. 그 종류는 매체와 수단에 따라 인쇄 매체와 전파 매체로 나눌 수 있습니다. 신문, 잡지, 도서 등이 전자에 해당하며, TV, 라디오, 영화 등의 시청각 매체가 후자에 해당한다고 할 수 있습니다.

핵심 포인트

매스 미디어에 대한 문제는 언론학과 관련 지원자라면 꼭 빼놓지 말고 준비해야 한다.

포털 뉴스의 장점과 단점에 대해 말해 보시오.

　요즘 사람들은 네이버와 다음 같은 포털 뉴스를 많이 이용합니다. 이러한 현상에는 장점도 있고 단점도 있습니다. 먼저 장점에 대해 말씀드리겠습니다. 첫째, 포털 뉴스는 사람들이 뉴스를 이용하는 시간의 절대적인 양을 전체적으로 증가시켰습니다. 신문을 구독하거나 방송으로 뉴스를 보는 사람들의 수는 점차적으로 줄어들고 있는 이 시점에서 포털 뉴스를 이용하는 사람들의 수가 독보적으로 증가한 것입니다. 둘째, 포털 뉴스가 등장함에 따라 소규모 인터넷 신문도 대중들에게 접근하기 용이하게 되어 다양한 뉴스 콘텐츠를 이용자들에게 제공할 수 있게 되었습니다. 셋째, 포털 뉴스를 통해서 새로운 형태의 저널리즘이 탄생하였습니다. 블로그, SNS, 커뮤니티를 통해 이용자들이 주체가 되어 만들어 내는 여러 가지 콘텐츠들이 그 결과물입니다. 넷째, 포털 뉴스는 대중의 관심과 여론에 민감하게 반응할 수 있습니다. 실시간으로 업데이트가 이루어지면서 가장 신속하게 최신 정보와 뉴스를 접할 수 있는 매체로 자리매김하였습니다.

　반면에, 포털 뉴스는 뉴스 생산자의 시장 기반을 축소시켰다는 비난을 피하기 어렵습니다. 기존 언론사와의 상생을 위해 포털 뉴스는 상호 협의를 통해서 모두가 윈-윈할 수 있는 방법을 찾는 데 적극적으로 나서야 할 것입니다. 또한, 뉴스의 정확성보다는 속도 경쟁에만 혈안이 되어 무작위로 작성되는 기사들은 뉴스의 신뢰도와 언론의 정체성을 흔들 수 있습니다. 정보의 속도에만 계속해서 치우친다면 언론에 대한 대중들의 신뢰도를 잃어버릴 것입니다. 마지막으로, 단발적인 뉴스들만이 양산됨에 따라 대중들도 자신이 관심을 가진 분야에 대해 편향된 견해를 내놓으면서 균형 잡힌 정보와 지식을 얻기는 점점 더 어려워지고 있습니다.

핵심 포인트 🚩

> 최근 사회적 현상들에 대한 분석은 면접에서 가장 많이 출제될 뿐만 아니라, 꼭 물어보는 문제이다. 그렇기 때문에 입학 직전 연도에 일어났던 사회적 이슈에 대해서 모두 확인하고 자신의 입장을 정리해 두어야 한다.

통신사란 무엇을 하는 조직인가?

    통신사란 뉴스 자료, 사설, 칼럼, 사진, 기록 등을 수집하여 매스 미디어나 정부 기관 등의 단체에 일정한 대가를 받고 공급해 주는 전문적인 조직입니다. 뉴스는 본질적으로 시간이 경과하면 그만큼 그 가치가 떨어지기 때문에 뉴스를 수집하고 전달하는 통신사에게는 신속성이 매우 중요합니다. 또한 통신사는 다양한 정치적·사회적 성향을 지닌 신문이나 방송사에 뉴스를 전달하여 그들을 고루 만족시켜야 하기 때문에 그 뉴스가 정치적으로나 이념적으로 편향되지 않고 최대한 공정하고 객관적이어야 합니다.

    통신사는 그 기준에 따라 여러 가지로 분류되는데, 활동 영역에 따라서는 국제 통신사와 국내 통신사로 나눌 수 있습니다. 경영 형태에 따라 분류하면 영리 통신사와 비영리 통신사로 나눌 수 있습니다.

핵심 포인트

언론에 대한 문제는 어렵게 느껴질 수 있지만, 언론 관련 계열에 지원한 학생이라면 각 언론 기관의 특징에 대해 평소에 잘 정리해 두어야 한다.

대형 할인점의 급격한 성장으로 재래시장 및 동네 슈퍼마켓 등이 심각한 타격을 받고 있다. 이에 대한 자신의 견해를 말해 보시오.

최근 대형 할인점이 동네 슈퍼마켓 및 재래시장의 상권을 하나하나 점령해 나가고 있는 상황입니다. 이런 현상은 자본주의에서 대자본이 소자본을 삼켜 나가는 이른바 '부익부 빈익빈'의 한 예를 보여 주는 모습이라고 할 수 있습니다. 대자본인 대형 마트는 대형 빌딩과 넓은 주차장, 그리고 싼 가격으로 시장을 독점해 나갑니다. 그러나 소자본, 즉 개인 사업자가 이러한 대형 마트라는 대기업을 따라잡기엔 역부족입니다. 하루 순이익에서 많은 차이가 나는 데다가 보유하고 있는 자본의 양이 달라 투자 규모의 차원이 다르기 때문입니다. 결과적으로 힘없는 개인들이 기업의 자유 경쟁 앞에 무릎을 꿇는 현실이 안타까울 따름입니다.

핵심 포인트 🅕

여기서 더 나아가서 시장의 자유 경쟁이 과연 경제의 유일한 해결책인지에 대한 심화 질문을 할 수 있다.

정부가 시장에 개입하는 것은 옳은가?

저는 어느 정도까지는 정부가 시장에 개입할 필요가 있다고 생각합니다. 고전파 경제학자들은 자유로운 시장에 경제를 맡겨둘 경우 사회적 잉여가 극대화될 것이라고 주장하였습니다. 하지만 1920~30년대 유효 수요의 부족으로 발생한 대공황과 1970년대 석유 파동으로 두 차례나 일어난 스태그플레이션을 생각해 볼 때 과연 자유 시장이 최선일지는 의문입니다. 따라서 시장에는 수많은 시장 실패 요인이 있으므로 정부가 적절하게 시장에 개입하여 시장 실패 요인을 제거해야 합니다. 물론 정부의 지나친 개입으로 인해 정부 실패가 발생할 가능성도 있는 만큼 정부 개입은 엄격한 심사 하에 이루어져야 할 것입니다. 또한 자유로운 시장은 효율성을 만족시키지만, 공평성은 전혀 보장해 주지 못한다는 데서도 정부 개입의 정당성을 찾을 수 있습니다. 단순히 파이를 키우는 것뿐만이 아니라 파이를 잘 나누는 것도 중요합니다. 이 역할은 민간에서 자발적으로 이루어지지 않는 만큼 정부의 개입이 필요하다고 생각합니다.

> **핵심 포인트**
>
> '자유 시장이 옳은가?'라는 문제는 경제학에서 가장 오래된 화제이다. 어떤 식으로든 응용되어 출제될 수 있는 문제이므로 상경계 지원자들은 꼭 알아 두자.

시장 실패와 정부 실패에 관하여 말해 보시오.

시장 실패는 민간 경제에서 독과점, 역선택, 도덕적 해이 등으로 자원이 비효율적으로 배분되는 현상을 의미합니다. 가령 독과점으로 인해 가격이 상승할 경우 완전 경쟁 시장에서는 재화를 소비할 수 있었던 사람이 독과점 시장에서는 재화를 소비할 수 없는 사태가 발생할 수 있습니다. 또한 역선택과 도덕적 해이는 가격의 신호 기능을 마비시켜서 재화가 비효율적으로 배분되는 현상을 초래합니다. 한편 정부 실패는 시장 실패를 극복하기 위한 정부의 행위가 오히려 비효율적인 경제 현상을 야기하는 경우를 가리킵니다. 정부 실패의 원인에는 경직된 정부 구조로 인한 정책 집행의 지연, 정부의 근시안적 사고 등이 있습니다.

시장 실패를 방지하고 극복하기 위해서는 정부가 건전한 경제 구조를 만들기 위해 독과점 규제에 힘써야 할 것이며, 민간 경제 주체들도 경제 규범을 준수하기 위해 노력해야 할 것입니다.

> **핵심 포인트** 🚩
>
> 경제학의 경우 다른 분야에 비해 개념이 명확한 편이므로 교과 과정에 충실하였다면 개념을 설명하라는 유형의 문제는 어렵지 않을 것이다. 그러나 이 말을 뒤집어 보면 개념에 대해서 정확하게 알고 있어야 한다는 뜻이므로, 평소에 경제학의 핵심 개념을 잘 공부해 두자.

'선성장 후분배'에 대해 설명하고, 자신의 생각을 말해 보시오.

선성장 후분배는 경제적으로 발전되지 않은 개발 도상국에서 경제 성장을 위해 우선적으로 성장을 추구하고 그 이후에 분배를 해야 한다는 주장입니다. 개발 도상국의 경우 대부분의 국민이 절대적 빈곤에 시달리는 경우가 많으므로, 우선 파이를 키워야 이를 나눌 수 있다는 이론입니다. 이는 경제적으로 충분히 성장한 국가에서 분배가 이루어지지 못하고 있는 현실을 정당화하기 위해 악용하는 사례가 많습니다. 이 경우 절대적 빈곤은 해결되었으나 상대적 빈곤이 오히려 악화되어 경제 성장에도 불구하고 국민들의 행복의 질이 떨어질 수 있습니다. 또한 선성장 후분배라는 이론은 성장과 분배가 필연적으로 대립한다는 인상을 줄 수 있습니다. 성장과 분배가 어느 정도 대립적인 측면이 있긴 하나 이 둘이 조화롭게 함께 가는 것도 불가능한 일은 아닙니다. 따라서 어느 정도의 성장이 이루어진 후에는 성장과 분배 둘 중 하나에만 우선순위를 두지 않고 성장이 분배를 촉진하고, 역으로 분배가 성장에 기여할 수 있는 경제 구조를 만드는 방향으로 가야 할 것입니다.

핵심 포인트

어떠한 이론과 이념을 평가할 때에는 단순히 장단점만 논하는 것보다는 이론과 이념들의 다양한 측면을 함께 고찰해야 한다. 또한 그 이론이 적용된 예시를 적절히 활용하는 것도 좋을 것이다.

시장에서 정부가 심판인 동시에 행위자로 등장한 이유는 무엇인가?

　정부는 민간 시장에서 경제 주체들의 부정 행위를 감시하고 제재한다는 측면에서 일종의 심판 역할을 합니다. 그러나 동시에 정부 자신도 경제에 참여하는 경제 주체이며, 정부 지출은 GDP에서 상당한 비중을 차지하고 있습니다. 정부가 경제에서 하는 역할은 크게 국민 경제의 발전과 사회 복지의 확충으로 정리할 수 있습니다. 정부는 경제 발전을 위해 세금을 통하여 민간 경제 발전 정책을 제시하며 때로는 정부 스스로 거대 사업을 추진하기도 합니다. 또한 사회 복지의 확충을 위해 민간 부문에서 스스로 공급되기 힘든 공공재를 공급합니다. 공공재의 경우 외부 효과로 인해 개인이나 기업이 제공하기 힘든 만큼 정부가 세금을 기반으로 하여 다양한 복지 정책을 추진하는 것입니다. 한국의 경우 과거에는 복지를 가정이나 기업에서 스스로 해결하는 경우가 많았으나 최근에는 복지가 사회적 책임이라는 의식이 강조되며 사회 복지 예산이 증가하는 추세에 있습니다.

핵심 포인트

　면접에서 단골로 등장하는 문제는 시장과 정부의 관계, 정부의 역할과 한계 등이다. 이론적으로도 중요하면서 시사적으로도 많은 이슈가 되고 있으니 정확하게 알아두도록 하자.

'효용 극대화'에 대해 설명하시오.

효용 극대화 원리는 경제학의 근본 원리로서, 개인의 경제적 행위는 자기 자신의 효용을 극대화하는 방식으로 이루어진다는 것입니다. 효용이 단순히 개인적 쾌락을 의미하는 것인지 아니면 여기에 도덕 법칙이 어느 정도 개입하는 것인지에 대한 논쟁이 있습니다. 가령 인간은 이기적인 행동뿐만 아니라 이타적인 행동을 보여 주는 경향이 있는데, 이러한 행동이 과연 자신의 쾌락을 위해 이기적인 동기에서 이루어진 이타적 행동인지, 아니면 도덕적으로 옳다고 여겼기에 한 행동인지에 대해서는 아직까지 결론이 나지 않았습니다.

효용 극대화가 개인적으로는 바람직한 것이기는 하나 사회 전체적 입장에서는 좋지 않은 결과를 가져올 수도 있다는 지적이 있습니다. '용의자의 딜레마'로 유명한 예시에서는 사회적으로도, 개인적으로도 바람직하지 않은 결과가 나왔음을 보여 주며 협력의 필요성을 강조합니다. 그런 만큼 효용 극대화는 경제학의 근본 원리이며 경제학적 분석의 토대가 되지만, 그 이론적 기반을 더욱 엄밀하게 닦아 나가야 할 필요가 있습니다.

> **핵심 포인트** 📖
>
> 특정 개념을 설명할 때, 그 개념이 갖는 문제점을 지적하되 지나친 비판은 삼가는 것이 좋다. 필연적인 한계를 지적하고 예시를 드는 것으로 충분하다. '용의자의 딜레마' 같은 유명한 예시는 꼭 머릿속에 넣어 두자.

'모기지론'에 대해 설명하시오.

　모기지론이란 부동산을 담보로 금융 기관이 장기 주택 자금을 대출해 주는 것입니다. 주택 자금 수요자가 은행과 같은 금융 기관에서 자금을 빌리면 은행은 그 주택을 담보로 증권을 발행하여 이를 중개 기관에 팔아서 대출 자금을 회수하는 제도입니다. 중개 기관은 주택 저당권을 다시 투자자에게 판매하고 그 대금을 금융 기관에 지급합니다. 모기지론은 대출할 때 취득한 저당권을 담보로 하는 증권을 발행·유통시켜 또 다른 대출 자금을 마련할 수 있는 특징이 있습니다. 보통 주택 구입 자금 대출과 주택 담보 대출 두 종류가 있으며, 대출 한도에 제한이 없습니다.

　이러한 모기지론의 장점으로는 금융 기관의 입장에서는 저당권을 투자자에게 되팔아 자금을 빨리 회수할 수 있기 때문에 다른 대출 자금을 마련할 수 있다는 것입니다. 그리고 고객의 입장에서는 장기적으로(최장 30년) 돈을 빌릴 수 있다는 점에서 윈-윈 전략이라 할 수 있습니다. 또한 사회적인 입장에서도 자금이 빠르게 유통되기 때문에 경제 활성화에 보탬이 될 것으로 기대됩니다.

> **핵심 포인트**
>
> 　경제 용어에 대한 질문은 언제든지 나올 수 있는 문제이다. 특히, 사회적으로 큰 이슈가 된 용어는 문과에 지원하는 학생이라면 반드시 확인하고 준비해 두어야 한다. 경제학의 경우 다른 분야에 비해 개념이 명확한 편이므로 평소 교과 과정에 충실하여 개념을 정리해 두는 것이 중요하다.

베블런 효과에 대해 설명하시오.

베블런 효과란 과시 욕구로 인해 재화의 가격이 비쌀수록 그것의 수요가 늘어나는 효과입니다. 대중 사회에서는 누가 더 잘사는지 알 수 없기 때문에 사람들은 자신을 알리려고 과시적 소비를 하게 됩니다. 소비자들은 실제 지불하는 시장 가격뿐만 아니라 남들이 이것에 얼마를 지불하였을 것이라 기대하는 가격까지 감안하는 것입니다. 이러한 과시적 소비는 처음에는 일부 부유층이나 연예인들을 중심으로 시작되는 것이 보통이지만 모방 효과로 인해 사회 전체로 확산될 수 있습니다. 특히, 우리나라 청소년들의 패션 잡화 수요에서 이러한 현상이 잘 나타나는데, 다른 사람들이 특정 상품을 많이 소비하고 있다는 이유만으로 그 상품을 덩달아 구매하는 것이 대표적인 사례입니다.

핵심 포인트 🚩

상경 계열 학과에 지원한 학생의 경우 경제 용어에 대해 평소에 정리해 두는 것이 좋으며, 이것을 조리 있게 대답하는 훈련을 해야 한다.

GNP(Gross National Product)와 GDP(Gross Domestic Product)에 대해서 말해 보시오.

한 나라 국민들의 생활 수준을 나타낸 지표로 일반적으로 GNP와 GDP가 사용됩니다. GNP란 한 나라의 국민들이 국내·외에서 벌어들인 총소득입니다. 반면 GDP는 일정 기간 동안 한 나라 안에서 생산되어 벌어들인 총소득입니다. 즉, GNP는 GDP에 자국민이 해외에서 벌어들인 소득을 합산한 다음, 외국인이 국내에서 벌어들인 소득을 제하여 계산한 것이라고 할 수 있습니다. 오늘날에는 GNP보다는 GDP가 자국의 후생적 측면을 고려한다는 점에서 한 국가의 경제력을 좀 더 정확하게 반영한다고 여기고 있습니다.

GNP나 GDP가 높을수록 생활 수준이 높은 국가라고 생각하는 경향이 있지만, 이 지표들은 행복한 삶을 구현하는 데 필요한 모든 요소를 포함하고 있지는 못한다는 점에서 한계를 보이고 있습니다.

핵심 포인트 F

두 개념에 대해 설명해야 하는 질문에는 두 개념의 공통점과 차이점을 짚어 내야 한다. 개념의 사전적인 뜻에만 얽매이지 말고, 개념의 한계와 보완점 등을 덧붙여 말할 때 더욱 수준 높은 대답이 나올 수 있다.

경제학은 '완전 경쟁 시장'을 추구하지만 현실에서는 독과점이 만연하고 있다. 이는 경제학적으로 볼 때 어떠한 장단점을 갖는가?

완전 경쟁 시장은 동질적인 재화가 같은 가격에 거래되고 정보 격차가 존재하지 않으며 시장으로의 진입과 철수가 자유로운 시장으로, 가장 가격이 낮고 거래량이 높은 이상적인 시장이라고 할 수 있습니다. 이에 비해 독과점 시장은 가격이 상승하고 거래량이 감소한다는 점에서 후생 손실이 뒤따릅니다. 그런 만큼 독과점 시장은 자원의 배분이 비효율적으로 이루어지고 진입 장벽을 형성하여 신규 기업이 쉽게 진입하기 힘들다는 점에서 경쟁을 통한 발전을 막는다는 단점이 있습니다. 그러나 독과점 시장의 경우 하나 혹은 소수의 기업이 자본을 점유하고 있기 때문에 새로운 기술 발전에 선뜻 많은 돈을 투자할 수 있다는 장점이 있습니다. 가령 MS의 경우 오랜 기간 운영 체제 시장에서 독점을 형성하며 후발 주자들의 시장 진입을 막는 등의 악영향을 끼치기도 하였지만, 한편으로는 강력한 자본력을 바탕으로 하여 새로운 상품 개발에 힘쓰고 '규모의 경제'를 달성할 수 있었습니다.

핵심 포인트 🚩

시장의 형태를 정확하게 파악하는 것은 경제학의 기본이다. 완전 경쟁 시장과 독과점 시장의 경우 경제학적으로 중요성이 큰 만큼 확실히 알아 두도록 하자.

공공재의 특성은 무엇이며, 이는 어떠한 결과를 야기하는가?

추가 질문 이로 인해 발생하는 문제를 해결하기 위한 방안을 말해 보시오.

일반 재화와는 다른 공공재의 특성은 그것이 외부 효과를 갖는 데에 있습니다. 제3자가 그 재화에 대한 대가를 치르지 않고 그 이익을 누리거나 피해를 입게 되는 경우를 외부 효과라고 하는데, 공공재는 이러한 외부 효과를 발생시킵니다. 공공재는 외부 효과의 발생으로 인해 민간 경제에서 충분히 생산되기 힘든 만큼, 시장 실패를 야기할 수 있습니다.

추가 답변 공공재는 주로 정부가 세금을 통해서 공원, 도로, 예방 접종, 치안과 국방의 유지 등의 재화와 서비스를 생산하며 이러한 재화와 서비스에서 발생하는 이득은 국민 전체가 누리게 됩니다. 이렇듯 공공재의 생산을 정부에 위탁하는 것은 개인의 이익 추구가 사회 전체적으로도 반드시 효율적인 것은 아니며 사회 전체를 위한 재화의 생산은 사회 전체가 부담하는 것이 바람직할 수 있다는 주장을 뒷받침해 줍니다.

> **핵심 포인트**
>
> 공공재 문제는 최근 복지 관련 이슈와 결부되어 한국 사회에서 중요한 문제이다. 그런 만큼 공공재의 특성에 대해서 잘 파악해 놓고 이에 대한 자신의 생각도 정립해 놓는 것이 좋다.

'사회적 기업'이나 '윤리 경영'이 단기적으로는 손해지만 장기적으로는 이득이라는 주장에 대해 어떻게 생각하는가?

　이익을 사회에 환원하고, 윤리적인 원칙을 지키면서 경영하는 기업의 행위는 단기적으로는 이익을 감소시킬 수 있지만 장기적으로는 기업이 오래 살아남고 초과 이익을 거두는 데에 효과적이라는 이론이 최근 많은 설득력을 얻고 있습니다. 물론 장기적인 관점에서 볼 때 사회적 기업과 윤리 경영이 유리할 수 있다는 점은 일리가 있으나, 현실에서 실현되기는 어려운 이론이라고 봅니다. 기업을 경영하는 CEO 입장에서는 장기적인 이익도 중요하지만 계약을 연장하기 위해 단기적인 이익을 놓칠 수가 없고, 주주 입장에서도 역시 불확실한 미래의 이익보다는 눈앞의 확실한 이익을 추구할 수 있기 때문입니다. 그런 만큼 사회적 기업과 윤리 경영을 추구할 때에는 단순히 이상만을 추구하는 것이 아니라 그 목표가 분명해야 하며, 경영의 효과를 확실히 파악하고 경영 궤도를 끊임없이 수정 및 보완하는 것이 중요하다고 봅니다.

핵심 포인트 🚩

　최근 등장하여 아직 그 효과가 확실히 드러나지 않은 경영 방식에 대한 질문이 나올 경우, 장단점을 모두 제시하되 신중하게 접근하는 것이 좋다.

제2차 세계대전 이후부터 석유 파동까지의 세계 경제 발전 과정을 간략하게 정리해 보시오.

제2차 세계대전 이후 각국 정부들은 케인스 이론에 기반을 둔 거시 경제 정책을 펼쳤습니다. 이 시기 각국은 총수요 관리 정책을 내세우며 경기가 과열될 경우 정부 지출을 줄이고 경기가 침체될 경우 정부 지출을 늘려서 국민 경제를 관리하였습니다. 이러한 케인스 이론에 기반을 둔 정책은 약 20년 동안 큰 효과를 발휘하여 많은 국가들이 이 시기에 고속 성장을 할 수 있었습니다. 그러나 1970년대에 원유 가격이 급격하게 상승하며 '석유 파동'이 발생하였고, 이는 총공급 측면에 충격을 주어 기존의 관리 정책이 통하지 않는 상황이 발생하였습니다. 이로 인해 물가와 실업률이 동시에 상승하는 '스태그플레이션'이 발생하였으며 케인스 이론이 더 이상 유효하지 않다는 점이 지적되었습니다.

핵심 포인트

교과서에 나오는 내용을 그대로 묻는 문제이다. 제2차 세계대전 이후의 세계 경제와 한국 경제의 발전 과정을 묻는 경우가 많으므로 잘 기억해 두자.

'역선택'과 '도덕적 해이' 관점에서
금융 위기가 일어나는 원인을 말해 보시오.

　금융 위기의 경우 금융 시장의 모든 행위자에게 그 원인이 있습니다. 우선 은행의 경우, 신용을 담보로 돈을 대출해 주는 만큼 적절한 선별 과정을 통해 역선택을 방지해야 합니다. 그러나 은행은 신용이 부족한 사람들에게도 무책임하게 돈을 대출해 줌으로써 금융 위기의 원인을 제공하기도 합니다. 그리고 이러한 은행들이 돈을 돌려받지 못하였을 경우에 대비하여 보험 회사에서 보험을 드는데 이때 보험 회사에서도 제대로 된 선별 과정을 거치지 않아 이 또한 역선택에 해당한다고 볼 수 있습니다. 또한 대출자들의 경우 우선 돈만 대출받으면 된다는 태도로 대응하고 대출 이후 위험한 사업에 투자하는 도덕적 해이를 통해 금융 위기의 원인을 제공합니다. 그리고 투자 은행들의 경우 이러한 대출의 채권 상품을 대책 없이 판매하는 태도를 보이기도 하는데 이 역시 도덕적 해이에 해당한다고 볼 수 있습니다. 이렇듯 금융 시장이 '개살구 시장(Lemon Market)'으로 변함으로써 세계적인 금융 위기가 발생합니다.

핵심 포인트

　언뜻 보면 어려워 보일 수 있는 문제이다. 하지만 모범 답안을 보면 내용만 시사적일 뿐 이론적인 내용은 모두 교과서의 표현과 정확히 일치한다는 점을 발견할 수 있을 것이다. 시사 문제를 이론적으로 분석하는 질문은 고등학교 교과 과정에서 사례에 해당하는 정확한 이론을 찾아내는 것이 중요하다.

정부가 재원을 조달하는 방식은 세금, 채권, 화폐 발행으로 나뉜다. 화폐 발행을 '최후의 수단'이라고 하는 이유를 사례와 함께 말해 보시오.

정부가 재원을 조달하는 방식 중 세금은 국민들에게 직접 돈을 제공받는 것이고, 채권은 나중에 만기가 되었을 때 세금을 통해서 갚는 것으로 결국 둘 다 세금으로 재원을 조달하는 것입니다. 그리고 '공짜 점심은 없다.'라는 경제학의 격언을 통해 생각해 볼 때 화폐 발행 역시 그 대가를 치른다는 점을 알 수 있습니다. 화폐 발행을 통해 재원을 조달하는 행위가 계속될 경우 화폐에 대한 신뢰가 떨어지고 물가가 급속도로 상승하기 시작하여 '하이퍼인플레이션'의 사태에 직면할 수 있습니다. 가장 대표적인 예가 대공황기의 독일로, 당시 독일 정부는 대규모 화폐 발행을 통해 부족한 재원을 조달하여 물가가 수십, 수천만 배로 상승하는 하이퍼인플레이션을 겪은 바 있습니다.

핵심 포인트 🖝

답안을 보면 고등학교 교과서 내용으로 해결할 수 있는 문제라는 것을 알 수 있을 것이다.

우리나라는 최근 경제 현상이 둔화된 성장 세를 보이는데, 노동과 자본의 한계 생산 체감의 법칙과 기술 충격의 관점에서 그 이 유를 말해 보시오.

한국은 과거에는 정부 주도의 고도 성장을 해 온 나라입니다. 처음 에는 주로 노동 집약적 산업에 노동을 많이 투입함으로써 성장한 반 면 이후에는 주로 자본 집약적 산업에 자본을 많이 투입함으로써 세 계적으로 유래 없는 성장을 이룩하였습니다. 그러나 1990년대부터는 고도 성장이 멈추고 성장 추세가 안정되었는데, 이는 한계 생산 체감 의 법칙으로 그 이유를 설명할 수 있습니다. 노동과 자본을 처음 투입 할 때는 한계 생산이 크게 증가하지만, 국민 경제가 어느 정도 성장 궤도에 오른 이후에는 추가적인 노동 및 자본의 투입에 의한 생산이 예전만큼 크게 증가하지는 않을 것입니다. 따라서 현대 경제는 노동 과 자본을 단순히 많이 투입하는 것이 아니라, 같은 양의 노동과 자본 을 투입해도 이들을 효율적으로 결합할 수 있는 기술력의 개발이 중 요하다고 볼 수 있습니다.

핵심 포인트

한계 생산 체감의 법칙이 처음 보는 이론이라면 당황할 수 있지만 결국 경제 교과 서의 제일 처음에 나오는 한계 효용 체감의 법칙의 응용이라는 점을 파악할 수 있을 것이다.

'후생 경제학의 제1정리'와 연관하여 국민 경제에서 정부 부문의 역할을 말하고 자신의 견해를 말해 보시오.

'후생 경제학의 제1정리'가 의미하는 바는 완전 경쟁 시장이 자원을 효율적으로 배분하지만 소득이 공평하게 분배되지는 않는다는 것이라고 생각합니다. 그렇기에 정부는 직접세를 통해 부의 재분배를 실현하고, 세금을 통해 복지 정책을 펼쳐 소득 격차를 감소시키는 역할을 맡고 있습니다. 이러한 정부의 정책에 대해서 시장의 자유를 침해한다는 비판이 제시되고 있습니다. 그러나 시장에 과다하게 개입하지 않으면서 적절하게 부의 재분배를 실현하는 정부의 역할은 필요하다고 생각합니다. 또한 시장 경제에서 중요한 가치인 '기회의 평등'을 실현하기 위해서도 정부의 역할이 기대됩니다. 모두가 같은 조건에서 시작하여 자신의 노력만큼 소득을 거둘 수 있다면 정부의 개입이 필요하지 않을 수 있지만, 현실은 그렇지 않기 때문입니다. 그런 만큼 정부는 공정한 시장을 만들기 위해 소득 격차를 줄일 필요성이 있습니다.

핵심 포인트 👉
'후생 경제학의 제1정리'는 난해해 보이는 명칭과는 달리 '시장 실패와 정부 개입'과 관련된 이론이다.

과점 시장은 '전략적 상황'에 놓여 있다고 한다. 그 이유는 무엇인가?

이는 시장의 구조를 결정짓는 핵심 요소인 '생산자의 수'와 '진입 장벽의 크기'에서 기인하는 것이라고 봅니다. 독점 시장의 경우 생산자가 한 명밖에 없는 관계로 대개 진입 장벽이 매우 높은 만큼 독점적 지위를 지닌 생산자가 가격을 설정할 수 있습니다. 반대로 완전 경쟁 시장의 경우 생산자가 수없이 많고 진입 장벽이 거의 없는 만큼 각각의 생산자는 가격 결정력을 갖지 못하고 시장에서 결정된 가격을 그대로 받아들여야 합니다. 그러나 과점 시장은 완전 경쟁 시장과도, 독점 시장과도 다른 상황에 놓여 있습니다. 소수의 생산자들은 어느 정도의 가격 결정력을 갖고 있긴 하지만 한 기업이 마음대로 이를 휘두를 수는 없습니다. 그러므로 과점 시장에서 한 기업의 행동은 다른 기업의 행동에 의해서 결정된다고 볼 수 있으며, 이러한 상황을 가리켜 전략적 상황이라고 합니다. 전략적 상황에 놓인 기업들은 자신들이 어떤 정책을 폈을 때 다른 기업들이 어떻게 대응할지를 고려해서 정책을 세워야 하며, 때로는 이들 사이에서 담합이 결성되어 마치 한 기업처럼 정책을 시행하기도 합니다.

핵심 포인트

과점 시장이 '전략적 상황'에 놓여 있다는 이유로 인해 매우 중요하다는 점을 꼭 기억해 두자.

노동자의 경영 참여에 대한 자신의 생각을 말해 보시오.

　현대 사회에서 기업의 의사 결정 과정은 주주, 이사회, 경영진, 그리고 노조 간의 의사소통 과정에서 이루어집니다. 하지만 때때로 노조의 요구가 받아들여지지 않는 경우가 있습니다. 그래서 노사 간의 다툼이 일어나게 됩니다. 이는 전문적으로 경영을 공부한 경영진들의 결정에 노동자들이 참여하는 것은 쓸데없는 간섭으로 비춰지기 때문일 것입니다. 그러나 경영학을 다룬 소설《The goal》을 보면 경영학 이론과 실제 현장의 상황이 매끄럽게 부합되지 않는 경우에 경영자는 간부들뿐만 아니라 노동자들의 의견도 함께 수용하면서 문제를 해결합니다. 실제로 현장에서 일하는 것은 노동자들이며, 경영진이나 이사회에서 알기 힘든 현장의 조건을 가장 잘 알고 있는 사람도 노동자들이기 때문입니다. 따라서 노동자들의 경영 참여는 긍정적으로 받아들여야 합니다.

핵심 포인트

　경영학과를 지원한 학생의 경우, 기업의 의사 결정 과정에 대해서 잘 알아 둘 필요가 있다. 노동자의 경영 참여는 특히 최근 기업에서 많이 실시하는 제도이다.

다른 산업에 비해 생산성이 낮은데도 농사를 계속 지어야 하는가?

최근 맺어지고 있는 여러 FTA에서 가장 큰 쟁점이 되는 것은 농업 분야입니다. 문제에서 전제하고 있는 대로 농업 분야가 생산성이 낮다고 한다면, 왜 굳이 별로 중요하지 않은 농업 분야가 항상 이슈가 되겠습니까? 그 이유는 농업이 가진 특수성 때문입니다. 농업은 비록 경제적인 생산성은 낮지만, 인간의 생존과 건강에 필수 불가결한 식량을 생산한다는 점에서 매우 중요한 가치를 가집니다. 특히 최근 잦은 기후 변동과 CCD(Colony Collapse Disorder, 벌집 붕괴 현상) 등의 현상으로 인해 농작물의 생산량이 미래에 급감할 것으로 예상되어 농업의 중요성은 점점 커지고 있습니다. 단지 현재의 생산성만을 놓고 농업에 대한 지원을 줄이기보다는, 보다 거시적인 관점에서 농업에 대한 적극적인 지원을 하는 것이 미래에 국내 경제는 물론, 사람들의 삶을 지탱하는 바탕을 만드는 길일 것입니다.

핵심 포인트
> 산업 구조에 관한 문제는 최근 급격한 산업 구조의 변동과 더불어 자주 출제된다.

친일파 후손이 정당한 법적 절차에 따라 조상의 재산을 물려받는 것에 대한 자신의 생각을 말해 보시오.

최근 친일파 후손들이 조상의 재산을 '합법적으로' 물려받는 것에 대한 문제가 사회적인 이슈가 되고 있습니다. 여기서 재산을 '합법적으로' 물려받았다는 것은 친일파 후손들의 행위가 절차적으로 합법적이라는 것을 의미합니다. 하지만 과연 합법적인 법적 절차를 밟은 것만으로도 그 행위가 정당한지는 다시 한 번 생각해 봐야 할 문제입니다. 법은 단순히 실용적인 목적을 위해 만들어진 것만이 아니라, 엄연히 법 이념에 의해 세워진 것입니다. 대표적인 법 이념에는 정의, 합목적성, 법적 안정성 등이 있는데, 가장 기본적인 법 이념인 '정의'와 법의 '합목적성'에 의해 친일파 후손들의 행위는 정당화될 수 없습니다. 또한 대한민국의 헌법은 엄연히 명시적으로 3·1 운동의 정신과 대한민국 임시 정부의 법통을 계승한다고 밝히고 있습니다. 이런 점을 고려할 때도 역시 친일파 후손들의 상속은 부적합하다고 생각합니다.

핵심 포인트

이런 질문에 답변할 때는 국민 정서를 고려해야 한다. 감정적이 아닌, 논리적인 답변이 되어야 한다는 점을 명심하자.

동해 표기 문제에 관한 자신의 입장을 말해 보시오.

한국과 일본 사이의 바다의 명칭에 대해 '동해'와 '일본해' 사이에서 오랜 갈등이 있어 왔습니다. 국가마다 바다를 놓고 부르는 명칭이 다를 때 어느 한쪽의 명칭을 택해야 한다면 우선 역사적으로 어떻게 불려 왔는가를 따져 봐야 한다고 생각합니다. '동해'라는 표현은 한국 입장에서만 동쪽에 있는 것이기에 일본 입장에서는 받아들이기 힘들 것이나, '동해'라는 명칭이 '일본해'라는 명칭에 비해서는 과거 문헌에 등장한 빈도가 높은 만큼 더 설득력이 있다고 할 수 있습니다. 그러나 현실적으로 두 입장이 첨예하게 대립해서 어느 하나만을 고를 수 없는 상황일 때는 중립적인 명칭을 통해 해결하는 방안도 있습니다. 과거 동해를 '평화의 바다'라고 부르자는 시도가 있었듯 동해에 적합한 새 이름을 찾으려는 시도도 중요하다고 봅니다. 가령 'East Asian Sea'라는 명칭을 사용할 경우 한일 양국을 제외한 다른 외국에서도 쉽게 이해할 수 있으므로 설득력이 있지 않을까 생각합니다.

핵심 포인트

> 동해나 독도, 동북 공정의 문제 같은 경우 감정적으로 대처하기보다는 대립되는 사안의 문제가 무엇이고 어떻게 해결할 수 있는지를 냉정하게 판단해 보도록 하자.

바람직한 한일 관계에 대한 자신의 입장을 말해 보시오.

이웃 국가들은 원래 사이가 안 좋은 것이 일반적이라고 하지만 일본에 대한 한국의 악감정은 여타 국가들보다 더 큰 편입니다. 이러한 악감정의 원인은 여러 가지가 있지만 근본적인 원인은 결국 일본이 조선을 식민화하고 오랜 기간 식민 통치를 하였다는 점, 그리고 그 과정에서 발생한 잘못들을 솔직하게 인정하지 않는다는 점에 있다고 생각합니다. 그러므로 바람직한 한일 관계는 우선 일제 강점기에 있었던 일들을 객관적으로 연구하여 이에 대한 책임을 솔직하게 인정하고, 과거사 문제가 청산된 뒤 미래의 청사진을 그리는 것이 순서가 아닐까 싶습니다.

식민 통치가 끝난 지가 벌써 70년이 넘었지만 한일 관계는 아직도 과거사 문제에 발목 잡혀 앞으로 나아가지 못하고 있는 실정입니다. 인근 국가와의 협력으로 인한 큰 이득을 생각해 볼 때, 한일 양국이 식민지 시기에 대한 평가에 있어서 합의를 본다면 경제적·사회적 협력을 원만하게 진행할 수 있을 것입니다.

> **핵심 포인트** 👉
> 자신의 생각을 자유롭게 이야기하는 문제이다. 본인의 생각을 이야기하되 지나치게 감정에 치우치지 않도록 하자.

최근 기업들의 구조 조정으로 많은 노동자들이 정리 해고를 당하는 것에 대해 어떻게 생각하는가?

한국 구조 조정의 가장 큰 문제점은 경영진의 문제로 인해 회사가 힘들어졌을 경우 정리 해고를 통해 바로 노동자들에게 그 책임을 돌린다는 것입니다. 시장 경제의 원리에 비추어 봤을 때도 이 경우 경영진이 책임을 져야 하는데, 노동자들이 모든 잘못을 뒤집어 쓰는 것은 옳지 않습니다. 또한 한국의 경우 복지 제도나 실업 수당 등이 제대로 정비되어 있지 않은 만큼 정당한 구조 조정이라고 해도 노동자들에게 큰 불안을 가져다줄 수 있습니다. 그러므로 불가피하게 구조 조정을 실시하게 되더라도 구조 조정이 합리적으로 이루어져야 합니다.

우선 정부 차원에서는 구조 조정으로 인한 실업자들을 위해 구제 정책을 제시해야 할 것이며, 기업 차원에서는 경영진이 노동자들에게 명확한 구조 조정의 기준과 이유를 제시해야 합니다. 대책 없이 단순히 정치적인 압박에 의해서 이루어지는 구조 조정은 노사 모두에게 장기적으로 안 좋은 결과만을 가져다줄 것입니다.

핵심 포인트

> 최근의 부실 기업 구조 조정과 관련하여 문제가 출제될 수 있다. 구조 조정의 특징에 대해서 알아 두자.

빈곤이란 무엇이며, 어떻게 해결할 수 있는가?

빈곤은 두 가지 면에서 정의할 수 있습니다. 첫 번째로 생존을 위한 필수 생활비를 계산해서 이에 크게 못 미치는 수입을 얻는 사람들을 빈곤층으로 규정할 수 있습니다. 이는 절대적이고 객관적인 기준의 빈곤입니다. 두 번째로 사람들의 수입을 나열한 뒤 적은 순서대로 일정 비율을 빈곤으로 규정할 수 있습니다. 이는 상대적이고 주관적인 기준의 빈곤입니다.

이러한 빈곤의 문제는 역시 두 가지 측면에서 해결해야 합니다. 우선 개인들은 빈곤이 그 사람의 잘못이 아니라 구조적인 문제라는 것을 인식해야 합니다. 물론 개인의 실수로 인해 빈곤해지는 사람이 있지만, 대부분의 빈곤은 사회 구조의 모순으로 인한 세습적 빈곤입니다. 따라서 가난이 스스로의 잘못이라 하여 비난하는 일이 없도록 분위기를 개선해야 합니다. 두 번째로는 빈곤층의 생계를 지원하기 위한 사회 보장 제도를 마련해야 합니다. 비정규직 처우 개선 법안, 공공 부조 정책 등이 그 예가 될 것입니다.

> **핵심 포인트**
>
> 문제의 정의와 해결책을 물어볼 때는 이를 여러 가지 측면으로 나눠서 바라본 후 정리해서 대답하는 것이 좋다.

화폐가 사라지면 어떤 상황이
발생하겠는가?

　화폐는 교환을 위한 매개이며 동시에 상품의 가치 척도이기도 합니다. 따라서 화폐가 사라지게 되면 물물 교환으로 모든 거래를 진행해야 하는 만큼 거래 비용이 급격하게 증가할 것입니다. 가령 집 앞에 있는 슈퍼마켓에서 물건을 사려고 해도 슈퍼마켓 주인이 원하는 재화를 가져가서 교환해야 하는 만큼 간단한 거래 자체가 불가능해질 것입니다. 또한 화폐가 존재하지 않으면 화폐를 통한 온라인 거래가 중단되고 모든 이들이 오프라인 매장에서 거래를 해야 하는 큰 혼란이 발생할 것입니다. 그리고 은행 역시 존재할 수 없을 것이고, 주식이나 채권 시장 역시 중단되어 금융 시장이 일대 혼란에 빠질 것입니다. 이에 사람들은 기존의 화폐를 대체할 수 있는 물건을 찾게 될 것이고, 혼란을 거친 이후에 새로운 화폐를 만들어 낼 것이라고 생각합니다. 예를 들어, 제2차 세계대전 당시 포로들 사이에서 필요한 물건을 구입하기 위해 담배가 화폐 대신 쓰였다는 기록이 있습니다. 그러므로 사람들은 기존의 경제 질서를 복원하기 위해 새로운 화폐를 발명하게 될 것이라고 생각합니다.

> **핵심 포인트** 🚩
>
> "A가 없어지면 어떻게 될까?"라는 질문은 단순히 그런 상황을 상상해 보라는 것이 아니라 A가 갖는 중요성에 대해 말해 보라는 것이다. 따라서 뜬구름 잡는 이야기가 아니라 A가 갖는 중요성을 명확하게 제시해야 한다.

Q&A 114

명절에 제사를 지내지 않고 놀러가는 사람들이 늘고 있는 것에 대한 자신의 생각을 말해 보시오.

이것은 찬반의 의견을 떠나 하나의 새로운 경향이라고 생각합니다. 추석이라는 명절의 의미를 되새겨 볼 때, 추석은 조상과 가족에 대한 소중함과 감사함을 느끼는 기간이지만, 예전처럼 성묘를 가거나 제사를 지내는 방식으로 추석을 지낼 필요는 없다고 생각하기 때문입니다. 요즘에는 납골당이나 수목장과 같은 장례 문화가 등장하고 있습니다. 때문에 꼭 그날 직접 찾아가지 않더라도 묘가 훼손되거나 잡초가 자라는 등의 일은 적습니다. 또 바쁜 현대인들의 입장에서는 명절에 돌아가신 조상들을 살피는 것보다는 가족들과 시간을 보내는 것이 더 중요할 수 있습니다. 현대인에게는 그곳이 어디이든지 가족들과 충분한 시간을 함께 보낼 수 있다면 그것만으로도 명절을 보내는 의미가 충분할 것이라 생각합니다.

핵심 포인트

면접에서 중요한 것은 소신과 논리성 그리고 자신감이다. 면접관들의 의견과 반대될 것 같은 대답이라 하더라도 소신을 가지고 논리적으로 자신 있게 대답한다면 분명 긍정적인 인상을 줄 수 있을 것이다.

한국에서 청년 세대를 지칭하는 용어들이 많은데, 이에 대한 담론의 원인이 무엇이라고 생각하는가?

한국에서 유독 세대 담론이 유행하고 특정 시기의 청년들을 가리키는 용어가 많다는 것은 한국이 고도의 압축 성장을 하였다는 점에서 그 원인을 찾을 수 있습니다. 한국의 경우 한국 전쟁 이후 황폐화된 시기를 겪은 노년층, 독재와 민주화 운동 시대를 겪은 장년층, 그리고 경제 성장과 민주화가 갖춰진 이후에 태어난 청년층의 경험이 매우 다르기 때문에 각자 사고방식이 다르고 서로가 서로를 이해하기 힘든 경우가 유독 많습니다. 이는 서로의 성장 배경이 지극히 다르다는 데에서 그 원인을 찾을 수 있으며, 따라서 한국 사회가 안정된 이후에는 세대 간의 격차가 조금씩 줄어들 것이라고 예상합니다. 가령 지금의 청년층은 '정보화 혁명' 이후 태어난 세대로 컴퓨터나 스마트폰 같은 전자기기에 익숙하므로, 이들이 성장한 이후에도 청년층처럼 능숙하게 변화에 적응할 가능성이 높습니다. 그러나 기술의 발전이나 전쟁 등으로 인해 사회적으로 급격한 변동이 다시 발생할 경우에는 이후에도 세대 격차가 꾸준히 발생할 것이라고 생각합니다.

> **핵심 포인트** 📢
>
> 사회적 현상의 원인을 도출하라는 문제가 제시될 경우 역사적인 관점에서 바라보는 태도가 필요하다. 단순히 현재의 현상만을 놓고 논하는 경우 협소한 생각으로 치우칠 수 있다.

공기업 민영화 추세에 대한 자신의
생각을 말해 보시오.

  공기업은 정부나 지방 자치 단체가 직접 경영하는 기업으로 민간이 운영하는 사기업과 많은 차이가 있습니다. 그런데 공기업은 정부나 지자체가 운영하는 기업이다 보니 경영이 비효율적이라는 점이 문제로 지적되고 있습니다. 공기업의 직원들은 무사안일에 젖어서 사기업에 비해 일을 열심히 하지 않는 경우가 많고, 뚜렷한 목표가 없기 때문에 일을 할 유인 동기가 부족하기 때문입니다. 또한 공기업의 경우 사기업처럼 능력 있는 사람들이 관리직을 맡기보다는 퇴임한 공무원이나 정치인들이 소위 '낙하산 인사'로 들어오는 경우가 많습니다. 이러한 측면에서 공기업의 생산성을 강화하기 위해 민영화를 시키자는 의견이 대두하고 있는 것입니다. 사기업처럼 확실한 경쟁 체제가 도입될 경우, 직원들이 열심히 일을 할 것이므로 예전처럼 무책임하게 관리되는 일이 줄어들 것으로 보는 것입니다.
  하지만 공기업은 수도나 가스 등 국민의 기본적인 생활과 관련된 일을 담당하는 경우가 많아 민영화가 된다면 급격히 가격이 상승하여 대다수 국민들의 생활에 위험을 줄 수 있기 때문에, 내부 혁신이 우선되어야 할 것입니다.

핵심 포인트
> 정책에는 명암이 갈리기 마련이다. 정책의 장단점을 모두 밝혀 주는 것이 좋다.

황혼 이혼이 늘고 있는 요즘 현상에 대해 자신의 생각을 말해 보시오.

    우리 부모님 세대들은 결혼 생활이 행복하든 불행하든 상관없이 자식들을 위해 평생 헌신하며 살아왔습니다. 부모 개인의 행복보다는 가정을 지키고자 하는 생각이 더 컸던 것입니다. 하지만 최근 들어 이러한 생각들이 많이 바뀌어 가며 그에 따라 황혼 이혼이 많이 늘어가는 것 같습니다. 물론 이혼이라는 것이 최선의 선택은 아니겠지만, 개인의 행복이 추구되어야 한다는 입장에서는 황혼 이혼을 찬성할 수 있습니다. 특히 황혼 이혼은 자녀들이 성인이 되어 독립할 수 있는 나이가 된 후의 이혼을 말하는 것이므로 부모로서의 양육 책임이 더 이상 부모 개인의 행복을 침해할 수는 없다고 생각하기 때문입니다.

핵심 포인트 🔎

> 이혼율이 점차 증가함에 따라 이혼은 현대 사회의 새로운 사회 문제로 대두되었다. 이에 대한 입장을 개인의 기본권과 관련지어 대답한다면 좋은 답변이 될 것이다.

부모의 이혼이 청소년들에게 미치는 부정적인 측면을 말해 보시오.

청소년 때는 감수성이 예민한 시기입니다. 따라서 사소한 부정적 사실도 굉장히 크게 부풀려서 생각하고 받아들일 수 있습니다. 이러한 시기에 부모가 이혼한다면 청소년들의 마음에 큰 상처가 남을 것이 불 보듯 뻔한 일입니다.

청소년들은 부모가 이혼한 경우, 그 이유를 자신이 잘못하였기 때문이라고 생각할 가능성이 높습니다. 이렇게 자책을 하면서 마음에 상처를 안고 자라는 청소년들은 심리적·정신적으로 트라우마를 겪게 될 수도 있습니다. 그러면서 타인과 올바른 인간 관계를 형성하지 못하거나 매우 의존적인 사람으로 성장할 수도 있을 것입니다.

또한 부모의 이혼은 단지 그 둘만의 문제가 아니라, 청소년인 자식들의 인생에 큰 상처와 오점을 남기는 것입니다. 우리나라의 정서상 편부모 가정의 자식을 부정적으로 바라볼 수 있기 때문에 나중에 청소년들이 자라서 결혼할 시기가 되었을 때 원하는 배우자와 결혼하지 못하게 되는 경우도 있을 수 있습니다.

핵심 포인트 F

어떤 현상에 대한 부정적인 부분들을 지적하는 질문에 대해서 대답할 때는 다양한 측면에서 그 문제를 분석할 수 있어야 한다.

안락사 합법화에 대한 자신의 생각을 말해 보시오.

안락사 문제는 인간의 생명권과 직결되기 때문에 지속적으로 이슈가 되어 왔던 중요한 문제입니다. 최근 해외에서 자발적 안락사에 한해 합법화가 이루어져 다시 이 문제가 주목을 받고 있습니다. 의무론적인 입장에 따르면 모든 생명은 자신의 의지에 의해 살 권리가 있으며, 안락사는 그것이 자발적이든 아니든 그것이 환자의 의지를 완전히 확인할 수 없기 때문에 허용해선 안 됩니다. 반면 공리주의적인 입장에서는 안락사가 더 큰 이익을 가져온다면 허용될 수 있다고 봅니다.

저는 안락사가 부분적으로 합법화되어야 한다고 생각합니다. 만약 전면 합법화가 된다면 환자의 의지가 무시된 합법 살인이 발생할 가능성이 높아지고, 전면 불법이 된다면 환자가 존엄한 죽음을 맞을 권리를 부정함은 물론, 더 큰 이익을 가져다줄 수 없을 것입니다. 그렇기 때문에 환자의 의지를 명백히 확인할 수 있는 상태에서 행해지는 안락사는 올바른 방향이므로 허용되어야 한다고 생각합니다.

핵심 포인트 📑

> 두 가지 입장이 충돌하는 이슈를 논할 때는 자신의 주장, 근거, 반론에 대한 재반론을 모두 준비해 두는 것이 좋다.

통일이 이루어져야 하는 이유를 말해 보시오.

　남과 북이 통일되어야 하는 첫 번째 이유는 경제적 필요성 때문입니다. 분단이 되어 있는 현재의 상황은 남한과 북한의 국민에게 엄청난 부담을 주고 있습니다. 남북한은 군비 경쟁으로 인해 막대한 예산을 군사비로 지출하고 있으며, 젊은이들은 군 복무 기간 동안 생산 활동을 하지 못하기 때문에 경제적으로 많은 낭비를 하고 있습니다. 만약 통일이 된다면 많은 부지와 자원을 확보하게 되고 일자리도 많이 창출되어 실업 문제의 해결에도 도움이 될 것입니다. 또 전쟁의 위협으로부터 벗어날 수 있습니다. 현재 남한과 북한은 휴전 상태이고 전쟁 발발의 가능성이 있기 때문에 위험 지역이라는 이미지가 있습니다. 통일이 되면 이러한 인식이 사라지게 되고 한국에서 미국, 중국 등의 영향력이 줄어들게 됩니다. 그리고 대륙과 직접 통하는 통로를 확보함으로써 러시아 및 유럽 진출에도 유리할 것입니다.

> **핵심 포인트** 📌
>
> 　통일의 이유를 말할 때에는 경제적 측면뿐만 아니라 다양한 측면에서 근거를 제시하는 것이 좋다. 통일 문제는 자주 출제되는 문제이므로 한 번쯤 정리해 두는 것이 좋다.

남북 통일은 어떤 식으로 이루어져야 할까? 또한, 어떤 문제가 예상되는가?

남북 통일은 남한 단독 정부 수립 이후, 대한민국이 안고 있는 가장 큰 문제 중 하나입니다. 휴전선이 그어진 후 너무 오랜 시간이 흘렀습니다. 그동안 남북은 자본주의 국가와 사회주의 국가로 나뉘어 정치, 경제, 사회, 문화, 언어 등 수많은 부분에서 다른 길을 서로 걸어왔습니다. 이러한 상황에서 통일이란 문제는 쉽게 접근할 수 없습니다. 국가의 정치 · 경제 체제가 현저히 다른 상황에서 무리한 통합은 남북 모두에게 혼란이 될 것이라는 것을 이미 독일의 예를 통해서 잘 알 수 있습니다. 그런 만큼 우선 북한에 남한의 경제 체제나 문화를 널리 알림으로써 차이점을 메워 나가야 한다고 생각합니다. 개성 공단이나 금강산 관광이 그런 역할을 할 수 있을 것입니다.

남북 통일의 과정에서 남북이 너무나도 다른 서로를 바라보며 수많은 혼란이 발생할 수 있을 것이라 생각합니다. 그런 만큼 정부와 민간에서는 그 간극을 좁히기 위한 노력을 해 나가야 할 것입니다.

핵심 포인트 📢

> 통일과 같은 민감한 주제는 신중하게 답해야 한다. 하지만 면접관들이 학생에게 전문적인 지식까지는 요구하지 않는 만큼 자기가 아는 한도 내에서 논리적인 답변을 하면 된다.

북한의 핵 개발에 대한 자신의 생각을 말해 보시오.

　북한의 핵무장 문제는 한반도 평화를 위해 해결해야 할 가장 큰 문제라고 해도 과언이 아닙니다. 북한은 미국과 남한, 일본이 합심해서 자신들을 압박하고 있기 때문에 핵무장이 필요하다고 역설하지만, 강력한 핵무기만으로 과연 평화를 유지할 수 있을지는 미지수입니다. 과거 냉전 시대 미국과 소련의 군비 경쟁이 말해 주듯, '평화를 위한 무장'은 결국 수많은 미사일들만 남긴 채 국제 관계를 더욱 악화시킬 뿐이기 때문입니다. 이러한 상황에서 북한의 핵 개발은 한반도 평화에 오히려 악영향을 줄 가능성이 농후합니다. 그런 만큼 북한이 핵을 포기하도록 유도해야 할 것입니다. 강제로 핵무장을 해제할 경우 무력 마찰이 일어날 수 있으므로, 식량이나 에너지 등 여러 가지 지원을 약속함으로써 북한이 스스로 핵 개발을 중단할 수 있도록 해야 한다고 봅니다.

핵심 포인트 F

　남북 문제는 민감한 사안이다. 면접관들의 성향을 알 수 없는 만큼, 되도록이면 극단에 치우치지 않고 온건한 해결책을 제시하는 편이 좋다.

탈북자가 남한에서 생활하며 겪을 가장 심각한 문제 두 가지를 말해 보시오.

첫 번째로 남북한은 다른 체제이므로 탈북자가 남한의 자본주의 체제에 적응하기 힘들 것이라고 봅니다. 북한의 공산주의 체제는 자신이 생산에 기여한 바와 상관없이 일정한 수입이 보장됩니다. 그러나 남한의 자본주의 체제는 그렇지 않습니다. 자본주의 체제는 생산성이 높은 사람에게 더 많은 임금을 보장하는 시스템입니다. 돈을 벌기 위해서는 기술을 갖추고 열심히 일해야 한다는 사실에 탈북자들이 쉽게 적응하지 못할 것입니다.

두 번째는 탈북자에 대한 사람들의 선입견과 편견입니다. 탈북자들은 공산주의 체제에서 성장해 온 사람들이기 때문에 과연 남한 사회의 체제에 쉽게 적응할 수 있을지에 대해서 남한 사람들이 의구심을 가질 것입니다. 고용주들의 경우 탈북자들을 채용하는 일을 망설이게될 것이고, 보통 사람들의 경우 탈북자들에게 쉽게 마음을 열고 다가서지 않을 가능성이 있습니다.

핵심 포인트

문제점을 여러 가지 지적하라고 할 때는 균형을 맞춰 나열해야 한다.

한반도가 통일된 후 비무장 지대를 어떻게 활용하면 좋을지 말해 보시오.

　현재 남한과 북한의 휴전선 사이에 있는 비무장 지대에는 많은 야생 동식물이 살고 있는 것으로 알고 있습니다. 이곳을 굳이 다른 용도로 사용하기 위해 개발하는 것은 많은 부작용을 야기할 것입니다. 따라서 통일이 되면 일부 지역만을 개발하여 남북을 이을 도로와 철도 등을 건설하고 나머지 지역은 생태계 보존 지역으로 설정하면 좋을 것 같습니다. 다른 국립 공원들처럼 그대로의 자연을 보존하고 관광으로 즐길 수 있도록 하는 것입니다. 또 판문점 인근 휴전선과 비무장 지대를 어느 정도 남겨 두어 남북 대치의 역사를 보여 줄 수 있는 공간으로 만들면 좋을 것입니다.

핵심 포인트 🚩

　남북이 통일되면 반드시 해야 할 일이기 때문에 앞으로도 꾸준히 출제될 수 있는 문제이다.

남북한 언어 이질화 문제의 예를 들고, 그 해결책을 말해 보시오.

분단 이후 60년이 넘는 시간이 지나면서 남북한의 언어는 상당히 달라졌습니다. 문법의 기본 틀은 유지되고 있지만 사용하는 어휘가 서로 다르기 때문입니다. 남한의 경우 한자어를 많이 사용하지만 북한에서는 한자어를 대부분 순화어로 대체하였습니다. 예를 들어, 남한에서는 '내화성'이라는 한자어를 사용하지만 북한에서는 '불견딜성'이라는 순화어를, 남한에서는 '집단 구타'라고 쓰는 단어를 북한에서는 '모두매'라는 순화어를 사용하는 식입니다. 또한 남한은 외국과의 교류에서 유입된 외래어들을 그대로 사용하는 경우가 많으나 북한에서는 순화어로 고쳐서 받아들이는 경우가 많습니다. 남한의 '로터리'가 북한에서는 '도는 네거리'로, '드레스'가 '나리옷'으로 사용되고 있습니다. 이렇듯 서로 다른 국가 안에서 오랫동안 살아가면서 발생한 언어 이질화를 해결하기 위해서는 지속적인 문화 교류를 통해 서로 언어가 어떻게 사용되고 있는지를 알아 두어야 할 것입니다. 통일에 대비하여 지금부터라도 문화 교류를 시도한다면 서로 간의 언어 이질화를 줄일 수 있으리라고 봅니다.

> **핵심 포인트**
>
> 남북한 언어 차이는 수업 시간에 간단하게 언급하고 넘어가는 편이지만, 대표적인 예시 정도를 알아 두는 것이 좋다. 남북한 언어 이질화 문제는 언어의 역사성과 관련해서도 살펴볼 수 있다.

교사의 역할과 자질에 대해 말해 보시오.

교사는 학생이 자신의 삶을 잘 이끌어 가도록 도와주고 협력하는 조력자입니다. 그리고 기성 세대로서 학생이 사회에서 건강한 사회 구성원으로 자라나도록 도와주는 역할을 해야 합니다. 또한 교과를 가르치는 교육 전문가이기 때문에 교육에 관련된 교과 지도나 상담 활동, 학급 경영의 전문가로서 최선을 다해야 합니다. 지속적인 연구 활동과 자기 계발, 지적 능력과 성숙한 인격을 갖추고 사회적 책임감과 교사 개인으로서의 책임감을 갖추어야 한다고 생각합니다.

교사가 갖추어야 할 자질로는 인간에 대한 근원적인 순수한 애정과 섬세한 배려심, 그리고 희생정신이 있어야 한다고 생각합니다. 또한 학생과 사회로부터 신뢰와 존경을 받도록 훌륭한 인격을 지녀야 하며, 책임감과 도덕적인 양심에 따라 행동하는 자질을 지녀야 합니다. 그 외에 학생들을 잘 이끌어 갈 수 있는 이해심, 유머 감각, 긍정적 마음가짐, 판단력, 개방적인 사고, 지속적인 연구 자세와 언어 표현력 등도 필요하다고 생각합니다.

핵심 포인트

교사가 되고자 하는 학생은 교사가 되기로 결심한 동기, 교사의 역할, 자질 등을 정리해 두면 좋다. 또한 자신에게 가장 큰 영향을 끼친 선생님에 대해 생각해 두는 것도 좋다.

교복을 입는 것에 대한 장단점을 말해 보시오.

교복을 입을 경우, 학생들 사이에서 빈부 격차가 가시화되는 것을 막을 수 있다는 장점이 있습니다. 학생에게 옷은 집안의 부를 과시할 수 있는 가장 큰 수단입니다. 그런 만큼 사복을 입을 경우, 한창 민감한 사춘기 시절 아이들이 빈부 격차 때문에 열등감을 느끼기 쉽습니다. 이런 우려를 막아 준다는 점에서 교복은 긍정적인 역할을 합니다. 또한, 학생들에게 학교에 대한 소속감을 준다는 점도 교복의 장점입니다.

하지만 교복을 입는 것에 단점도 있습니다. 교복은 빈부 격차의 가시화를 막아 주지만, 반대로 학생의 개성을 지나치게 억누릅니다. 또한, 교복은 군사 문화의 잔재로 학생들을 쉽게 통제하기 위한 수단이라는 비판도 받고 있습니다.

핵심 포인트

장점과 단점을 동시에 말할 때는 한쪽에만 너무 치우치지 않고 장단점을 적절히 말하는 것이 좋으며, 장점과 단점을 유기적으로 연결하면 좋은 점수를 받을 수 있을 것이다.

우리나라 고등학교 교육이 가지는
문제점은 무엇이라고 생각하는가?

우리나라 고등학교 교육의 가장 큰 문제점은 교육의 방향이 오로지 대학 진학에만 맞춰져 있는 것입니다. 대학 진학을 위해 학생들은 오직 시험에만 집중하게 되고, 결국 내신이나 수능 점수를 단기간에 빠르게 올리기 위해 암기에 치중한 공부를 하게 됩니다. 이러한 공부는 시험 점수를 높이는 데는 유효할지 모르겠지만 장기적인 관점으로 볼 때는 단점이 더 많다고 생각합니다. 자신이 왜 공부를 하는지에 대한 명확한 이해 없이 맹목적으로 시험에 나오는 내용만 공부하다 보면 시간이 지난 후에는 머릿속에 공부한 내용이 남지 않을 뿐더러 대학 진학 이후 공부하는 데에도 도움이 되지 않기 때문입니다. 또한 고등학교 교육이 대학 진학에만 집중되면 학생들은 이를 따라가기 위해 고액의 사교육에 의존하기 쉽습니다. 공부 그 자체가 목적이 아니라 시험 점수가 목적이 되어 학교와 학원에서 이중으로 공부를 할 수밖에 없는 학생들의 입장에서 생각해 볼 때 교육 방침의 변화가 필요하다고 생각합니다.

> **핵심 포인트** 🖐
>
> "문제점을 제시하라."라는 질문은 적절한 비판을 가하라는 의미로 받아들여야 한다. 이 경우 단순히 주장만을 나열할 것이 아니라 면접관을 설득하기 위해 자신의 주장을 명확하게 뒷받침할 수 있는 근거를 제시해야 한다.

교육에 있어서 체벌의 필요성에 대해 말해 보시오.

저는 교육에 있어서 어느 정도의 체벌은 필요하다고 생각합니다. 우선 많은 학생을 지도해야 하는 선생님의 입장에서는 체벌이 효율적인 지도 방법이 될 수 있습니다. 아이들의 문제 행동에 대해서 방과 후 청소나 반성문 쓰기 등이 대안으로 나올 수 있는데, 문제를 일으키는 아이들의 경우 이러한 처벌을 두려워하지 않습니다. 체벌이 학생을 지도하는 데 있어서 최선책은 아니지만, 효율적이고 성공적으로 아이를 지도하는 방법이라면 사용되어도 좋다는 말입니다. 하지만 이것이 인격을 모독하는 정도로 이루어지거나 선생님의 기분에 의해 행해진다면 많은 문제를 일으킬 것입니다. 교육에 있어서 체벌을 하지 않는 상황이 최선이겠지만, 체벌이 필요한 경우 정확하고 공정한 규칙을 정하고 거기에 맞는 체벌을 해야 한다고 생각합니다.

핵심 포인트

체벌이 필요하다는 입장을 취할 경우 그에 대한 적절한 근거를 말해야 한다. 반대로 체벌이 필요하지 않다는 입장일 경우에는 적절한 근거와 함께 그에 대한 방안을 말하는 것이 좋은 답변이다. 학생 인권 조례에 대한 질문도 예상해 볼 수 있다.

사교육 확대에 대한 찬반 입장과
그 이유를 말해 보시오.

저는 사교육의 확대에 반대합니다. 사교육이 확대될 경우 학교에서 행해지는 공교육이 무력화될 수 있습니다. 학생들은 고액의 수업료를 내고 학원에 다니거나 과외를 하면서 학교 수업보다는 사교육 수업에 중점을 두게 될 수 있습니다. 또 사교육의 확대는 결과적으로 빈익빈 부익부 현상을 야기할 수 있습니다. 교과 수업 이외에 고액 과외, 학원 수업을 받는 학생과 그렇지 못한 학생 간의 성적 차이가 날 수 있고, 이것이 결국 대학 진학, 사회 진출에도 영향을 줄 수 있기 때문입니다. 지나친 사교육비 지출도 문제입니다. 자녀를 키울 때 어쩔 수 없이 사교육에 많은 비용을 지출합니다. 이는 결과적으로 출산율 저하와도 관련될 수 있습니다. 사교육은 학생에게도 많은 스트레스와 부담을 줄 수 있습니다. 따라서 저는 사교육 확대에 반대합니다.

> **핵심 포인트** 🅕
> 자신의 주장을 말할 때에는 다양한 근거를 드는 것이 바람직하다.

학원 수업을 밤 10시까지로 제한하는 제도에 대한 자신의 의견을 말해 보시오.

이 제도는 학생들에게 꼭 필요한 제도라고 생각합니다. 현대인들은 한 가지 일에만 몰두하여 신체적·정신적인 극도의 피로감을 느끼는 '번아웃 증후군'에 시달리고 있습니다. 이 증후군의 대상에는 과도한 학업으로 고통 받는 학생들도 포함됩니다. 학생들에게 학업은 노동에 해당하기 때문입니다. 학업 성적뿐 아니라 휴식과 여가 생활 역시 인간의 삶에 있어 꼭 필요한 것입니다. 때문에 성적 지향주의를 넘어서서 학생의 휴식 여건을 보장할 수 있는 제도적 장치가 필요하다고 생각합니다.

또한, 학원 수업 시간에 대한 규제가 없다면 학생들은 사교육으로 인한 피로감으로 공교육에 집중을 할 수 없게 되고 이는 공교육의 붕괴로 이어질 우려가 있습니다. 학원 수업은 어디까지나 학교 수업에 대한 보조 학습으로만 이루어져야 합니다. 이 제도가 시행되지 않는다면 사교육은 더욱 활성화되고, 교육의 빈부 격차가 일어날 것입니다.

핵심 포인트 📕

> 학생으로서 학생들의 권리에 대한 주장을 이야기할 때 자기의 소신을 적절한 근거를 들어 이야기하는 것이 중요하다. 이때 사회적 평등이나 인간의 행복과 관련된 논지는 좋은 대답이 될 수 있을 것이다.

EBS 수능 강의에 대한 자신의 생각을 말해 보시오.

저는 EBS에서 수능 강의를 하는 것에 대해 긍정적인 입장입니다. 우선 EBS 수능 강의의 경우 다른 인터넷 강의나 학원 강의와는 다르게 학생들이 저렴한 비용으로 수강할 수 있습니다. 사교육이 확대되고 사교육비 지출이 늘어나는 추세에 이러한 강의는 사교육비 절감에 분명 큰 도움이 될 것입니다. 또한 EBS 수능 강의에서 강의하는 선생님들도 매우 훌륭하시고 저도 EBS 수능 강의를 통해 공부하면서 큰 도움을 받았습니다. 저뿐만 아니라 많은 학생이 공감할 것이라고 생각합니다. 그리고 학교에서 EBS 교재를 많이 사용하는데 수업 시간에 이해가 되지 않거나 복습을 하고 싶을 때 언제든지 EBS 강의를 들을 수 있다는 것이 가장 좋은 점인 것 같습니다. 앞으로도 EBS 수능 강의가 더 개선되어서 많은 학생이 이를 이용하였으면 좋겠습니다.

핵심 포인트 🖐
학생들이 직접 경험하였던 입시에 관한 문제가 출제될 수 있다. 이에 대한 자신의 생각을 경험을 바탕으로 더 쉽고 명확하게 말하면 좋을 것이다.

한국외대

영어 공용화에 대한 자신의 의견을
말해 보시오.

　최근 영어 교육의 강화가 큰 사회적 이슈로 떠오르면서 영어 공용
화를 주장하는 사람들이 늘어나고 있습니다. 영어 공용화는 국민들의
영어 교육 수준을 높일 수 있으므로 외국인과의 의사소통에 문제가
없어지며, 전반적으로 국가 경쟁력 향상에 도움이 될 수 있습니다.
하지만 영어 공용화는 장점보다는 단점이 많은 정책입니다. 영어는
어디까지나 외국인과의 의사소통을 위한 수단입니다. 국가의 진정한
경쟁력은 수학이나 인문학 같은 학문의 발달이나 공학과 같은 기술의
발달에서 오는 것입니다. 또한 언어에는 그 민족의 정신이 담겨 있으
며, 각각의 언어마다 독특한 성격을 갖고 있습니다. 영어는 개인적으
로도 배울 수 있는 만큼 과연 공용화라는 극단적인 수단을 써 가면서
까지 영어 교육을 장려해야 하는지는 의문입니다.

핵심 포인트 🖙

　문제에 대한 자신의 의견을 말하라고 할 때는 양측을 모두 제시하되, 자신의 의견
을 명확하게 밝히는 것이 좋다.

영어 유치원, 조기 유학 등 우리 사회는 외국어에 대한 과도한 관심으로 경제적 지출이 심한 편이다. 이에 대한 자신의 의견을 말해 보시오.

영어 실력이 곧 입시나 취직에 도움이 되고 나아가 개인의 경쟁력을 결정한다는 생각 때문에 최근에는 어린 시절부터 영어 유치원이나 조기 유학을 통한 영어 교육에 여념이 없습니다. 이러한 사교육 때문에 국가적인 지출이 어마어마하며, 아이들이 어렸을 때부터 모국어보다는 외국어 학습에 매이게 됩니다. 이러한 문제를 해결하기 위해서는 무엇보다도 공교육의 개선이 시급하다고 봅니다. 공교육만으로도 충분히 만족스러운 영어 회화·독해 실력을 기를 수 있다면 사교육에 대한 불필요한 투자는 줄어들 것입니다. 초등학교, 중학교, 고등학교에서 영어 및 제2외국어 학습 시간을 늘린 뒤 원어민 교사를 적극 채용한다면, 외국어 공교육의 질적 수준이 올라갈 것이라고 생각합니다. 개인적으로는 공교육만으로도 외국어를 배울 수 있고, 국가적으로는 사교육이 감소하는 만큼 효율적인 방안이 될 것입니다.

핵심 포인트

해결되어야 하는 사회적인 문제가 면접에서 던져졌을 때 추상적인 말보다는 구체적인 해결책을 제시하는 것이 좋다.

'집단 따돌림'에 대해 비판하고, 해결책을 말해 보시오.

일본에서 들어온 '이지메', 즉 '왕따' 현상이 지속적으로 사회에서 문제가 되고 있습니다. 특정 아이들을 '왕따'로 만들어서 여럿이서 괴롭히는 행위는 학교에서 즉시 사라져야 할 악습입니다. '왕따' 문제는 가정, 학교에서 함께 협조하여 해결해야 할 문제입니다. 우선 가정에서는 부모들이 '폭력이 얼마나 나쁜 것인가'에 대해 충분히 교육시켜야 합니다. 실제로 부모들의 경우, 아이들이 따돌림을 받으면 '네가 약해서 그런 거야.'라며 아이에게 문제의 책임을 전가하는 경우가 많습니다. 그런 아이들의 경우, 자기들도 힘이 생기면 '왕따'의 피해자에서 가해자로 돌변하는 경우가 많습니다. 또한 학교는 입시 교육에만 몰두하지 말고 '왕따' 피해 신고가 들어올 경우, 즉시 대처하는 모습을 보여 주어 집단 따돌림을 발본색원해야 합니다. 그리고 학교에서도 체벌을 최대한 자제함으로써 폭력을 정당화하는 모습을 보여 주어서는 안 될 것입니다.

핵심 포인트 ☞

어떤 문제에 대한 해결책을 제시할 때는 단순하게 접근하지 말고, 여러 가지 원인을 생각해 본 뒤 다양한 관점에서 제시한다.

종교 재단에서 설립한 중·고등학교에서 학생들을 종교 행사에 의무적으로 참여하도록 하는 것에 대해 어떻게 생각하는가?

사립 학교는 자기 학교의 건립 이념에 맞는 교육을 할 권리가 있으며 이는 사립 학교법에 보장되어 있습니다. 하지만 사립 학교법보다 더 높은 헌법에 의하면 모든 국민에게 종교의 자유가 보장되어 있습니다. 그러므로 누구도 자신의 종교가 아닌 다른 종교의 행사를 강요할 수 없습니다.

대부분의 중·고등학교는 추첨으로 배정되는 만큼 자신이 원해서 종교 재단에서 설립한 학교에 입학하는 학생은 드물 것입니다. 그렇기 때문에 학생들을 종교 행사에 의무적으로 참여하도록 하는 것은 헌법에 보장된 종교의 자유에 반하는 행위이므로, 이에 대한 대체 프로그램도 편성하여 제공해야 합니다.

핵심 포인트 🚩

이러한 문제에서는 되도록이면 개인의 기본권을 존중하는 방향을 주장하는 것이 좋다.

종교는 인간에게 어떤 영향을 미치는가?

한 인간이 삶을 살아가는 데 있어서 종교는 대단히 큰 영향을 미친다고 생각합니다. 종교를 가진 사람은 자신의 삶의 목적과 가치를 그 종교에서 강조하는 덕목들로 삼기 때문입니다. 종교를 가지지 않은 사람은 인생의 중요한 기로에 설 때, 개인의 생존과 번영만을 추구할 경향이 높은 반면에 종교를 가진 사람들은 자신이 믿는 신과 진리에 부합한 가치를 추구할 것입니다. 이런 점에서 종교는 개인의 삶 전체를 지배한다고 보아도 과언은 아닐 것입니다. 다시 말해서 개인의 가치관을 종교가 결정한다고 볼 수 있습니다.

또한 종교는 사람이 인생을 살면서 맞닥뜨리게 되는 여러 좌절과 실패의 경험들을 견딜 수 있는 힘을 제공해 줍니다. 종교가 없는 사람은 실패의 원인을 자신의 잘못과 과오로만 여기고 더 깊은 좌절에 빠질 수도 있습니다. 그러나 종교를 가진 사람은 실패하거나 어떤 어려운 상황이 닥쳐도 그 일이 일어난 원인을 신의 뜻에서 찾기도 하기 때문에 다시 역경을 딛고 일어날 희망을 가질 수 있습니다.

핵심 포인트

> 종교에 관한 문제는 종교에 대한 관심이 뜨거워지는 요즘 출제될 가능성이 아주 높은 문제이다. 그러나 자칫 감정적으로 치우칠 수 있는 주제인 만큼 주의해야 하며 대답의 논리성이 매우 중요하다.

대부분의 학교에서 학생들의 두발을 단속하고 있다. 규제의 타당성에 대한 자신의 견해를 말해 보시오.

저는 학생의 두발을 규제하는 것이 불합리하다고 생각합니다. 두발을 규제하면서 내세우는 근거는 면학 분위기 조성, 집중력 강화 등입니다. "학생 머리는 학생다워야 한다.", "머리가 길면 공부에 방해가 된다."라는 식의 이야기를 하는데 대학생의 두발을 제한하지 않는 상황에서 이런 이야기는 비논리적이라고 생각합니다. 머리를 기른다고 문제아가 되는 것이 아니며, 머리를 짧게 자른다고 해서 모범생이 되는 것도 아니기 때문입니다. 또 많은 학생이 두발 관련 규제 때문에 스트레스를 받고 학업에도 지장을 받고 있습니다. 학업을 위해 만든 두발 규제가 오히려 학업에 방해가 되고 있는 것입니다. 머리를 기르면 머리에 신경 쓰는 시간이 늘어나 공부에 방해가 된다고 하지만 두발 규제 때문에 받는 스트레스와 시간 낭비가 더 큰 것 같습니다. 따라서 저는 학생의 자기 결정권, 인격권 등의 기본권을 침해하는 두발 규제가 폐지되어야 한다고 생각합니다.

핵심 포인트 👉

　본인이 직접 경험하였던 사안이기 때문에 본인의 솔직한 생각과 더불어 적절한 근거를 들어 주면 좋은 답변이 될 것이다.

학교 우등생이 사회의 우등생인가?

　학교 우등생이 꼭 사회 우등생이 된다고 볼 수는 없습니다. 그러나 어느 정도의 상관관계가 있다고 생각합니다. 왜냐하면 학교 우등생은 학교생활을 하면서 주어진 과업을 열심히 수행하였다는 성실성을 증명한 것이고, 학교생활을 하면서 결석 없이 매일 출석을 한 것이므로 근면성에서도 어느 정도 인정을 받은 것이라고 볼 수 있기 때문입니다. 개인에 대한 평가가 학업 성취도로 평가되는 것이기 때문에 결과적으로 학업 성취도가 높은 학교 우등생이 사회 우등생으로 성장할 수 있는 가능성을 가지고 있다고 생각합니다. 그러나 엄연히 학교와 사회는 다른 점들을 가지고 있습니다. 예를 들어 사회는 조직 생활이기 때문에 개인 혼자만 뛰어난 능력을 갖췄다고 해서 절대적으로 사회에서의 성공이 보장되는 것은 아니라고 생각합니다. 자신이 속한 조직에 얼마나 헌신할 수 있는가의 여부도 사회에서는 매우 중요한 부분이라고 할 수 있기 때문입니다. 그리고 대인 관계, 위기 관리 능력, 순발력 등과 같이 학교 성적에는 반영되지 않지만 실제 업무에서 필요한 부분들이 있기 때문에 학교 우등생과 사회 우등생을 절대적으로 일치시키는 것은 바람직하지 않다고 생각합니다.

핵심 포인트 🖝
> 질문에 대한 답을 꼭 찬성과 반대로 나눌 필요는 없다. 다만, 자신의 대답에 대한 명확한 논리를 가지는 것이 중요하다.

학생부종합전형의 장단점을
말해 보시오.

   기존의 입시 제도는 주로 내신이나 수능 점수를 통해 수치화된 점수로 학생을 선발하는 방식으로 운영되었습니다. 이러한 방식은 점수로 학생을 선발하기 때문에 기준이 명확합니다. 하지만 이러한 기준으로는 발전 가능성이 있는 인재를 놓칠 수 있다는 단점이 있습니다. 학생부종합전형은 입학 사정관이 면접 등을 통해 학생을 관찰하면서 그의 잠재력을 평가하므로, 점수가 약간 더 낮아도 성장 가능성이 있는 학생을 우선적으로 선발할 수 있는 재량을 가질 수 있습니다. 예를 들어, 시골에서 자란 학생이 사교육을 접하지 못해서 사교육을 받은 학생보다 점수가 낮을지라도 그가 대학에서 공부하였을 때 더 나은 결과를 낼 수 있는 잠재력을 갖고 있다고 판단되면 합격할 수 있는 것입니다. 그러나 학생부종합전형은 입학 사정관이 학생의 점수를 뒤집을 수 있는 재량을 갖게 되는 만큼 오히려 주관적으로 학생을 입학시킬 수 있는 수단으로 악용될 가능성이 있습니다. 그러므로 한 명의 학생을 복수의 입학 사정관이 심사하는 등의 제도를 통해 학생부종합전형의 취지가 왜곡될 여지를 없애야 할 것입니다.

핵심 포인트 ▶

   입시 제도에 관한 문제가 나올 경우 해당 제도의 장단점을 제시한 뒤 제도가 긍정적으로 운영되기 위한 제언을 첨가하면 좋다.

자연 계열 Q&A 140

등차수열에 대해서 설명해 보시오.

등차수열은 각 항에 일정한 수를 더하면서 다음 항을 만들어 나가는 수열로서, 이웃한 두 항의 차가 같습니다. 등차수열의 일반항은 $a+(n-1) \times d$로 a, n, d는 각각 첫째 항, 항의 순서, 공차를 의미합니다.

등차수열은 생활 속에서도 많이 발견할 수 있습니다. 피아노의 건반은 일정한 주파수 차이로 등차수열을 이루고 있으며, 8월 1일과 8월 8일이 같은 요일인 것처럼 달력의 요일 체계는 7이라는 공차로 등차수열을 이루고 있습니다.

> **핵심 포인트**
>
> 세 수 a, b, c가 이 순서대로 등차수열을 이루는 필요 · 충분조건은 $b = \dfrac{a+c}{2}$이다.

수학적 귀납법에 대해서 설명하고, 예를 들어 보시오.

수학적 귀납법의 정의는 다음과 같습니다.

자연수 n에 대해서 명제 $p(n)$이 모든 자연수 n에 대해서 성립함을 증명하려면 다음의 (i), (ii)를 보이면 됩니다.

(i) $n=1$일 때, 명제 $p(n)$이 성립한다.

(ii) $n=k$일 때, 명제 $p(n)$이 성립한다고 가정하면, $n=k+1$일 때에 도 명제 $p(n)$이 성립한다.

따라서 어떤 명제가 참임을 증명하는 방법을 수학적 귀납법이라고 합니다.

수학적 귀납법의 예는 다음과 같이 들 수 있습니다.

모든 자연수 n에 대해서 $1^2+2^2+3^2+\cdots+n^2=\dfrac{n(n+1)(2n+1)}{6}$이 성립함을 수학적 귀납법으로 증명할 수 있습니다.

(i) $n=1$일 때,

(좌변)$=1$, (우변)$=\dfrac{1\times2\times3}{6}=1$

즉, (좌변)$=$(우변)$=1$이므로 $n=1$일 때 주어진 등식이 성립합니다.

(ii) $n=k$일 때, 주어진 등식이 성립한다고 가정하면

$$1^2+2^2+3^2+\cdots+k^2=\dfrac{k(k+1)(2k+1)}{6}$$

이제 $n=k+1$일 때 성립함을 알아보기 위해 위의 식의 양변에 $(k+1)^2$을 더하면

$$1^2+2^2+3^2+\cdots+k^2+(k+1)^2=\frac{k(k+1)(2k+1)}{6}+(k+1)^2$$
$$=\frac{k(k+1)(2k+1)+6(k+1)^2}{6}$$
$$=\frac{(k+1)(k+2)(2k+3)}{6}$$

따라서 $n=k+1$일 때도 주어진 등식은 성립합니다.

(i), (ii)에 의하여 주어진 등식은 모든 자연수 n에 대해서 성립합니다.

산술평균과 기하평균의 관계를 설명하시오.

산술평균은 n개의 숫자를 더한 후 n으로 나눈 것으로, $n=2$일 때 $\dfrac{a+b}{2}$로 표현을 합니다. 반면, 기하평균은 n개의 수를 곱한 후 $\dfrac{1}{n}$제곱하는 것으로, $n=2$일 때 $\sqrt{ab}$로 표현을 합니다.

이때 양수 a, b에 대해서 $a+b \geq 2\sqrt{ab}$가 성립합니다. 즉, 산술평균이 기하평균보다 크거나 같은 것입니다. 이것의 증명은 양변을 제곱하면 알 수 있습니다. 양변을 제곱한 후 정리하면, $(a-b)^2$이 0보다 크거나 같음을 알 수 있기 때문입니다. 또한, 여기서 a와 b가 같을 때 등호가 성립함을 알 수 있습니다.

핵심 포인트 👆

산술평균, 기하평균, 조화평균의 관계

a, b, c가 양수일 때,

① $\dfrac{a+c}{2} \geq \sqrt{ab} \geq \dfrac{2ab}{a+b}$ (단, 등호는 $a=b$일 때 성립)

② $\dfrac{a+b+c}{3} \geq \sqrt[3]{abc} \geq \dfrac{3abc}{ab+bc+ba}$ (단, 등호는 $a=b=c$일 때 성립)

타원에 대해서 말해 보시오.

타원이란 두 점으로부터 거리의 합이 일정한 점들의 자취입니다.

xy평면 위에서는 $\dfrac{x^2}{a^2}+\dfrac{y^2}{b^2}=1$의 기본식을 갖고 있습니다. 여기서 a 와 b는 각각 장축과 단축 길이의 절반입니다. 이러한 타원은 신기한 특징을 가지고 있습니다. 타원의 한 초점에서 타원을 향해 빛을 쏘면 모든 빛이 다른 초점으로 모인다는 것입니다. 이런 성질을 이용한 건축물 중에는 성바오로 성당이 있으며, 그 성당의 벽면은 타원 모양이기 때문에 두 초점에 두 사람이 각각 서 있으면 작은 소리로도 대화가 가능하다고 합니다.

핵심 포인트

케플러의 제1법칙은 행성의 궤도가 태양을 하나의 초점으로 하는 타원이라는 것이다.

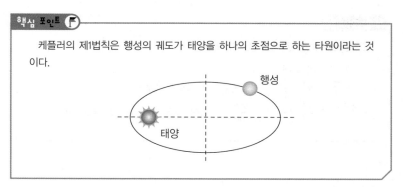

반지름이 r인 원의 넓이는?

추가 질문 적분을 사용하지 않고 증명할 수 있는가?

이것은 원의 식을 적분함으로써 알 수 있습니다.

$y=\sqrt{r^2-x^2}$ 을 이용하여 $\int_{-r}^{r}\sqrt{r^2-x^2}\,dx$에서 x를 $r\cos x$로 치환하여 풀면 $\dfrac{r^2}{2}\pi$가 됩니다.

추가 답변 그렇다면 원을 피자라고 생각하여 넓이를 구할 수 있습니다. 원 모양의 피자를 여러 조각으로 나눈다면 서로 엇갈리게 놓아 직사각형의 모양을 만들 수 있습니다. 이때 직사각형의 가로 길이는 원주의 절반이 되고, 높이는 반지름이 됩니다. 따라서 가로 길이는 πr이고, 세로 길이는 r가 되어 원의 넓이는 결국 πr^2이 됩니다.

핵심 포인트

이처럼 답변에 복잡한 식이나 그림 등이 필요한 경우 문제지의 여백이나 뒷면에 크게 써서 교수님께 보여 드리면 효과적이다.

원을 정의한 후, 중심이 점 (a, b)이고 반지름이 r인 원의 방정식을 말해 보시오.

원은 2차원의 공간에서 어떤 한 점으로부터 거리가 같은 점들의 자취입니다. 이때 한 점으로부터 자취 간의 거리를 반지름이라고 합니다.

이 정의를 식으로 나타내어 보겠습니다. 정의대로 특정한 점인 원점 $(0, 0)$과 동점 (x, y) 간의 거리가 r로 일정하므로 $\sqrt{x^2+y^2}=r$입니다. 양변을 제곱하면 $x^2+y^2=r^2$입니다. 이 원의 중심을 원점에서 (a, b)로 평행이동하면 $(x-a)^2+(y-b)^2=r^2$이 됩니다.

> **핵심 포인트** (F)
>
> x축, y축에 동시에 접하고, 반지름의 길이가 r인 원의 방정식은
> $(x-r)^2+(y-r)^2=r^2$이다.

$n!$을 설명하고, $n!$이 사용되는 예를 들어 보시오.

$n!$은 1부터 n까지의 모든 자연수를 곱한 값입니다. 이를 n팩토리얼이라고 부르며, 주로 경우의 수 문제에서 많이 사용됩니다. 예를 들면 'n명의 사람을 일렬로 나열하는 경우의 수를 구하시오.'라는 문제에서 사용될 수 있습니다. 일단 첫째 사람이 들어갈 수 있는 가짓수는 n개이고, 둘째 사람은 첫째 사람이 안 들어간 자리인 $n-1$개의 자리에 들어갈 수 있고, 그다음 사람은 $n-2$, … 이런 식으로 하나씩 들어갈 수 있는 자리가 줄어들어, 모든 경우의 수는 $n!$이 되는 것입니다.

핵심 포인트

$n! = 1 \times 2 \times 3 \cdots (n-1) \times n$
$1! = 1$
$0! = 1$

임의의 4차 함수와 6차 함수가 만나는 교점의 최대 개수를 구하시오.

4차 함수를 $f(x)$라 하고, 6차 함수를 $g(x)$라고 하겠습니다. 이때 $g(x)-f(x)$를 $k(x)$라고 할 때, $f(x)$와 $g(x)$의 교점의 개수는 $k(x)$의 근의 개수와 일치합니다. 왜냐하면, 교점의 개수는 $f(x)=g(x)$를 만족하는 x의 개수를 구하는 것인데, $f(x)$를 우변으로 넘기면 $k(x)=0$을 만족하는 x의 개수가 되기 때문입니다.

그런데 6차 함수에서 4차 함수를 빼면 여전히 6차 함수이므로, $k(x)$의 근의 개수의 최댓값은 6개이고, 따라서 교점의 최대 개수도 6개입니다.

핵심 포인트 ☞

"n차인 대수방정식은 n개의 근을 갖는다."라는 것을 '대수학의 기본정리'라고 한다.

임의의 사건 A에 대해서 확률의 범위는?

　어떤 사건에 대해서 일어날 확률이란 $\dfrac{\text{사건의 경우의 수}}{\text{전체의 경우의 수}}$입니다. 예를 들면 어떤 주머니에 검은 돌과 흰 돌이 들어 있는데, 하나의 돌을 꺼냈을 때 흰 돌의 확률은 $\dfrac{\text{흰 돌의 개수}}{\text{검은 돌의 개수}+\text{흰 돌의 개수}}$입니다. 그런데 흰 돌의 개수는 절대 전체의 개수를 넘을 수 없습니다. 따라서 확률은 1을 넘을 수 없고, 흰 돌의 개수는 음수가 없으므로 확률은 0 이상입니다. 그러므로 임의의 사건 A에 대한 확률의 범위는 0부터 1까지입니다.

핵심 포인트 🚩

어떤 수학 개념을 설명하기 어려울 때, 적절한 예를 들어서 설명하면 보다 쉽고 간단하게 설명할 수 있다.

곱셈에 대한 항등원은 무엇인가?

우선 항등원이란 어떤 수에 연산하여 그 어떤 수가 그대로 나오게 하는 값입니다. 따라서 곱셈에 대한 항등원을 x라고 할 때, $a \times x = a$ 를 만족시켜야 합니다. 이때 a가 0이 아니라고 할 때, 양변을 a로 나누면 $x=1$이 됩니다. 그리고 a가 0일 때도 $x=1$로서 항등원이 성립되므로, 곱셈에 대한 항등원은 1입니다.

최대·최소 정리에 대해 말해 보시오.

'함수 $f(x)$가 서로 다른 a, b에 대해 닫힌 구간 $[a, b]$에서 연속일 때, 최댓값과 최솟값이 반드시 존재한다.'라는 것입니다. 이 정리에 의해 닫힌 구간 $[a, b]$에서 연속함수 $f(x)$의 최댓값과 최솟값은 양끝값 $f(a)$, $f(b)$와 극값들을 조사하여 비교하면 구할 수 있습니다.

변곡점을 설명하고, 찾는 법을 설명하시오.

미분 가능한 함수는 아래로 볼록하거나 위로 볼록합니다. 이렇게 볼록한 방향이 바뀌는 점이 변곡점입니다. 우선 위로 볼록하다는 것은 오른쪽으로 갈수록 접선의 기울기가 점점 감소하는 것입니다. 따라서 한번 미분한 함수의 그래프는 감소함수가 됩니다. 반면 아래로 볼록하다는 것은 접선의 기울기가 점점 증가하는 것이므로, 한번 미분한 함수의 그래프는 증가함수가 됩니다. 따라서 일계도함수의 극점이 변곡점이 되므로 이계도함수가 0이 되는 점이 변곡점입니다. 단, 변곡점 좌우로 이계도함수의 부호가 달라야 합니다.

> **핵심 포인트** 🚩
>
> 예를 들어, $y=x^3$의 변곡점은 원점 $(0, 0)$이다.

롤의 정리를 설명하시오.

　'함수 $f(x)$가 서로 다른 a, b에 대해 닫힌 구간 $[a, b]$에서 연속이고, 열린 구간 (a, b)에서 미분 가능할 때, $f(a)=f(b)$라면 $f'(c)=0$을 만족하는 c가 열린 구간 (a, b) 사이에 꼭 하나는 존재한다.'라는 것입니다.

　이 정리에 따르면, 어떤 함수가 나타내는 곡선의 접선 중 x축과 평행한 것이 적어도 하나는 존재합니다. 단, $f(x)$가 $a \leq x \leq b$에서 연속이고 $f(a)=f(b)$이라도 $a < x < b$에서 미분이 가능하지 않으면 정리는 성립하지 않습니다.

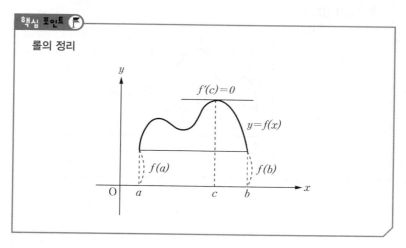

핵심 포인트

롤의 정리

평균값의 정리를 설명하시오.

함수 $f(x)$가 서로 다른 a, b에 대해서 닫힌 구간 $[a, b]$에서 연속이고, 열린 구간 (a, b)에서 미분 가능할 때, 두 점 $A(a, f(a))$, $B(b, f(b))$를 지나는 직선의 기울기와 $y=f(x)$ 위의 어떤 점에서의 접선의 기울기가 같다는 것을 의미합니다.

'즉, $\dfrac{f(b)-f(a)}{b-a}=f'(c)(a<c<b)$를 만족하는 c가 열린 구간 (a, b)에 하나는 존재한다.'라는 것입니다.

핵심 포인트

평균값의 정리

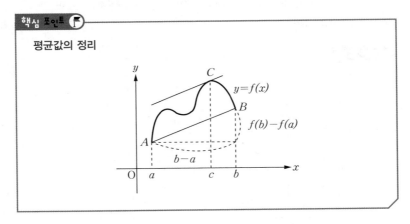

증가함수와 감소함수를 설명하시오.

정의된 구간의 임의의 점 x_1, x_2에 대해서 $x_1 < x_2$일 때, $f(x_1) < f(x_2)$ 이면 그 구간에서 $f(x)$는 증가함수입니다. 반대로 $x_1 < x_2$일 때, $f(x_1) > f(x_2)$이면 그 구간에서 $f(x)$는 감소함수입니다. 예를 들어, $f(x) = -x$는 $x_1 < x_2$인 x_1, x_2에 대해서 $f(x_1) - f(x_2) = -x_1 + x_2 > 0$이 므로 감소함수인 것입니다.

연속함수와 미분 가능한 함수에 대해 설명하시오.

열린 구간 (a, b)에서 정의된 함수 $f(x)$가 있다고 할 때, 연속함수란 a와 b 사이의 임의의 점 c에서 다음 3가지 조건을 만족시키는 함수를 말합니다. 우선, 점 c에서 함숫값 $f(c)$가 정의되어 있고, 극한값, 즉 $\lim_{x \to c} f(x)$가 존재하고, 그 두 값이 같아야 합니다$[f(c) = \lim_{x \to c} f(x)]$.

그리고 다음 극한값이 존재할 때,

$$f'(c) = \lim_{x \to c} \frac{f(x) - f(c)}{x - c}$$

이를 미분 가능한 함수라고 정의합니다.

핵심 포인트

연속함수란 정의구역의 모든 점에서 연속인 함수로 끊어져 있지 않은 곡선이나 직선이고, 미분 가능한 함수란 연속함수의 그래프를 그렸을 때, 날카로운 부분이 없는 부드러운 곡선이면 된다.

A출판사 책 1권, B출판사 책 2권, C출판사 책 3권, …, Z출판사 책 26권 등 각기 다른 종류가 있을 때, 서로 다른 두 출판사의 책들을 한 권씩 뽑을 경우의 수는 몇 가지인가?

우선 A · B출판사에서 각각 한 권씩 뽑는다면, 1×2입니다. 그다음 A · C출판사에서 뽑는다면 1×3입니다. 이런 식으로 특정한 두 개의 출판사를 선택하였을 때 그 가짓수는 각각의 권수를 곱하는 것이므로, $(1+2+\cdots+26) \times (1+2+\cdots+26)$을 해 주면 됩니다. 하지만 동일한 출판사에서 두 권을 뽑는 것을 제외해야 하므로 $(1+2+\cdots+26)^2 \times (1^2+2^2+\cdots+26^2)$입니다.

따라서 $\left(\dfrac{26 \times 27}{2}\right)^2 - \dfrac{26 \times 27 \times 53}{6} = 117,000$가지가 됩니다.

집합 A와 B의 합집합의 원소의 개수를 구하는 방법은 무엇인가? 그리고 집합 A, B, C의 합집합의 원소의 개수를 구하는 방법은 무엇인가?

집합 A와 B의 합집합의 원소의 개수는 우선 A와 B의 원소 개수를 더하고, A, B 교집합의 원소의 개수를 빼 주어야 합니다. 왜냐하면 A와 B의 원소의 개수를 더할 때, A와 B의 교집합은 두 번 더해지기 때문입니다.

같은 원리로 집합 A, B, C의 합집합 원소의 개수는 A, B, C의 원소 개수를 더하고 A와 B, B와 C, C와 A의 교집합 원소의 개수를 빼 줍니다. 그다음 A와 B와 C의 교집합 원소의 개수를 더해 주면 됩니다.

핵심 포인트

$$n(A \cup B) = n(A) + n(B) - n(A \cap B)$$
$$n(A \cup B \cup C) = n(A) + n(B) + n(C) - n(A \cap B) - n(B \cap C) - n(C \cap A) + n(A \cap B \cap C)$$

$\sin x$를 미분하면 무엇인지 증명하시오.

도함수의 정의에 의해 $\sin x$의 미분한 값은 $\lim\limits_{h \to 0} \dfrac{\sin(x+h) - \sin x}{h}$

입니다. 이때 분자가 $\sin(x+h) - \sin x = 2\cos\left(x + \dfrac{h}{2}\right)\sin\dfrac{h}{2}$이므로

$\lim\limits_{h \to 0} \cos\left(x + \dfrac{h}{2}\right) \times \dfrac{\sin\dfrac{h}{2}}{\dfrac{h}{2}}$가 됩니다.

즉, $\lim\limits_{h \to 0} \dfrac{\sin\dfrac{h}{2}}{\dfrac{h}{2}} = 1$이므로, $\sin x$를 미분한 값은 $\cos x$가 됩니다.

핵심 포인트

$\cos x$를 미분하면 $-\sin x$이고, $\tan x$를 미분하면 $\sec^2 x$이다.

$ax^2+bx+c=0$의 실근을 구하시오.

우선 $a=0$, $b\neq0$일 때는 $bx+c=0$이므로 해는 $-\dfrac{c}{b}$입니다. $a=0$

이 아니라면 근의 공식에 따라 $x=\dfrac{-b\pm\sqrt{b^2-4ac}}{2a}$가 됩니다. 하지만

이것은 $b^2-4ac\geq0$일 때에 한해서이며, $b^2-4ac<0$인 경우에는 실

근이 존재하지 않습니다. 특히 $b^2-4ac=0$인 경우는 $x=\dfrac{-b}{2a}$의 하

나의 근만 갖게 됩니다.

핵심 포인트

$ax^2+bx+c=0$에서 b가 짝수인 경우, 즉 $b=2b'$인 경우

$x=\dfrac{-b'\pm\sqrt{b'^2-ac}}{a}$이다.

무리수란 무엇인가?

　무리수란 순환하지 않는 무한소수를 말하는데, 이는 두 정수 a, b의 비인 기약 분수꼴 $\dfrac{a}{b}(b \neq 0)$로 나타낼 수 없는 수입니다.

　가장 유명한 무리수는 피타고라스의 상수라고 불리는 $\sqrt{2}$이며, 피타고라스 학파의 히파수스(Hippasus)는 $\sqrt{2}$의 무리성을 보이기 위해 기하학적인 방법을 사용하였다고 합니다.

　그리고 이외에도 자연로그의 밑으로 쓰이는 e, 원주율 π 등을 무리수의 예로 들 수 있습니다. $n^{\frac{1}{m}}$ 형태의 수는 n이 어떤 정수의 m제곱이 아니라면 모두 무리수이며, $\log_n m$ 형태의 수는 m, n이 정수이고 둘 중 하나의 수가 소수이면 무리수입니다. e^r은 $r \neq 0$일 때 무리수입니다. $\cos r$는 임의의 양의 유리수 r에 대해서 무리수입니다. $\cos\theta(\theta$는 60분법의 각도)는 $0° < \theta < 90°$에서 무리수이며(단, $\theta = 60°$일 때는 예외), $\tan r$는 $r \neq 0$인 모든 유리수 r에 대해서 무리수라고 할 수 있습니다.

핵심 포인트

　순환하지 않는 무한소수란 결국 순환마디(소수 첫째 자리 이하 반복되어 나타나는 수)가 없는 수이다.

서울대

학생 수가 50명인 학급에서 생일을 조사하였을 때, 8명 이상의 생일이 있는 요일이 있음을 논리적으로 설명하시오.

'm개의 비둘기집에 n마리의 비둘기가 들어 있을 때, $n > m$이면 적어도 어느 한 집에는 두 마리 이상의 비둘기가 들어 있다.'라는 비둘기집의 원리에 의하여 생각해 보면 됩니다.

50명의 학생이 같은 요일에 모두 들어가면 당연히 8명 이상이 되는 요일이 있습니다. 같은 요일에 들어가는 학생 수를 최소화하려면 학생들은 최대한 흩어져야 하므로 50명을 요일 수 7로 나누면 같은 요일에 7명씩 들어가고 1명이 남습니다. 남은 1명은 어느 요일이든 들어가야 하므로 8명 이상 생일이 있는 요일이 최소한 한 번은 존재하게 됩니다.

핵심 포인트

> 비둘기집의 원리는 직접 찾아보지 않고도 어떤 조건을 만족하는 것이 존재함을 보이는 데 유용하게 이용될 수 있다.

0이 아닌 수를 0으로 나눌 수 없는 이유에 대해서 말해 보시오.

나눗셈은 곱셈의 역산입니다. 우리가 $10 \div 2 = 5$를 셈하는 것은 5×2를 반대로 계산하여 5와 곱해 10이 되는 수 2를 찾는 계산을 하는 것입니다. 마찬가지로 $10 \div 0$을 구하는 것은 0과 곱하여 10이 되는 수를 찾는 계산인데, 0과 곱하여 10이 되는 수는 존재하지 않습니다. 그러므로 어떤 수도 0으로 나눌 수는 없습니다.

핵심 포인트

a와 b가 같으면 무조건 $a = 0$이다?

$a = b$라는 식이 있다고 하자.

양변에 a를 곱하면 $a^2 = ab$, 양변에서 b^2을 빼면 $a^2 - b^2 = ab - b^2$, 인수분해하면 $(a+b)(a-b) = b(a-b)$이고, 양변을 $a-b$로 나누면 $a+b = b$, 즉 $a = 0$이다.

이때 무엇이 이상할까?

바로, $a - b = 0$일 때는 양변을 나눌 수 없기 때문이다.

3의 배수가 아닌 두 정수의 차가 3의 배수일 때, 두 수의 합이 3의 배수가 될 수 있는지에 대해서 말하고, 이유를 말하시오.

3의 배수가 아닌 정수는 임의의 정수 k에 대해서 $3k-1$ 또는 $3k-2$의 꼴입니다.

두 정수를 a, b라 하면 두 수의 차가 3의 배수이므로 정수 k, m에 대해서 $a=3k-1$, $b=3m-1$ 또는 $a=3k-2$, $b=3m-2$라고 할 수 있습니다.

두 가지 경우에서 합을 생각해 보면 각각 $a+b=3(k+m)-2$, $a+b=3(k+m-1)-1$인데, 두 가지 경우 모두 3의 배수가 아닙니다.

따라서 3의 배수가 아닌 두 정수의 차가 3의 배수일 때, 두 수의 합은 3의 배수가 될 수 없습니다.

무한급수 $\sum\limits_{n=1}^{\infty}\dfrac{1}{n^2}$ 은 수렴한다. 이를 이용하여 양의 정수 k에 대해서 $\sum\limits_{n=1}^{\infty}\dfrac{n+k}{n^3}$ 의 수렴성에 대해서 설명하시오.

$m \geq 1$인 m에 대해서 $\dfrac{k}{m^3} \leq \dfrac{k}{m^2}$ 을 만족합니다.

이때 양변에 $\dfrac{1}{m^2}$ 을 더하면 $\dfrac{1}{m^2}+\dfrac{k}{m^3} \leq \dfrac{1}{m^2}+\dfrac{k}{m^2}$ 이므로,

$\sum\limits_{n=1}^{\infty}\dfrac{1}{n^2}+\dfrac{k}{n^3} \leq \sum\limits_{n=1}^{\infty}\dfrac{1}{n^2}+\dfrac{k}{n^2}$ 이 성립합니다.

$\sum\limits_{n=1}^{\infty}\dfrac{1}{n^2}$ 이 a로 수렴한다고 할 때,

$\sum\limits_{n=1}^{\infty}\dfrac{1}{n^2}+\dfrac{k}{n^3} \leq \sum\limits_{n=1}^{\infty}\dfrac{1}{n^2}+\dfrac{k}{n^2}=a(k+1)$ 이므로

$\sum\limits_{n=1}^{\infty}\dfrac{n+k}{n^3}$ 가 수렴함을 알 수 있습니다.

타원 $\dfrac{x^2}{a^2}+\dfrac{y^2}{b^2}=1(a>b)$의 그래프로 둘러싸인 부분의 넓이가 $ab\pi$임을 설명하시오.

한 평면 위에 있는 원을 다른 평면에 정사영하면 타원이 됩니다.

평면 a위의 원 $x^2+y^2=a^2$을 a와 이루는 각 θ의 $\cos\theta$ 값이 $\dfrac{b}{a}$인 평면에 정사영하면, 장축과 단축의 길이가 각각 $2a$, $2b$인 타원이 됩니다.

원의 넓이가 $a^2\pi$이고 $\cos\theta$ 값이 $\dfrac{b}{a}$이므로 정사영된 타원의 넓이는 $ab\pi$가 됩니다.

핵심 포인트

타원의 정의를 정확히 이해한다.

쌍곡선 $\dfrac{x^2}{a^2}-\dfrac{y^2}{b^2}=1$을 매개변수로 나타내는 방법에 대해 설명하시오.

첫 번째로 $\sec^2\theta-\tan^2\theta=1$을 이용합니다.

따라서 $\dfrac{x^2}{a^2}-\dfrac{y^2}{b^2}=1$에서 $x=a\sec\theta$, $y=b\tan\theta$로 나타낼 수 있습니다.

두 번째로 $\left(\dfrac{e^k+e^{-k}}{2}\right)^2-\left(\dfrac{e^k-e^{-k}}{2}\right)^2=1$을 이용합니다.

따라서 $\dfrac{x^2}{a^2}-\dfrac{y^2}{b^2}=1$에서 $x=a\left(\dfrac{e^k+e^{-k}}{2}\right)$, $y=b\left(\dfrac{e^k-e^{-k}}{2}\right)$로 나타낼 수 있습니다.

핵심 포인트

$m^2-n^2=1$을 만족하는 m, n에 대해 생각한다.

함수 $f(x)$ 그래프 위의 점이 아닌 한 점 A(a, b)와의 최단 거리를 구하는 방법을 설명하시오.

$f(x)$ 위의 점 B$(t, f(t))$와 주어진 점 A(a, b)를 이은 직선이 $f(x)$의 점 B에서의 접선과 수직일 때, 선분 AB의 길이가 최소가 됩니다.

따라서 $f'(t) \cdot \dfrac{f(t)-b}{t-a} = -1$일 때 점 B의 좌표를 찾아 선분 AB의 길이를 구한 값이 최단 거리입니다.

핵심 포인트

> 점 A와 그래프 위의 점을 이은 선분이 그래프와 수직일 때 최단 거리가 된다.

한 평면 위에 원이 있다. 원의 중심의 좌표를 알 때, 원 위의 한 점 A에서의 접선의 방정식을 구하는 방법을 설명하시오.

접선의 방향벡터를 $\vec{B}$라 하면 $\vec{B}$는 평면의 법선과 수직입니다. 또한, $\vec{B}$는 원의 중심을 O라고 할 때 O와 A를 이은 직선의 방향벡터와 수직입니다. 따라서 $\vec{B}$와 법선, $\vec{B}$와 $\overrightarrow{OA}$를 내적하면 값이 0이 되므로 연립방정식을 풀면 $\vec{B}$를 알 수 있고, 방향벡터와 지나는 한 점을 알기 때문에 직선의 방정식을 구할 수 있습니다.

핵심 포인트

수직인 벡터를 내적하면 값이 0이 된다.

평면 위의 한 동점과 평면 밖의 두 정점에서의 거리의 합 L이 최소가 되는 경우에 대해 말하고, 이유를 설명하시오.

평면 위의 임의의 한 점을 R라고 하고 평면 밖의 두 점을 각각 A, B라고 하면, 점 A를 평면에 대칭시킨 점이 A′일 때, $\overline{RA}=\overline{RA′}$입니다.

이때 점 A, B, R가 삼각형을 이룬다고 가정하면, △A′BR에서 $L=\overline{RA′}+\overline{RB}$이고 삼각형 결정 조건에 의하여 $\overline{RA′}+\overline{RB}>\overline{A′B}$가 됩니다.

그런데 A, B, R가 일직선 위에 있을 때 $\overline{RA′}+\overline{RB}=\overline{A′B}=L$이 되므로 L 값이 최소가 됩니다. 따라서 A를 평면에 대칭시킨 점 A′과 점 B를 지나는 직선이 평면과 만나는 점에서의 L의 최솟값이 됩니다.

핵심 포인트
삼각형 결정 조건을 이용하면 된다.

밑면의 한 변의 길이가 h이고, 높이가 h인 정사각뿔이 있다. 적분을 이용하여 이 도형의 부피를 구하는 법을 설명하시오.

밑면으로부터 높이가 x인 지점에서 도형을 밑면과 평행하게 자른 단면을 생각할 수 있습니다. 단면은 닮음에 의해 한 변의 길이가 $h-x$인 정사각형이 됩니다. 따라서 단면의 넓이는 $(h-x)^2$이 됩니다.

이때 높이가 x인 지점에서 높이가 아주 작은 사각기둥을 생각할 수 있는데, 이 사각기둥의 밑면의 넓이는 $(h-x)^2$이 되고, 높이는 아주 작은 값인 dx가 됩니다.

따라서 구간 $0 \leq x \leq h$에서 $(h-x)^2$을 x에 대해서 적분하여 구하면 $\int_0^h (h-x)^2 dx = \dfrac{1}{3}h^3$이 정사각뿔의 부피가 됩니다.

핵심 포인트 F

도형을 절단한 단면의 넓이를 이용하여 답을 구할 수 있다.

적분을 이용하여 원 $x^2+y^2=r^2$의 둘레의 길이를 구하는 방법을 설명하시오.

매개변수를 이용하여 x, y의 좌표를 나타내면
$x=r\cos\theta$, $y=\sin\theta$이고, $0\le\theta\le2\pi$가 됩니다.

도형의 둘레의 길이를 l이라 할 때, $l=\int_a^b\sqrt{\left(\dfrac{dx}{dt}\right)^2+\left(\dfrac{dy}{dt}\right)^2}\,dt$에서

$\dfrac{dx}{d\theta}=-r\sin\theta$, $\dfrac{dy}{d\theta}=r\cos\theta$이고,

구간은 $0\le\theta\le2\pi$이므로 $a=0$, $b=2\pi$가 됩니다.

따라서 원의 둘레의 길이는
$l=\int_0^{2\pi}\sqrt{r^2(\sin^2\theta+\cos^2\theta)}\,d\theta=\int_0^{2\pi}r\,d\theta=2\pi r$가 됩니다.

핵심 포인트 🅕

적분에서 도형의 길이 공식을 알아 두자.

삼각함수에서 $\sin(\alpha+\beta)=\cos\beta+\sin\beta\cos\alpha$와 $\cos(\alpha+\beta)=\cos\alpha\cos\beta-\sin\alpha\sin\beta$가 성립함을 일차변환을 이용하여 설명하시오.

각 $\alpha+\beta$만큼 회전시킨 회전변환은 α만큼 회전시킨 회전변환과 β만큼 회전시킨 회전변환의 합성변환과 같습니다.

α, β만큼 회전시킨 회전변환 공식은

각각 $\begin{pmatrix} \cos\alpha & -\sin\alpha \\ \sin\alpha & \cos\alpha \end{pmatrix}$, $\begin{pmatrix} \cos\beta & -\sin\beta \\ \sin\beta & \cos\beta \end{pmatrix}$이므로 두 변환을 합성해 주면

$\begin{pmatrix} \cos\alpha\cos\beta-\sin\alpha\sin\beta & -\cos\alpha\sin\beta-\sin\alpha\cos\beta \\ \sin\alpha\cos\beta+\cos\alpha\sin\beta & -\sin\alpha\sin\beta+\cos\alpha\cos\beta \end{pmatrix}$가 됩니다.

이때 두 변환의 합성변환은 삼각함수의 덧셈정리에 의해

$\begin{pmatrix} \cos(\alpha+\beta) & -\sin(\alpha+\beta) \\ \sin(\alpha+\beta) & \cos(\alpha+\beta) \end{pmatrix}$임을 알 수 있습니다.

따라서 $\sin(\alpha+\beta)=\sin\alpha\cos\beta+\sin\beta\cos\alpha$와

$\cos(\alpha+\beta)=\cos\alpha\cos\beta-\cos\alpha\sin\beta$가 됩니다.

감전되었을 때, 때로는 $220V$가 $50,000V$ 보다 위험할 수도 있다. 그 이유는 무엇인가?

감전은 체내로 전류가 흐르는 현상입니다. 이때 전류가 많이, 오래 흐를수록 더 위험해집니다. $220V$와 $50,000V$는 둘 다 전압으로, 흐르는 전류의 양과는 직접적인 관련이 없습니다. 같은 조건에서 전압이 높으면 전류가 더 많이 흐르기 때문에 위험할 수도 있지만, 전압이 가해진 시간 등의 여러 조건에 의해 $220V$에 감전된 것이 $50,000V$에 감전된 것보다 더 위험해질 수 있습니다.

> **핵심 포인트**
>
> 전류는 전압 차에 의해 높은 곳에서 낮은 곳으로 흐른다. 전압이 아무리 높아도 전압 차가 작으면 전류가 적게 흐르게 된다. 참고로 우리 인체는 일반적으로 $1mA$ 정도가 흐르면 전류를 느끼고, $50mA$ 이상이 흐르면 즉시 사망하게 된다.

벡터량과 스칼라량을 각각 예를 들어 구분하시오.

벡터량은 크기와 방향을 동시에 가지고 있는 물리량입니다. 대표적인 예로 변위가 있는데, 변위는 물체가 이동한 방향과 거리를 동시에 가지는 물리량입니다. 이로부터 유도된 가속도와 속도 역시 벡터량의 예입니다.

반대로 스칼라량은 단지 크기만을 가지는 물리량인데, 운동한 거리만을 나타내는 이동거리, 이로부터 유도된 속력 역시 스칼라량입니다.

핵심 포인트 ☞

속도(Velocity)는 크기와 방향을 가지고 있는 벡터 물리량이고, 속력(Speed)은 크기만을 가지는 물리량이다.

포물선 운동을 지면에 수직인 방향과 지면에 평행한 방향으로 나누어 설명하시오.

　지면에 수직인 방향과 평행한 방향은 서로 수직이므로, 독립된 운동으로 설명할 수 있습니다. 지면에 수직인 방향에서는 일정한 초속도로 수직으로 쏘아 올린 물체의 운동과 같아집니다. 즉, 아래 방향으로 일정한 힘, 중력에 의해서 수직 방향으로 등가속도 직선 운동을 하게 됩니다. 반대로 지면에 평행한 방향에서는 일정한 초속도를 유지하는 등속 직선 운동이 되는데, 이는 지면에 평행한 방향으로 다른 외력이 가해지지 않기 때문입니다.

핵심 포인트 📖

> 　포물선 운동은 중력장에서의 운동이다. 불변의 힘인 중력을 받는 수직 방향은 속도가 일정하게 변할 것이고, 중력을 받지 않는 수평 방향은 속도가 변하지 않는 등속도(등속 직선) 운동을 하게 된다.

갈릴레이의 '피사의 사탑 실험'은 그가 탑 위에서 깃털과 쇠공을 떨어뜨림으로써 같은 높이에서 물체를 떨어뜨릴 경우 무거운 물체와 가벼운 물체가 동시에 땅에 닿게 된다는 사실을 증명한 실험이다. 이 실험의 허구성에 대해서 설명하시오.

물체가 중력장 내에 있을 때, 물체는 일정한 가속도로 가속되는 등가속도 운동을 하게 됩니다. 질량에 상관없이 같은 정도로 가속되므로, 이론적으로 깃털과 쇠공은 같이 가속되어 완벽하게 같은 순간에 지상에 착지하게 될 것입니다. 하지만 실제로는 공기의 저항에 의한 마찰력, 부력 등을 고려해야 하며 깃털과 쇠공은 밀도와 단면적에서 완전히 다르므로, 피사의 사탑에서 떨어뜨린다고 해도 동시에 땅에 닿을 수 없습니다.

핵심 포인트

진공 상태에서 높은 곳에 있는 물체의 지면 도달 시간은 높이(h)와 중력가속도(g)에 의해 결정된다. 질량이 크든 작든 같은 크기의 가속도를 갖기 때문에 같은 높이에서 떨어지는 물체의 지면 도달 시간은 같다. 갈릴레오 갈릴레이의 '피사의 사탑' 이야기는 누군가가 지어낸 이야기이다.

힘을 정의해 보고, 힘의 3요소를 설명하시오.

힘이란 어떤 물체의 형태, 또는 운동 방향이나 속력과 같은 운동 상태를 변화시키는 물리량입니다. 힘에는 힘이 작용하는 점, 힘이 작용하는 방향, 그리고 힘의 크기의 3요소가 존재하며, 방향이 있는 벡터량입니다.

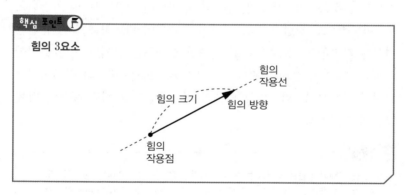

힘의 3요소

힘의 작용선

힘의 크기   힘의 방향

힘의 작용점

관성력은 실제 존재하는 힘인가?
관성력에 대해서 설명하시오.

관성력은 실제 존재하는 힘이 아닙니다. 이는 관찰자가 가속되고 있을 때, 가속되지 않는 물체를 관찰할 경우에 물체는 관성이 존재함에도 불구하고, 어떤 외력 없이도 움직이는 것으로 보입니다. 이를 설명하기 위해 도입된 개념이 관성력입니다. 관성력은 실제 운동에 영향을 주지 못하는 가상의 힘으로, 정지한 외부의 관찰자가 볼 때에는 관성력을 관찰할 수 없습니다.

 경희대

역학적 에너지 보존 법칙이란 무엇이며, 실생활에서 적용되지 않는 이유를 설명하시오.

역학적 에너지 보존 법칙은 역학적 에너지의 총량, 즉 위치에너지와 운동에너지의 총합이 운동 전후에 변화하지 않는다는 것을 뜻합니다. 하지만 실제 생활에서 역학적 에너지가 항상 보존되는 것은 아닙니다. 실제 물체의 운동에는 마찰력이나 저항력이 작용하기 때문에 운동에너지나 위치에너지가 비역학적 에너지, 즉 열에너지나 소리에너지의 형태로 변환됩니다. 이에 따라 역학적 에너지 손실이 발생하므로, 역학적 에너지 보존 법칙이 성립하지 않게 됩니다.

핵심 포인트 ❺

에너지는 전환된다. 그리고 운동 전후에 에너지는 보존된다. 하지만 다시 사용할 수 있는 상태와 사용할 수 없는 상태로 전환된다. 에너지를 아껴야 하는 이유가 여기에 있다.

도로에서 급커브 구간이 경사진
이유를 설명하시오.

커브를 도는 자동차의 운동을 단순화시켜서 생각한다면, 일종의 등속 원운동으로 이해할 수 있습니다. 등속 원운동을 하기 위해서는 회전 방향의 중심 방향으로 구심력이 가해져야 합니다. 커브를 도는 자동차의 운동의 경우에서는 이 구심력의 역할을 자동차와 지면 사이의 마찰력이 담당하는데, 만일 자동차가 너무 빠르게 커브를 돌거나, 회전 반경이 너무 작을 경우에는 구심력이 불충분해 도로 밖으로 벗어날 가능성이 있습니다. 도로가 경사져 있다면, 도로의 수직항력 중에서 지면에 수평한 방향의 분력이 함께 구심력 역할을 하게 되므로 좀 더 안정적으로 커브를 돌 수 있게 됩니다.

핵심 포인트

구심력은 원운동하는 물체를 운동의 중심 방향으로 작용하여 물체의 경로를 바꿔주는 힘이다. 커브 길이 경사져 있으면 구심력이 증가하여 쉽게 커브를 돌 수 있다.

열이 전달되는 세 가지 방법(전도, 대류, 복사)을 각각 설명하고, 구분해 보시오.

전도는 물체들의 직접적인 접촉, 즉 에너지를 가진 전하들이 직접 이동하면서 열을 전달하는 방식을 뜻합니다. 대류는 분자들이 에너지를 직접 가지고 전달함으로써 열을 전달하는 방식이며, 복사는 전자기파를 통해 에너지를 전달하는 방식을 뜻합니다. 세 방식은 에너지를 전달하는 방식, 즉 전도는 전하, 대류는 분자, 복사는 전자기파를 통해 열을 전달한다는 차이점이 있습니다.

> **핵심 포인트 F**
>
> 보온병에 숨어 있는 과학을 통해 전도, 대류, 복사를 잘 설명할 수 있다. 보온병의 뚜껑은 대류 현상에 의한 열 손실을 줄인다. 보온병 내부에 진공이 있는 것은 전도에 의한 열 손실을 줄이기 위함이고, 보온병 내부를 반사체로 만든 이유는 복사에 의한 열 손실을 막기 위함이다.

열역학 제2법칙을 엔트로피의 관점과
열의 관점에서 설명하시오.

    열역학 제2법칙은 저온부에서 고온부로 열이 스스로 이동하지 않는다는 것을 뜻합니다. 즉, 이는 어떤 고립계에 있어서 엔트로피는 항상 증가하는 방향으로 이루어진다는 것을 뜻하기도 하며, 이를 열역학 제2법칙이라고 합니다.

영구기관이 불가능한 이유에 대해서 설명하시오.

영구기관에는 크게 두 가지 종류가 있는데, 제1종 영구기관은 외부로부터 에너지 공급 없이 영원히 작동하는 열기관을 뜻합니다. 이는 에너지의 총량이 보존된다는 에너지 보존 법칙, 즉 열역학 제1법칙에 위배되므로 현실적으로 실현할 수 없습니다. 제2종 영구기관은 열효율이 100%인 영구기관, 혹은 저온부에서 열을 얻어 고온부로 배출하는 영구기관을 뜻하는데, 이는 열을 완전히 일로 바꿀 수 없다는 열역학 제2법칙에 위배되므로 불가능합니다.

핵심 포인트

에너지는 창조되거나 소멸되지 않고, 다만 전환될 뿐이다. 에너지 창조기관인 1·2종 영구기관은 자연의 순리에 위배된다. 참고로 가솔린기관의 효율은 30% 내외이다. 나머지 70%는 사용할 수 없는 형태로 전환된다. 에너지는 보존되지만, 다시 사용할 수 없는 형태로 전환되기 때문에 에너지를 아껴야 하는 것이다.

전위와 전위차에 대해서 설명하시오.

전위는 기준 위치로부터 임의의 위치까지 단위 전하를 이동시키기 위해 필요한 일의 양, 즉 단위 전하의 전기적 위치에너지의 크기를 나타냅니다. 전위차는 특정한 두 지점 사이에서 전기적 위치에너지의 차이를 나타내는 값으로, 전압 역시 같은 의미로 사용됩니다. 즉, 전위차는 전하가 일을 할 수 있는 에너지의 양으로 정리할 수 있습니다.

핵심 포인트 🚩

물이 높은 곳에서 낮은 곳으로 흐르듯이 (+)전기를 띤 입자는 전위가 높은 곳에서 낮은 곳으로 이동한다. 즉, 물이 흐르기 위해서는 물의 높이(수위) 차가 있어야 하는 것과 같이 (+)전하가 이동하기 위해서는 두 전하 사이의 전기적 위치(전위) 차가 있어야 한다. 이것을 전위차 또는 전압이라고 한다.

우리가 일상생활에서 사용하는 '일'이라는 단어와 물리학적 '일'은 어떻게 다른가?

일상생활에서 일이란 사람이 하는 모든 종류의 활동들을 의미합니다. 책상에 앉아서 책을 보거나, 글을 쓰거나 혹은 짐을 나르는 것도 모두 일이라고 부를 수 있습니다. 하지만 물리학적 일은 외부에서 힘이 가해지고, 이에 의해 물체가 움직였을 경우 힘이 물체에 일을 하였다고 표현합니다.

직류와 교류를 구별하고, 각 회로의 특징에 대해서 설명하시오.

  직류는 전류의 방향이 일정하게 회로에 흐르는 것을, 교류는 일정한 주기로 전류의 방향이 바뀌는 것을 의미합니다. 직류 회로에서는 주로 전지와 저항으로 회로가 구성되는 반면에, 교류 회로에서는 축전기와 코일, 그리고 교류 전원으로 회로가 구성됩니다.

빛과 물질의 이중성에 대해서
설명하시오.

  빛을 때로는 일정 에너지를 가진 입자로, 때로는 파동으로 취급할
수 있다는 것을 빛의 이중성이라고 부릅니다. 광전 효과를 통해 빛이
가지는 입자성을, 빛의 회절을 통해 빛이 가진 파동성을 알 수 있습니
다. 특히 질량을 가진 모든 입자는 때로는 입자로, 때로는 파동으로
취급할 수 있다는 것을 물질의 이중성이라고 부릅니다. 질량을 가진
입자가 파동성을 띠는 것을 물질파라고 부르는데, 이는 전자의 회절
실험 등을 통해 입증되었습니다.

> **핵심 포인트** ▶
>
>   아인슈타인은 빛이 파동이 아니라 불연속적인 에너지를 가지고 있는 알갱이(광양
> 자)의 흐름이라는 광양자설로 빛의 입자성을 주장하였고, 토마스 영과 프레넬은 간
> 섭과 회절 현상을 통해 빛의 파동성을 설명하였다.

이상 기체란 무엇인가?

　기체 분자의 운동을 서술할 때, 기체 분자와 열, 부피 외에도 여러 가지, 즉 기체 분자 자체의 부피나 충돌 시의 에너지 손실, 기체 분자 간의 인력 등의 다양한 변수가 작용하게 됩니다. 이상 기체는 이런 변수들을 배제하고, 완전탄성충돌을 하며, 질점(質點)이고, 기체 분자 간의 인력이나 중력에 의한 위치에너지가 없는 기체로 이상 기체 상태 방정식을 만족하는 기체를 의미합니다.

핵심 포인트 🇫

> 이상 기체 상태 방정식 $PV=nRT$를 언급하면 보다 좋은 답안이 된다.

무게와 질량은 어떻게 다른가?

질량은 가속에 저항하는 정도, 즉 관성의 크기를 나타내는 물리량입니다. 하지만 무게는 힘의 크기를 의미하는 것으로, 물체와 지구 사이에 끌어당기는 만유인력, 즉 중력의 크기를 나타내는 물리량입니다. 무게는 물체 고유의 물리량이 아니라, 가해지고 있는 힘의 크기를 나타내는 척도라는 점에서 질량과는 차이점이 있습니다.

핵심 포인트 F

> 중력(무게)은 크기와 방향을 가지고 있는 벡터 물리량이고, 질량은 단지 크기만을 가지는 스칼라 물리량이다. 또한, 중력(무게)은 장소에 따라 변하고, 질량은 장소에 관계없이 일정하다.

파동이 굴절되는 이유와 어떤 경로로 굴절되는지 설명하시오.

파동이 서로 다른 매질 사이를 통과할 때, 밀도 차에 의해 각 매질에서 파동의 속력이 달라지게 됩니다. 특히 경계면에 비스듬히 입사한 경우 파동의 진행 방향이 꺾이게 되는데, 이때 두 매질에 있는 임의의 두 점을 최단 시간으로 통과하는 경로를 따라 진행하게 됩니다. 이를 '페르마의 정리'라고 부릅니다.

핵심 포인트

> 파동 에너지의 진행 방향이 굴절되는 것은 매질에 따라 파동의 진행 속도가 다르기 때문이다. 파동의 진행 속도는 일반적으로 밀도가 작은 매질에서는 빠르고, 밀도가 큰 매질에서는 느려진다.

운동량 보존 법칙과 작용-반작용 법칙과의 관계에 대해서 설명하시오.

운동량 보존 법칙은 충돌 전후 운동량의 총합은 항상 보존된다는 것을 뜻합니다. 이는 충돌한 물체 간 운동량의 변화량, 즉 충격량의 방향은 다르고 크기는 같아야 한다는 것이라고도 말할 수 있습니다. 충돌 과정에서 충돌하는 물체들의 충돌 시간은 모두 같다는 것을 고려한다면 두 물체에 가해진 충격의 크기는 같고 방향이 반대라는 것, 즉 작용-반작용 법칙으로 연결될 수 있습니다. 즉, 운동량 보존 법칙은 작용-반작용 법칙의 다른 표현이라고 말할 수 있습니다.

핵심 포인트 📝

작용-반작용의 법칙이 성립되려면 두 힘의 크기가 같고, 방향이 반대이며, 같은 작용선상에 있어야 한다.

ABS의 작동 형태와 장점에 대해서 설명하시오.

먼저 ABS란 Anti-lock Brake System의 준말로, 자동차나 비행기가 속력을 줄이기 위해서 제동 중일 때 바퀴는 브레이크에 의해 이미 멈추는 현상인 바퀴 잠김 현상을 방지하기 위해서 개발된 시스템입니다.

물체에 작용하는 마찰력은 크게 운동 마찰력과 정지 마찰력이 있습니다. 바퀴가 굴러갈 때를 아주 천천히 굴러가는 그림으로 생각해 보면 바퀴가 지면에 닿은 면과 지면은 굴러가는 순간 서로 정지해 있고 따라서 넓은 의미에서 정지 마찰력이 작용합니다. 반면 바퀴가 구르지 않고 미끄러지는 경우를 생각해 보면 바퀴의 닿은 면과 지면은 미끄러지므로 운동 마찰력이 작용합니다. 운동 마찰력은 항상 최대 정지 마찰력보다 작습니다. 이 두 가지 사실을 이용하여 ABS의 작동 원리와 작동 형태를 설명할 수 있는데, 만약 위급한 경우 빨리 달리던 자동차가 급브레이크를 밟았다고 가정하면, 이 자동차의 바퀴는 바퀴에 달린 브레이크 패드에 잡힐 것이고 이로써 바퀴는 빠르게 정지할 것입니다. 하지만 차체는 관성의 힘을 이기지 못하고 바퀴가 정지한 상태로 미끄러지게 됩니다. 이때 바퀴와 지면 사이에 작용하는 힘이 바로 운동 마찰력입니다. 이렇게 미끄러지고 있는 상황에 운전자가 브레이크 페달을 밟았다가 놓기를 연속적으로 반복하게 되면 브레이크 패드는 바퀴를 잡았다가 놓기를 반복하게 됩니다. 바퀴가 놓이면 바퀴는 지면 위에서 구르게 되는데, 이때 지면과 바퀴 사이에선 앞에서 설명한 바와 같이 정지 마찰력이 작용하게 됩니다. 다시 바퀴가 잡히면 바퀴가 완전히 멈출 때까지 최대 정지 마찰력에 이르게 되고 바퀴가 멈추면 결국 운동 마찰력이 다시 작용하게 됩니다. 브레이크를 지속적으로 쭉 밟아 주는 경우와 밟았다 놓기를 반복하는 두 가지 경우를 생각해 봤을 때 최대 정지 마찰력까지 여러 번 도달하는 후자의 경우가 전자의 경우보다 훨씬 제동거리가 짧아지게 됩니다. 이를 이용하여 전자 장치로 1초에 10번 이상의 많은 횟수로 브레이크를 잡았다 놓아 주는 것이 바로 ABS의 작동 형태입니다. 브레이크를 밟는 이유는 되도록 짧은 거리로 달리는 물체를 멈추게 하는 것인데, ABS가 작동하게 되면 제동거리가 훨씬 더 짧아지게 됩니다.

핵심 포인트

운동 마찰력을 정지 마찰력으로 만들어 줘서 제동거리를 짧게 한다는 것이 중요하다. ABS가 어떻게 운동 마찰력을 정지 마찰력으로 만들어 주는지 과정을 설명하면 더 좋다.

로켓이 우주(진공상태 및 무중력)에서 움직일 수 있는 이유를 설명하시오.

　지구상에는 지구의 중력으로 인해 많은 양의 기체가 대기를 형성하며 지구에 잡혀 있습니다. 이로 인해 인류는 연료와 대기 중의 공기를 실린더에서 폭발시킴으로써 동력을 얻는 내연기관을 만들었습니다. 하지만 지구의 중력을 벗어난 지구 밖에는 대기가 존재하지 않고 중력도 존재하지 않습니다. 즉, 거의 진공상태라는 것입니다. 그 공간에서 내연기관은 공기가 없으므로 연료를 태우는 것 자체가 불가능하게 됩니다. 이를 개선하기 위해서 로켓이 개발되었는데, 로켓에는 연료와 연료를 산화시킬 수 있는 산화제 두 가지가 모두 들어 있습니다. 연료와 산화제를 반응시키면 고온·고압의 가스가 배출되고 그 힘이 로켓의 동력이 됩니다. 일단 여기서 로켓의 추진에 필요한 것들은 로켓 자체에 들어 있다는 사실을 알 수 있습니다. 로켓은 작용과 반작용이라는 뉴턴의 운동 제3법칙에 의거하여 추진됩니다. 작용과 반작용은 A가 B에 작용하는 힘과 B가 A에 작용하는 힘은 항상 크기가 같고 방향이 반대라는 법칙입니다. 로켓 내부에서 연료와 산화물을 반응시켜 고온·고압의 가스를 내뿜으면 로켓은 뿜어져 나오는 가스의 반작용에 의해 앞으로 추진하게 됩니다. 때문에 로켓은 진공과 무중력 상태인 우주에서도 움직일 수 있습니다.

비행기에는 스포일러가 있다. 지상 스포일러 (Ground Spoiler)란 무엇인가?

비행기는 이륙과 착륙을 합니다. 비행기가 공중으로 뜬 후에 다시 내려앉는 과정을 착륙이라고 하는데 지상 스포일러는 보통 착륙 시에 이용됩니다. 베르누이의 원리에 따라 착륙 시에는 이륙과는 반대로 속력을 많이 줄여 주어야 양력이 줄어들고, 상대적으로 중력의 작용이 더 커져서 비행기가 내려오게 됩니다. 속력을 줄이기 위해 동력원을 제거하거나 마찰을 만들어 줄 수 있습니다. 동력을 제거한다는 뜻은 다시 말해서 역추진이며, 마찰을 만들어 주는 방법이 바로 지상 스포일러를 이용한 방법입니다. 역추진 방법은 실제로 뒤로 추진력을 주는 것이 아니고 원래 있던 동력을 양옆으로 분산시켜 추력을 감소시키는 방법입니다. 지상 스포일러는 공기와의 마찰을 이용하여 속력을 줄이는 방법인데, 항력을 발생시켜서 추력을 감소시킵니다. 비행기가 땅에 내려앉을 때 비행기 기체를 땅에 더 밀착시켜 수직항력을 증가시키고, 마찰력이 커지게 합니다. 이로써 비행기 바퀴에 쓰이는 브레이크가 지면과의 마찰로 속력을 감소시켜 착륙하게 됩니다.

핵심 포인트

실질적으로 지상 스포일러가 비행기의 속력을 줄여 주며 땅에서는 수직항력을 증가시켜서 지면과의 마찰력이 커지게 하는 역할을 한다는 것이 중요하다.

자동차와 비행기가 200km/h 속도로 달릴 때 자동차는 날지 못하고 비행기는 날 수 있는 이유를 설명하시오.

　자동차와 비행기는 바퀴가 달린 이동수단이지만, 두 이동수단의 가장 큰 차이점은 바로 날개의 유무입니다. 자동차에는 날개가 없으며 비행기에는 날개가 있는데, 이것이 바로 자동차는 날지 못하고 비행기는 날 수 있는 원인이 됩니다. 자동차나 비행기가 공기 중을 빠른 속력으로 달리게 되면 그에 따른 양력이 생기게 됩니다. 하지만 자동차는 주행 시 안정을 높이기 위해 바닥과의 마찰력을 높여 양력을 억제하기 위한 스포일러를 설치하고, 반대로 비행기는 지구의 중력을 벗어나기 위해서 더 큰 양력을 받으려고 날개를 설치합니다. 이때 적용되는 원리가 바로 베르누이의 원리인데, 공기의 흐름에 따라서 빠른 속력으로 달릴 때 날개 아래쪽 공기의 흐름이 더 느리게 되고, 상대적으로 날개의 위쪽 공기가 더 빠른 속력으로 흐르게 됩니다. 에너지 보존법칙에 따라 위쪽 공기의 흐름이 더 빠르므로 날개는 위로 양력을 받게 되고, 일정 속력 이상으로 달릴 경우에는 비행기가 받는 양력이 비행기를 당기는 지구의 중력보다 더 큰 힘이 되므로 공중으로 떠서 날 수 있게 되는 것입니다. 반면 자동차의 경우에는 공중에 뜨게 되면 상대적으로 수직항력 또한 작아져서 결국 마찰력이 작아집니다. 자동차 바퀴의 마찰력이 작아지는 경우 속력도 더 내기 힘들고, 방향 조절 역시 힘들게 됩니다. 따라서 자동차는 양력을 방해할 수 있도록 스포일러를 장착하여 수직항력을 늘려 마찰력을 증가시키게 됩니다. 즉, 자동차와 비행기는 날개의 유무라는 구조적 차이로 받는 양력에 차이가 생기고 그에 따라 비행기는 날 수 있지만 자동차는 날 수 없게 됩니다.

핵심 포인트 🚩
자동차와 비행기 모두 양력을 받지만 비행기는 날개라는 구조로 더 많은 양력을 받아 공중에 뜰 수 있다는 것이 중요하다. 베르누이의 원리에 대해 설명하면 더 좋다.

핵분열 발전과 핵융합 발전을
비교하시오.

먼저 핵분열 발전은 현재 우리가 흔히 말하는 원자력 발전으로, 우라늄235의 핵분열을 이용한 발전 방식입니다. 우라늄235를 40% 정도 농축한 농축우라늄을 사용하는데, 이때 우라늄235가 붕괴되면서 질량 결손이 일어나고 여기서 생긴 질량 결손은 $E=mc^2$이라는 공식에 의해 결손된 질량에 광속의 제곱을 곱한 만큼의 에너지가 방출됩니다. 반면 핵융합 발전은 수소와 같은 원자번호가 작은 원자들이 융합반응을 일으키면서 생기는 질량 결손 때문에 생기는 에너지를 이용하여 발전하는 방식으로 아직은 상용화되지 못한 기술입니다. 핵분열과 핵융합 모두 질량 결손에서 생긴 에너지를 이용합니다. 이는 핵자 간 결합에너지와 핵자의 질량 차이에서 오는데 원자번호가 작은 수소 두 개와 중성자가 합쳐져 헬륨으로 핵융합을 할 때 그 과정에서 핵자의 질량이 줄어들고 핵자 간 결합에너지가 높아지는 현상이 생기고, 원자번호가 큰 우라늄은 반대로 핵분열을 할 때 그 과정에서 질량 결손이 생기게 되어 그 에너지 차이만큼의 폭발 에너지가 생성됩니다.

핵심 포인트 🚩

둘 다 질량 결손으로 생기는 에너지를 이용한 발전이며, 현재 핵융합 발전은 개발 단계고, 핵분열 발전은 상용화되어 있다는 것이 중요하다. 우라늄235의 언급과 결합에너지의 차이도 언급하면 더 좋다.

땅속에 굴을 파고 지구 중심으로 갈수록 사람의 몸무게는 어떻게 변하는지 설명하시오.

몸무게는 지구와 사람 사이의 만유인력을 나타내는 것입니다. 그런데 만유인력은 두 물체 사이의 거리 제곱에 반비례하고, 두 물체의 질량의 곱에 비례하는 힘인데, 사람이 지구 중심에 있게 되는 경우에는 지구의 모든 질점 하나하나와 사람 사이에 형성되는 만유인력이 평형을 이루게 되기 때문에 합력이 0입니다. 그래서 지구 중심에서는 거의 무중력상태가 되고, 지구 중심으로 가까이 가는 경우에는(지구의 구성 물질이 균일하다고 가정할 경우) 지구 중심과 사람의 위치를 반지름으로 하는 구의 질량에 비례하는 만유인력이 생성되므로 지구 중심으로부터의 거리에 비례하는 몸무게가 생성됩니다. 즉, 지구 중심으로부터의 거리와 몸무게는 일차함수 그래프를 나타내게 됩니다.

> **핵심 포인트** 🚩
>
> 보통 몸무게를 kg 단위로 알고 있지만 실은 $N(kg \times m/s^2)$ 단위를 쓴다. 따라서 우리가 체중계에 올라가서 재는 것은 몸무게가 아니라 질량이다.

인공위성이 지구로 떨어지지 않고 계속 지구 주위를 회전하기 위한 힘의 조건은 무엇인가?

인공위성이 지구를 돌 때는 등속 원운동을 합니다. 인공위성이 원운동을 하기 위해 필요한 것은 구심력이므로 인공위성이 지구를 돌 때는 중력이 구심력의 역할을 합니다. 이때 가속도의 방향, 즉 중력의 반대 방향으로 구심력과 같은 크기의 관성력이 작용하기 때문에 구심력과 중력이 같아질 때 인공위성이 등속 원운동을 할 수 있습니다. 따라서 지구 주위를 회전하기 위한 힘의 조건은 '구심력(mv/r)＝중력(GMm/r^2)'입니다.

핵심 포인트

물체가 떨어지지 않고 계속 지구 주위를 회전할 때의 속도

$\left(V = \sqrt{\dfrac{GM}{r}} \right)$를 제1우주속도라 하고 물체가 지구의 중력장을 벗어나기 위한 속도를

탈출속도$\left(V_1 = \sqrt{\dfrac{2GM}{r}} \right)$ 또는 제2우주속도라 한다.

자유 낙하하는 엘리베이터 내부에서는 무중력상태가 된다. 이때 안에 있는 사람에게 작용하는 알짜힘을 설명하시오.

무중력상태는 중력을 받지 않을 때가 아니라 중력을 받지 않는다고 느낄 때입니다. 자유 낙하하는 엘리베이터 내부에서는 사람이 중력을 받아 중력가속도(g)로 등가속도 운동을 하게 되고 엘리베이터 또한 중력을 받아 중력가속도(g)로 등가속도 운동을 하게 됩니다. 사람과 엘리베이터의 가속도가 같으므로 사람은 엘리베이터와 같은 속도로 평행하게 자유 낙하 운동을 하게 됩니다. 이때 사람은 중력을 받지 않는다고 느끼게 되어 무중력상태를 경험하게 됩니다. 따라서 안에 있는 사람은 중력가속도(g)로 운동하므로 사람에게 작용하는 알짜힘은 mg입니다(m: 사람의 질량).

핵심 포인트

> 자유 낙하 운동에서는 물체의 질량에 관계없이 항상 중력가속도(g)로 운동하게 된다(단, 중력 이외의 힘은 존재하지 않을 때).

달과 지구에서 물체의 위치에너지는 어떻게 되는지 설명하시오(달에서의 중력가속도는 지구의 $\frac{1}{6}$로 가정한다).

물체의 위치에너지는 mgh(m: 물체의 질량, g: 중력가속도, h: 물체의 높이)이므로, 지구에서와 달에서 물체의 질량과 높이가 같을 경우, 지구에서의 위치에너지는 mgh이고 달에서의 위치에너지는 $m\frac{g}{6}h$가 됩니다. 따라서 달에서 물체의 위치에너지는 지구에서의 $\frac{1}{6}$배입니다.

핵심 포인트 F

> 달과 지구에서 물체의 높이(h)가 같은 때만 성립한다.

화력발전소에서의 전기 발생은 에너지의 변환을 통하여 이루어진다. 화력발전에서 이루어지는 에너지 변환 과정을 설명하시오.

화력발전소에서는 석유나 석탄 등을 태워 물을 가열하여 고온·고압의 증기를 생성하게 됩니다. 이렇게 생성된 증기는 증기터빈을 돌리는 데 이용됩니다. 여기서 석유나 석탄 등은 화학에너지이고 석유나 석탄 등을 태울 때 나오는 열은 열에너지입니다. 그리고 그 열로 물을 가열해 얻은 고온·고압의 증기는 운동에너지를 가지고 있고, 그 증기가 증기터빈을 돌리면 전기에너지로 변환되는 것입니다. 따라서 화력발전에서 이루어지는 에너지 변환 과정은 '화학에너지 → 열에너지 → 운동에너지 → 전기에너지'라고 할 수 있습니다.

핵심 포인트

원자력발전에서의 에너지 변환 과정은 화력발전소에서 사용하는 석유나 석탄 등의 화학에너지 대신 핵분열 시 생기는 질량 결손으로 인한 핵에너지를 사용한다.

여름철에 겨울철보다 타이어에 공기를 더 적게 넣는 이유는 무엇인가? 또한 타이어에 공기를 가득 채운다면 어떻게 될까?

샤를의 법칙에 의하면, 압력이 일정할 때 온도가 높을수록 부피가 커집니다. 그래서 여름철에는 겨울철보다 타이어에 공기를 조금 넣어도 높은 기온 때문에 부피가 커져 타이어를 빵빵하게 유지할 수 있습니다. 만약, 이를 간과하고 초기에 공기를 가득 채우게 되면, 부피는 일정한데 온도가 높아지므로 압력이 커져서 타이어가 터질 수도 있습니다.

핵심 포인트

이 문제에서 사용된 것은 샤를의 법칙이다. 샤를의 법칙과 보일의 법칙을 혼동하지 말아야 한다.

액화천연가스 버스의 장점을 환경적 측면에서 말해 보시오.

대부분의 자동차 연료에는 황 성분이 포함되어 있습니다. 따라서 연소 시 이산화황이 생성되는데, 그것이 산성비를 발생시키고, 천식·기관지염 등의 호흡기 질환을 유발합니다. 그런데 액화천연가스 버스의 연료는 LNG, 즉 메탄으로서 황 성분이 포함되어 있지 않습니다. 따라서 모든 버스들이 액화천연가스 버스로 바뀐다면, 산성비가 현저히 줄 뿐만 아니라, 사람들의 건강에도 좋을 것입니다.

핵심 포인트

> 다른 화석 연료와 구별되는 액화천연가스의 장점을 알고 있어야 한다. 황산화물은 산성비와 스모그의 원인이 되는 물질이다.

화장실에서 암모니아수가 들어 있는 병을 깨트렸을 때 암모니아 냄새를 더 빨리 확산 시키기 위해 어떻게 해야 하는가? 또, 화장 실의 암모니아 냄새를 제거하려면 어떻게 해야 하는지 설명하시오.

기체의 내부 에너지는 온도에 비례하므로, 온도가 높아질수록 속도도 빨라집니다. 따라서 난방 기구를 이용하여 화장실의 온도를 높이면 암모 니아가 더 빨리 확산됩니다. 그리고 화장실에 가득 찬 암모니아 기체를 제거하기 위해서는 물을 이용할 수 있습니다. 암모니아 기체는 물에 쉽 게 녹아 NH_4OH를 형성하므로, 호스를 이용하여 물을 뿌리면 암모니아 냄새를 제거할 수 있습니다.

핵심 포인트

기체의 확산은 온도가 높을수록, 분자량이 작은 기체일수록, 방해하는 분자의 수 가 적을수록 빠르다.

두 병에 각각 아세틸살리실산과 살리실산 메틸이 들어 있다. 두 가지를 구별하는 방법을 설명하시오. 또한, 살리실산메틸을 왜 먹으면 안 되는지 설명하시오.

살리실산메틸은 아세틸살리실산과 달리 페놀류입니다. 따라서 염화철수용액과 정색반응을 하는지 여부를 통해 살리실산메틸을 구별해 낼 수 있습니다. 이 살리실산메틸은 파스의 주성분으로서, 복용하면 안 됩니다. 그 이유는 살리실산메틸의 구조를 보면 알 수 있는데, 살리실산메틸은 살리실산과 메탄올이 에스테르 결합을 하여 만들어진 것이기 때문입니다. 따라서 먹으면 가수분해되어 체내에 메탄올이 생기게 되는데, 이 메탄올은 산화되어 발암물질인 포름알데히드가 됩니다. 그러므로 살리실산메틸은 먹으면 안 됩니다.

> **핵심 포인트** ⚑
>
> 페놀류의 검출 방법과 에스테르의 가수분해 반응에 대해 알고 있어야 한다.

추운 겨울에 물을 넣어 둔 장독이
얼어 깨지는 이유는 무엇인가?

대부분의 액체와 달리 물은 응고될 때 부피가 커집니다. 그 이유는 물의 구조, 성분과 관련이 있습니다. 물의 분자식은 H_2O로, 굽은 형의 구조를 하고 있습니다. 여기서 수소 원자와 다른 물 분자의 산소 원자 간에 수소결합이 생기는데, 온도가 낮을수록 결합의 수는 증가합니다. 따라서 물보다 얼음 상태에서 수소결합이 많아지고, 굽은 형의 구조 때문에 육각형 모양의 공간이 많이 형성됩니다. 그러므로 장독에 있는 물이 얼면서 부피가 증가해 장독이 깨지는 것입니다.

핵심 포인트

온도에 따른 물의 밀도 변화에 대한 이유를 수소결합과 분자의 운동 상태 변화와 관련지어 이해해야 한다.

수산화칼슘 수용액이 들어 있는 페트병에 이산화 탄소를 주입하고 밀폐시키면 어떻게 되는지 화학 반응식을 통해 설명하시오.

우선 수산화칼슘 수용액과 이산화 탄소의 화학 반응식을 말하자면, $Ca(OH)_2 + CO_2 \rightarrow CaCO_3 + H_2O$입니다. 처음에 기체 상태인 이산화 탄소가 페트병 부피의 대부분을 차지한 상태에서, 고체인 $CaCO_3$와 액체인 H_2O로 변하였으므로 압력이 급격히 떨어지게 됩니다. 따라서 페트병 내부의 압력이 대기압보다 작아지므로 페트병은 찌그러지게 됩니다.

핵심 포인트

> 산·염기 중화반응으로 페트병 속의 기체의 압력이 줄어들게 된다. 화학 반응식의 경우 문제지의 여백, 혹은 뒷면에 크게 적어서 교수님께 드리면 더욱 효과적이다.

산화의 원인은 무엇인지 예를 들어 설명하시오.

산화 반응은 전자를 잃거나, 산소와 결합하는 반응을 말합니다. 그 대표적인 예로 연소가 있는데, 이때 연소하는 물질은 산소와 결합 반응을 하는 것입니다. 또한, 철이 녹스는 것도 산화 반응으로, 철은 산소와 결합하여 산화철이 됩니다.

반대로 환원 반응은 전자를 얻거나, 산소를 잃는 반응입니다. 그 예로 철의 제련이 있습니다. 철을 제련할 때 코크스를 넣어 일산화탄소를 발생시키는데, 이것은 환원제의 역할을 하여 순수한 철이 만들어지게끔 합니다.

산화 · 환원 반응은 정반대의 반응이며, 늘 같이 일어난다는 특징이 있습니다.

핵심 포인트

산화 · 환원 반응의 예를 전자로 설명할 수 있어야 한다.

금속이 녹스는 이유와 스테인리스가 녹이 안 생기는 이유를 설명하시오.

　금속이 녹슨다는 것은 산소와 결합하여 산화된다는 것입니다. 즉, 산소가 없다면 금속은 녹이 슬지 않습니다. 금속이 공기나 물속의 산소에 노출되어 있으므로 녹스는 것입니다. 이를 방지하기 위해 철에 크롬을 녹여 넣어 합금을 만드는데, 이것이 스테인리스입니다. 스테인리스는 크롬이 철보다 먼저 산화되어 표면에 치밀한 막을 만드는데, 이것이 철과 산소의 접촉을 막아 녹슬지 않게 해 줍니다. 이 합금은 녹이 슬면 안 되는 주방 기구 등에 많이 사용됩니다.

핵심 포인트

　철이 녹슬 때 산화·환원 반응이 일어나며, 이를 막기 위한 방법에는 도금, 합금, 음극화 보호, 페인트칠 등이 있다.

mole이란 무엇인가?

   우리 주변에는 수많은 단위들이 있습니다. cm, kg 등이 그 예입니다. 이런 것들은 계량 측정을 좀 더 쉽게 하기 위해서 만들어진 것으로, mole도 마찬가지입니다. 화학에서 다루는 원자, 분자는 그 크기가 매우 작고, 개수가 매우 많기 때문에 mole, 즉 6.02×10^{23}이라는 어마어마한 단위를 쓰는 것입니다. 이것은 질량수가 12인 탄소 원자의 12g 속에 들어 있는 원자의 개수로, 아보가드로수라고도 부릅니다.

핵심 포인트

   미시적인 세계를 이해하기 쉽도록 가시적인 세계로 끌어오기 위해 mole이라는 개념을 도입하게 된 것이다. mole의 개념을 질량과 입자수로 설명할 수 있어야 한다.

에탄올의 수소결합에 대해 말해 보시오.

　수소결합은 N, F, O와 같은 전기음성도가 큰 원소와 결합한 수소가 다른 분자의 N, F, O 등과 결합하는 것으로, 분자 간의 힘이 강한 편입니다. 에탄올에는 산소와 수소가 결합한 히드록시기가 있는데 이는 분자 간의 수소결합을 가능하게 합니다. 이러한 수소결합 덕분에 화학식이 같은 CH_3OCH_3보다 끓는점이 높습니다. 또한, 히드록시기는 물과 수소결합을 하므로 에탄올은 CH_3OCH_3와 달리 물에 잘 녹습니다.

> **핵심 포인트**
>
> 　수소결합은 분자 간의 힘 중에서 가장 큰 인력이며, 그 예로는 물(H_2O), 플루오르화수소(HF), 아세트산(CH_3COOH) 등이 있다.

촉매에 대해서 말해 보시오.

화학반응에는 활성화 에너지가 있어서, 그 이상의 에너지가 유입될 때 반응이 일어나게 됩니다. 촉매는 이 활성화 에너지를 조절하는 역할을 합니다. 활성화 에너지를 낮추게 되면 반응속도가 빨라지고, 반대로 높이면 반응속도는 느려지게 됩니다. 전자의 경우를 정촉매라 하고, 후자를 부촉매라고 합니다. 이때 촉매는 반응 전후에 양적·질적으로 변하지 않습니다.

핵심 포인트 📢

촉매는 활성화 에너지를 변화시켜 반응속도를 조절할 수 있는 물질이다. 활성화 에너지의 변화 그래프와 연관 지어 이해해야 한다.

청정에너지로 수소에 관한 연구가 활발히 진행되고 있다. 수소가 청정에너지인 이유는 무엇인가?

연료를 사용한다는 것은 연소시킨다는 것입니다. 대부분의 연료는 탄소를 포함하고 있어서 연소 시 이산화 탄소가 방출된다는 단점을 가지고 있습니다. 그러나 수소의 경우 연소 식을 살펴보면 $2H_2 + O_2 \rightarrow 2H_2O$ 로, 생성물은 오직 물뿐입니다. 하지만 수소는 폭발할 수 있는 위험이 있기 때문에 저장·보관의 문제는 해결해야 할 점입니다.

핵심 포인트

수소는 끓는점이 매우 낮아 액화시키기 힘들기 때문에 수소저장합금과 같이 안전하게 운반하기 위한 여러 가지 방법이 연구되고 있다.

중화반응이란 무엇이며, 중화반응을 확인할 수 있는 방법에는 무엇이 있는가? 일상 속의 중화반응의 예를 말해 보시오.

중화반응이란 산과 염기가 반응하여 물과 염을 만드는 반응입니다. 중화반응을 확인한다는 것은 중화점에 도달할 때를 알아낸다는 것입니다. 그 방법으로서 페놀프탈레인을 사용할 수 있습니다. 산을 염기로 적정한다 할 때 산에 페놀프탈레인을 넣은 후, 분홍 빛깔을 띠는 시점이 중화점이 됩니다.

일상생활 속에서 중화반응의 예로는 '레몬즙을 생선에 뿌려 비린내를 없앤다.', '벌에 쏘였을 때 암모니아수를 바른다.', '산성화된 토양에 석회석을 뿌려 중화한다.', '위액이 과다하게 분비되면 제산제를 먹어 위산을 중화한다.', '공장의 배기가스에 포함되어 있는 이산화황을 석회석으로 중화한다.' 등이 있습니다.

핵심 포인트

중화점을 확인하는 방법으로는 지시약의 색깔 변화를 관찰하는 방법, 전기전도도가 가장 낮을 때나 온도가 가장 높게 올라간 지점을 확인하는 방법이 있다. 중화반응에 대한 생활 속의 여러 가지 예를 상식으로 알아 두도록 한다.

센물과 단물의 차이는 무엇인지
설명하시오.

물속에 칼슘 이온과 마그네슘 이온의 함유량이 많은 것은 센물이고, 적은 것은 단물입니다. 센물에 많이 포함되어 있는 칼슘 이온과 마그네슘 이온은 비누가 물속에서 이온화하며 생긴 $RCOO^-$와 반응하여 앙금을 만드는데, 이 때문에 비누의 세척력이 급격히 떨어지게 됩니다. 따라서 비누로 세탁할 때는 센물 말고 단물을 사용하여야 합니다.

잠수부의 산소통에 산소와 함께 질소 대신 헬륨을 넣어 주는 이유는 무엇인가?

기체의 용해도는 압력에 비례합니다. 따라서 산소통에 질소를 넣는다면, 심해의 고압 때문에 질소가 혈액에 용해됩니다. 그 후 잠수부가 수면으로 올라오게 되면 다시 압력 저하로 용해되었던 혈액 속의 질소가 빠져나오게 되는데, 이 때문에 잠수병에 걸리게 됩니다. 따라서 질소보다 용해도가 작은 헬륨을 넣어 주는 것입니다.

다이아몬드와 연필심의 같은 점과 다른 점은 무엇인가?

다이아몬드와 연필심은 둘 다 탄소로만 이루어진 물질입니다. 하지만 두 물질이 다른 이유는 결정 구조의 차이에 있습니다. 흑연은 육각형 모양 층을 이루며 쌓여 있는 구조로서, 다결정 구조입니다. 반면, 다이아몬드는 정사면체들이 꼭짓점을 공유하며 연결되어 있는 단결정 구조입니다. 이렇게 같은 원소로 이루어져 있으나, 다른 성질을 나타내는 물질을 동소체라고 합니다.

핵심 포인트

동소체는 조성의 차이(산소와 오존), 구조의 차이(흰인과 붉은인) 등으로 성질이 서로 다른 홑원소 물질이다.

계면활성제란 무엇인지 설명하시오.

계면활성제란 계면에 흡착하여 표면장력을 감소시키는 물질입니다. 대부분의 계면활성제는 친유기와 친수기를 동시에 가지고 있으며, 비누가 그 대표적인 예입니다. 비누는 알킬기라는 친유기와 카르복시기라는 친수기를 가지고 있는데, 알킬기와 물의 반발 때문에 비누는 물의 표면에 모이게 됩니다. 그런데 모인 비누가 표면을 더 넓게 만들려고 하기 때문에 표면장력은 감소하게 됩니다.

핵심 포인트

> 비누의 친유기가 기름때를 둘러싸면 미셀이 형성된다. 미셀의 바깥쪽에 친수기가 위치하는데 같은 음전하를 띠고 있어서 미셀끼리 반발력이 작용하여 서로 엉겨 붙지 않고 물속에서 분산된다.

음극화 보호에 대해 설명하시오.

　음극화 보호란 금속의 부식을 막는 하나의 방법으로서, 어떤 금속에 반응성이 보다 더 큰 금속을 부착 또는 연결하는 방식입니다. 이러한 방법으로 반응성이 더 큰 금속이 부식될 때 나오는 전자가 반응성이 더 작은 금속으로 이동하여, 그 금속의 산화를 방지하는 것입니다. 주유소에서 주유탱크, 즉 철의 산화를 막기 위해 마그네슘을 연결시키는 것도 음극화 보호의 한 예입니다.

핵심 포인트

　철에 부착한 마그네슘이나 아연은 산화되어 크기가 작아지므로 주기적으로 새것으로 교체해 주어야 한다.

모세관 현상에 대해 설명하시오.

물이 모세관 안으로 들어가게 되면, 응집력과 부착력이 작용하게 됩니다. 이때 응집력은 물끼리의 힘이고, 부착력은 물과 모세관 사이의 힘입니다. 우선 물과 관 사이의 부착력 때문에 테두리의 물이 먼저 올라가게 되고, 물끼리의 응집력 때문에 중앙의 물도 따라 올라오게 됩니다. 이것을 반복하게 되면 물 전체가 상승하는 것입니다. 이때 관의 반지름이 작을수록 물은 더 높이 올라가게 됩니다. 이 현상으로 인해 나무 꼭대기까지도 영양분과 수분이 전달될 수 있는 것입니다.

핵심 포인트

물의 특성으로 인해 나타나는 여러 가지 자연 현상에 대해 정리해 두어야 한다. 예를 들어, 물의 비열이 커서 해안 지방에서 낮에는 해풍, 밤에는 육풍이 부는 것과 물의 용해성이 커서 옷감 세탁에 이용되는 것 등을 확인해 두도록 한다.

원자와 분자의 차이를 설명하시오.

　원자는 물질의 기본적 구성 단위로서, 하나의 핵과 이를 둘러싼 전자로 이루어져 있습니다. 반면, 분자는 물질의 화학적 성질을 가진 최소 단위로서, 대개 두 개 이상의 원자가 공유결합하여 이루어진 전기적으로 중성인 입자입니다. 쉽게 말해서, 분자는 원자가 모여 이루어지는 것입니다.

핵심 포인트 🚩

　물 분자는 산소 원자 1개와 수소 원자 2개가 결합하여 이루어진다. 물이 수소와 산소로 분해되면 물의 성질을 잃어버리게 된다.

pH란 무엇인가?

pH는 수소이온지수로 덴마크의 생화학자인 쇠렌센에 의해 제안되었습니다. 일반적으로 용액 내에서의 수소이온농도는 매우 작은 값이라 다루기가 어렵기 때문에 수소이온지수를 사용하며, 이는 용액 내의 수소이온농도의 역수에 상용로그를 취하여 구할 수 있습니다.

0부터 14까지의 값을 가지는 수소이온지수(pH)를 통해 용액의 산성도를 알 수 있습니다. 즉, 산성 용액인 경우 pH는 7보다 작고, 염기성 용액인 경우 pH는 7보다 크며, 중성 용액은 pH 7입니다. 이러한 산성도를 알기 위해 pH 시험지나 pH meter를 이용합니다.

수소이온지수 외에 수산화이온지수(pOH)도 있는데, 이는 수소이온지수를 구하는 방법과 동일하게 구하며, 섭씨 25℃에서 수산화이온지수(pOH)와 수소이온지수(pH)의 합은 14입니다.

이러한 수소이온지수(pH)는 화학 분야에서는 매우 중요한 지표로서, 연구 응용 면에서 pH를 측정하는 일이 널리 행해집니다. 아울러 토양과 수질의 성질을 알아보는 데도 중요한 요소입니다.

핵심 포인트 ⚑

> 일단 pH의 정의를 정확히 말하는 것이 중요하고, 그것이 생겨난 배경 역시 중요하다. 측정 방법에 대한 언급은 그다음 순위로 중요하며, 또한 이것이 어떻게 쓰이는지 언급하면 좋다.

이온화 에너지란 무엇인가?

이온화 에너지란 기체 상태의 중성원자 1몰에서 원자가전자 1몰을 떼어내는 데 필요한 에너지를 뜻합니다. 이는 항상 양의 값을 가집니다.

이온화 에너지는 일정한 주기적 특성을 보입니다. 주기율표에서 같은 주기 내에서는 원자의 번호가 증가할수록 원자의 유효핵전하가 증가하면서 대체로 증가하는 경향을 보이고, 같은 족 내에서는 반대로 원자의 번호가 증가할수록 전자껍질수가 증가하면서 원자가전자와 원자핵 사이의 정전기적 인력이 약해짐에 따라 이온화 에너지가 작아지게 됩니다.

이온화 에너지는 원자가전자의 배치의 안정성을 보여 주는 지표로서, 원자가전자를 제거하는 데 필요한 에너지가 클수록 안정성이 큼을 보여 줍니다.

> **핵심 포인트**
>
> 이온화 에너지의 엄밀한 정의, 특히 기체 상태를 언급하고 동주기, 동족 원소에 대한 주기성과 동주기에서 발생하는 예외에 대해 언급하면 더욱 좋은 답변이 될 듯하다.

전기 음성도란 무엇인가?

공유결합을 이루고 있는 전자쌍을 잡아당기는 상대적인 인력의 세기를 전기 음성도라고 합니다. 미국의 물리 화학자인 폴링이 플루오르(F)의 전기 음성도를 4.0으로 정하여 이를 기준으로 다른 원소의 전기 음성도를 결정하였습니다.

전기 음성도는 같은 주기에서 대체로 원자 번호가 증가할수록 커지고, 같은 족에서는 원자 번호가 증가할수록 작아집니다. 좀 더 정확히 말하자면 금속성이 커질수록 감소하며, 비금속성이 커질수록 증가합니다.

이러한 전기 음성도를 이용하여 화학결합을 구분할 수 있습니다. 몇 가지 예외가 있지만 대략 두 원자 사이의 전기 음성도 차이가 1.7보다 크면 결합의 이온성이 50%가 넘어 그 결합은 이온결합으로 분류되고, 1.7보다 작으면 결합의 이온성이 50%보다 작아 그 결합은 공유결합으로 분류됩니다. 또한 전기 음성도는 분자 내의 전하분포도 결정하는데, 결합하고 있는 두 원자에서 전기 음성도가 큰 쪽으로 공유 전자쌍이 치우치게 되어 전기 음성도가 큰 원자가 부분적인 음전하를 띠게 됩니다. 마지막으로 전기 음성도의 상대적 크기를 비교하여 산화수를 결정하기도 합니다.

핵심 포인트

전기 음성도란 공유결합을 이루고 있는 전자쌍을 잡아당기는 능력이라고 처음에 언급해 주는 것이 중요하다. 주기성과 전기 음성도가 사용되는 예를 들어 주는 것도 좋다.

달걀 껍데기의 주성분은 무엇이고, 어디에 활용될 수 있는가?

달걀 껍데기는 90% 이상이 무기염류 성분이어서 단단한 느낌을 주는데, 이 중 대부분은 칼슘카보네이트($CaCO_3$)입니다. 이는 탄산칼슘이라고도 불립니다. $CaCO_3$는 금속산화물이라서 염기성을 띠고, 반면 식초는 산성을 띱니다. 따라서 이 둘이 반응하면 중화반응이 일어나고 이산화탄소가 발생하게 됩니다. 그래서 이산화 탄소를 모으는 방법으로 이 식초와의 반응 실험을 하게 됩니다.

달걀 껍데기는 가습기로 쓰일 수 있습니다. 달걀 껍데기의 주성분은 탄산칼슘이라 미세한 구멍이 많아서 물이 증발하면서 습도를 적당히 조절해 주는 역할을 하게 되어 가습기와 같은 효과를 볼 수 있게 됩니다. 또 달걀 껍데기는 식물에 영양소를 공급해 줄 수 있습니다. 잘게 부수어 식물에 주면 칼슘 성분이 식물의 성장을 도와줍니다.

핵심 포인트 🖐

이 질문은 단순히 달걀의 구성 요소에 대한 이해가 얼마나 되어 있는지에서 끝나는 것이 아니다. 달걀 껍데기의 주성분은 탄산칼슘임을 언급하며, 여기서 나올 수 있는 여러 가지 실험과 실생활 속의 활용 방안들을 정확한 근거와 함께 이야기해 주는 것이 좋다.

이온결합이란 무엇인가?

반대 전하를 갖는 두 이온이 정전기적 인력, 즉 쿨롱 인력을 통해 형성되는 결합을 이온결합이라 합니다. 이러한 결합은 전기 음성도가 현저히 다른 두 원자가 형성하게 되는 결합으로 금속 원자와 비금속 원자가 형성하게 됩니다.

이온결합 물질은 양이온과 음이온이 분자의 형태로 결합한 것이 아닌, 서로 3차원적으로 둘러싸고 있는 형태로 존재하며, 이러한 결정의 모양은 NaCl이 이루는 면심 입방 결정과 CsCl이 이루고 있는 단순 입방 결정 등이 있습니다.

이온 결정은 다양한 성질을 가지고 있습니다. 일단 강한 쿨롱 인력으로 결합되어 있어 끓는점과 녹는점이 높고, 이는 이온의 전하에 비례하고 이온 간 거리에 반비례합니다. 둘째로는 고체 상태에서는 전기 전도성이 안 나타나지만, 용융·수용액 상태에서는 전기 전도성이 나타남을 들 수 있습니다. 마지막으로는 외부에서 힘이 가해지면 이온층이 밀려나 척력이 작용, 금속 결정에 비해 쉽게 부스러지는 성질을 들 수 있습니다.

핵심 포인트

모든 용어가 그렇듯이 항상 정확한 정의를 처음에 제시해 주는 것이 중요하다. 정전기적 인력과 반대 전하의 두 이온(혹은 금속 이온과 비금속 이온)이 언급되어야 한다. 전기 전도성 및 끓는점에 대해 언급하는 것도 이온 결합에 대해 얼마나 이해하고 있는지를 잘 보여 줄 수 있을 것이다.

보일의 법칙은 무엇인가?

　일정한 온도가 주어진 경우에서의 기체의 부피 및 압력 계산에 이용되는 공식입니다. 보일의 법칙은 $PV=C$(C는 상수), 즉 일정한 온도에서 일정량의 기체의 부피는 압력에 반비례한다는 것입니다. 즉, 압력이 2배로 증가하면 부피는 $\frac{1}{2}$배가 되며, 부피가 4배 증가하면, 압력은 $\frac{1}{4}$배가 됨을 이 법칙으로 설명할 수 있습니다. 여기서 C는 온도와 용기 안에 들어 있는 공기 시료의 양(몰수)에 의해 결정됩니다.

　이 식은 압력이 일정할 때 부피는 절대온도에 비례한다는 샤를의 법칙, 아보가드로 법칙과 함께 사용하여 이상 기체 상태방정식을 유도해 낼 수 있습니다. 아울러 보일의 법칙에서도 이상 기체 상태방정식과 마찬가지로 정확히 적용되지는 않고, 어느 정도의 보정을 필요로 합니다.

> **핵심 포인트** ▶
>
> 　보일의 법칙은 아주 유명한 법칙이라 누구든 그 개념을 어렴풋이 알고 있을 것이다. 여기서는 '일정한 온도에서 일정량의 기체'라는 말이 꼭 들어가야 한다. 간혹 부피와 압력의 관계에 치중하다 보면 이러한 말을 빼먹는데, 그러면 별로 좋은 평가를 받지 못할 수도 있다.

활성화 에너지란 무엇인가?

반응 물질의 입자들이 특정한 값 이상의 에너지를 가져야 반응이 일어나는데, 이러한 특정한 에너지 값을 활성화 에너지라 합니다. 즉, 활성화 에너지는 화학 반응이 일어나기 위해 필요한 최소한의 에너지를 일컫는 말입니다.

충돌한 분자들이 반응을 일으키기 위해서는 반응 물질이 활성화 에너지를 가진 상태인 활성화 상태가 되어야 하며, 이러한 상태에 있는 불안정한 물질을 활성화물이라고 합니다. 이런 상태를 거쳐 결국 새로운 물질이 생성되는 것입니다.

이러한 활성화 에너지는 반응속도에 영향을 미칩니다. 즉, 어떤 반응의 활성화 에너지가 크면 외부에서 많은 열을 흡수해야 하므로 반응이 일어나기 어려워 반응속도가 느려지며, 반대로 작을 경우에는 외부에서 흡수해야 하는 에너지가 적으므로 반응이 일어나기 쉬워서 반응속도가 빨라집니다.

핵심 포인트 📎

> 활성화 에너지가 반응이 일어나기 위한 최소한의 에너지라는 정의는 꼭 들어가야 한다. 또한 이러한 활성화 에너지가 반응에 있어서 미치는 영향 또한 언급해 주는 것이 중요하다. 여기에서는 언급을 안 하였지만 활성화 에너지 그래프를 살펴보면 산 모양을 연상하게 하므로, 산의 높이와 관련된 활성화 에너지의 개념을 언급해 주는 것도 좋다.

비열(Specific Heat)이란 무엇인가?

1g의 물질을 1℃ 올리는 데 필요한 열의 양을 비열이라고 하며, 이는 물질의 특성 중 하나입니다. 단위로는 J/g·℃를 사용하며, 어떤 물질의 온도를 올리기 위해 필요한 열의 양은 물질의 비열과 질량 그리고 온도 변화의 곱으로 표시됩니다. 비슷한 용어로 몰 열용량이 있는데, 이것은 어떤 물질 1몰의 온도를 1℃ 올리는 데에 필요한 열의 양을 의미합니다.

물의 비열은 4.18J/g·℃로 다른 물질의 비열보다 상당히 큽니다. 이와 관련되어 일상생활에서 물과 관련된 많은 현상이 있는데, 그 예로 우리 몸의 70%를 물이 이루고 있어 외부의 온도 변화에 대해 몸 내부의 온도를 일정하게 유지해 주는 것을 들 수 있습니다. 아울러 해안 지방에서 밤과 낮의 기온 차이가 내륙 지방보다 작은 것도 물의 비열이 크기 때문입니다.

핵심 포인트

비열의 정의를 다른 여러 용어(예 열용량, 몰 열용량) 등과 헷갈리지 않는 것이 중요하며, 비열이 높은 물이 실생활에서 어떠한 특징을 갖는지 언급해 주는 것이 좋다.

삼투와 삼투 현상에 대해 설명하시오.

　반투막을 사이에 두고 진한 용액과 묽은 용액을 넣으면 묽은 용액의 용매 분자가 반투막을 통해 진한 용액 쪽으로 이동하는 현상을 삼투라고 합니다. 적혈구가 내부와 외부 농도의 차이에 따라 축소되기도 하고, 터져버리기도 하는 현상을 예로 들 수 있습니다.

　이러한 삼투 현상을 막기 위하여 용액 쪽에 가해 주어야 하는 압력의 크기를 삼투압이라고 합니다. 용액의 농도 차이에 따라 높이 차가 생기는데, 용액의 농도가 더 짙어 높이가 높아진 쪽에 가해 주어야 하는 압력을 뜻합니다.

　반트호프는 이러한 삼투압에 대한 원리를 밝혔는데, 이를 반트호프의 삼투압 법칙이라고 합니다. 그는 비전해질이 녹아 있는 묽은 용액에서 삼투압은 용매와 용질의 종류에 관계없이 용액의 몰 농도와 절대 온도에 비례한다고 설명합니다. 이를 이용하여 고분자 물질의 분자량, 즉 분자량이 약 1만 이상인 단백질, 녹말 등의 분자량을 측정합니다.

핵심 포인트 🚩

　삼투의 개념과 이어져서 삼투압을 이야기하는 것이 중요하다. 아울러 화학 II를 공부한 사람들은 반트호프의 삼투압 법칙을 생각해 내어, 이를 통해 분자량을 측정할 수 있음을 언급해 주어야 한다.

점성이란 무엇인가?

　어떤 유체가 지나가면서 마찰이나 분자 사이의 인력의 영향을 받게 되는데, 이와 같은 성질을 점성이라고 합니다. 액체는 이러한 점성이 크면 클수록 흐르기 어렵게 되고, 이러한 현상은 분자 간의 힘이 커질수록 커지며, 같은 분자라고 해도 온도가 높아지면 분자들의 운동속도가 빨라지므로 점성은 작아집니다.

　점성도는 일정한 양의 액체가 모세관을 통해 흘러가는 시간을 측정하거나 주어진 반지름의 쇠구슬이 액체관을 통과하여 아래로 떨어질 때 걸리는 시간을 측정함으로써 알 수 있습니다. 이러한 방식으로 여러 가지 물체의 점성을 살펴보면 글리세롤의 점성이 물이나 다른 물질에 비해 매우 크다는 것을 알 수 있습니다. 이는 글리세롤이 분자 내에 수소 결합을 형성할 수 있는 히드록시기를 3개나 가지고 있어서 분자 간의 인력이 커지기 때문입니다.

> **핵심 포인트** 📍
>
> 　점성이 클수록 흐르기 어렵다는 것과 이에 미치는 분자 간의 인력, 그리고 온도의 영향을 언급해 주는 것이 중요하다. 글리세롤의 예처럼 우리가 흔히 알고 있는 점성이 큰 물질의 화학식 또는 작용기를 언급해 주며 점성이 큰 물질이 보이는 현상을 언급해 주면 좋을 것이다. 측정법 또한 간단히 언급해 주자.

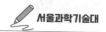 서울과학기술대

바이러스가 생물인지에 대해서
논하시오.

바이러스는 생물적 특징과 무생물적 특징을 동시에 가지고 있습니다. 바이러스 자체는 세포핵과 세포막 등의 세포 구조를 가지고 있지 않으며, 독자적인 효소도 가지고 있지 않기 때문에 스스로 물질대사를 할 수 없습니다. 그래서 생물체 밖에서는 단순한 단백질 결정의 형태로 무생물적 특징을 띠게 됩니다. 하지만 생물체 안에서 숙주 세포에 감염이 된 이후로는 숙주의 효소를 사용한 물질대사, 증식, 유전, 적응 등의 생물적 특징을 나타내게 됩니다. 그러므로 바이러스는 생물 혹은 무생물이라 구별할 수 없으며, 그 중간적 형태를 띤다고 말할 수 있습니다.

핵심 포인트 👉

생명 현상의 특성

- 세포로 구성
- 물질대사
- 자극과 반응(항상성)
- 발생과 생장
- 생식과 유전
- 적응과 진화

※ 이런 기준으로 생물과 무생물을 구별

단백질 소화 효소들이 활성화되지 않은 상태로 분비되는 이유는 무엇인지 예를 들어 설명하시오.

위에서는 펩시노겐이 분비되며, 이는 염산에 의해 펩신으로 활성화됩니다. 또한, 이자액 속에는 트립시노겐과 키모트립시노겐이 들어 있으며, 이는 각각 엔테로키나아제와 트립신에 의해서 트립신과 키모트립신으로 활성화됩니다. 이렇게 단백질 소화 효소들이 아밀라아제 같이 활성화된 형태가 아니라, 분비된 이후 활성화되는 형태를 띠는 이유는 생체 기관들의 주성분이 단백질이기 때문입니다. 즉, 위와 소장 내벽의 세포들이 단백질 분해 효소에 의해서 소화되는 것을 막기 위해서 단백질 소화 효소들은 활성화되지 않은 상태로 분비됩니다.

핵심 포인트

분비될 때 비활성화 상태로 되었다가 분비 후 활성화되는 또 다른 예는 이자에서 프로리파아제로 분비되어 쓸개즙에 의해 활성화된 후 리파아제가 되는 경우이다(리파아제는 지방을 분해시킴).

신장(腎臟)의 기능을 말하고, 인공 신장기가 이를 어떻게 대체하는지 설명하시오.

인체는 체액의 항상성을 유지하기 위해서 노폐물과 기타 물질들을 배설하는데, 이러한 배설 과정에서 가장 중요한 기관 중 하나가 신장입니다. 신장의 기능에 이상이 생겼을 경우, 배설 기능이 제대로 이루어지지 않아 치명적일 수도 있습니다. 그럴 경우 신장을 대체하기 위해 인공 신장기를 사용하게 됩니다. 인공 신장기의 반투과성 막은 고분자 물질의 이동을 막고 저분자 물질과 이온만을 통과시키기 때문에, 투석액이 든 인공 신장기에 혈액을 통과시키면 혈액에서 제거해야 하는 노폐물들, 특히 질소성 노폐물인 요소 등은 막 바깥쪽으로 확산되어 나오게 되고, 투석액에 포함된 포도당 등은 빠져나오지 않음으로써 신장 대신 배설 기능을 수행하게 됩니다. 이런 방법을 혈액 투석이라고 부릅니다.

핵심 포인트

인공 신장기의 목적은 혈액 속에 있는 요소를 걸러 내는 것이다. 그래서 투석액에 요소를 넣지 않고 이동시키면 혈액 속에 있는 요소가 투석액 쪽으로 확산되어 걸러 낼 수 있다.

신장, 소장, 폐의 공통된 구조와 그에 따른 이점을 설명하시오.

  신장은 미세 융모와 주름, 소장은 미세한 융털들, 폐는 폐포들이 모여 이루어진 구조를 지니고 있습니다. 즉, 이들은 기관 내부에 미세한 조직들을 가지고 있다는 공통점이 있습니다. 이런 구조들은 공통적으로 전체 기관 내부의 표면적을 넓혀 줍니다. 또한, 신장은 여과와 재흡수, 소장은 영양분의 흡수, 폐는 기체 교환을 하는 기관으로서, 공통적으로 물질 교환의 기능을 합니다. 이런 넓은 표면적은 물질 교환의 효율성을 높여 준다는 이점이 있습니다.

> **핵심 포인트** 📢
>
>   표면적이 큰 것과 물질 교환이 얼마나 연관성이 있는지 한 예를 들어 보자. 세포가 성장함에 따라 물질 교환량은 세포의 길이의 세제곱에 비례하여 증가하고, 표면적은 길이의 제곱에 비례해 증가한다. 이렇듯 세포가 성장함에 따라 체적에 대한 표면적의 비율이 낮아지고, 이로 인해 물질 교환에 필요한 표면적을 충분히 확보하지 못해 대사와 성장을 제약할 수 있다. 이 같은 체적-표면적 간의 불비례 문제를 해결하는 방법은 분열하여 작은 세포들로 나눠지는 것이다. 이것이 세포분열의 의의이다.

호르몬과 신경계의 작용에는 어떤 차이가 있는가?

호르몬과 신경계는 모두 신체 기관의 작용을 조절하고, 항상성의 유지에 관여한다는 공통점이 있습니다. 하지만 신경 신호가 신경세포들을 통해 전달되며, 좁은 범위의 기관에 빠르게 작용하는 데 비해 호르몬은 혈관을 타고 온몸에 전달되므로 그 속도가 느린 대신 넓은 범위의 기관들에 작용할 수 있으며, 기관 특이성이 있다는 차이점이 있습니다.

핵심 포인트

호르몬과 신경계 비교

구분	호르몬	신경계
적용 범위	넓음	좁음
반응 속도	비교적 느림	매우 빠름
효과의 지속성	지속적	일시적

인체가 포도당 등의 영양소를 직접 활용하지 않고 ATP의 형태를 통해 에너지를 얻는 이유는 무엇인가?

포도당은 한 번 산화될 때 상당한 양의 에너지를 방출하며, 이는 물질대사에 사용하기에는 너무 많은 양의 에너지입니다. 때문에 포도당을 직접 사용하는 경우에는 상당한 에너지 손실이 발생하게 됩니다. 이를 ATP로 전환하면, ATP를 통해 물질대사에 사용하기에 충분히 효율적인 정도의 에너지를 얻을 수 있게 됩니다. 이때의 이점이 더 크기 때문에 인체는 포도당 등의 영양소를 ATP로 전환시켜서 사용하게 됩니다.

핵심 포인트

포도당 1분자를 연소시켰을 때는 686kal가 한꺼번에 방출되고, ATP 1분자를 통해서는 7.3kcal가 방출된다. 활동에 따른 에너지 소비량을 살펴보면, 등산 13.6kcal/kg · h, 축구 8.2kcal/kg · h, 수영 7.8kcal/kg · h 등이다. 그러므로 포도당 1분자를 사용하는 것보다 포도당을 분해해 37ATP를 만들어 사용하는 것이 더 효율적이다.

HIV가 체내 면역 체계를 교란하는 원리에 대해서 말해 보시오.

보조 T림프구는 항원 침입 이후에 독성 T림프구를 활성화시킴으로써 세포성 면역을 일으키고, B림프구를 형질 세포로 분화시켜 항체를 만들게 하는 체액성 면역을 유도하는 역할을 담당합니다. 따라서 보조 T림프구는 세포성 면역과 체액성 면역 모두에 필수적인 요소입니다. 하지만 AIDS의 원인인 HIV는 보조 T림프구를 파괴하여 두 가지 면역 작용을 교란시킵니다. 결과적으로 인체의 면역 시스템은 큰 타격을 입게 됩니다.

핵심 포인트

> 외부에서 항원이 들어오면 먼저 대식세포가 식균 작용으로 분해시킨다. 그 항원 조각을 보조 T림프구에게 알려 주면 보조 T림프구는 그 항원 정보를 B림프구와 T림프구에게 전달하고, 활성물질을 통해 B림프구와 T림프구를 활성화시킨다.

혈당량 조절 원리에 대해서 말해 보시오.

혈당량이 높을 때에는 간뇌 시상하부에서 이를 인지하고, 부교감 신경을 통해 이자의 랑게르한스섬 베타 세포에서 인슐린을 분비시킵니다. 인슐린은 혈중 포도당을 간에서 글리코겐으로 합성시킴으로써 혈당량을 낮춥니다. 반대로 혈당량이 과다하게 낮은 경우에는 역시 간뇌의 시상하부가 이를 인지하고 이자의 랑게르한스섬 알파 세포와 부신 수질을 교감 신경으로 자극해, 글루카곤과 에피네프린의 분비를 촉진시킵니다. 이 두 호르몬은 간의 글리코겐을 포도당으로 바꿈으로써 혈당량을 증가시킵니다.

핵심 포인트

인슐린과 글루카곤은 서로 반대 작용을 한다고 해서 '길항 작용' 한다고 한다. 또한, 보통 인슐린과 글루카곤에 의해 혈당량을 조절한다고 알고 있는데, 실제 혈당량을 조절하는 중추는 간뇌의 시상하부임을 기억해야 할 것이다.

정자와 난자의 염색체 수가 보통 세포의 염색체 수의 절반인 데에는 어떤 의미가 있는지 설명하시오.

유성생식을 하는 동물의 경우, 두 어버이 개체의 세포들이 수정되어 자식 개체의 세포를 구성하게 됩니다. 이때 어버이 개체의 세포들의 염색체 수가 모두 $2n$개였다면, 자식 개체 세포의 염색체 수는 $4n$개로 증가하게 됩니다. 이를 막기 위해 정자와 난자는 형성 과정에서 생식 세포 분열을 거치며, 특히 감수 제1분열을 거치면서 각 생식세포의 염색체 수가 n개로 줄어들어, 수정 후에도 어버이 개체와 마찬가지로 $2n$의 염색체 수를 유지할 수 있습니다.

핵심 포인트

정자(n)와 난자(n)가 수정되어 수정란($2n$)을 만들게 되는데, 이를 유성생식이라고 한다. 유성생식의 장점은 다양한 유전자 조합을 만들 수 있어 여러 불리한 환경에서도 개체를 보존하고 이어갈 수 있다는 것이다.

남자가 여자보다 적록 색맹의 비율이 높은 이유가 무엇인지 설명하시오.

적록 색맹에 관련된 유전자는 X염색체와 연관되어 있으며, 색맹인 경우가 열성, 정상인 경우가 우성입니다. 이때 여성의 성염색체는 X염색체 한 쌍으로 이루어져 있기 때문에, 두 X염색체에 모두 색맹 유전자가 있는 경우, 즉 색맹 유전자가 호모로 존재할 때에만 색맹이 됩니다. 하지만 남성의 성 염색체는 X염색체 하나와 Y염색체 하나로 이루어져 있으며, 어머니에게 물려받은 X염색체에 색맹 유전자가 존재할 경우에는 색맹이 됩니다. 즉, 하나의 X염색체에 의해서 색맹 여부가 결정되므로 남자는 여자보다 색맹인 사람의 비율이 더 높습니다.

핵심 포인트 F

남자가 적록 색맹일 확률은 $\frac{1}{2}$, 여자가 적록 색맹일 확률은 $\frac{1}{3}$이다. 성별에 따라 걸릴 확률이 달라지는 유전을 반성 유전이라 한다.

근시와 원시의 원리와 교정 방법에 대해서 말해 보시오.

근시는 먼 곳의 물체를 뚜렷하게 보지 못하는 증상으로, 상이 망막 앞쪽에 맺히기 때문에 일어납니다. 그 원인은 주로 안구의 길이가 선천적으로 길거나, 혹은 후천적 요인으로 수정체가 두꺼운 상태를 유지하기 때문입니다. 오목렌즈를 사용하면 들어오는 빛을 굴절시켜 상을 망막에 맺힐 수 있게 할 수 있습니다.

원시는 가까운 곳의 물체를 뚜렷하게 보지 못하는 증상으로, 이는 안구의 길이가 짧아 상이 망막 뒤쪽에 맺히기 때문에 발생합니다. 볼록렌즈를 사용한다면 상을 망막에 맺히도록 해서 가까이 있는 물체를 선명하게 볼 수 있게 할 수 있습니다.

핵심 포인트 🅕

원시와 근시 이외에 난시라는 것이 있는데, 이는 모든 방향의 굴절률이 일정치 않고 눈의 경선에 차이가 나는 상태이다. 즉, 한 점에서 초점이 맺히지 않고, 두 점 혹은 그 이상의 초점을 갖는 상태를 뜻한다. 원인은 각막의 만곡도가 서로 다르기 때문에 나타나기도 하고, 각막의 표면이 울퉁불퉁하기 때문에 나타나기도 한다.

빙빙 돌다가 멈춘 후에도 여전히 어지러움을 느끼는 이유는 무엇인가?

몸의 회전을 감지하는 기관은 귀 안쪽 내이의 반고리관입니다. 반고리관은 림프로 차 있는 고리 세 개로 구성되어 있으며, 몸이 회전할 때 림프의 관성으로 림프가 상대적 회전을 하게 되는데, 이를 감각모가 감지함으로써 회전 감각을 일으키게 됩니다. 빙빙 돌다가 멈춘 경우, 이 반고리관 속의 림프는 관성에 의해 회전을 계속하기 때문에 몸은 계속 회전 감각을 느끼지만, 실제 우리의 시각은 우리가 정지해 있음을 보여 주기 때문에 어지럼증을 느끼게 됩니다.

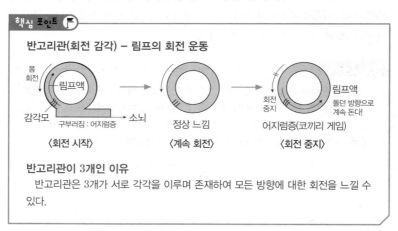

반고리관(회전 감각) – 림프의 회전 운동

반고리관이 3개인 이유
반고리관은 3개가 서로 각각을 이루며 존재하여 모든 방향에 대한 회전을 느낄 수 있다.

ABO식 혈액형에 대해서 말해 보시오.

ABO식 혈액형은 일종의 면역 반응으로, 적혈구 표면의 단백질 응집원과 혈장 속의 응집소, 그리고 이들이 일으키는 응집 반응을 뜻합니다. 응집원에는 A, B 두 가지와 이에 상응되는 응집소 알파와 베타가 있는데, ABO식 혈액형은 어떤 응집원을 가지고 있느냐에 따라서 A형, B형, AB형, O형으로 구분됩니다.

핵심 포인트

응집원 A와 응집소 α가 만나면 응집이 되고, 응집원 B와 응집소 β가 만나면 응집이 된다. 그래서 A형 혈액형인 사람은 응집원 A와 응집소 β가 있고, B형은 응집원 B와 응집소 α가 함께 있는 것이다.

체내에서 이산화 탄소가 운반될 때 대부분이 탄산수소 이온 형태로 운반되는데, 이를 통해 얻는 이점은 무엇인가?

혈액에서 이산화 탄소는 대부분 적혈구에서 탄산무수화 효소의 작용에 의해 탄산수소 이온의 형태로 운반됩니다. 만약 이산화 탄소가 탄산무수화 효소의 작용을 거치지 않고 그냥 혈액 속에서 운반된다면 탄산의 형태를 띠게 되어 혈액의 pH가 급격히 감소할 수 있습니다. 대부분의 물질대사가 특정 조건에서 활성화되는 효소를 통해 이루어지기 때문에, 이런 pH 변화가 효소들의 활성화에 영향을 미치게 된다면 치명적일 수도 있습니다. 이산화 탄소를 탄산수소 이온 형태로 운반한다면 이런 급격한 pH 변화를 막을 수 있다는 이점이 있습니다.

> **핵심 포인트** 📌
>
> CO_2가 체내에서 운반될 때 7%는 혈장에 녹고, 23%는 헤모글로빈과 결합하며 70%는 탄산수소 이온 형태로 이동한다.

호르몬에 있어서 피드백과
길항 작용을 구분하시오.

피드백과 길항 작용은 둘 다 호르몬이 인체의 작용을 조절하는 방법입니다. 그렇지만 피드백의 경우는 호르몬이 작용한 후 그 결과가 호르몬의 분비량에 영향을 미침으로써 호르몬의 작용을 조절하는 방식인 것에 비해, 길항 작용은 서로 상반되는 효과를 내는 두 호르몬이 함께 작용함으로써, 그리고 서로의 작용을 조절함으로써 나타난다는 차이점이 있습니다.

핵심 포인트 🚩

피드백은 주로 호르몬의 분비량을 조절하는 것에 목적이 있는 반면, 길항 작용은 호르몬이 분비된 후 효과적인 측면에서 목적이 있다고 구분하면 될 것이다.

술을 마신 다음 날 숙취를 느끼는
이유는 무엇인가?

술의 주성분은 알코올로, 수용성이면서 별다른 소화 과정을 거치지 않고서도 빠르게 체내에 흡수됩니다. 체내에 흡수된 알코올은 혈액에 포함되어 흐르다가 간을 통과하면서 간의 알코올 분해 효소를 통한 해독 작용에 의해서 아세트알데히드, 아세트산 등을 거쳐서 이산화탄소, 물, 중성 지방 등으로 분해됩니다. 이때 알코올의 분해 과정에서 생긴 아세트알데히드는 독성을 가지고 있으며, 숙취의 주원인이 됩니다.

핵심 포인트 F

음주가 계속되면 간의 분해 효소의 부족을 초래하고 미분해된 아세트알데히드가 축적되어 혈류를 통해 신체 각 조직으로 운반된다. 이때 뇌 조직에도 독성이 있는 아세트알데히드가 침입하여 뇌혈관을 수축시키든가 확장시켜 두통을 유발하게 되며, 보통 술 마신 다음 날 아침에 두통을 경험하기 때문에 '숙취'라고 부르는 것이다.

백신은 주로 무엇으로 구성되어 있으며, 백신의 어떤 작용을 통해 체내 면역력이 증가할 수 있는지 설명하시오.

백신은 주로 무해할 정도로 약화되었거나 죽은 항원으로 구성되어 있습니다. 체내에 무력화된 항원들이 들어온다면, 체내 면역 반응을 활성화시켜 B림프구가 항체를 생성하고, B림프구의 일부가 기억세포로 전환되어 체내에 존재하게 됩니다. 만일 백신에 포함된 것과 동일한 활성화된 항원들이 침입한다면, 이 기억세포들은 빠르게 다량의 항원을 생산할 수 있도록 전환됩니다. 그렇기에 항원에 처음 침입당한 경우보다 백신에 의해서 기억세포가 생긴 경우에 훨씬 더 효율적으로 항원을 제거할 수 있습니다.

핵심 포인트 🚩

백신의 종류

- 생백신(약화된 항원) : 면역 획득력 ↑, 위험성 ↑
- 사백신(죽은 항원) : 면역 획득력 ↓, 위험성 ↓
- 단백질 백신(항원 단백질) : 면역 획득력 ↑, 위험성 ↓

신경 세포 간의 자극은 어떻게 전달되는가? 신경 세포 내에서 자극한 방향으로만 전달 되는 이유는 무엇인가?

신경 세포 사이에서 자극은 축색 돌기 말단에서 수상 돌기로 전달 됩니다. 신경 세포에서 자극이 축색 돌기 말단으로 전도되면, 아세틸 콜린 등의 신경 전달 물질이 분비되어 시냅스로 확산되고, 수상 돌기 에 작용하여 탈분극을 일으킴으로써 이웃한 신경 세포에 자극을 전달 하게 됩니다. 이때 신경 세포 내에서의 자극의 전달은 양방향으로 모 두 일어나지만, 축색 돌기 말단에서만 신경 전달 물질이 분비되기 때 문에 자극은 축색 돌기 말단에서만 전달됩니다.

핵심 포인트 🚩

수상 돌기에는 신경 전달 물질을 분비할 수 있는 기능이 없고, 오직 신경 전달 물 질을 받는 기능만 있다. 반면 축색 돌기는 신경 전달 물질을 받는 기능은 없고 분비 하는 기능만 있다. 따라서 신경 전달 물질은 축색 돌기 말단에서 분비되어 수상 돌 기로 전달되는 것이다.

이화 작용과 동화 작용을 각각 예를 들어 설명하시오.

이화 작용은 체내에서 고분자 유기물을 저분자 물질들로 분해하는 작용입니다. 대표적으로 소화를 들 수 있는데, 이는 포도당과 같은 고분자 유기물을 이산화 탄소와 물 등으로 분해하면서 에너지를 얻는 이화 작용의 대표적인 예입니다.

동화 작용은 체내에서 저분자 유기물이나 저분자 물질들을 사용해서 필요한 고분자 화합물을 합성하는 과정으로, 대표적으로 빛에너지를 사용하여 물과 이산화 탄소를 사용해 포도당을 합성하는 광합성이 이에 해당합니다.

핵심 포인트

이화 작용은 고분자 유기물을 저분자 물질로 분해하기 때문에 고분자 유기물 안에 있던 에너지가 밖으로 빠져나와 열로 발산한다. 그래서 이화 작용을 발열 반응이라고 한다. 동화 작용은 에너지를 이용하여 고분자 유기물로 합성하는 것이기 때문에 흡열 반응이라고 한다.

에이즈란 무엇인가?

AIDS란 Acquired Immune Deficiency Syndrome의 약자로 후천성 면역 결핍 증후군이라 합니다. 에이즈는 성 접촉이나 혈액 전달, 산모를 통한 수직감염에 의해 걸리게 되는데, 에이즈에 걸리게 되면 우리 몸의 면역계의 거의 모든 기작(메커니즘)이 파괴되어 여러 가지 질병에 걸려 죽게 됩니다. 이러한 에이즈는 HIV에 감염되어 일어납니다. HIV란 RNA를 유전물질로 가지는 '레트로 바이러스'로 '역전사 효소'를 이용해 자신의 유전물질을 T세포에서 DNA로 역전사시킨 후 활성화시켜 T세포를 급속히 파괴시킵니다. 알람 역할을 하던 T세포가 없어지면 세포성 면역뿐만 아니라, 체액성 면역도 무력화되어 체내의 면역계가 모두 불활성화되고 결국 에이즈 환자는 바이러스나 세균, 기생충 등에 의한 감염으로 죽게 됩니다.

핵심 포인트

HIV에 의해 T세포(보조 T림프구)가 파괴되어 면역계 전체가 교란된다는 것을 강조하여 에이즈의 원인을 밝힌다.

고산지대에 사는 사람이 평지에 내려오면 호흡 곤란을 겪지 않는데, 평지에 사는 사람이 고산지대에 가면 호흡 곤란을 겪는 이유는 무엇인가?

　진화론의 관점에서 본다면 우리 몸은 외부환경에 잘 적응해 생존가능성을 높이는 쪽으로 진화해 왔습니다. 대표적인 예는 고산지대에 사는 사람들의 적혈구 수가 평지에 사는 사람보다 많은 경우입니다. 고산지대는 평지보다 산소의 양이 적습니다. 산소가 적으므로 호흡을 통해 받아들일 산소도 부족합니다. 따라서 많은 양의 산소를 확보하기 위하여 체내에서 적혈구의 수를 늘려 생존 가능성을 높여야 합니다. 적혈구 속에는 헤모글로빈이라는 운반 단백질이 있는데, 적혈구 수가 늘어나면서 헤모글로빈의 양도 증가해 더 많은 산소를 운반할 수 있게 됩니다. 그렇기 때문에 고산지대에 사는 사람들은 평지에 사는 사람들보다 적혈구의 수가 많아 호흡 곤란을 겪지 않게 됩니다.

핵심 포인트 🚩

外부환경(자극)에 대한 적응의 관점으로 말해도 좋다.

유성생식이 무성생식보다 유리한 점은 무엇인가?

  무성생식은 부모와 자손의 형질이 같습니다. 그에 반해 유성생식은 감수 제1분열의 교차와 같은 복잡한 과정을 거치기 때문에 유전적 다양성이 커집니다($2^{23}+\alpha$). 다시 말하면 환경이 악화되면 무성생식을 하는 개체들은 모두 같은 형질을 가지기 때문에 전멸될 가능성이 높습니다. 반면에 유성생식은 유전적 다양성으로 한 개체가 사멸된다고 해도 유리한 형질을 가진 개체가 살아남을 확률이 높으므로 유성생식이 무성생식보다 유리할 수 있습니다.

> **핵심 포인트** 🏳
>
> 먼저 유성생식과 무성생식의 정의를 말하고 시작해도 좋다.

생명복제에 대해서 자신의 생각을 말해 보시오.

　긍정적인 측면으로는 생명복제를 통해 의학적 발전을 이룰 수 있고, 장기이식에 많은 장점이 있습니다. 부정적인 측면은 생명복제를 하기 위해서는 '줄기세포'가 필요한데 현재의 기술로는 여성에게서 직접 난자를 채취해 인공 수정시켜 아기가 되기 전 상태에서 줄기세포를 추출해 낼 수밖에 없습니다. 그러나 난자를 채취하려면 여성의 난소에 큰 주사바늘을 집어넣어야 하므로 잘못하면 난소가 손상되어 불임이 될 수 있습니다. 또한 수정란부터를 한 생명체로 보는 사람들에게는 생명 윤리 문제가 제기될 수 있고, 복제인간을 만들었다고 해도 클론이 생명체인지 아닌지를 판단해야 하는 문제가 발생할 수 있습니다.

핵심 포인트
　자신의 의견을 분명하게 말하고 그에 따른 근거들을 잘 정리해 두어야 한다.

지방이 우리 몸에 미치는 영향에 대해 설명하시오.

지방은 기본적으로 체온 조절을 도와줍니다. 지방은 수소결합의 종류에 따라서 불포화지방과 포화지방, 그리고 인류가 가공해서 만든 전이지방으로 분류됩니다. 포화지방은 콜레스테롤의 수치가 높고 체지방 증가의 주원인이 됩니다. 콜레스테롤은 동물성 지방에만 존재하는데 심장질환과 심근경색을 일으키고 유방암, 대장암, 전립선암 등의 발생 위험을 높입니다. 그러나 인체는 외부로부터 섭취를 하지 않아도 하루 필요량의 콜레스테롤을 만들 수 있습니다. 식물성 불포화지방을 많이 함유한 견과류는 심장병, 당뇨병을 예방하고 HDL 수치를 높이며, 심장박동을 규칙적으로 유지시키는 데 도움을 주고, 혈전(피떡)을 녹이는 효과가 있습니다. 그러나 식물성 불포화지방에도 트랜스 지방이라 해서 동물성 기름 못지않게 혈관 등의 건강에 나쁜 영향을 주는 물질이 있는데, 혈관을 좁아지게 하여 심장질환, 심근경색, 뇌졸중의 발생 위험을 높입니다. 가공식품에 들어 있는 전이지방은 비만, 만성질병 등을 일으키는 물질입니다.

전체 지방의 섭취율은 불포화지방의 비율을 높이고, 포화지방을 줄이며, 가장 해로운 전이지방은 특히 피하는 것이 좋습니다.

핵심 포인트 🚩

교과 과정에 나오는 개념 위주로 대답하는 것이 좋다.

방어기제란 무엇인지 말해 보시오.

　방어기제, 즉 방어 메커니즘은 크게 두 가지인데 1차 방어와 2차 방어가 있습니다. 1차 방어는 주로 외부로부터 오는 침입자를 방어하는 메커니즘이며 그 예로는 눈물, 콧털, 기관지, 위액 등이 있습니다. 2차 방어를 두 가지로 나누면 비특이적 방어와 특이적 방어로 나뉩니다. 비특이적 방어는 1차 방어를 뚫고 들어온 항원에 대해 모두 파괴하는 기작이고, 특이적 방어는 비특이적 방어를 피해 도망간 항원을 끝까지 찾아서 파괴시키는 기작입니다.

핵심 포인트

방어기제 전체를 포괄적으로 설명하는 것이 좋다.

생물종 다양성은 왜 보존되어야 하는가?

생태계 내의 동식물들은 저마다의 생태적 지위에서 먹이사슬(그물)의 한 축을 구성하고, 그 안에서 일정한 균형을 이루고 살아갑니다. 먹이사슬이 복잡한 구조를 이룰수록 더욱 안정한 균형을 이루는데, 만일 먹이연쇄가 단순한 구조여서 한 가닥의 먹이연쇄만 존재한다면, 그중에서 어느 한 종이 멸종될 경우 먹이연쇄가 바로 끊어져 전체 생태계의 평형을 잃게 됩니다. 반대로, 먹이그물이 복잡하게 형성되어 있다면, 어떤 한 종이 제거되더라도 다른 먹이를 먹으면 되기 때문에 생태계 평형은 별 영향을 받지 않고 잘 유지될 수 있습니다. 그 균형이 깨진다면(종 다양성이 감소되면) 순차적으로 먹이사슬의 파괴에서부터 결국 생태계 전반에 걸친 질서 교란이 생기고, 이는 인류에게도 엄청난 영향을 줄 것입니다.

핵심 포인트 🄵

생물종 다양성에 대해 최근에 활발하게 논의되기 때문에 관련 내용을 자세히 준비해야 한다.

소장에서 지방이 지방산의 형태로 흡수된 뒤 운반 시에 암죽관 내에서 지방으로 재합성되어 운반된다. 그 이유는 무엇인가?

　지방이 재합성되어 운반되는 이유는 세 가지가 있습니다. 첫째, 분해된 지방산으로 인해 혈액의 pH가 낮아져 체내의 산성화를 방지하기 위해서 재합성되어 운반되는 것입니다. 둘째, 물에 녹는 글리세롤이나 지방산의 형태로 운반 시에는 잘 분해되지 않기 때문에, 물에 녹지 않는 지방의 형태로 되어야 이동하기 쉽기 때문입니다. 셋째, 장간막 간에 지방 형태로 저장되기 때문에 저장의 용이성을 위해서입니다. 이처럼 세 가지의 이유로 인해 지방으로 재합성되어 운반되는 것입니다.

핵심 포인트

　교과서에 나오는 '소화와 흡수' 중 지방의 흡수에 대해서 정확하게 이해하고 있어야 한다. 그리고 답변을 할 때에는 개념에 대한 정확한 이해와 그 이유를 논리적으로 설명해야 한다.

사람을 대상으로 한 유전 연구가
어려운 이유를 설명하시오.

　사람의 유전 연구가 어려운 이유는 먼저 흔히 연구용으로 사용되는 쥐들과는 달리 한 세대가 길고 자손의 수가 적다는 점을 들 수 있습니다. 그리고 실험 개체와 개체 간의 자유로운 교배가 불가능하므로 특정 형질의 유전 결과를 확인하기가 어렵기 때문입니다. 또한 형질이 다른 실험동물들보다 훨씬 복잡하며, 형질의 발현이 주변 환경의 영향을 많이 받으므로 규칙성을 찾기가 어렵습니다.

　유전학 재료로 자주 이용되는 생명체를 '모델생물'이라고 합니다. 19세기 말에는 초파리를 많이 이용하였는데 그 이유는 약 2주의 짧은 생활사를 가지고 있고, 거대한 침샘 염색체를 가지고 유전자의 돌연변이 형태를 쉽게 연구할 수 있었기 때문입니다. 20세기 중반에는 대장균과 박테리오파지라는 바이러스가 이용되었습니다.

> **핵심 포인트** ☞
>
> 　사람의 유전 연구가 어려운 이유와 사람을 대상으로 한 복제 연구가 어려운 이유를 정확히 구분할 줄 알아야 한다.

P파와 S파를 비교하고, PS시에 관해서 말해 보시오.

P파는 파동의 진행 방향과 진동 방향이 같은 종파이며, 모든 매질을 통과할 수 있습니다. 또한, 상대적으로 피해 규모는 작지만 속도가 가장 빠른 지진파입니다. S파는 파동 진행 방향이 진동 방향에 수직인 횡파이며, 피해 규모는 크지만 오직 고체를 통해서만 전달됩니다. 속도 역시 P파보다 느린 편입니다. PS시는 P파가 관측되고 S파가 관측되기까지의 시간 간격을 의미하며, 이를 통해서 진앙과의 거리를 계산할 수 있습니다.

핵심 포인트

진앙과 진원은 차이가 있다. 진앙 거리는 주시 곡선을 이용해서 구할 수 있고, 진원 거리는 PS시를 이용해서 구할 수 있다. 여기에서 핵심은 PS시를 이용해서 진원까지의 거리를 어떻게 구할 수 있는지를 설명하는 것이다.

KEY ★ POINT

PS시를 이용하여 진원까지의 거리를 구하는 방법

d: 진원 거리, V_P: P파의 속도, V_S: S파의 속도, t: PS시일 때,

$$t = \frac{d}{V_S} - \frac{d}{V_P} \rightarrow d = \frac{V_P \times V_S}{V_P - V_S} \times t$$

지구상에 생물체가 존재하지 않았다면, 지구의 대기는 어떻게 변화하였을까?

지구상에 생물체가 존재하지 않았다면, 현재 대기의 극히 일부분을 차지하고 있는 이산화 탄소의 양은 광합성의 부재로 급격히 증가하고, 산소의 양은 감소하였을 것입니다. 또한, 이산화 탄소의 증가로 온실 효과가 일어나 지구의 온도가 급상승하게 되었을 것입니다.

핵심 포인트

지구 탄생 이후 대기 조성과 생물체의 상호 연관성을 묻는 질문이다. 그러므로 원시 대기 조성이 생물체로 인하여 어떻게 변화해 왔는지를 설명하는 것이 중요하다. 상기의 내용은 현재의 대기 조성에서 생물체 중 특히 식물이 없으면 발생할 대기 조성의 변화를 단순하게 설명하고 있어 질문의 의도에 출발점이 잘못되어 있다. 그러므로 원시 대기의 성분이 무엇이며, 이 원시 대기의 성분이 생물체의 발생과 어떤 변화 과정을 겪어 왔는지 설명하는 것이 좋겠다.

KEY ★ POINT

- 원시 대기 성분: 수소(H_2), 수증기(H_2O), 메탄(CH_4), 암모니아(NH_3), 질소(N_2), 이산화 탄소(CO_2) 등
- 현재 대기 성분: 질소(N_2), 산소(O_2), 아르곤(Ar), 수증기(H_2O), 이산화 탄소(CO_2) 등
- 산소의 생성: 약 27억 년 전부터 바다에 나타난 해조류(남조류)가 광합성을 하면서 대기에 공급됨
- 오존층 형성: 광합성으로 생성된 산소가 자외선에 의해 분해되어 오존이 만들어지면서 오존층이 형성되었고 자외선을 차단함

빙정설과 병합설의 차이를 설명하시오.

빙정설은 중위도 이상 지역에서의 강우 현상을 설명하는 이론으로, 구름 속의 빙정에 구름 속의 과냉각 빗방울로부터 나온 수증기들이 달라붙어 빙정이 성장하고, 이런 빙정이 어느 정도 크기 이상으로 성장하면 지상으로 떨어지면서 녹아 비가 된다는 이론입니다. 병합설은 열대 지방의 강우 현상을 설명하는 이론으로, 작은 물방울들이 서로 충돌하면서 덩치를 키우고, 어느 크기 정도 이상이 되면서 빗방울로 성장해 비가 내린다는 이론입니다.

핵심 포인트

빙정설과 병합설의 내용 차이를 일반적인 내용으로 잘 설명하고 있다. 단순히 빙정설과 병합설이 무엇인지는 안다고 판단을 할 수 있지만, 과학적인 원리를 첨가해서 비가 내리기까지의 과정을 설명하는 것이 좀 부족한 것 같다. 구름 방울이 빗방울로 되어 어떻게 비가 내리는지를 과학적인 원리를 가지고 설명하는 것이 핵심이다. 추가적으로 인공 강우의 원리도 덧붙이면 더 좋은 답변이 될 수 있겠다.

KEY ★ POINT

- 빙정설에서 과냉각 물방울은 작아지고 빙정이 커지는 원인: 빙정과 과냉각 물방울의 포화 수증기압(량) 차이
- 병합설에서 물방울이 합쳐지는 원인: 큰 물방울과 작은 물방울의 낙하 속도의 차이
- 인공 강우의 원리
  - 빙정설: 드라이아이스 → 빙정 형성, 요오드화은 → 빙정핵 역할
  - 병합설: 미세한 물방울 살포

달의 삭망월과 항성월의 차이는 무엇인가?

　달은 태양과 지구와의 위치에 따라서 지구에서 볼 때 다양한 모양으로 보이는데, 모양 변화 중 그 모습이 완전하게 보이는 것을 망, 거의 보이지 않는 것을 삭이라고 합니다. 한 바퀴 공전하는 주기를 삭에서 삭, 혹은 망에서 망으로 바뀌는 것을 기준으로 따지는 것을 삭망월이라고 합니다. 항성월은 실제 달이 지구 주위를 한 바퀴 회전하는 데걸리는 공전 주기를 의미합니다. 삭망월과 항성월은 차이가 나는데, 이는 지구의 위치가 고정되어 있지 않고 태양 주위를 공전하기 때문입니다.

핵심 포인트

　삭망월이 무엇인지는 설명이 잘 되었지만, 항성월의 설명은 부족하다. 먼저 삭망월과 항성월의 개념을 설명할 때 그 기준이 무엇인지 언급하는 것이 좋겠다. 즉, 삭망월은 달의 위상 변화, 항성월은 항성(별)이 기준이라는 내용을 언급하면 더 호소력이 있고, 설명을 전개해 나가기가 좋을 것 같다. 윗글에는 기준을 달리 하였을 때 왜주기가 달라지는지 그 결과만 언급하고 원리적인 내용을 언급하지 않아 핵심적인 내용이 빠져 있다.

KEY ★ POINT

- 삭망월(29.5일)의 기준: 달의 위상 변화
- 항성월(27.3일)의 기준: 별

판 구조론이란 무엇인가?

판 구조론은 지구 지각이 여러 개의 판으로 이루어져 있으며, 이런 지각들이 맨틀의 위에 떠 있다는 이론입니다. 그리고 맨틀의 대류가 판을 이동시키며, 이런 판의 이동이 지진, 화산, 조산 운동 등 지각 변동의 원인이라는 이론입니다.

핵심 포인트

판(암석권)과 연약권의 구조에 대해 구체적으로 표현하고 판 구조론을 통해 알 수 있는 것을 언급하면 더 좋다.

KEY ★ POINT

- 암석권: 지표~약 100km, 지각＋최상부 맨틀의 일부
- 연약권: 약 100~400km, 부분 용융
- 판 구조론으로 알 수 있는 것: 지진대와 화산대의 분포, 대륙 이동과 해저 확장의 원리, 여러 지형(해령 · 해구 · 변환단층 · 습곡산맥)의 생성 원인

대류권과 중간권을 비교하시오.

대류권과 중간권은 기권의 일부분입니다. 둘 다 고도가 올라갈수록 온도가 감소하는 공기층으로, 중요한 특징은 대류 현상이 일어난다는 것입니다. 하지만 바다와 인접해 있고, 식물의 증산 작용 등을 통해서 풍부한 수증기를 가진 대류권에서는 기상 현상이 일어나지만, 수증기가 적고 공기 밀도가 낮은 중간권에서는 기상 현상이 일어나지 않는다는 차이점이 있습니다.

> **핵심 포인트**
>
> 대기권을 대류권, 성층권, 중간권, 열권으로 나누는 기준이 고도에 따른 기온의 변화이다. 그러므로 높이에 따라 왜 온도가 그렇게 변하는지를 설명하는 것이 중요하다.

KEY ★ POINT

고도가 높이 올라갈수록 기온이 낮아지는 이유

지표면에서 방출하는 지구 복사에너지가 감소하기 때문이다.

지진과 화산은 주로 어디에 분포하며, 이는 무엇을 나타내는가?

　지진대와 화산대는 지구상에 고르게 분포되어 있지 않으며, 특히 일정한 구간에 띠 모양으로 집중적으로 분포하는 경우가 많습니다. 이를 지진대·화산대라고 하며, 지진대와 화산대는 대체로 일치하는 경우가 많습니다. 또한, 지진대와 화산대의 분포는 판의 경계와 거의 일치하는데, 이는 지진과 화산 같은 지질 현상이 판의 경계 부분에서 일어나는 판 사이의 운동과 관련이 있음을 의미합니다.

핵심 포인트

　지진, 화산이 어디에서 일어나는지 구체적인 지역을 언급하고 각 지역마다 판의 운동, 즉 판의 경계 차이에 의해 지진과 화산이 어떻게 일어나는지 구체적인 내용을 언급하는 것이 핵심이다.

KEY ★ POINT

- 화산대의 분포: 환태평양 화산대(약 60%), 알프스－히말라야 화산대 해령 화산대
- 지진대의 분포: 환태평양 지진대(약 80%), 알프스－히말라야 지진대 해령 지진대
- 판의 경계

판의 경계	판의 종류	지형
발산형	해양판－해양판	해령(열곡)
	대륙판－대륙판	열곡대
보존형	해양판－해양판	변환단층
수렴형	대륙판－대륙판	습곡산맥
	대륙판－해양판	해구+습곡산맥/호상열도
	해양판－해양판	해구+호상열도

대륙 이동의 원동력은 무엇인가?

　베게너가 처음 대륙 이동설을 주장하였을 때, 사람들이 제대로 이해하지 못한 이유 중 하나는 대륙 이동의 원동력을 설명하지 못해서입니다. 이는 대륙 이동설이 주장된 후에 설명되었는데, 바로 지각 아래에 있는 맨틀의 대류가 대륙을 이동시키는 원동력이라는 맨틀 대류설을 통해서입니다. 이 이론은 맨틀 상하부의 온도 차로 인해서 맨틀의 대류가 일어나며, 이 흐름이 판을 이동시킨다는 것입니다.

핵심 포인트

맨틀 대류에 대한 구체적인 설명이 필요하다.

KEY ★ POINT

고온의 핵에서 맨틀로 전달된 열과 맨틀에서 방사성 원소가 붕괴되면서 발생한 열이 맨틀에 축적되고, 그에 따라 맨틀 상하부 온도 차가 생겨 맨틀의 대류가 일어나게 된다.

태양의 흑점과 그 관찰에 대해서
간략하게 말해 보시오.

　태양의 흑점은 태양 표면의 검게 보이는 부분으로, 표면에 비해서 흑점의 온도가 더 낮기 때문에 일어나는 현상입니다. 흑점을 일정한 시간 간격으로 관측하면 동쪽에서 서쪽으로 이동하는 것을 알 수 있는데, 이는 태양 자전의 증거가 됩니다. 또한, 적도 부근에서 이런 움직임이 더 빠르게 관측되며, 이것은 태양이 기체로 되어 있다는 증거입니다.

핵심 포인트

　흑점이 주변보다 온도가 낮은 원인, 흑점 수의 변화로 인한 지구 환경의 변화를 추가적으로 언급하면 더 좋은 설명이 되겠다.

KEY ★ POINT

- 흑점 생성 원인: 자기장이 대류에 의한 에너지 전달을 방해하므로 주변보다 온도가 낮아서 검게 보임
- 흑점 수가 최대 → 태양 활동 극대기 → 코로나의 크기 확장, 홍염과 플레어 활동 증가, 지구에서 자기 폭풍, 델린저 현상, 오로라 발생

천동설과 지동설에 관해서 설명하시오.

천동설은 우주의 중심이 지구이며, 지구를 중심으로 태양과 기타 행성들이 돌고 있다는 이론입니다. 이는 인간이 살고 있는 이 지구가 온 세상의 중심이라는 당시 철학과도 부합하였으며, 고대의 관측 결과와도 일치하는 이론이었습니다. 하지만 행성의 역행 현상을 설명하기 위해서 주전원, 이심원 등의 복잡한 개념을 도입해야 하였고, 또 관측 결과에서 모순이 발견되었습니다.

지동설은 태양계의 중심은 태양이며, 행성들은 태양을 중심으로 공전한다는 이론입니다. 지동설은 복잡한 주전원, 이심원과 같은 개념이 없어도 행성의 운동을 충분히 설명할 수 있으며, 금성의 위상 변화 등을 무리 없이 설명할 수 있습니다.

핵심 포인트

천동설에서 행성의 역행과 최대 이각 현상의 설명을 위해 필요하였던 우주 모형과 지동설은 어떤 증거로 입증되었는지를 추가 설명하면 좋겠다.

KEY ★ POINT

- 천동설의 우주 모형
  - 행성의 역행 → 주전원 이용
  - 내행성의 최대 이각 → 수성과 금성의 주전원 중심이 지구와 태양을 잇는 일직선 상에 있게 함
- 지동설의 증거: 목성의 위성 관측, 금성의 위상 변화, 항성의 연주 시차

연주 시차란 무엇인가?

　지구는 태양 주위를 공전하기 때문에, 공전 궤도의 양끝에서 태양계 바깥의 별을 보았을 때 시차가 생기게 됩니다. 이 시차의 절반을 연주 시차라고 합니다. 연주 시차는 지구 공전의 증거이기도 하지만, 지구와 상대적으로 가까운 다른 별과의 거리를 측정하는 방법이기도 합니다. 이를 사용한 거리의 단위가 pc(파섹)입니다.

핵심 포인트 🚩

　연주 시차를 이용해 어떻게 거리를 구할 수 있는지 추가 설명이 필요하다.

KEY ★ POINT

별까지의 거리

$$r(\text{pc}) = \frac{1}{p''}$$

적조 현상이란 무엇이며,
그 원인은 무엇인가?

    적조 현상이란 바닷물 속 플랑크톤이 대량으로 번식해서 바닷물의 색깔이 변하는 현상입니다. 적조의 원인이 되는 플랑크톤은 규조류, 편모조류, 남조류, 야광충 등이 있는데, 이 중 편모조류가 가장 큰 피해를 줍니다. 적조가 일어나면 물의 산소 농도가 낮아지기 때문에 산소로 호흡을 하는 어패류가 질식하여 폐사합니다. 또한, 플랑크톤이 내뿜는 독소로 인해 어패류가 폐사하기도 합니다.

    적조 현상은 물에 유기 양분이 지나치게 많아지는 '부영양화'가 주된 원인이며, 바람이 적게 불어 바닷물이 잘 섞이지 않거나 엘니뇨 등에 의해 수온이 높아질 때 발생하기도 합니다.

핵심 포인트

> 적조 현상이 플랑크톤의 대량 번식을 의미한다는 것과 '부영양화'에 의해 플랑크톤의 대량 번식이 일어난다는 것을 알아 두어야 한다. 또한, 부영양화의 의미를 설명할 수 있어야 한다.

대장균이란 무엇이며, 환경에서 대장균이 다량 검출된다는 의미는 무엇인가?

대장균은 인간이나 동물의 장 속에 사는 세균으로, 통성혐기성의 막대 모양 세균이며 보통 0.8~2.8μm의 크기입니다. 대장균은 대체로 장내에서는 인체에 무해하지만 병원성 대장균, 독소원성 대장균 등의 4종은 병원성을 나타내며, 다른 대장균 종도 장 이외의 다른 신체 부위에서 병을 일으킬 수 있습니다.

대장균은 인간 또는 동물의 대장에 많이 존재하기 때문에, 대장균이 환경에서 다량 검출된다는 것은 인간이나 동물의 분변으로 오염되었다는 것을 의미합니다. 이에 따라 대장균은 수영장, 식품 등의 오염을 검사하는 지표로 활용됩니다.

핵심 포인트

인간과 동물의 대장에 대장균이 서식하므로 어떠한 환경에서 대장균이 다량으로 검출된다면 그곳은 분변으로 인해 오염된 것임을 반드시 이해해야 한다.

새집증후군 현상이 무엇인지
설명하시오.

새집증후군이란 새로 지은 건물의 마감재 또는 건축 자재에서 발생하는 유해물질로 인해 거주자들이 겪게 되는 두통, 피로, 호흡곤란, 천식, 비염, 피부염 등의 일시적 또는 만성적인 질환을 이르는 용어입니다.

새로 지은 건물에서 발생되는 유해한 물질에는 대표적으로 포름알데히드, 벤젠, 톨루엔, 클로로포름 등 발암성이 있는 휘발성 유기화합물과 미세먼지, 라돈, 석면 등의 오염물질들이 있습니다. 새집증후군을 막기 위해서는 이러한 화학물질들이 포함되지 않은 마감재를 사용하고, 이미 지어진 건물에서는 고온으로 난방한 뒤 충분히 환기를 하는 '베이킹 아웃'을 통해 휘발성 유기화합물이 빠져나가게 해야 합니다.

> **핵심 포인트 F**
>
> 대표적인 새집증후군 유발 물질인 포름알데히드를 비롯한 휘발성 유기화합물을 답안에 반드시 포함해야 한다. '베이킹 아웃'으로 새집증후군을 막을 수 있다는 것을 함께 구술하면 좋다.

시정장애란 무엇인가?

시정장애란 대기 중의 미세한 입자들이 빛을 흡수하거나 산란시켜 대기가 혼탁해지고, 가시거리가 줄어드는 것입니다.

시정장애의 원인으로는 안개나 황사 같은 자연적인 현상과 스모그 같은 인위적인 현상이 있는데, 비, 눈 등의 강수현상은 포함되지 않습니다. 오염원에서 직접 배출된 1차 대기오염물질이나 이들이 서로 반응해 만들어진 2차 대기오염물질이 시정장애를 일으키기 때문에, 대체로 대기오염이 심해질수록 시정장애도 심해지는 경향을 보입니다. 주로 가시광선의 파장에 해당하는 $0.1{\sim}2\mu m$ 크기의 미세입자들이 빛을 잘 산란시켜 시정장애를 유발하며, 이러한 미세입자들이 대부분 산성을 띠기 때문에, 호흡기 질환과 시설물 부식을 유발할 수도 있습니다.

핵심 포인트

자연적으로 발생하는 시정장애와 인위적으로 발생하는 시정장애를 구분하여 구술한다. 자연적으로 발생하는 시정장애보다는 인위적으로 발생하는 시정장애의 구술에 초점을 맞추어야 한다.

생물농축이 고차 소비자에게 더욱 피해를 주는 원인을 설명하시오.

　생물농축이란 물이나 먹이를 통해 생물체의 몸속에 유입된 중금속이나 유기화합물이 분해되거나 배출되지 않고 잔류하는 현상을 말합니다. 이때 먹이사슬의 높은 단계에 위치한 고차 소비자는 많은 양의 낮은 단계 생물을 잡아먹기 때문에, 플랑크톤과 같은 하위 영양 단계에서는 적은 양의 중금속·유기화합물이 존재하더라도 고차 소비자에 이르면 매우 많은 양이 농축됩니다. 생물농축을 일으키는 중금속에는 수은, 카드뮴 등이 있고, 다이옥신, DDT, 폴리염화바이페닐(PCB) 등의 유기화합물도 생물농축을 일으키게 됩니다.

핵심 포인트

> 중금속·유기화합물이 먹이사슬의 높은 단계로 올라갈수록 많은 양이 농축된다는 것이 핵심 개념이다. 생물농축을 일으키는 대표적인 물질인 수은, 다이옥신, DDT 등을 알고 있어야 하며, 수은과 카드뮴 중독으로 일어나는 미나마타병, 이타이이타이병에 대해서도 알아 두는 것이 좋다.

다이옥신의 위험성에 대해서
설명하시오.

다이옥신은 염소가 결합된 벤젠 고리 2개가 산소원자 2개로 연결된 화합물로, 염소를 포함하는 유기화합물이 연소될 때 발생합니다. 다이옥신은 수많은 이성체가 존재하는데, 이들 이성체는 다이옥신류(PCDD)와 퓨란류(PCDF)로 구분됩니다. 다이옥신은 무극성으로 물에 잘 녹지 않지만, 지방에는 잘 녹기 때문에 체내에 들어오면 지방 조직에 축적됩니다. 주로 인체의 내분비계를 교란시키기 때문에 환경호르몬(내분비계 교란물질)으로 분류되며, 인간이 만든 모든 물질 중독성이 가장 강한 것으로 알려져 있습니다. 또한, 다이옥신은 피부 질환과 암, 기형아 출산을 유발합니다.

핵심 포인트 🚩

다이옥신의 기본적인 구조와 다이옥신이 일으키는 피해에 대해서 알고 있어야 한다. 또한, 다이옥신이 체내 지방 조직에 축적된다는 것을 반드시 구술해야 하며, '다이옥신'이 여러 이성체의 총칭이라는 것에 주의해야 한다.

BOD(Biochemical Oxygen Demand) 와 COD(Chemical Oxygen Demand) 의 정의 및 특성에 대해서 간략히 설명하시오.

BOD(생화학적 산소 요구량)는 호기성 미생물이 물속의 유기물질을 분해하는 데 필요한 산소의 양을 나타낸 것으로, 일반적으로 호기성 미생물이 살 수 있는 시료를 20℃에서 5일 동안 방치하였을 때 소비되는 산소의 양을 mg/L 또는 ppm으로 나타낸 것을 말합니다. BOD는 수질을 평가할 때 가장 일반적으로 이용되는 지표이지만, 생분해되지 않는 유기 물질을 반영할 수 없다는 단점이 있습니다.

COD(화학적 산소 요구량)는 물속의 유기물질을 산화제로 산화시키는 데에 필요한 산화제의 양에 상당하는 산소의 양을 mg/L 또는 ppm으로 나타낸 것으로, 산화제에 따라 그 값이 달라지는데, 일반적으로 산성 시료에 산화제로 과망간산칼륨을 넣고 30분간 가열 반응시켜 측정합니다. COD를 측정할 때에는 일부 무기물도 산화되므로 보통 COD가 BOD보다 높게 나타납니다.

핵심 포인트 ☞

BOD와 COD의 공통점과 차이점, 각각의 특성에 대해 명확하게 알고 있어야 한다.

화학적 발암작용(Chemical Carcino genesis)에 대해 설명하시오.

화학적 발암작용이란 화학물질이 원인이 되어 암을 일으키는 것을 말합니다. 이처럼 화학적 발암작용을 하는 화학물질은 세포에 변이를 일으켜 스스로 암을 일으키는 발암개시인자(Initiator)와 그 자체로는 발암성이 없지만 변이된 세포의 증식을 촉진하는 발암촉진인자(Promoter)로 나누어집니다. 발암개시인자에는 벤조피렌, 카드뮴, 비소 등 대부분의 발암물질들이 포함되며, 발암촉진인자에는 포르볼에스테르, DDT, 사카린 등이 포함됩니다.

핵심 포인트

발암개시인자와 발암촉진인자의 특성을 중심으로 구술한다. 발암개시인자와 발암촉진인자의 예를 기억하고 있으면 도움이 된다.

공단 주변 및 교통량이 많은 대도시에는 납에 의한 대기오염이 날로 심화되고 있다. 납의 독성에 대해 아는 대로 설명하시오.

납은 주로 뇌와 신경계통에 영향을 주며 다른 중금속에 비해서 생물학적 반감기가 길기 때문에 더욱 큰 해를 끼칠 수 있습니다. 인체에 납 또는 납 화합물이 들어가면 분해되거나 배출되지 않고 뼈 속에 축적된 뒤 서서히 혈액으로 녹아 나오는데, 신체 조직에 납이 축적되면 빈혈, 신장 및 생식기능 장애 등을 일으키고, 뇌에 축적되면 사지마비, 실명, 정신장애, 기억력 손상 등의 심각한 뇌질환을 일으키며 심한 경우에는 사망에까지 이를 수 있습니다. 특히 어린아이들은 소량의 납에 노출되더라도 학습 능력 등에 영향을 받을 수 있으며 영구적인 지능 저하를 유발할 수 있습니다.

핵심 포인트

납이 뇌와 신경계에 주로 영향을 미친다는 점과 납이 아동에게는 더 치명적일 수 있음을 알고 있어야 한다. 또한 인체에 흡수된 납이 대부분 뼈 속에 먼저 축적된다는 점이 중요하다.

CHAPTER 3

최신 기출 및 기출 예상
계열 공통 Q&A 30

브렉시트(Brexit)에 대해 말해 보시오.

영국의 유럽 연합 탈퇴(British withdrawal from the European Union)를 의미하는 말로 브렉시트(Brexit)는 영국(Britain)과 탈퇴(exit)를 합쳐서 만든 합성어입니다. 탈퇴를 반대하는 쪽에서는 브리메인(Bremain)이라고도 합니다. 마찬가지로 브리메인은 영국(Britain)과 잔류(remain)의 합성어입니다.

브렉시트라는 말은 EU(유럽 연합)의 재정 위기가 심화되던 2012년 무렵부터 등장하기 시작하였으며 2013년 데이비드 캐머런 영국 총리가 2017년에 EU 탈퇴 여부를 묻는 국민 투표를 진행 하겠다고 선포하면서 민감한 사항으로 떠올랐습니다.

영국은 EU에 속한 회원국으로, 자국 통화인 파운드를 사용함에도 유로존 위기에 따라 금융 지원을 해야 하였습니다. 게다가 금융 서비스업 비중이 높은 영국이 모두 받아들이기 어려운 EU의 금융 감독 규제까지 더해졌습니다. 2015년부터는 유럽 내 난민과 파리 테러 등과 같은 문제까지 본격적으로 불거지면서 영국 내에서 EU 탈퇴에 대한 여론이 급속히 높아졌습니다.

결국 2016년 6월 EU에서 영국이 탈퇴할지 여부를 묻는 국민 투표가 실시되었습니다. 개표 결과 72.2%의 투표율에 찬성 51.9%, 반대 48.1%로 영국의 EU 탈퇴가 확정되었습니다. 그래서 영국은 1973년 EEC(유럽 경제 공동체)에 가입한 이후 43년간 몸을 담았던 EU를 떠나게 되었습니다.

캐머런 영국 총리의 개혁안에 따라 이제 영국은 이민자에 대한 복지 혜택을 축소할 수 있고, EU 의회가 제정한 법률을 거부할 권한을 가지게 되었습니다. 유로존(유로화를 쓰는 19개국)의 결정이 영국 금융 산업 등에 피해를 줄 때 긴급 제한 조치를 요구할 수도 있게 되었습니다. 즉, EU가 정치 · 경제적으로 통합을 강화할 때 영국은 동참하지 않아도 됩니다.

국내 입국 탈북자 수가 급격히 증가하면서 탈북자 문제가 중요한 현안으로 떠올랐다. 이러한 상황에서 필요한 외교적 노력에 대해 어떻게 생각하는가?

탈북자들이 북한을 탈출하는 동기는 대부분 북한의 극심한 식량난에 기인합니다. 따라서 인도주의적 입장에서 북한에 필요한 식량을 지원하고 장기적으로는 북한에 대한 투자를 늘려 북한 경제를 회복시켜야 할 것입니다. 또한 재외 탈북자의 인권을 보호하기 위해서 이들에게 난민 지위를 부여하여 북한으로 강제 송환되는 것을 막아야 합니다. 그러나 자국 내의 10만 명 이상의 탈북자들을 정치적 난민으로 인정할 경우 발생할 사회·경제적 비용 문제의 해결이 어렵습니다. 중국이 동의하지 않는 한 유엔의 역할에도 한계가 있는데, 북한과의 관계를 고려하여 제네바 난민 협약의 준수를 거부하는 중국이 탈북자를 난민으로 인정할 가능성은 매우 희박합니다. 따라서 우선 이에 대한 현실적인 대안으로서 탈북자들에게 일시적으로 피난민의 지위를 부여하는 '일시 보호제'를 실시해야 합니다. 이는 난민의 제반 권리가 인정되지 않는 난점이 있지만, 탈북자에 대한 일시 보호 차원에서 북한으로의 강제 송환을 막고 생계 유지를 위해 필요한 최소한의 지원을 할 수 있다는 점에서 현실적인 방안이라고 생각합니다.

아울러 탈북자 문제를 국제 여론화하는 노력이 필요합니다. 그러기 위해서는 국제 사회와 국제 기구가 탈북자의 생명과 인권 문제의 심각성을 인식하고 관여하게 만들어야 합니다. 올림픽 개최와 세계 무역 기구(WTO) 가입으로 국제 사회에서 자국의 입지를 높이려는 중국으로서는 국제 사회의 여론을 무시할 수 없을 것입니다. 실제로 얼마 전 유엔 난민 고등 판무관 사무소와 스페인 대사관 점거 사건을 세계의 언론들이 비중 있게 다루자 중국은 국제 여론을 의식해 탈북자들을 북한으로 송환하지 못하였습니다. 이는 탈북자 문제에 관한 한 중국과 북한을 의식한 소극적인 외교보다는, 국제 사회에서 탈북자 문제를 공론화하는 것이 탈북자의 안전을 보장하는 데 유리하다는 것을 보여 준다고 할 수 있습니다.

현재 유전자 조작(GMO) 농산물에 대한 논란이 계속되고 있다. 이에 대한 학생의 견해는?

저는 유전자 조작 농산물이 계속해서 유통되는 데에 반대합니다. 먼저 유전자 조작 농산물은 그 안전성이 입증된 바 없습니다. 유전자 조작 농산물을 옹호하는 사람들은 유전자 조작 농산물의 맛이나 영양이 기존의 농산물과 차이가 없고, 아직까지 유해성이 입증된 바 없다는 점을 들어 유전자 조작 농산물이 안전하다는 주장을 펴고 있습니다. 그러나 당장의 위험은 없다 하더라도 오랜 시간이 흐른 뒤에 치명적인 위험이 발생할 가능성을 부정할 수는 없습니다. 따라서 과연 인체에 안전한지 여부가 과학적으로 확실히 입증될 때까지 유전자 조작 농산물의 유통을 금지해야 할 것입니다. 또한 유전자 조작 농산물은 생태계를 파괴시킬 위험이 있습니다. 실제로 유전자 조작 옥수수가 주변의 기존 옥수수에 변형을 유발하는 현상이 멕시코 일부 지역에서 나타나 피해를 입힌 바 있습니다.

이보다 더 우려되는 것은 자칫 다국적 농기업에 의해 전 세계의 농업이 좌지우지될 염려가 있다는 점입니다. 일단 유전자 조작 농산물을 재배하게 되면 계속해서 그 회사의 종자를 구입하게 될 것입니다. 또한 값싼 유전자 조작 농산물이 밀려들게 되면 열악한 제3세계의 농업은 파탄에 이르게 됩니다.

이러한 상황을 고려해 볼 때 유전자 조작 식품을 아무런 고려 없이 받아들이는 것은 바람직하지 못하다고 생각합니다. 따라서 유전자 조작 식품의 유해성 여부와 이들이 환경에 미치는 영향을 철저히 밝히고 그에 대비해야 할 것입니다. 아울러 우리 농업이 다국적 농업 자본에 예속되는 것을 방지해야 합니다. 유기 농법을 활성화시키고 고품질의 품종을 생산함으로써 농산물의 부가 가치를 높이는 한편 소비자는 우리 농산물을 애용하는 자세를 가져야 할 것입니다.

과학자의 바람직한 자세에 대해서
말해 보시오.

　과학의 발달은 여러 가지 면에서 인간 생활의 질을 향상시켰지만, 환경 오염, 핵무기 등 여러 가지 문제점들을 양산하였습니다. 이와 더불어 생명 공학과 같은 새로운 과학이 인간 생활을 전면적으로 바꾸어 놓을 수 있다는 가능성이 대두됨에 따라 인류의 미래는 예측 불가능한 상황에 놓이게 되었습니다.

　그래서 기존과는 전혀 다른 차원의 윤리적 자세가 요구되고 있고 과학자에게 있어서도 예외는 아닐 것입니다. 무엇보다도 과학자들은 과학을 가치중립적인 것으로 생각하고 자연과 인간을 이분법적으로 바라보던 근대적 세계관에서 탈피해야 한다고 봅니다. 현재 인류가 직면하고 있는 가장 큰 어려움인 환경 문제는 이러한 세계관에 기인하고 있습니다. 근대적 세계관을 반성하는 가운데 자신의 역할과 중요성을 새롭게 인식해야 할 것입니다.

　다음으로 요구되는 것은 책임의 자세라고 할 수 있습니다. 현재 컴퓨터나 생명 공학의 발달은 인류의 삶의 구조 자체를 바꿀 수 있는 구조적 영향력을 가지고 있습니다. 심지어 인체 시장이 등장할 것이라는 전망도 있습니다. 이는 과학으로 인한 문명의 발달이 긍정적이지만은 않을 것이라는 점을 암시합니다. 이러한 상황에서 과학의 발달을 책임지고 있는 과학자들이 자신이 하고 있는 연구가 인류 미래에 미칠 영향을 깨닫고 결과에 책임지는 자세로 임하는 것이야말로 과학의 부정적 영향을 최소화할 수 있는 지름길입니다.

마지막으로 과학자들은 대중에 대한 자신들의 영향력을 확대해야 합니다. 즉, 사회 여론을 형성할 수 있는 세력이 되어야 합니다. 이러한 일은 과거에 주로 인문학자나 사회학자들에게 맡겨져 있었습니다. 그러나 과학이 첨단화되고 그 영향력이 인류의 삶 자체를 바꾸어 놓을 수도 있는 지금은, 과학자들이 나서서 과학의 유용성과 위험성을 대중에게 알리고 방향을 모색하는 일이 무엇보다도 필요한 때입니다.

　인류가 직면한 문제 해결과 새로운 방향의 모색에 있어 과학자들이 차지하는 중요성이 역사의 그 어느 시기보다도 절실하다고 봅니다. 이에 과학자들은 위에서 말씀드린 것처럼, 새로운 자세로 자신의 일에 임해야 할 것입니다.

님비(NIMBY) 현상과 핌피(PIMFY) 현상에 대해 서로 비교하여 설명하고, 문제가 있다면 어떤 해결책이 있는지 말해 보시오.

님비 현상과 핌피 현상은 자신에게 불리한 일은 하지 않겠다거나, 자신에게 유리한 일만 하겠다는 주장을 한다는 점에서 각각 표면적으로 드러나는 결과는 다릅니다. 그러나 자신들의 이익만을 위한다는 이기주의적인 성향, 즉 그 내적인 면에서의 의미는 같다고 할 수 있습니다. 이것은 인간이 본질적으로 지니고 있는 이기주의로, 어떤 일을 도모할 때 일을 그르치는 원인이 되기도 합니다. 인간은 누구나 자신이 잘 되기를 바라며 살아갑니다. 이러한 마음이 잘못 변질되었을 때 타인에게 피해를 입히는 이기주의가 되는 것입니다. 자신의 분야에서 최선을 다해 열심히 사는 것이 진정한 이기(利己)가 됨을 깨닫는다면, 이러한 부정적인 결과는 사라질 것입니다. 또한 이기의 폭을 좀 더 넓게 생각해 보아야 한다고 생각합니다.

님비나 핌피에서는 자신이 사는 지역만을 위해 주장을 하지만, 넓게 본다면 다른 지역, 도시도 같은 나라라는 점에서는 자신의 지역으로 볼 수 있는 것입니다. 이러한 경우에서도 볼 수 있듯이 우물 안 개구리 같은 한정된 시각을 버릴 때 이기주의의 극복이 가능해진다고 봅니다. 그리고 인간은 결코 혼자서는 살 수 없습니다. 타인의 입장을 전혀 고려하지 않는다면 사회 공동체는 유지될 수 없는 것입니다. 공동체는 하나의 몸과 같습니다. 손과 발, 몸이 따로 놀 수 없듯이 이 사회는 서로 더불어 살아가는 곳입니다. 개인과 개인, 집단과 집단이 서로 긴밀한 관련을 맺고 살아가는 것이 사회라는 점을 감안한다면,

자신의 입장만을 주장할 수는 없는 것입니다.

따라서 이기주의를 버리고 이웃의 입장에서 생각해 보는 자세를 지녀야 합니다. 이웃을 사랑하는 것이 결국에는 자신을 사랑하는 일임을 깨달아야 합니다. 타인의 입장에 대해 전혀 배려하지 않는 이기주의는 인간의 사고가 얼마나 한정되어 있는지를 보여 줍니다. 진정한 이기가 무엇인지를 깊이 생각하고 이웃을 사랑하는 마음을 지닌다면, 님비 현상이나 핌피 현상 등을 비롯한 문제점은 해결이 가능해질 것입니다.

유행이 정상적인 하나의 건전한 문화로 자리매김할 수 있는 방안을 제시해 보시오.

    유행을 거부하고 살 수 있는 사람은 없을 것입니다. 매스 미디어에 부지불식간에 접촉할 수밖에 없는 사회에서 살아가고 있기 때문입니다. 그러나 사람들이 유행을 거부할 수 없는 무방비 상태에 놓여 있다는 것이 심각한 문제는 아닙니다. 문제는 유행이 가치관 정립기에 있는 청소년에게 사치심, 자아 상실감, 충동심 등을 자극하고 있다는 사실입니다. 이 점을 감안한다면 유행에 관한 한 누구보다도 먼저 청소년을 대상으로 한 계도적 활동이 이루어져야 유행이 하나의 건전한 문화로 자리매김할 수 있다고 봅니다. 이에 대한 방안으로는 다음을 생각해 볼 수 있습니다.

    우선, 청소년이 자정 능력을 지닐 수 있는 안목을 갖도록 교육적 배려를 아끼지 말아야 합니다. 좋은 유행과 좋지 못한 유행을 식별할 수 있는 비판적 안목을 갖도록 지도하는 일이 필요합니다. 이를 위해서는 각종 교육 프로그램을 개발할 필요가 있습니다. 다음으로, 유행을 하나의 청소년 문화로 적절히 승화시키는 일이 필요하다고 생각합니다. 이를 위해서는 청소년이 배타적 자세를 지니지 않도록, 취향에 맞는 특별 활동을 하도록 적극 권장할 필요가 있습니다. 그밖에 저급한 유행을 전파하는 각종 매체를 관리 · 지도할 필요도 있습니다. 유행을 억제할 수 없는 것이라고 한다면, 창조자이자 전파자인 각종 매체가 처음부터 제대로 된 유행을 만들어야 하는 것입니다. 이들의 자정 행위를 유도하기 위해서는 각계각층이 참여한 심의회나 공청회를 지속적으로 개최할 필요가 있습니다.

유행은 날개가 달렸으며, 보이지도 않는 동물이라 이를 제대로 된 형태로 드러내기 위해서는 우리 스스로가 심안을 넓힐 수밖에 없습니다. 건전한 문화가 되느냐 저급한 문화가 되느냐는 우리 사회의 양식에 달려 있으며, 특히 유행에 민감한 청소년에게 그 선택권이 있다고 하겠습니다.

정치인의 비리는 사회에 커다란 해를 끼치게 된다. 이러한 권력형 비리를 척결하기 위한 방안은?

권력형 비리를 근절하기 위해서는 비리의 원인을 사전에 제거할 수 있는 의식적·제도적 차원의 개혁이 이루어져야 합니다. 먼저 공직자는 공직자로서의 직업 윤리를 확립하고 국민들 또한 권력에 기생하여 사익을 얻으려는 생각을 버려야 할 것입니다. 이와 함께 권력형 비리를 예방할 수 있는 법과 제도를 효율적으로 운용해야 합니다. 현재 돈세탁 방지법과 부패 방지법 등이 시행되고 있습니다. 그런데 돈세탁 방지법은 정치 자금을 추적 대상에서 제외하고 있고, 부패 방지법에서는 그동안 수차례 문제를 일으켰던 최고 권력자의 친인척을 고발 대상에 포함시키지 못함으로써 그 실효성에 의문이 제기되고 있는 실정입니다. 또한 얼마 전 ○○○ 게이트 사건에서 효과를 거두었던 특별 검사제 역시 상설화되지 못하였다는 점에서 권력형 비리를 단속하기에는 충분하지 않습니다. 따라서 이러한 법과 제도의 미비점을 보완함으로써 정치인들이 함부로 권력형 비리를 저지르지 못하도록 해야 하며, 이와 함께 공직자 재산 등록을 철저히 하고 금융 실명제 및 정치 자금 실명제를 엄격히 시행함으로써 비리 공직자의 재산 축적을 막아야 할 것입니다. 아울러 최고 권력자의 친인척이 비리 행위의 당사자로 자주 거론된다는 사실은 권력 집중이 권력형 비리의 또 다른 원인이 될 수 있음을 보여 주고 있습니다. 따라서 권력형 비리를 막기 위한 국가 기관 사이의 상호 감시와 견제가 효과적으로 이루어져야 합니다.

이러한 사전 예방 조치 외에도 비리 행위자에 대한 처벌을 확실히 해야 합니다. 우선 검찰은 그동안 권력의 눈치를 봐 왔던 낡은 관습을 고쳐야 합니다. 끊임없이 발생하는 권력 주변의 부정부패에 대한 국민적 분노가 팽배하고 더 이상 눈치 보기 수사를 용인하지 않겠다는 강력한 사회적 합의가 형성돼 있는 만큼, 검찰 조직 내부에서도 높은 수준의 경각심과 수사 의지를 가져야 합니다. 아울러 사정 과정에 있어서 시민의 적극적인 참여와 이를 제도적으로 보장하는 장치로써 권력형 비리를 근절하기 위한 국가와 시민 간의 협력 체제를 마련해야 할 것입니다.

가족 이기주의에 대해 어떻게 생각하는가?

　가족 이기주의란 사회적 관계 속에서 자기 가족의 이익만을 추구하는 태도를 말합니다. 이러한 태도가 문제가 되는 것은 배타적 성격 때문인데, 그것이 가져오는 것은 사회 전반의 이기주의 풍조와 이웃과의 단절입니다. 당연히 그것은 가족이든, 개인이든 고립을 야기할 것입니다.

　이러한 원인을 살펴보기 위해서는 매우 험난하였던 근현대사의 전개 과정이 시대를 살아 온 사람들에게 어떠한 의미로 각인되었는가를 알아보아야 합니다. 그 시대의 성격을 단순화해서 말한다면 식민지와 분단, 그리고 자본주의적 근대화로 대다수의 사람들은 모든 면에서 고통을 당하는 상황이었습니다. 고통은 생존 자체를 위협하는 것이었으며, 인간으로서의 주체적 권리를 가질 수 없도록 하는 것이었습니다. 그 속에서 신뢰할 만한 사회적 가치는 붕괴되었고, 우리 사회를 지탱해 왔던 농촌 공동체적 의식은 와해되었으며, 오직 생존을 위한 개인들 간의 각박한 경쟁과 싸움만이 그 시대를 지배하였습니다. 남은 것은 가족밖에 없었으며, 그것은 자신을 보호할 수 있는 거의 유일한 공간이었습니다. 우리 사회의 변화와 해체의 과정을 살펴보면 가족 이기주의란 실상 매우 당연한 결과라고 말할 수 있는 것입니다.

　우리 사회가 가족 이기주의를 극복하기 위해서는 무엇보다도 신뢰할 만한 사회 공동체적 가치와 윤리를 가져야 할 것입니다. 그리고 이것을 구체적으로 실현할 수 있는 사회 시스템을 구축하여 삶의 방식과 생각을 바꾸어야 합니다. 이것과 관련하여 최근 일각에서 일어나고 있는 공동체 운동과 그것이 표방하고 있는 공생의 세계관에 주목할 필요가 있습니다.

핵가족화가 지나쳐 가족 해체 현상까지 나타나고 있다. 이러한 현상의 원인이 어디에 있다고 생각하는지 말해 보시오.

현대는 중세의 봉건적 가족 단위가 더 이상 필요치 않은 경제적 토대를 갖는 사회라고 할 수 있습니다. 농업이 주종을 이루던 과거 봉건 사회에서는 대가족이 모여 살았지만 현대의 공업 사회, 정보 사회에서는 그에 맞는 가족 단위가 요구되고 있고, 시대가 사람들의 의식을 변화시켜 왔기 때문에 가족 단위에도 변화를 가져오게 되어 핵가족화가 된 것입니다. 그런데 가족의 해체 현상은 치열한 경쟁 사회에서의 부권 상실과 가정 교육의 부재, 세대 간 단절 등으로 인해 야기되는 것이라고 할 수 있습니다. 현대 사회에서는 어머니도 직장 생활을 하고 아버지보다 더 능력 있는 어머니가 가장이 되기도 합니다. 가족 부양자로서의 아버지의 위치가 변화되고 있는 것입니다. 경제가 어려워지면서 '고개 숙인 아버지'가 늘어나고 있으며 이로 인해 부권을 상실하는 경우도 늘고 있습니다. 전통 사회에서는 가부장의 통솔 아래, 위로는 부모님께 효도하고 아래로는 자식들을 잘 교육시켰습니다. 하루가 다르게 변화하는 사회, 모든 분야에서 '경쟁'해야만 하는 현대에는 세대 간에 의사소통이 원활하지 못해 세대 갈등도 증폭되고 있습니다. 이로 인해 가족 구성원들은 가치 혼란을 느끼고 있습니다. 다시 말해 기존의 가족 단위가 가지고 있던 개인의 삶의 의미를 충족시키고 정서적 안정을 얻을 수 있는 최소한의 사회라는 의미뿐만 아니라 사회화를 위한 최초의 교육 기관이라는 역할까지 무의미해졌다는 것입니다.

오늘날은 가족의 중심이 부모와 자녀의 관계에서 부부 관계로 이동하고 있습니다. 이는 가족의 기능과 가족의 삶 전체에 커다란 변화가 일어나고 있음을 말해 주는 매우 중요한 변화입니다. 전통적으로 남편은 가족 부양자로서, 아내는 살림꾼으로서 각자 맡은 바 역할을 충실히 수행하였고, 이를 통해 자녀들은 물론이고 친족 집단과의 관계도 유지할 수 있었습니다. 그러나 이제 가정의 안정성은 부부간의 정서적 유대라는 새로운 도전을 받고 있습니다. 부부간의 애정과 신뢰, 충분한 대화, 만족스런 성생활 등이 결혼 생활의 최대 관심사가 되면서 가족의 안정성은 크게 위협 받고 있습니다. 예를 들어, 여성들은 자아의식의 성장으로 경제적 자립과 자아실현에 더 가치를 두고 결혼에 절대적 의미를 부여하지 않습니다. 따라서 결혼 적령기라는 고정관념이 깨지고 실제로 우리 주변에서는 혼기를 넘긴 남녀를 흔하게 만날 수 있습니다.

　이처럼 가족의 중심이 1차적으로 부부 관계로 옮아가고 자아실현을 추구하는 추세에서 가족의 안정성을 유지하기 위해서는 무엇보다 부부간의 정서적 욕구를 충족시킬 수 있는 새로운 가족 윤리관의 확립과 사회적 인식의 전환이 시급히 요구된다고 할 수 있습니다.

기술의 힘이 인간의 삶을 전적으로 윤택하게 할 수 있다고 생각하는가?

　오늘날 어느 정도의 경제 성장을 이룬 나라 중에서, 과학 기술의 발전을 부정할 수 있는 나라는 없을 것입니다. 그런데 과학 기술 발전이 가져온 경제 성장과 물질적 풍요가 전적으로 인간의 삶을 윤택하게 하였다고는 할 수 없습니다. 왜냐하면 경제 성장으로 인한 물질적 풍요가 인간의 참된 행복과는 거리가 있기 때문입니다. 근대 이후 대량의 소비 문화가 만들어 낸 인간의 욕망은 끝없는 악순환을 면하지 못하고 있습니다. 경제 성장에 의해 하나의 욕망이 충족된다고 해도 새로운 욕망이 창출되기 마련입니다. 예를 들면 1950년대 우리나라 사람들은 한 집에 한 대의 라디오를 갖는 것이 꿈이었습니다. 그러나 오늘날에는 몇 대의 라디오를 가지고 있으면서도 노트북이나 핸드폰이 없으면 만족하지 않습니다. 나아가서 이런 상품을 손에 넣을 때쯤이면 새로운 전자 제품이 등장하게 됩니다. 이처럼 끊임없이 새로운 욕망이 대두되는 악순환 때문에, 과학 기술로 인간의 욕망을 완전하게 만족시킨다는 것은 원천적으로 불가능하다고 할 수 있습니다. 그러므로 인간의 행복을 증진시키지도 못하고 각종 환경 오염을 초래하는 현재와 같은 경제 성장을 고집할 필요가 없습니다. 따라서 인간이 진정한 행복을 얻으려면 이러한 욕망의 악순환에서 탈피해야 한다고 생각합니다.

　또한 과학 기술의 유용성 유무를 떠나 유한한 지구에서 과학 기술로 인한 끊임없는 경제 성장 자체가 물리적으로 불가능하다고 할 수 있습니다. 인구 증가, 산업의 공업화, 환경 오염, 식량 생산, 천연 자원의 이용이 현 추세대로 진행된다면 지구는 100년 이내에 물리적 한계에 도달하게 될 것입니다. 제레미 리프킨의 '엔트로피 이론'에 따르면 물질과 에너지는 폐쇄된 체계에서 그 총량은 변하지 않은 채 이용 가능한 형태에서 이용 불가능한 형태로만 변할 뿐 그 역은 성립하지 않습니다. 엔트로피란 에너지가 이용할 수 없는 형태로 얼마나 변하였는가를 재는 척도를 말합니다. 따라서 엔트로피의 증가는 이용 불가능한 에너지의 증가, 달리 말하면 이용 가능한 에너지의 감소를 뜻하는 것입니다. 엔트로피 이론에 입각한 성장 한계론에 따르면, 지구의 이용 가능한 에너지는 그 양이 한정되어 있는데, 지속적 경제 성장은 이용 가능한 에너지의 양을 감소시킨다고 합니다. 따라서 과학 기술이 인간의 삶을 전적으로 윤택하게 할 수는 없다고 생각합니다.

'4차 산업 혁명'이란 무엇을 말하는가?

   '4차 산업 혁명'이란 사물 인터넷(Internet of Things)을 통해 생산 기기와 생산품 간 상호 소통 체계를 구축하고 전체 생산 과정의 최적화를 구축하는 산업 혁명을 뜻합니다. 여기서 '4차'는 증기 기관 발명(1차), 대량 생산과 자동화(2차), 정보 기술(IT)과 산업의 결합(3차)에 이어 네 번째 산업 혁명을 일으킬 것이라는 의미에서 붙여진 말입니다. '4차 산업 혁명'을 미국에서는 AMI(Advanced Manufacturing Initiative), 독일과 중국에서는 '인더스트리 4.0(Industry 4.0)'이라고도 합니다.

   이전까지의 공장 자동화는 미리 입력된 프로그램에 따라 생산 시설이 수동적으로 움직였습니다. 하지만 4차 산업 혁명에서 생산 설비는 제품과 상황에 따라 능동적으로 작업 방식을 결정합니다. 또한 지금까지는 생산 설비가 중앙 집중화된 시스템의 통제를 받았지만 4차 산업 혁명에서는 각 기기가 개별 공정에 알맞은 것을 판단해 실행합니다. 이는 스마트폰과 태블릿 PC를 이용한 기기 간 인터넷의 발달과 개별 기기를 자율적으로 제어할 수 있는 사이버물리시스템(CPS)의 도입으로 인해 가능하며, 이로 인해 모든 산업 설비가 각각의 인터넷 주소(IP)를 갖고 무선 인터넷을 통해 서로 대화할 수 있습니다.

※ 참고 [네이버 지식백과] 한경 경제 용어 사전

공정(公正)이란 무엇이라고 생각하는지 말해 보시오.

　사전적으로 말하면 공정이란 공평하고 올바르다는 것입니다. 즉, 공명정대하다, 공평하다, 정당하다는 의미와 비슷할 것입니다. 우리가 사는 현실의 모든 세계가 공정해야 올바르고 공평한 사회라고 할 수 있습니다. 공정한 사회는 현재를 투자하여 미래를 준비할 수 있도록 예측이 가능하고, 그만큼 투자할 가치가 있는 것입니다. 그러나 불공정한 사회라면 각종 질서가 바르지 않아 비리가 판을 치며 여러 분야에서 왜곡된 현상들이 일어나 국민들은 살기가 힘들어질 것입니다. 불공정한 사회에서는 그 어떤 것도 할 수 없는 박탈감만 가지고 살아가야 할 것입니다. 그래서 선진국들은 공정의 가치를 최우선으로 하고 공정의 가치를 실현하기 위해 최선을 다하고 있습니다. 하지만 후진국일수록 공정의 가치는 사라지고 일부 권력자들만이 피지배층을 수탈하는 데 혈안이 되어 있습니다. 이처럼 공정한 가치를 실현하는 것은 사회와 국가를 바로 세우는 절대적 가치가 됩니다.

　대입 면접 일부 사례로 대학 수시모집과 정시모집 중에서 어느 것이 더 공정하냐는 질문이 있었습니다. 정시모집은 내신과 높은 비율의 수능 성적으로 합격자를 선발하기 때문에, 다양한 정성적 평가가 가미된 수시모집보다는 더 공정하다고 볼 수 있습니다. 수시모집에서는 학생부 반영 비율이 높기 때문에 학생 본인의 능력 이외의 것이 개입하여 불공정한 요소가 더 많다고 볼 수 있기 때문이기도 합니다. 하지만 불공정한 것을 없애고 공정한 길로 나가기 위해서는 정시모집과 같은 시험도 중요하지만 다양한 채용의 경로를 투명하게 마련하고 객관적인 평가가 이루어질 수 있는 시스템을 구축하는 것이 선행되어야 할 것입니다.

청소년들의 '휴대폰 중독 현상'에 대한 문제점과 해결 방안에 대해 말해 보시오.

전 세계 주요 50개국 휴대폰 보급률이 70%에 이르는 가운데 우리나라의 휴대폰 보급률은 90%를 넘어 세계 최고 수준입니다. 또한 휴대폰 이용 현황을 볼 때 우리나라 사람들은 10명 중에 9명이 휴대폰을 이용하고 있고 연령별로는 20대 이용률이 95%로 가장 높게 나타납니다.

휴대폰 이용이 보편화된 현실을 놓고 보았을 때, 지식과 정보를 쉽게 얻고 소통의 기회가 크게 확대되었다는 점에서 휴대폰 사용은 긍정적으로 평가할 수 있습니다. 하지만 보급률과 함께 사용 시간도 5~6시간이나 되는데 이는 청소년들에게 매우 부정적인 영향을 미칠 수 있습니다. 특히 긴 사용 시간과 잘못된 이용 자세는 안구 건조증과 청력 장애를 가져오고 손목 터널 증후군, 거북목 증후군, 디스크 등의 근골격계 질환이 발생하는 등 건강에도 좋지 않은 영향을 미치고 있습니다. 아직 신체적으로 성숙하지 않은 청소년에게 목디스크 같은 근골격계 장애는 매우 위험할 수 있습니다.

또한 건전한 사고와 이성이 발달될 시기에 잘못된 유해 정보와 불건전한 사이트에 노출되거나 장시간 게임을 통해 많은 폐단이 발생하는 등 건강뿐만 아니라 정신적으로도 부정적 영향을 미치고 있습니다. 이런 현상이 휴대폰으로 인한 것이라고 단정 짓기는 어렵다는 견해도 있지만 대부분의 청소년 범죄나 문제 현상 뒤에는 결과적으로 휴대폰을 과다 사용하였다는 것이 밝혀지기도 하였습니다. 게다가 휴대폰을 사용하는 연령대가 점점 낮아져 유아기부터 사용하는 사례가 늘어남에 따라 앞으로 그 심각성은 더 크다 하겠습니다.

청소년들의 휴대폰 남용과 중독 현상을 막기 위해서는 다각도로 노력하는 자세가 필요합니다. 먼저, 정부나 사회 단체, 학교에서는 휴대폰 과다 사용을 막기 위해 적극적으로 교육을 하고 안내해야 합니다. 예를 들어, 휴대폰 과다 사용에 따른 중독 지표를 검사할 수 있는 체계와 다양한 측정 수단을 만들어 청소년이 휴대폰 중독에 대한 자가 검진을 할 수 있도록 유도해야 합니다. 또한 학교에서는 지속적인 예방 교육과 학교 보건법 등을 개정하여 휴대폰 과다 사용에 따른 부작용을 미연에 방지할 수 있도록 적극적인 교육을 해야 합니다.

'기본 소득제'를 시행하려는 것에 대해 어떻게 생각하는지 말해 보시오.

　현재 우리나라는 전 세계적인 코로나바이러스감염증-19로 인해 경제 상황이 많이 안 좋은 상태입니다. 일부 정치인들과 경제 전문가들은 사실상 공황 상태라고까지 말하고 있습니다. 이러한 난관을 헤쳐 나가기 위해 경제 문제와 보건 문제에 혁신적인 변화가 있어야 된다고 봅니다. 특히 경제적으로 어려워 생계를 위협 받고 있는 저소득층과 청년, 노인 세대의 실업자들을 지원하기 위한 정책과 소규모 영세 자영업자들에게 강력한 국가적 지원이 필요하다고 봅니다. 정치권의 포퓰리즘에 의한 구호보다는 장기적인 국민의 생애 주기적 복지 제도를 설립하여 근본적인 기본 소득제 도입을 검토할 때라고 생각합니다. 지난 재난 지원금도 효과가 있었지만 동일하게 모두에게 지급하는 것보다는 선별하여 지속 가능하게 풀어 나가는 것이 근본적인 도움이 될 것입니다. 이러한 효과를 얻기 위해 정부가 모든 국민이 건강하게 잘살 수 있는 기본적인 생활을 돕고 특히 보건·경제·사회적 불평등 구조를 바로잡는 데 적극적으로 나서야 한다고 생각합니다.

자유와 평등 간에 균형이 이루어지지 않았을 때에 나타나는 현상을 말해 보시오.

자유와 평등은 인간의 존엄성을 위해 다 같이 추구해야 할 가치이 지만 서로 균형을 이루기는 어렵습니다. 왜냐하면, 자유가 지나치면 평등이 손상되고, 평등이 지나치면 자유가 손상되기 때문입니다.

이러한 현상은 자유와 평등이 근본적으로 상충되는 부분들이 많기 때문에 나타납니다. 즉, 경제적 자본주의에서의 자유 경쟁의 원리와 정치적 민주주의에서의 자유의 개념에는 능력주의가 바탕을 이루고 있 는데, 능력주의 가치 지향은 평등주의와 상반되는 요소를 지니고 있기 때문입니다. 이처럼 자유와 평등 간에 균형이 이루어지지 않았을 때 나타나는 현상은 국가 경제 및 정치적 차원에서 찾을 수 있습니다. 그 예로 근대 자유주의에서는 어떠한 경우에도 국가에 의해 침해되어서는 안 될 소극적 자유만을 강조함으로써 부와 권력의 불평등한 분배가 이 루어졌음을 보여 줍니다. 즉, 중산 계층으로의 자본 집중과 노동자 계 층에 대한 열악한 대우로 소유의 불평등을 초래하였으며, 국가의 활동 도 특수 계층의 이익을 옹호하는 데 기여한 결과가 되었습니다.

이와 같이 자유가 강조된 예와 달리 마르크스는 공산주의 사회의 특 성을 부의 평등한 분배가 이루어지는 데에서 찾으려고 하였는데, 여기 에서도 문제점이 나타납니다. 이 경우 개개인들이 열과 성을 다해 총력 을 발휘할 아무런 자극이 없으므로 생산성이 저하되어 정체에 빠지기 쉽고, 평등 구현을 위해 권위주의적인 권력 독점이 나타날 수 있습니다.

따라서, 자유와 평등의 본질적 속성이 상충되어 균형이 이루어지지 않을 때 경제적 · 정치적 측면에서 정의 실현이 어렵습니다.

병원의 수술실 CCTV 의무 설치에 대해 어떻게 생각하는지 말해 보시오.

최근 국민권익위원회에서 수술실 내 폐쇄 회로(CCTV) 설치를 놓고 국민들의 생각을 묻는 설문 조사를 실시하였습니다. 그 결과 수술실 CCTV 설치에 97%의 많은 국민들이 찬성한다고 응답하였습니다. 대다수 국민들과 환자 단체들은 수술실 내에 CCTV 설치를 강력하게 요구하고 있지만 의사 단체와 병원 단체는 이를 반대하고 있습니다. 이렇게 첨예한 대립으로 현재 수술실 CCTV 설치 법안은 국회에 계류 중인 것으로 알고 있습니다.

먼저 설치에 대해 반대하는 주장을 보면, 개인 정보 보호법 위반의 문제를 들고 있습니다. 환자의 개인 신상 정보, 수술명, 진단명, 그리고 수술 장면들이 유출될 수 있는 여지가 충분하다는 것입니다. 또 의사의 의료 행위가 위축되어 의료 사고나 분쟁을 피하기 위해 소극적 진료나 수술 등의 의료 행위를 할 수 있다는 것입니다.

반면 설치를 찬성하는 측은 만연한 무자격자 대리 수술과 성범죄가 자주 일어나는 실상을 근거로 제시하며 주장하고 있습니다. 단순히 의료진의 양심에만 환자의 안전을 맡길 수 없으며, 수술실 안에서의 불법 의료 행위와 범죄 사고를 예방하기 위해 수술실 내 CCTV 설치 의무화를 촉구하고 있습니다. 또 수술실 내 CCTV 설치는 환자의 알 권리와 의료진의 사생활 보호라는 기본권이 충돌하는 사안이지만 약자인 환자의 기본권을 중시해야 한다고 말합니다.

이렇게 양측의 주장이 팽팽한 가운데 의료인을 감시함으로써 어이 없는 의료 사고 및 범죄를 방지하는 동시에 의료 행위 위축을 막을 수 있는 새로운 대안을 찾아야 할 것입니다. 수술실 문 앞에 CCTV를 설치하게 하거나, 자율적으로 설치하도록 유도하고 설치한 병원에는 특별한 인센티브를 제공하는 등의 방법을 찾아보는 것도 좋을 것 같습니다.

우리 사회에 청소년 문화가 존재한다고 생각하는가? 아니면 존재하지 않는다고 생각하는가?

우리 사회에서 청소년 문화가 존재하는가? 이 질문은 어쩌면 어리석은 질문인지도 모릅니다. 가시적으로만 보면 청소년 문화가 지나치게 넘쳐흐르고 있는 것처럼 보이기 때문입니다. 거리를 메우고 있는 청소년들의 의상이 그렇고, 음악과 영화의 성공을 좌우하는 음원 판매율과 객석 점유율이 그렇고, 가상 현실이라고 부르는 컴퓨터 통신의 사용량이 그렇습니다. 그러나 이러한 현상은 문화를 청소년이 소비자로서 즐기고 있기 때문이지, 청소년이 주체가 되어 자기를 표현하고 자신의 세계를 창조하는 본래의 의미로서의 청소년 문화는 아니라고 생각합니다. 사실은 유행·스타·재미의 문화 전략으로 상품을 만들어 이윤을 얻으려는 자본이 그러한 문화의 생산 주체이며, 청소년들은 도리어 자기 표현으로부터 소외된 채 소비에 열중하는 구경꾼으로 길들여지고 있는 것입니다.

올바른 청소년 문화는 청소년 스스로가 표현의 주체가 되어 다양한 공간과 매체를 통하여 자신의 꿈과 고민을 드러내고, 그 속에서 자신의 현실과 삶을 성찰하여 청소년들이 의미를 만들어 가는 것입니다. 그런 의미에서 청소년 문화는 자본이나 그 무엇이 대신해 줄 수 있는 것이 아니며, 청소년들이 문화 상품을 소비함으로써 얻어지는 일시적인 만족이나 몰입도 상품이 불러일으키는 가짜 욕망일 뿐입니다.

학교에서 문제되는 이른바 '집단 따돌림' 현상에 대한 생각을 말해 보시오.

'집단 따돌림' 현상은 특정 집단이나 무리가 여러 가지 수단과 방법으로 집단 내에서 힘이 약하거나 집단의 목표와 행동 방식으로부터 이탈해 있는 특정 개인을 괴롭히고 소외시킬 때 일어납니다. 초등학교 때부터 종종 일어나는 '집단 따돌림' 현상이 특히 문제가 되는 것은 그것이 집단적 폭력에 의존하고 있다는 것입니다. 그리고 거기에 참여한 구성원들이 폭력을 통해 '쾌감'을 느끼고 있다는 사실입니다. 이러한 쾌감이 배가함에 따라 자기 행위에 대한 반성적 사고와 죄의식은 점점 엷어져 갈 것입니다.

'집단 따돌림' 현상의 원인을 살펴보면 다음과 같습니다. 첫째 원인은 힘이 없는 자 혹은 소외된 사람들에 대한 우리 사회의 태도와 그 표현에서 찾을 수 있습니다. 이성적인 절차와 토론을 통해서 소외의 원인을 규명하고, 소수의 의견이 자신을 표현할 수 있는 문화는 거의 없는 대신, 힘 있는 집단이 자신의 이익을 지키기 위하여 다른 입장의 집단을 수단과 방법을 가리지 않고 진압해 버리는 문화가 우리 사회에서 우위를 점하고 있기 때문입니다. 학생들이 우리 사회의 그런 얼굴을 모방하고 있는 것은 어쩌면 당연한 것일지도 모릅니다. 둘째, 학교 교육의 잘못된 방향에서 그 원인을 찾을 수 있습니다. 성적 위주의 획일적이고 경쟁적인 가치관이 학생 개인의 진로를 좌우하는 현실 속에서 다른 인간적인 가치들, 즉 우애나 협력 등의 가치관은 들어설 자리가 없습니다. 집단주의가 갖는 이기적 폭력성과 획일성이라는 성격 뒤에 숨어서 개체가 되었을 때의 자신의 나약함과 제도에 대한 표출할 수 없는 불만을 폭력으로 전도시키고 있는 것입니다. 이런 문제를 해결하기 위해서는 서로 배려하고 약자를 보듬을 줄 아는 이해와 사랑의 자세가 필요합니다. 특히 다양성을 인정하고 나하고 다르거나 차이가 난다고 해서 상대를 배제하거나 멸시하는 자세를 버려야 합니다.

'동물 복지'에 대한 자신의 생각을 말해 보시오.

지난 대통령 선거 기간 동안 동물 복지에 대한 관심이 뜨거웠습니다. 모처럼 동물 복지에도 관심을 보였던 대선이 아닌가 합니다. 제가 알기로 동물 복지는 동물이 생명을 유지하고 생산 활동을 하고 있는 상태가 얼마나 양호 또는 불량한가를 나타내는 말로서, 동물에게 주어진 현재의 환경 조건이 정신적·육체적으로 얼마나 편안한가를 의미하며 동물의 멸종을 막기 위한 동물 보호 운동과는 차별화된 정책입니다.

대통령의 동물 복지에 대한 공약 사항을 살펴보면 이에 대한 이해가 빠를 것입니다. 문재인 대통령의 경우, 유기 동물 재입양 활성화 추진(2022년까지 5만 마리 이하를 목표), 길고양이 급식소 및 TNR 사업 확대, 반려견 놀이터 확대, 실험 동물 규제 및 실험자 의무 강화, 중앙 정부 및 지방 정부에 동물 보호 전담 기구 설치, 돌고래 전시와 쇼는 치료 과정에서만 시행, 개 식용 금지를 위해 단계적 정책 실현 노력, 동물 의료 협동 조합 등 민간 동물 주치의 사업 활성화, 반려 동물 행동 교육 전문 인력 육성 및 지원 센터 건립 등의 동물 복지 관련 공약을 하였습니다. 말 그대로 인간에 대한 복지 정책과 마찬가지로 동물에 대한 복지 정책을 통해 생명 존중과 동물 보호를 실현하는 정책이라고 할 수 있습니다. 그동안 동물에 대한 학대나 천시 내지는 무자비하게 대하는 일들이 있었는데 앞으로는 이런 문제들이 발생할 경우, 가해자는 법적 처벌을, 피해를 받은 동물은 보호를 받게 될 것입니다.

이런 동물 복지 공약의 시행으로 동물에게도 5대 자유(배고픔과 갈증으로부터의 자유, 불안으로부터의 자유, 통증·부상·질병으로부터의 자유, 정상적인 행동 표현의 자유, 공포와 고통으로부터의 자유)가 주어져서 동물과 더불어 사는 세상이 되었으면 좋겠습니다.

'젠트리피케이션'이 무엇인지 아는 대로 말해 보시오.

　'젠트리피케이션'이란 낙후된 구도심 지역이 활성화되어 중산층 이상의 계층이 유입됨으로써 기존의 저소득층 원주민을 대체하는 현상을 나타냅니다. 젠트리피케이션(gentrification)이란 용어는 지주 계급 또는 신사 계급을 뜻하는 젠트리(gentry)에서 파생되었으며, 1964년 영국의 사회학자 루스 글래스(Ruth Glass)가 처음 사용하였습니다. 글래스는 런던 서부의 하층 계급 주거 지역이 중산층 이상의 계층 유입으로 인하여 고급 주거 지역으로 탈바꿈하고, 이에 따라 기존의 하층 계급 주민은 치솟은 주거 비용을 감당하지 못하여 살던 곳에서 쫓겨남으로써 지역 전체의 구성과 성격이 변한 현상을 설명하기 위하여 이 용어를 사용하였습니다.

　젠트리피케이션이 일어나는 과정은 대도시의 교외화(郊外化) 현상과 관련이 있습니다. 도시가 발전할 때 대도시일수록 중심 시가지에서 도시 주변으로 거주 인구가 확산하는 교외화 과정이 진행되는데, 이 과정에서 교외 지역은 자본이 집중 투여되면서 발전하는 반면, 도심에 가까운 지역은 교외로 이주할 여력이 없는 저소득층이 거주하는 낙후 지역으로 전락하게 됩니다. 이에 따라 정부나 지방 자치 단체가 낙후된 지역을 활성화하기 위하여 재개발을 주도하거나, 저렴해진 지대(地代)에 주목한 개발업자들이 지주와 결합하여 개발하거나, 값싼 작업 공간을 찾아 낙후 지역에 모여든 예술가들이 다양한 활동을 펼침으로써 활성화될 수 있습니다. 이러한 여러 요인으로 인한 '도시 재

활성화'의 결과로 해당 지역은 주거 환경이 향상되고 부동산 가격 등 전반적인 자산 가치가 상승하지만, 그에 따라 주거 비용도 높아서 원래의 저소득층 주민들은 이를 감당하지 못하고 거주지에서 밀려나게 됩니다.

미국에서는 제2차 세계대전 후 중산층 백인의 교외화 현상이 두드러졌고, 이로 인하여 대도시 도심은 흑인과 외국인 이민자를 비롯한 소수 민족의 게토로 전락하였습니다. 이후 1970년대부터 도시에 사는 젊은 전문직 종사자(여피족)들이 게토화된 도심의 낙후 지역으로 몰려 들어 자본이 본격적으로 유입되고 부유층의 이주를 촉진함으로써 젠트리피케이션이 진행되었습니다. 한국에서는 2000년대 이후 번성한 구도심의 상업 공간을 중심으로 한 젠트리피케이션이 진행되어 사회적 관심을 끌었습니다. 대표적 사례로 홍익대학교 인근(홍대 앞)이나 경리단길, 경복궁 근처의 서촌, 상수동 등지는 임대료가 저렴한 지역에 독특한 분위기의 카페나 공방, 갤러리 등이 들어서면서 입소문을 타고 유동 인구가 늘어났습니다. 하지만 이처럼 상권이 활성화되면서 자본이 유입되어 대형 프랜차이즈 점포가 입점하는 등 대규모 상업 지구로 변모하였고, 결국 치솟은 임대료를 감당할 수 없게 된 기존의 소규모 상인들이 떠나게 되었습니다.

※ 참고 [네이버 지식백과] 두산 백과

사회적 소수자 차별의 원인과 해결 방안을 말해 보시오.

　사회적 소수자라 함은 신체적, 문화적 특성 때문에 다수의 사람들과 다르다는 이유로 불평등한 대우를 받고 자신이 차별받는 집단에 소속되어 있다고 인식하는 사람들을 뜻합니다. 여기서 말하는 소수자는 구성원의 수가 적다는 의미의 소수(少數)를 뜻하지 않습니다. 장애인, 여성, 이주 노동자, 국제결혼 이민자, 특정 종교인 등 인종이나 국적, 성, 장애, 종교 등과 같은 집단 정체성을 갖고 있다는 이유로 사회로부터 부당한 대우, 즉 차별을 받는 경우를 의미합니다.

　사회적 약자와는 조금 차이가 있습니다. 사회적 약자는 사회적으로 불리한 위치에 있는 사람을 말하지만, 특정 집단에 속해 있다는 이유 때문에 부당한 대우나 차별을 받는 사회적 소수자와는 구별됩니다. 가난한 사람은 가난 때문에 사회적으로 불리한 위치에 놓일 수는 있으나 가난하다고 차별 받지는 않습니다.

　반면 이주 노동자의 경우는 취업을 목적으로 본래 살던 곳을 떠나 다른 지역이나 다른 국가에 정착한 노동자들로, 다수의 국민들로부터 또는 여러 가지 혜택으로부터 편견과 차별 대우를 받아 사회적 소수자에 해당합니다. 이주 노동자의 차별 원인은 순혈주의에 기반한 배타적 민족의식과 외국인 이주 노동자에 대한 인권 및 권리 인정에 소극적인 태도, 그리고 사회적 인식과 법 체계 등을 들 수 있습니다.

　이를 해결하기 위해서는 우선 부당한 차별 대우가 있는 곳에 정부의 적극적인 관심과 대응이 필요합니다. 더불어 이주 노동자를 고용하고 관리 감독하는 기관 및 개인과 단체에서 이들의 인권 보호와 차별의 요소들을 제거하는 관심 및 태도를 갖는 것이 중요합니다.

가상 화폐에 대해 아는 바를 말하고, 이에 대한 자신의 견해를 말하시오.

가상 화폐(假想 貨幣, virtual currency, virtual money)는 현실 생활에서 사용하는 지폐나 동전과 같은 실물이 없이 네트워크로 연결된 가상 공간에서 전자적 형태로 사용되는 디지털 화폐 또는 전자 화폐를 말합니다. 즉 지폐·동전 등의 실물이 없고 온라인에서 거래되는 화폐를 말하는 것입니다. 해외에서 초반에는 눈에 보이지 않고 컴퓨터상에 표현되는 화폐라고 해서 디지털 화폐(Digital Currency) 또는 가상 화폐 등으로 불렸지만, 최근에는 암호화 기술을 사용하는 화폐라는 의미로 암호 화폐라고 부르며 정부는 가상 통화라는 용어를 사용합니다. 암호 화폐는 각국 정부나 중앙은행이 발행하는 일반 화폐와 달리 처음 고안한 사람이 정한 규칙에 따라 가치가 매겨집니다. 또 정부나 중앙은행에서 거래 내역을 관리하지 않고 블록체인 기술을 기반으로 유통되기 때문에 정부가 가치나 지급을 보장하지 않고 있습니다.

대표적 가상 화폐인 비트코인의 시가 총액(349조)이 17년 12월 18일 처음으로 삼성 전자의 시가 총액(331조)를 넘어서기도 하였습니다. 특히 우리나라 사람 중에 가상 화폐 비트코인으로 43억 원을 벌어 직장을 그만두는 경우도 생기기도 하였습니다. 대박 신화로 열풍을 일더니 정부가 강력한 규제를 해야 한다는 목소리가 나오자 시들해지기도 하였습니다. 이런 화폐의 장점은 이용자끼리 직접 연결되어 거래 비용이 발생하지 않고 쉽게 계정을 만들 수 있기 때문에 송금이나 소액 결제에 유용합니다. 화폐 가치가 불안할 때는 오히려 신뢰할 수 있는 지급 수단이 될 수도 있습니다. 해킹, 도덕적 해이, 불법 거래 이용 등 문제점을 보이기도 하지만, 효용성과 가능성을 인정받아 활발한 투자와 기술 진보가 이뤄지고 있습니다. 정부 입장에서 문제가 되는 것은 비트코인의 익명성을 악용한 마약, 무기 등의 불법 거래나 돈세탁, 탈세 등이 발생할 여지가 높다는 점입니다. 또 개인들이 지닌 비트코인을 관리하는 전자 지갑이 거래소에 접속하는 방식은 해킹 위험에 취약하며, 최근에 실제로 다수의 거래소에서 비트코인이 도난당하기도 하였습니다. 또 내부 운영자들의 도덕적 해이도 문제가 되고 있습니다. 회사 시스템의 잔액 데이터 조작에 의해 불법이 행해지는 사례도 발생하고 있습니다. 또 젊은 세대들이 인생 역전을 꿈꾸다가 투자 실패나 갑자기 폭락되는 현상으로 인해 잠을 이루지 못하거나 목숨을 버리는 현상까지 생기고 있습니다. 이러한 일에 적극적인 대책을 세워야 한다고 생각합니다.

최근 난민 문제가 심각하게 대두되고 있다. 난민 수용에 대한 본인의 입장을 말해 보시오.

우리나라의 난민 문제는 그동안 남의 나라의 일처럼 여겨져 왔습니다. 하지만 최근에 제주도에 예멘 난민들이 몰려온 사건이 뜨거운 감자로 떠올랐습니다. 우리나라의 정서상 그동안 단일 민족이라는 자긍심과 순수 순혈주의를 지향하는 많은 사람들의 인식 때문에 국민들의 많은 수가 난민 수용 문제를 대하는 데 부정적이거나 반대하는 의견이 많은 것 같습니다. 특히 난민을 수용하였을 경우 국가의 단일 민족이라는 자긍심에 대한 훼손으로 국가 정체성 악화, 치안 문제가 발생하지 않을까 하는 염려, 국가 질서의 혼란, 난민을 수용하고 처리하는 데 드는 세금의 과도한 사용과 자국민에 대한 역차별 문제, 위장 난민이 발생하거나 난민국의 나라를 대하는 형평성의 문제, 다문화 가정과 난민과의 이중 잣대, 난민들을 가르치고 교육하고 정착하게 하는 후속 조치들의 문제 등으로 대다수의 국민들은 염려하고 있습니다.

또 국민들의 일자리 위협 등이 가장 큰 문제로 떠오르기도 하였습니다. 예멘만 있는 것이 아니라 중국 등 세계 각국의 난민 및 불법 체류자들이 한국에 거주하고 있고 앞으로도 이는 더 큰 문제로 대두될 것이며 몸살을 앓을 것입니다. 이번 문제의 큰 원인 중에 하나는 제주도가 무비자 지역이어서 세계 각국의 사람들이 쉽게 비자 없이 입국할 수 있다는 것입니다. 철저하게 검증을 하고 입국 심사를 해서 들어오게 해야 하는데 제주도만 특별히 예외를 두는 것은 문제가 있다고 생각합니다. 제주도를 통해서 충분히 서울 등 전국 각지로 퍼져 체류

할 수 있기 때문입니다. 전국에 불법 체류자가 20만 명 이상이라고 하는데 그 이상일지 알 수 없는 일이지만, 제주도는 가장 무비자 혜택을 많이 양산한 지역으로 외국인 범죄율이 가장 높은 지역이 될 수도 있습니다.

일정한 돈만 내면 영주권을 내주는 정책인 투자 이민제도 문제가 있다고 생각합니다. 이민족의 유입이 경제 질서를 어지럽히고 사회적 계층 간의 갈등을 일으킬 수도 있음에도 제주도는 이 정책을 실시하여 이민족을 대량 양산하고 있습니다. 현재도 중국의 자본이 제주도를 잠식해 가고 있고, 앞으로 제주도를 모두 사버릴지도 모른다는 우려가 생기고 있습니다. 이런 현상과 맞물려 다문화 정책 시행으로 인해 각종 규제가 완화되거나 없어져 버려서 이민자 수용의 물꼬를 트게 될 것입니다.

그러나 찬성하는 쪽에서는 인권 문제를 가장 중요시하고 있습니다. 세계 모든 사람은 존중 받아야 하고 인간의 생명의 권리는 보호 받아야 마땅합니다. 그런 면에서 세계 어느 나라든 어려운 난민을 수용하고 그들의 정착을 도와야 할 의무가 있다고 봅니다. 저출산 문제를 명분을 들어 찬성하기도 합니다. 우리나라의 출산율이 낮은 가운데 이민 정책 및 난민 수용책을 통해 이런 문제를 해결할 수 있다는 근거를 대고 있습니다.

이런 문제들을 종합적으로 고려하여 정부는 비자 문제나 외국인의 불법 체류 문제, 난민 문제를 근본적으로 해결할 수 있는 정책을 수립하여 시행하여야 합니다. 또한 지자체도 정부와 공동 보조를 통해 이런 문제들이 잘 시행되도록 협조하여야 합니다. 국민들도 앞으로 어떤 것이 합리적이고 생명을 존중하며 어울려 더불어 사는 것이 중요한지 생각해 보아야 합니다.

'탈코르셋 운동'의 의미는 무엇이라고 생각 하는지를 말해 보시오.

탈코르셋 운동의 의미는 보정 속옷을 뜻하는 코르셋을 벗어난다는 의미로, 남의 시선을 의식해 억지로 꾸미지 않을 것을 주장하는 사회적 운동을 말합니다. 여성용 코르셋은 16세기 프랑스에서 처음으로 등장하면서 알려지기 시작하였는데 고전 영화에 코르셋을 입고 등장하는 여주인공들의 모습을 자주 볼 수 있습니다. 미국 영화 〈캐리비안의 해적〉에서 여주인공은 코르셋을 입고 등장하는데, 결국은 이 때문에 숨이 막혀 기절하기도 합니다. 하지만 나중에 주인공은 해적을 때리면서 '고통이 뭔지 알고 싶어? 그럼 코르셋을 입어 봐!'라고 말합니다. 얼마나 고통스러운지를 단적으로 표현하는 말입니다. 이런 영화의 장면만 보더라도 코르셋이 몸에 가하는 압박은 엄청나게 크다는 것을 알 수 있습니다. 그 당시 유럽에서는 이 코르셋 때문에 몸에 압력을 당하여 갈비뼈가 부러져 숨지거나 재채기를 하다가 죽는 여성들이 생기기도 하였다고 합니다.

이러한 코르셋이 최근 논란이 되고 있는 것은 강요된 아름다움, 억눌린 여성성의 상징물이 되고 있기 때문입니다. 서울 한복판에서 여성들이 '탈(脫)코르셋' 운동의 하나로 상의 탈의를 하며 시위를 한 적이 있습니다. 또 화장을 안 하거나 화장을 지우기도 하고 머리를 짧게 깎은 모습을 SNS에 올리는 일이 많아지고 있습니다. 또 여학생들의 교복이 지나치게 몸에 달라붙거나 작은 것을 예쁘게 생각하였던 것에서 점차 벗어나려는 운동이 벌어지고 있는 것도 한 예입니다. 이는 예쁘게 보이려고 인위적으로 꾸미거나 가꾸는 것을 거부하는 것입니다. 그동안 전통적으로 여성은 예쁘고 아름다워야 한다는 여성에 대한 차별적 인식에 대한 저항이라고 볼 수 있습니다. 또 탈코르셋 운동은 남성 중심의 가부장적 사회가 여성에게 가한 억압과 폭력에 대한 반작용이라고 보기도 합니다. 이런 측면에서 성 평등 사회를 위한 탈코르셋 운동의 가치는 충분하다고 여겨집니다.

하지만 본질적인 아름다움을 추구하려는 여성들에게 모두가 탈코르셋 운동에 동참하거나 무조건적인 탈코르셋 운동을 일반화시키는 것도 주의하여야 합니다. 각자의 취향과 아름다움의 추구는 언제나 가치 있고 존중 받아야 하기 때문입니다.

'최저 임금법'은 무엇이고, 그것이 시행되는 목적과 문제점을 말해 보시오.

'최저 임금법'은 국가가 임금액의 최저 한도를 결정하고 사용자에게 그 지급을 법적으로 강제하는 제도를 말합니다. 최저 임금법(28조)을 보면 '최저 임금액보다 적은 임금을 지급하거나 최저 임금을 이유로 종전의 임금을 낮춘 자는 3년 이하의 징역 또는 2천만 원 이하의 벌금에 처한다.'라고 명시되어 있습니다. 아주 막강한 힘을 가지고 있는 법령이라고 봅니다. 원래의 임금은 노사 간의 근로 계약이나 단체 협약에 의해 자유롭게 정해지게 마련인데, 개별 근로자와 사용자 간에는 대등한 임금 교섭이 어렵기 때문에 정부가 나서서 법을 정하고 입법화하여 시행하게 되는 것입니다. 특히 근로자의 부당한 처우가 생기지 않도록 하고 임금률의 증가와 소득 증대, 수준 이하의 노동 조건이나 부당한 대우, 사용자의 노동력 착취, 소득의 재분배 차원에서 이러한 법령을 정하는 목적이 있는 것입니다.

하지만 이렇게 좋은 법인데도 개정안에 반발의 목소리가 나오는 이유는 저임금 노동자들과 근로자에 대한 처우가 이전보다 나아진 점이 없고, 노사 간의 협의와 합의를 통해 이루어지는 임금 협상의 경우도 최저 임금 위원회가 존재하지만 국회에서 법안을 일방적으로 통과시켰기 때문입니다.

'최저 임금법 개정안'은 전체적으로 봤을 때 명목상으로는 기본급이 올라가지만, 실제 받는 금액은 비슷하거나 더 적게 됩니다. 또 근로자뿐 아니라 중소 영세 사업장에서도 높아진 최저 임금 지급 능력의 부재로 인한 고용 축소나 폐업의 악재가 일어날 것이라고 예상됩니다. 앞으로 노사정과 국회가 적극 나서서 원만한 합의를 통해 좋은 법으로 다시 태어났으면 하는 바람입니다.

코로나 3법이 무엇이고, 감염증을 예방하기 위한 대책은 무엇인가요?

코로나 3법은 코로나바이러스감염증-19(코로나19)의 확산에 대응하기 위해 2020년 2월에 국회 본회의에서 의결한 감염증 예방·관리법, 검역법, 의료법 개정안 이 세 가지를 말합니다. 이 코로나 3법이 시행됨으로써 우리나라의 방역과 전염병에 대한 기본적인 체계를 마련하게 되었습니다. 특히 마스크나 손소독제 같은 의약 물품 등의 수출과 국외 반출을 금지하고, 코로나19 유행지로부터의 입국을 금지할 수 있는 법적 토대가 마련되게 되었습니다.

첫째, 감염증 예방·관리법 개정안은 마스크, 손소독제 등 의약외품 등의 수출 또는 국외 반출 금지와 벌칙 규정을 마련하는 한편 노인·어린이 등 감염 취약 계층에 마스크를 지급할 수 있도록 하였습니다. 의심 환자에 대한 자가 격리 및 감염증 병원체 검사 등을 할 수 있는 근거를 마련하였고, 의료인이 환자의 해외 여행력 정보를 확인하도록 의무를 부과하였으며, 역학조사관 인력을 확대하였습니다.

둘째, 검역법 개정안에 감염증 발생 지역으로부터 입국하는 자에 대한 입국 금지 요청 근거를 마련하여 입국자가 당장의 증상이 없더라도 무증상자이거나 잠복기에 있을 수 있기 때문에 입국을 금지하여 해외로부터의 감염증 유입을 방지할 수 있게 되었습니다.

셋째, 의료법 개정안은 의료 관련 감염의 발생과 원인에 대한 의과학적 감시를 위해 보건복지부 장관이 의료 관련 감염 감시 시스템을 구축·운영하도록 하였습니다. 아울러 의료 기관 휴·폐업 시 진료 기록부가 안전하게 보관될 수 있도록 진료 기록 보관 시스템도 구축·운영할 수 있게 하였습니다.

감염증을 예방하기 위해서는 무엇보다 평소에도 개인의 위생 관리를 철저히 하는 습관을 갖는 것이 중요합니다. 비누를 사용하여 흐르는 깨끗한 물에 손을 자주 씻어야 합니다. 식수는 반드시 끓여 먹거나 병에 든 생수(물)로 마셔야 하고, 상한 음식은 섭취하지 말아야 합니다. 기침, 재채기를 할 경우 휴지나 손수건, 옷소매를 이용하여 입을 가리는 등의 기침 에티켓을 지키고 기침이 계속된다면 마스크를 착용하여야 합니다. 발열이나 호흡기 증상(기침, 목 아픔, 콧물이나 코 막힘)이 있을 때에는 사람과 밀접한 접촉을 피하고 가급적 많은 사람이 모이는 장소로의 외출은 자제하여야 합니다. 감염증 증상이 나타날 때는 바로 의료 기관을 방문, 의사와 상담하여 치료하여야 합니다. 특히 해외여행을 하였다면 건강에 더 신경을 쓰고 건강 상태 질문서에 성실히 답변하고 검역관에게 제출하여야 합니다. 또 생활 속에서 사회적 거리두기를 일상화하고, 스스로 개인위생 및 생활 방역을 철저히 하는 자세가 중요하다고 봅니다.

현재 사회적으로 '미투 운동'이 활발하게 일어나고 있는데, 이러한 추세에 대한 생각을 말해 보시오.

'미투 운동'은 미국에서 시작된 운동으로 성희롱, 성폭력을 당한 사람들이 이를 폭로하기 위해 SNS에 해시태그(#MeToo)를 달면서 시작하게 되었습니다. 해시태그 캠페인은 사회 운동가 타라나 버크가 사용하였던 것으로, 알리사 밀라노에 의해 대중화되었습니다. 밀라노는 여성들이 트위터에 여성 혐오, 성폭행 등의 경험을 공개하여 사람들이 이러한 행동의 보편성을 인식할 수 있도록 독려하였는데, 이후 수많은 저명 인사를 포함하여 많은 사람들이 이 해시태그를 이용하여 자신의 경험을 밝혔습니다. 이후 미투 운동은 전 세계적으로 퍼지게 되었습니다.

최근 사회적으로 우리나라에서도 미투 운동이 활발하게 일어나고 있어 우리 모두에게 충격을 주기도 하였지만, 동시에 새로운 사회적 문제에 대한 인식을 바꿔 가는 변화의 물줄기가 되었다고 생각합니다. 특히 사회적으로 유명한 사람들이나 지위가 높은 사람들에 의해 이러한 일이 벌어졌다는 데서 충격을 더해 주고 있습니다. 대통령부터 모든 사람들이 이 운동에 지지를 보내고 있고 앞으로는 이런 문제가 일어나지를 않기를 바라고 있습니다. 정부에서도 이런 문제에 적극 관심을 가지고 남성과 여성에 대한 성 차별과 성 인식에 대한 사회적 관념을 바꿔 나가는 일에 지속적으로 움직여야 된다고 봅니다. 특히 과거부터 지금까지 벌어졌던 남성 중심의 갑질 행태로 자행되는 위계에 의한 성폭력의 문제나 부적절하고 불법적이었던 행위를 앞으로는 바로잡고 정상적이고 평등한 사회를 만들어 나가는 미투 운동의 목적에 적극 동참하고 지지를 보냅니다. 하지만 이러한 사회적 운동이 극단으로 치닫고 성 대결 구도로 이어져 본질을 잃어버리면 안 된다고 생각합니다. 그런 측면에서 남성에 대한 역차별을 주장하는 '유투(You Too)' 운동도 관심을 가져야 된다고 생각합니다.

요즘 '사이버 명예 훼손'에 대한 문제가 심각하게 대두되고 있다. 이 문제에 대한 생각을 말해 보시오.

인터넷상에서 벌어지는 명예 훼손은 현실에서 벌어지는 명예 훼손보다 가볍게 생각되는 경향이 있습니다. 특히 요즘 인터넷 커뮤니티나 SNS상에서 가볍게 생각하고 무의식중에 작성하는 글들이 명예 훼손을 가하는 경우가 많습니다. 사이버 명예 훼손은 상대에 대한 비방을 목적으로 하고 정보 통신망이라는 수단을 이용한다는 점에서 일반적인 명예 훼손과는 차이가 있습니다. 명예는 사람의 품성과 덕행, 신용 등에 대해 타인으로부터 받는 객관적인 평가를 의미합니다. 명예 훼손을 하였다는 것은 타인이 나에 대한 사실 혹은 허위 사실을 불특정 다수에게 공표하여 나의 명예를 저하시키는 것을 말합니다.

그래서 인터넷이나 SNS상에서 지켜야 할 규범과 법규가 마련되었고, 이를 지키지 않을 경우 제재를 당할 수도 있고 형사 처벌도 받을 수가 있기에 각별한 주의가 필요합니다. 정보 통신망 이용 촉진 및 정보 보호 등에 관한 법률에 따라 타인을 비방하려는 목적을 가지고 정보 통신망을 통해 공공연히 사실 또는 거짓을 드러내어 타인의 명예를 훼손할 경우 처벌이 가능한 것입니다. 그래서 의식적이든 무의적이든 사이버상에서 명예 훼손을 하지 않도록 도덕적이고 윤리적인 규범을 준수하고 타인을 배려하는 마음을 가져야 할 것입니다. 또 사이버 명예 훼손죄는 상대방의 고소에 의해 처벌 대상이 되기 때문에 정확한 법적 근거를 가지고 상대를 해야 합니다. 상대방이 고소를 하였다면 사이버상에서 명예 훼손을 하지 않은 것을 입증하여 대응하여야 합니다. 그렇기 때문에 이런 일이 벌어지지 않도록 사이버상에서 행해지는 모든 일에 도덕적인 자세를 갖춰야 합니다.

특히 스마트폰을 손에서 놓지 못하고 사용하는 청소년들이 무의식중에 사이버상에서 무분별한 명예 훼손을 일으킬 수 있으므로 체계적인 교육과 윤리적 의식을 높이는 인식의 전환이 필요하다고 봅니다.

우리나라는 세계 4대 경기 대회를 개최한 나라입니다. 이런 경기 대회를 통해 스포츠와 국가 경쟁력은 어떤 관계가 있는지 말해 보시오.

사전적 의미로 스포츠는 심한 육체 활동이나 연습의 요소도 포함하는 말입니다. 현대의 스포츠는 경기 규칙에 따라 승패를 겨루는 신체적 활동을 말합니다. 특히 국가 간의 경쟁을 통해 승패를 겨루는 스포츠는 이루 말할 수 없을 정도로 많습니다. 그중 세계 4대 스포츠 대회는 하계 올림픽, 동계 올림픽, 피파 월드컵, 세계 육상 선수권 대회를 일컫습니다. 이러한 대회를 통해서 참가하는 스포츠 선수뿐만 아니라 개최하는 나라의 국가 경쟁력도 크게 향상되는 것을 알 수 있습니다. 우리나라는 이 4대 스포츠 대회를 모두 개최한 몇 안 되는 나라 중 하나입니다.

이러한 스포츠 대회를 개최하면 전 세계 수십억 명에서 수백억 명의 인구가 시청하고 직·간접적으로 대회에 참여하게 됩니다. 이를 계기로 국가의 가치와 대한민국이라는 브랜드는 높아지게 됩니다. 우리나라는 88올림픽을 통해서 나라의 이미지를 바꿀 수 있었습니다. 가난한 독재 국가의 이미지에서 벗어나기 시작하였고 세계는 우리나라를 주목하게 되었습니다. 또 2002년 월드컵을 통해 축구 강국으로 변모하였고, 국민 통합과 선진국의 이미지를 각인시키는 효과를 보았습니다. 이뿐만 아니라 일자리 창출과 경제적인 효과를 이루어 내는 결과를 만들어 냈습니다. 또 이번 평창 동계 올림픽을 통해서 남북이 만나는 화해의 장을 만들었고, 결국은 남북 정상이 만나고 북미 정상이 만나는 정치적 평화를 이루어 냈습니다. 스포츠는 정치적·경제적·문화적·외교적으로 수많은 이익을 창출하고 극대화시킬 수 있습니다. 이런 스포츠를 통해 국가의 경쟁력은 자동으로 향상되고 발전적 미래를 지향해 나갈 것입니다.

스포츠를 통해 국가 경쟁력이 강화된다면 국민 개개인의 행복 지수가 높아지고, 경제적인 측면에서도 국가의 생산성 또는 국민 소득을 키울 수 있는 능력이 향상됩니다. 좀 더 넓은 의미에서 스포츠를 통한 국가 경쟁력 강화는 우리나라의 국민 수준, 경제력, 정치 구조 등 국가의 공공·민간 부문 등에서 경쟁력의 극대화를 가져올 것입니다.

해외에서 'K-pop'이 인기 있는 이유는 무엇이라고 생각하는가?

'K-pop'은 우리나라 외의 다른 나라에서 우리의 대중가요를 일컫는 말입니다. 우리의 대중가요를 K-pop(Korean Pop 또는 Korean Popular Music)이라고 한다면, 일본의 대중가요는 J-pop, 중국의 대중가요는 C-pop이라고 불리는 현상과 일맥상통합니다. 본래 우리의 K-pop은 넓게는 한국의 모든 대중음악을 일컫는 말이지만, 한편으로는 우리의 대중음악 중 1990년대 이후의 서태지와 아이들이 활동하면서 유행하게 된 댄스·힙합·발라드 음악 등을 일컫는 말로 사용됩니다. 그 후 2000년대 중반 이후부터 우리나라 이외의 나라에서 거주하는 외국인들이 우리의 대중가요를 부르고 즐기기 시작하면서 K-pop이라는 용어가 널리 쓰이기 시작하였습니다. 그리고 한류 열풍으로 우리나라의 드라마나 영화가 아시아 및 전 세계적으로 인기를 얻으면서 그 흐름이 지금까지 이어지고 있습니다.

K-pop은 리듬이 단순하기도 하고 경쾌하며 따라 부르기 쉬운 비트감으로 되어 있어 친근함을 가지고 있습니다. 그리고 반복되는 가사나 멜로디, 여러 명이 함께 추는 칼군무가 멋진 모습을 더해 주고 있습니다. 그런 측면에서 서양의 팝과는 다른 시각적인 즐거움과 흥겨움을 주고 있습니다. 또 오랜 기간 훈련된 아이돌 그룹은 감각적인 패션과 외모에 멋을 더하였고, 기획사는 오랜 기간 유튜브, 인터넷, 페이스북 등의 커뮤니티를 활용한 홍보를 통해 대중들에게 다가가려 부단히 노력한다는 점에서 큰 인기를 얻고 있다고 생각합니다. 게다가

요즘은 방탄소년단 등 음악성의 수준이 높아져 그동안의 모습을 뛰어넘는 기량과 재능을 보여 주고 있기 때문에 큰 인기를 얻고 있는 것 같습니다.

많은 팀이 성장하고 노래가 히트하는 반면에 그룹의 짧은 수명으로 부작용을 낳기도 합니다. 수많은 팀이 생겨났다가 사라지는 과정 속에서 여러 가지 문제가 발생하여 꿈이 사라진 청소년들의 모습을 볼 수 있습니다. 물론 쉽게 소비되고 사라지는 이 시장의 특성상 수명이 짧은 히트곡이 주를 이루는 것이 불가피합니다. 그러나 반대로 이 특성이 창작 의욕을 자극시켜 질적으로 발전하고, K-pop 열풍이 앞으로도 지속되어 우리나라의 시장을 성장시킬 수 있기를 바랍니다.

좋은 책을 만드는 길, 독자님과 함께 하겠습니다.

2025 대학으로 가는 구술면접 380제

개정14판1쇄 발행	2024년 08월 05일 (인쇄 2024년 06월 14일)
초 판 발 행	2009년 10월 15일 (인쇄 2009년 09월 23일)
발 행 인	박영일
책 임 편 집	이해욱
저 자	이향우
편 집 진 행	이미림 · 김하연
표지디자인	하연주
편집디자인	임아람 · 남수영
발 행 처	(주)시대고시기획
출 판 등 록	제10-1521호
주 소	서울시 마포구 큰우물로 75 [도화동 538 성지 B/D] 9F
전 화	1600-3600
팩 스	02-701-8823
홈 페 이 지	www.sdedu.co.kr

I S B N	979-11-383-7181-0(43370)
정 가	22,000원